Zur Lage der Welt 2007
Der Planet der Städte

Das *Worldwatch Institute* ist eine unabhängige, weltweit ausgerichtete Forschungsorganisation für Umweltfragen und Probleme der Sozialpolitik mit Sitz in Washington, DC. Seine einzigartige Verbindung von interdisziplinärer Forschung und allgemein zugänglichen Publikationen hat das Institut zu einer führenden Autorität gemacht, wenn es um die Belange einer umweltschonenden und sozial gerechten Gesellschaft geht. Weitere Informationen unter www.worldwatch.org. Adresse: Worldwatch Institute, 1776 Massachusetts Ave., N.W. Washington, DC 20036

Die *Heinrich-Böll-Stiftung* ist eine politische Stiftung und steht der Partei Bündnis 90/Die Grünen nahe. Ihre vorrangige Aufgabe ist die politische Bildung im In- und Ausland zur Förderung der demokratischen Willensbildung, des gesellschaftspolitischen Engagements und der Völkerverständigung. Dabei orientiert sie sich an den politischen Grundwerten Ökologie, Demokratie, Solidarität und Gewaltfreiheit. Adresse: Heinrich-Böll-Stiftung, Hackesche Höfe, Rosenthaler Str. 40/41, 10178 Berlin, Telefon 030-285340, Fax: 030-28534109, E-mail: info@boell.de; Internet: www.boell.de

Seit 1991 setzt sich *Germanwatch* für eine zukunftsfähige Entwicklung ein. Ziel von Germanwatch ist nicht nur eine effiziente Arbeit für eine zukunftsfähige Nord-Süd-Politik, sondern die Sensibilisierung der breiten Öffentlichkeit für komplexe entwicklungspolitische Themen. Adresse: Germanwatch, Büro Bonn: Kaiserstr. 201, 53113 Bonn, Telefon 0228-60492-11/-19; Büro Berlin: Voßstr. 1, 10117 Berlin, Tel.: 030-28883560; E-mail: info@germanwatch.org; Internet: www.germanwatch.org

Worldwatch Institute (Hrsg.)
in Kooperation mit der Heinrich-Böll-Stiftung
und Germanwatch

Zur Lage der Welt 2007

Der Planet der Städte

Mit Vorworten von Anna Tibaijuka und Jaime Lerner
sowie zusätzlichen Beiträgen von Germanwatch
und der Heinrich-Böll-Stiftung

Aus dem Englischen von
Annette Bus, Bettina Münch, Thomas Pfeiffer,
Jochen Schimmang und Heinz Tophinke

WESTFÄLISCHES DAMPFBOOT

Dieser Report wurde aus dem Englischen übersetzt von Annette Bus (Kapitel 7), Bettina Münch (Kapitel 8), Thomas Pfeiffer (Kapitel 2 und 3), Jochen Schimmang (Vorworte, Einleitung, Kapitel 1 und 6) und Heinz Tophinke (Kapitel 4 und 5).

Bibliografische Information der Deutschen Bibliothek
Die Deutsche Bibliothek verzeichnet diese Publikation in der Deutschen Nationalbibliografie; detaillierte bibliografische Daten sind im Internet über http://dnb.ddb.de abrufbar.

Deutsche Erstausgabe
Gegenüber der amerikanischen Originalausgabe um ein Kapitel gekürzt und um zwei Beiträge von Ulrich Nitschke und Gunther Hilliges (Germanwatch) sowie Gerhard Matzig (auf Einladung der Heinrich-Böll-Stiftung) erweitert.
Titel der amerikanischen Originalausgabe *State of the World 2007*, erschienen bei W.W. Norton & Company, New York & London
© 2007 by Worldwatch Institute, Washington, DC
Für die deutsche Ausgabe
© 2007 Heinrich-Böll-Stiftung und Verlag Westfälisches Dampfboot
1. Auflage Münster 2007
Alle Rechte vorbehalten
Umschlag: Lütke · Fahle · Seifert, Münster
Druck: Fuldaer Verlagsanstalt
ISBN 978-3-89691-653-2

Inhalt

Vorwort zur deutschen Ausgabe	7
Gerhard Matzig Lob der Stadt	9
Gunther Hilliges/Ulrich Nitschke Städte als Partner für Nachhaltige Entwicklung	17

Vorwort von Anna Tibaijuka	44
Vorwort von Jaime Lerner	48
Einleitung von Christopher Flavin	52

Kai N. Lee

Kapitel 1: Die Welt wird urban	56
Stadtporträt Timbuktu: Begrünung des Hinterlands	89
Stadtporträt Loja: Eine ökologische und gesunde Stadt	93

David Satterthwaite/Gordon McGranahan

Kapitel 2: Die Wasser- und Sanitärversorgung verbessern	97
Stadtporträt Lagos: Kollabierende Infrastruktur	129

Brian Halweil/Danielle Nierenberg

Kapitel 3: Landwirtschaft in Städten	133
Stadtporträt Freetown: Urbane Landwirtschaft nach dem Bürgerkrieg	161

Peter Newman/Jeff Kenworthy

Kapitel 4: Wie man umweltfreundlichen Transportsystemen in der Stadt zum Durchbruch verhilft	165
Stadtporträt Melbourne: Wie man die CO_2-Emissionen einer Stadt reduziert	199

Janet L. Sawin/Kristen Hughes
Kapitel 5: Energie für Städte 203

Stadtporträt Rizhao: Stadt der Solarenergie 235

Zoë Chafe
Kapitel 6: Wie man die Risiken von Naturkatastrophen
in Städten verringert 238

Stadtporträt Jakarta: Flussmanagement 267

Mark Roseland/Lena Soots
Kapitel 7: Lokale Ökonomien stärken 271

Stadtporträt Brno: Von der Industriebrache zum urbanen Zentrum 298

Janice E. Perlman/Molly O'Meara Sheehan
Kapitel 8: Der Kampf gegen Armut und für Umweltgerechtigkeit
in den Städten 302

Autorinnen und Autoren 336

Vorwort

Gegenwärtig leben bereits über drei Milliarden Menschen in Städten. Damit wohnen zum ersten Mal in der Geschichte mehr als die Hälfte aller Menschen in urbanen Ballungsräumen. Doch ein großer Teil von ihnen lebt in Slums: ohne sichere Eigentumstitel an ihren Behausungen, in beengten, oft armseligen Verhältnissen ohne hygienische Wasserversorgung und sanitäre Anlagen. Trotzdem üben die Städte der Welt eine ungebrochene Anziehungskraft aus. Sie wachsen weiter, trotz Armut, Kriminalität und Gewalt, die das Alltagsleben in vielen Städten überschatten, und trotz aller ökologischen Probleme, die städtische Agglomerationen mit sich bringen – überbordender Verkehr, Luftverschmutzung, Abfallentsorgung, Abwässer und der Verbrauch riesiger Flächen für ihre Versorgung mit Nahrungsmitteln und Energie.

Doch ohne die Städte gäbe es keine Zivilisation. Sie sind Motor der Wirtschaft und Wiege der Demokratie, sozialer Schmelztiegel und Bühne des geistigen und kulturellen Lebens. Zur Zeit ist vielfach von einer „Renaissance der Städte" die Rede. Der neue Optimismus verheißt ein Wiedererstarken des urbanen Raums als Folge sozio-ökonomischer Megatrends, insbesondere des Übergangs zur Wissensgesellschaft. Tatsächlich siedeln sich kreative Betriebe bevorzugt in Städten an, denn hier finden sie die Fühlung zu Wissenschaft, Kunst und Kapital, die eine Nährlösung für Innovation bilden. Auch ältere Menschen zieht es zurück in die Städte, soweit sie es sich leisten können – nirgendwo sonst gibt es ein solches Angebot an wohnortnahen Dienstleistungen. Trotz massenhaften Elends bleiben auch die Megacities der südlichen Hemisphäre Projektionsflächen für eine bessere Zukunft.

Angesichts schrumpfender fossiler Ressourcen und einer stetig wachsenden Menschheit dürfte die für urbane Siedlungen konstitutive Dichte zudem die einzige Möglichkeit bieten, nachhaltige Verkehrs- und Flächenkonzepte zu realisieren. Die ökologisch und städtebaulich schon immer nachteilige Ausbreitung der Vorstädte, das Auswuchern reiner Schlafsiedlungen oder monofunktionaler Gewerbegebiete in den suburbanen Landschaftsraum ist zumindest in Europa unter dem Vorzeichen schrumpfender Bevölkerungszahlen auch ökonomisch nicht mehr haltbar. Auch deshalb gewinnt die Kernstadt wieder an Bedeutung als Arbeits- und Wohnort.

Der Klimawandel ist auch ein Produkt der Städte mit ihrem exorbitanten Energieverbrauch. Er schlägt nun wie ein Bumerang auf sie zurück. Besonders bedroht sind die vom Anstieg des Meeresspiegels betroffenen Küstenstädte. Es entspricht jedoch dem Selbstbewusstsein und der Gestaltungskraft von Großstädten, dass ein großer Teil der Lösungsmöglichkeiten in ihnen selbst schlummert, was die Beiträge dieses Buches belegen.

Mit den Beschlüssen der Weltkonferenz zu Umwelt und Entwicklung (UNCED) 1992 in Rio betraten die rund 500.000 Städte und Kommunen schließlich das Forum der internationalen Politik. Sie wurden durch die Agenda 21 und da nicht zuletzt durch die lokale Agenda 21 des Kapitels 28 als Schnittstellen zwischen verschiedenen Bereichen und Prozessen identifiziert und tatsächlich zu globalen Akteuren des politischen Wandels.

Es ist also mehr als berechtigt, dass das Worldwatch-Institute in Washington diesmal die Städte in den Mittelpunkt seines jährlichen Berichtes zur Lage der Welt gestellt hat. Das vorliegende Buch macht es deutlich: Unser aller Zukunft hängt entscheidend von einer nachhaltigen Wende in der Stadtentwicklung ab.

Berlin und Bonn, im Februar 2007

Ralf Fücks   Klaus Milke
Vorstand der Heinrich-Böll-Stiftung   Vorstandsvorsitzender Germanwatch

Gerhard Matzig
Lob der Stadt

Das Jahr 2007 markiert einen Wendepunkt in der Geschichte der Zivilisation und ruft uns, die Bewohner dieses Jahres, in den Zeugenstand. Ob wir wollen oder nicht. Denn erstmals leben so viele Menschen in der Stadt - wie auf dem Lande. Das heißt: Mehr als drei Milliarden Menschen leben schon jetzt in urbanen Gebilden, also in dicht organisierten Sozialräumen. Sei es in Landstädten, Kleinstädten oder in Mittelstädten. Sei es in Großstädten, Millionenstädten oder gar Megastädten. Wobei in Deutschland die „städtische Siedlung" ab einer Größe von 2000 Einwohnern angenommen wird. In Japan dagegen liegt die Untergrenze solch definitorischer Urbanität bei 50.000, in Dänemark bei 200 Einwohnern. Stadt ist also auch immer eine Frage kultureller Absprache. Aber unter dem Strich divergenter Raumzuweisungen gilt dennoch: Erstmals, seit es Städte gibt, also seit rund zehntausend Jahren, erleben wir eine wahrhaft urbane Gesellschaft. „Die Menschheit", sagt Anna Tibaijuka, Direktorin des Siedlungsprogramms der Vereinten Nationen, „steht am Beginn eines neuen urbanen Millenniums."

Noch vor 200 Jahren lebten die Menschen vor allem von Ackerbau und Viehzucht. Das heißt: auf dem Land. In den Städten lebten dagegen: weniger als drei Prozent der Weltbevölkerung. Inzwischen aber ist der Zustrom ins Innere der Stadtgrenzen enorm angestiegen. Vor 30 Jahren wohnte bereits ein Drittel der Menschheit in Städten. Bis 2050 sollen es sechs Milliarden beziehungsweise zwei Drittel der Weltbevölkerung sein. Unsere Zukunft ist die Stadt.

Für diese Entwicklung gibt es einen einfachen Grund: Die Wertschöpfung und somit die materielle Grundlage der menschlichen Existenz konzentriert sich zunehmend in urbanen Strukturen: bedingt zunächst durch die industrielle Revolution, inzwischen angetrieben von der Transformation zur Wissens- und Dienstleistungsgesellschaft. Und die Menschen folgen dieser Konzentration - freiwillig oder unfreiwillig. Einer UN-Studie zufolge werden in den entwickelten Ländern schon jetzt rund 80 Prozent des Bruttoinlandsproduktes in Ballungsräumen erwirtschaftet. Ein Beispiel: Der Großraum zwischen Washington und New York erwirtschaftet ein Bruttoinlandsprodukt von 2,3 Billionen Dollar. Allein diese Region, Megalopole genannt, ist somit die viertgrößte Wirtschaftsmacht der Welt. Oder Sao Paulo, die Industriemetropole Brasiliens: Hier leben nur zehn Prozent der Bevölkerung des Landes. Aber dieses Zehntel erwirtschaftet fast die Hälfte des gesamten brasilianischen Haushaltes.

Kein Wunder, dass ein Ökonom wie Richard Florida feststellt: „Die Entscheidung, in welcher Stadt man lebt, ist die wichtigste Entscheidung des Lebens." Sofern man überhaupt etwas zu entscheiden hat. Was man gewiss nicht von jedem Bewohner in Mexico City, Lagos, Kairo oder Peking behaupten kann.

Der Megatrend der Urbanisierung, die Verstädterung der Welt, ist zunächst ein Faktum. Es ist also noch nichts gesagt über das „Lob der Stadt". Wie auch nichts über die Stadt als „Moloch". Das eine zielt auf die Renaissance der Stadt als geistiger Motor und Hort der Kultur. Das andere weiß um Kriminalitätsstatistiken, Umweltfrevel, sozialen Zerfall und Entfremdung. Vorerst geht es jedoch nur um Zahlen. Zahlen sind so rational wie die Bilanzen jener rund 20 Megacities, die die Weltwirtschaft von Los Angeles bis Manila, von Istanbul bis Kalkutta dominieren. Und doch lässt sich nicht nur rational über die Urbanisierung der Welt sprechen. Denn letztlich geht es um die Frage, wie Menschen unter welchen Umständen wohnen. Wenn Ernst Bloch die Wahrheit sagt, wenn „Architektur insgesamt ein Produktionsversuch menschlicher Heimat ist" - muss dies dann nicht erst recht für Städte gelten, die nicht nur aus Architekturen, sondern aus Straßen und Plätzen und Menschen bestehen? Die Stadt ist mehr als ein rationales Moment im Diskurs der Volkswirtschaften. Die Stadt ist immer auch ein irrationales Konstrukt der Ängste und Sehnsüchte.

Lassen wir uns also zunächst auf Emotionen ein. Betrachten wir jenes Terrain, wo sie die Hauptrollen spielen: das unendliche Feld der Werbung. „Wen würdest du nehmen", fragt im Werbespot einer Bausparkasse Mädchen Nummer 1 das Mädchen Nummer 2, „den Typen mit dem Candle-Light-Dinner oder den mit dem Haus?" Darauf Nummer 2: „Den mit dem Candle-Light-Dinner." Woraufhin Nummer 1 einwendet: „Und am nächsten Morgen, wenn die Kerzen heruntergebrannt sind, ist der Typ weg." „Okay", lenkt Nummer 2 schließlich ein, „okay, dann doch lieber den mit dem Haus."

Schaut her, sagt uns diese Werbung, die im Dienste der Einfamilienhausindustrie steht, dies sind brave Mädchen. Mädchen, die sich für die Realität und gegen romantische Traumgespinste entscheiden. Für Zuverlässigkeit und Dauerhaftigkeit - und gegen Flüchtigkeit und Unzuverlässigkeit.

Das Haus dient in diesem Spot als Chiffre des Rationalen. Als Topos der Vernunft. Aber das genaue Gegenteil ist der Fall: Nichts ist in Deutschland so sehr der Emotionalität geschuldet wie das eigene Heim. Nichts wird in Deutschland wie auch in der Welt auf einem ähnlich irrationalen Fundament errichtet. Einem Fundament, das kellergeschosstief ins Erdreich der Sehnsüchte und Träumereien führt.

Es ist kein Zufall, dass die Immobilienseiten der Zeitungen lauter Traumhäuser anpreisen: die „Traumvilla" in München-Grünwald, das „Traumhaus" in Berlin-Grunewald, die „Traumwohnung" in jeder beliebigen deutschen Stadt.

Der Traum, auf den sich diese Immobilien so gern berufen, zeichnet sich jedoch dadurch aus, dass an die Stelle logischer Verknüpfung die Verbindung der Fakten mit Gefühl und Affekt tritt. Im Traum herrscht nicht das Bewusstsein, sondern das Unterbewusstsein. Das Einfamilienhaus als Nachfahre der zivilisatorisch zeichenhaften „Urhütte" und der platonischen Ideen-Höhle dient emblematisch beiden Sphären: der Vernunft und der Unvernunft.

Der eigene Herd ist nicht nur Goldes wert, wie das Sprichwort weiß, das Eigenheim ist auch jener Raum, in dem sich die berechtigten Analysen mit fragwürdigen Affekten zu einem Bedeutungsknäuel verheddern. Wenn einer alles zu verlieren droht, dann wird dies gerne übersetzt mit „Haus und Hof verlieren", während sich der glückliche Hauseigentümer auch dann als Schlossherr fühlen darf, wenn er nur über ein kleines Reihenhaus gebietet: „My home is my castle."

Häuser lösen Emotionen aus und sind mit Emotionen besetzt. „Erst bauen Menschen Häuser", sagt Albert Schweizer, „dann bauen Häuser Menschen." Die Wechselwirkungen zwischen Menschen und Häusern sind gewaltig. Und Städte und Dörfer, Megacities und Kleinstädte – sie alle bestehen nun mal in der Hauptsache aus einem Konglomerat von Häusern. Also: aus einem Konglomerat von Emotionen.

Kein Wunder, dass der Stoff, der hier zu verhandeln ist, nämlich das „Lob der Stadt", bisweilen zur Explosivität neigt. Denn überall dort, wo sich das Neue in unserem doch so tradierten Stadt- wie auch Land- und Lebensbild zeigt, also die erhoffte „Renaissance der Stadt" genauso wie die „Krise" oder das „Schrumpfen der Städte", überall dort also, wo sich die Stadtgesellschaft gewaltigen Umbrüchen gegenübersieht, überall dort geht es letztlich immer auch um Emotionen. In negativer wie positiver Hinsicht.

Zunächst einmal: Die Renaissance eines urbanen Lebensentwurfes geht einher mit dem eingangs festgestellten Global-Trend der Urbanisierung. Zumindest ist seit einigen Jahren zunehmend oft die Rede davon.

„Trendumkehr: Die Stadt als Wohnort wird wieder beliebter" – so war ein Artikel in der „Welt" überschrieben. Tenor: „Die Zeit der Stadtflucht geht zu Ende."

„Immer mehr Menschen zieht es in die Stadt" – so war ein Artikel in einer namhaften süddeutschen Zeitung überschrieben. Tenor: „Für das städtische Wohnen zeichnet sich eine neue Blüte ab."

„Neue Heimat Stadt. Ein Epochenwechsel kündigt sich an: Die Deutschen entdecken das urbane Leben wieder" – so war ein Artikel in der „Zeit" überschrieben. Tenor: „Die Menschen zieht es dorthin, wo es Theater und Kunst gibt, gute Restaurants gleich ums Eck und beste ärztliche Versorgung."

„Das Häuschen im Grünen verliert an Attraktivität" – so war ein Artikel in der „Frankfurter Rundschau" überschrieben. Tenor: „Der seit den 50er Jahren anhaltende Prozess der Suburbanisierung verlangsamt sich seit Ende der 90er Jahre. Folgt man den Einschätzungen der Experten, stehen die Städte womöglich vor einer Renaissance."

Renaissance heißt Wiedergeburt. Was aber wiedergeboren werden soll, muss erst tot sein. Und totgesagt wurde die Stadt oft in ihrer vieltausendjährigen

Zivilisationsgeschichte. Zum Beispiel von den Poeten. Wobei es Bertolt Brecht war, der sich den womöglich traurigsten Satz über die Zukunft der Städte ausgedacht hat: „Von diesen Städten wird bleiben", schrieb der Dichter, „der durch sie hindurchging, der Wind." Und auch in Hermann Hesses märchenhafter Erzählung *Die Stadt* geht es vor allem um das traurigschöne Ende urbaner Sehnsüchte. Da heißt es einmal: „Manche Jahrhunderte war die alte träumende Stadt ein ehrwürdiger und geliebter Ort, von Dichtern besungen und von Liebenden besucht ..." Doch Hesses Märchen geht nicht gut aus: Die Stadt verkommt, sie wächst nicht, sie reift nicht – sie wuchert. Und schließlich erstarrt sie zu einem monströsen Steinhaufen, der öde und tot von der Vermessenheit der Menschen kündet. Von jener Vermessenheit, der göttlichen Natur die menschliche Kultur gegenüberzustellen – also die Zivilisation, die geformt ist aus Straßen, Plätzen und Häusern. Denn die Stadt ist der architektonische Abdruck der Gesellschaft.

Wenn man sich umschaut in den Künsten, die wohl vor allem die der Stadtgesellschaft sind, dann kann man sich nur wundern. Darüber, dass es meistens die Apokalypse der Stadt ist (und selten deren Apotheose), welche die Künstler vor Augen haben, wenn sie über die Stadt nachdenken. Die expressionistischen Maler porträtierten die Stadt der Moderne meist als infernalisches Beben, bestehend aus stummen Schreien und leeren Blicken, aus Einsamkeit und Tod. Dichter beschrieben die Stadt als „graues Meer" der Anonymität. Upton Sinclair schrieb über die Schlachthöfe Chicagos und nannte sein Buch *Der Dschungel*. Und die Film-Regisseure erfanden erst *Metropolis*, dann die von irritierenden Lichtkegeln zerfurchte Stadt für den Blade Runner und schließlich Gotham City, die Stadt des Bösen, in der man einen Batman braucht, der sich dem Moloch und seinen kriminellen Auswüchsen entgegenstellt.

Die moderne Stadt in den modernen Künsten: das ist meist die Ikonographie des Abgrunds.

Angst und Bange müsste einem also werden bei jenem Gedanken, welcher überall auf der Welt verhandelt wird: dass die Weltbevölkerung schon bald in Städten leben wird. An die 300 „Millionenstädte" wird es dann geben – und rund einhundert „Megastädte" mit mehr als fünf Millionen Einwohnern. Ein großer Teil der Menschheit haust dann an geisterhaften Unorten voller Schatten und Gefahr. Das ist nicht die Vision der Stadtplaner, wohl aber die Befürchtung anderer, die sich um die Zukunft unseres Stadt-Lebens sorgen. Wobei man diese Befürchtungen ernst nehmen muss. Weniger in Europa vielleicht, wo man sich ja auch den Luxus stadtästhetischer Debatten leistet, sondern beispielsweise in Kapstadt. Das ist, sagt man, nicht die schönste oder die hässlichste, sondern einfach nur die „gefährlichste Metropole der Welt".

Dichte, Ökologie, Kriminalität – das sind schon eher die Themen in Bombay oder Dhaka. Überall dort (und anderswo) gibt es Stadtträume, gegen die sich die kunstvoll arrangierten Urbanismus-Albträume in Literatur und Film harmlos naiv ausnehmen.

Dennoch: Es gibt keine absehbare Alternative zum Leben in der Stadt. Und zwar dann, wenn man die Welt als Ganzes sieht. Erstens, weil wir, falls alle sechseinhalb Milliarden Menschen der ökologisch falschen, emotional sicher erklärbaren, wirtschaftlich aber wohl ausgeschlossenen Sehnsucht nach dem antiurbanen Eigenheim, nach einem Häuschen samt Kamin und Apfelbaum nachgeben könnten, die Erde übersät und erstickt fänden mit Privateigentum, mit privatem Raum also, mit Zäunen, Straßen und Garagen.

Was aber, zweitens, bedeuten würde, dass der ohnehin schon selten gewordene öffentliche Raum noch seltener anzutreffen ist. Er ist es aber, der nicht nur die Stadt prägt, sondern auch die bürgerliche Zivilgesellschaft, ja, der die Zivilisation konstituiert. Das fängt mit der Agora, mit dem öffentlichen Versammlungsort in der griechischen Polis an und begleitet uns durch Mittelalter und Renaissance durchaus bis zu jenen Räumen, die in amerikanischen Wolkenkratzern oben und unten anzutreffen sind. Oder bis zu den Fußballarenen, Shopping-Malls und Erlebnisparks, die zwar Karikaturen des öffentlichen Raumes sind. Die aber unsere Sehnsucht nach eben diesem Raum nur umso drastischer illustrieren.

Es ist nicht die Stadt, die wächst – es ist die Menschheit, eigentlich: die Öffentlichkeit. Die aber braucht den konzentrierten, verdichteten Raum der Städte. Paradoxerweise gilt das auch dort, wo Städte schrumpfen. Denn dort verdichten sie sich zum Kern hin. Das ist eine hochproblematische, letztlich aber wohl positive Transformation, die sich gegen das Wuchern in die Fläche richtet, gegen den unsäglichen Siedlungsbrei, der sich in die Landschaft ergießt. Gegen Suburbia. Gegen die Tristesse der Vorstadt. Insofern müssen wir uns die „Renaissance der Städte" förmlich herbeisehnen. Es ist vielleicht die letzte große Utopie unserer Zeit. Und es ist kein Widerspruch, wenn die Motive dieser Utopie alles andere als visionär, sondern ihrer Natur nach eher lebensnah sind.

Was aber sind, abseits der Geldströme, die Gründe, die zu einer Revitalisierung der Städte führen könnten? Woher rührt die Wiedergeburt der Stadt, von der es einst hieß: „Die Stadt ist tot." (Florian Rötzer)

Dafür gibt es „weiche" und „harte" Gründe. Zunächst aber die Ausgangslage: Weniger als fünf Prozent von mehr als 10.000 Befragten würden – einer maßgeblichen Studie für die Wohnbauwirtschaft zufolge – tatsächlich das neue Leben in der Stadt dem alten Leben in den Vororten und auf der grünen Wiese vorziehen. Es gibt also einen dramatischen Unterschied zwischen den vorhin erwähnten Zeitungsartikeln und den tatsächlichen Lebensvorstellungen. Fast könnte man meinen, es seien ausschließlich Publizisten, die dereinst die Renaissance der Städte stemmen und die Stadtkerne bevölkern werden. Tatsächlich kommen Umfragen zu diesem Ergebnis: Die herrschende Meinung zielt definitiv auf ein Leben in vorstädtischen Bereichen, fernab der Stadtkerne. Wer kann, erwirbt ein Einfamilienhaus im Grünen. Alles andere ist vorerst reines Wunschdenken. Aber manchmal gehen Wünsche sogar in Erfüllung. Und manchmal müssen sie einfach in Erfüllung gehen – weil sie vollkommen alternativlos sind. Und dafür, für die Renaissance der Stadt, sprechen, wie gesagt, weiche und harte Gründe.

Die harten zuerst: es sind die der Ökologie und Ökonomie. Der düstere Bericht *Grenzen des Wachstums* ist 1972 erschienen. Er wurde damals nicht ernst genommen. Inzwischen darf er sich bestätigt fühlen: Erdöl gibt es noch etwa 45 Jahre, Erdgas ca. 67 Jahre. Die meisten Experten der Welt sind sich darin einig: Nachfrage und Angebot von fossilen Energieträgern werden von jetzt an immer weiter auseinanderklaffen. Die Folgen sind simpel: Energie wird immer teurer. Alles andere ist Illusion. Das heißt aber: Unsere mobile Gesellschaft ist für die Zukunft so nicht mehr denkbar. Mobilität kostet Energie. Energie kostet Geld. Und immer mehr Geld. Soviel schließlich, dass diese Mobilität abnehmen wird, weil sie abnehmen muss: Sie ist – zum gegenwärtigen Stand der Technik – direkt an den Verbrauch endlicher und jetzt schon erschöpfter Ressourcen gekoppelt. Es ist eine einfache mathematische Zwangsläufigkeit: Das Glas ist nicht halbvoll, sondern halbleer. Der Krieg um die Ressourcen ist nur eine Frage der Zeit. Es sei denn: Die Welt denkt um. Aber wann hätte sie das je getan?

Übrigens stach am 26. April 1956 – also vor rund 50 Jahren – in New Jersey ein Schiff in See. Das erste Containerschiff der Welt transportierte 58 jener Metallkisten, die den Frachtverkehr revolutionieren sollten. Heutige Frachter tragen mehr als 9000 Container. Das entspricht dem Faktor 155. Kein schlechter Faktor, um die Beschleunigung der Mobilität und zugleich die Beschleunigung der Ressourcenverschwendung zu bezeichnen.

In diesem Zusammenhang muss man sich klarmachen, was Mobilität in Deutschland – sei es Berufs- oder Freizeitmobilität, Güter- oder Personenverkehr – bedeutet.

Noch 1950 betrug die jährliche Fahrleistung eines deutschen Autofahrers rund 1000 Kilometer. Mittlerweile sind es 12.000 Kilometer.

An einem normalen Werktag legen in Deutschland Berufstätige, Schüler und Studenten auf dem Weg zu Arbeit oder Ausbildung mehr als tausend Mal den Weg zum Mond zurück. Untersuchungen zufolge erleiden Berufspendler ähnliche Stress-Situationen wie die Piloten von Kampfjets. Ein Mensch, der in Deutschland 70 Jahre alt wird, verbringt fast vier Jahre seines Lebens ausschließlich im Status des Unterwegsseins. Nur wird dies nicht als Wahnsinn beschrieben, sondern als Dynamik, Flexibilität oder sogar Freiheit. Der ADAC sagt dazu: „Freie Fahrt für freie Bürger." Und in Amerika haben sich jüngst Forscher überlegt, wie man New York besser mit London verbinden könnte. Das ist technisch machbar. Man benötigt dazu einen Transrapid, der mit 7400 km/h in einer 100 Meter tief im Ozean versenkten Vakuumröhre hin und her pendelt. London wäre dann ein Vorort von New York, in einer knappen Stunde zu erreichen. Das ist kein Scherz. Das hat man sich am MIT ausgedacht.

Vielleicht hat Pascal doch Recht. Er sagte im 17. Jahrhundert: „Alles Unglück der Menschen entstammt einem, nämlich dass sie unfähig sind, in Ruhe allein in einem Zimmer zu bleiben."

Kaum etwas anderes sagt Colin Campbell über das 21. Jahrhundert: „Die Party ist vorbei. Das Öl ist alle. In der postfossilen Gesellschaft werden die Menschen wieder in kleinen agrarischen Verbänden vor Ort leben, ohne Welthandel, ohne Massentourismus, ohne Autovielfahrerei."

Und hier kommt wieder die Stadt ins apokalyptische Bild: Denn die Arbeit ist in der postindustriellen Wissensgesellschaft in Städten konzentriert. Anders also, als uns das die Apologeten des ortlosen Cyberspace weismachen wollten. Was passiert nun, wenn man sich zur Arbeit auch das Wohnen in den Städten vorstellt? Dann benötigen wir nicht mehr so viel Energie für das Pendeln zwischen städtischem Arbeitsplatz und vorstädtischem Wohnplatz. Es wird also in Zukunft immer billiger, in der Stadt zu leben. Die Suburbanisierungsschübe der Vergangenheit, die sich aus Wirtschafts- und Bevölkerungswachstum und aus der massenhaften Verbreitung des Automobils ergaben, werden versiegen.

Genau das dürfte in Zukunft der wahre Motor der schon jetzt behaupteten „Renaissance der Stadt" werden: das ökonomische Argument, das sich aus einer ökologischen Notwendigkeit ergibt. Es wird schlicht zu teuer, nicht in der Stadt zu leben.

Daneben aber gibt es auch weichere Motive. Etwa die der Demografie und Soziologie: Eine kinderlose und überalterte Gesellschaft besinnt sich zunehmend auf die Qualitäten städtischen Lebens: aufgrund der dort auffindbaren kurzen Wege, der besseren ärztlichen Versorgung und der höheren Kommunikationsdichte. Und selbst Familien profitieren von städtischer Infrastruktur: von der besseren, leichter zu organisierenden Kinderbetreuung, die Beruf und Kinder eher vereinbar erscheinen lässt.

Zuletzt aber: Wenn es einen Ort gibt, an dem die offene Gesellschaft geübt werden kann, einen Ort, der dem „Clash" der Kulturen schon räumlich entgegenwirkt durch seine fast schon erzwungene Fähigkeit zu Osmose und Austausch, zu Toleranz und Dialog – dann ist es die Stadt. Und nicht die Vorstadt, in die – Erhebungen zufolge – vor allem Menschen ziehen, die „vor allem unter sich bleiben wollen".

Auch die Mediendemokratie kann ohne den öffentlichen politischen Raum als Erbe der Agora nicht überleben. Es kommt nicht auf die Menschen an, die unter sich bleiben wollen, sondern auf jene, die in der Stadt leben, also an einem Ort, den Richard Sennett als „Kultur der Differenz" beschreibt. Diese Kultur wird die politische Kultur der Zukunft sein. Denn die Globalisierung wirkt nicht nur egalisierend und uniformierend, sondern sie bringt uns auch die Differenzen unterschiedlicher Lebensvorstellungen nahe. Wir werden lernen müssen, solche Differenzen auszuhalten.

Es stellt sich aber die Frage, ob die Städte, die wir kennen, mit ihren Haushaltsdefiziten und Feinstaubbelastungen, ihren Strukturwandelproblemen und sozialen Brüchen, auch tauglich sind für ihre eigene Renaissance. Für die Kultur des Unterschieds. Sind sie kindgerecht? Sind sie altersgerecht? Warum gibt es keine großen Stadtwohnungen mehr? Warum keine grünen Höfe? Was passiert mit den öffentlichen Plätzen und Straßenräumen, die immer mehr verkommen? Warum bauen junge Unternehmen für ihre besten Mitarbeiter Wellness-Oasen? Warum keine Kindertagesstätten für die besten Mütter? Wieso werden aus Bahnhöfen Supermärkte? Was passiert mit Städten im sogenannten „Wettbewerb der Städte"?

Der Bürgermeister von Wolfsburg hat, als zuletzt das neue Golf-Modell von VW eingeführt wurde, die Stadt ganz offiziell für die Dauer von sechs Wochen in „Golfsburg" umbenannt. Amtliche Schreiben, Zeugnisse und Geburtsurkunden trugen den Stempel „Golfsburg". Befragt, was das denn solle, antwortete der Bürgermeister: Die Stadt Wolfsburg sei VW dankbar. Und die „Arena auf Schalke" heißt mittlerweile „Veltinsarena", die in Hamburg „AOL-Arena". Sind Unternehmen die neuen Identifikationsstifter? Waren das nicht bisher die Städte selbst? Einst wetteiferten sie um die besten Maler und Bildhauer, um die schönsten Rathäuser, großzügigsten Parkanlagen und klügsten Akademien. Wie weit können sich Städte noch erniedrigen – siehe Golfsburg –, denen nicht nur Selbstbewusstsein, sondern auch Geld fehlt?

Lewis Mumford sagt: „Die Stadt ist die kostbarste Erfindung der Zivilisation." Womöglich ist es an der Zeit, diese Erfindung neu zu erfinden. Nur wenn wir die Probleme der Städte lösen, werden wir in der Lage sein, eine menschenwürdige Zukunft darin zu finden. Das gilt für die Megacity in Indien übrigens ebenso wie für die schrumpfende Kleinstadt in Ostdeutschland. Die Zukunft der urbanen Weltgesellschaft wird sich in jeder einzelnen Stadt entscheiden.

Gunther Hilliges / Ulrich Nitschke

Städte als Partner für Nachhaltige Entwicklung
Bilanz und Perspektiven 15 Jahre nach dem Erdgipfel
für Umwelt und Entwicklung in Rio de Janeiro

> „Wer nur redet und nicht handelt,
> redet dumm und handelt schlecht.
> Erst wenn ihr die Welt verwandelt,
> seid ihr klug und habt ihr recht."
> *Erich Kästner*

Das Ende des Ost-West-Konflikts zwischen 1989 und 1991 veränderte das internationale System und läutete einen Paradigmenwechsel in der internationalen Zusammenarbeit und auch in der Entwicklungspolitik ein. Fortan standen neben den existierenden Partnerschaften rund 500.000 neue Akteure bereit: die Kommunen unserer Welt (siehe Abb. S. 18). Das ist ein enormes, bis dato kaum genutztes Potential, dessen Nutzung eine der großen Herausforderungen unserer Epoche ist. Die Debatte im deutschsprachigen Raum soll hier – vor allem im Hinblick auf die Lehren aus dem Prozess der Lokalen Agenda 21 – beschrieben werden.[1] Die Lokale Agenda 21 bietet dafür den geeigneten Referenzrahmen, da sie erstmals die Kommunen als Akteure anerkannte.[2]

Die entscheidende Weichenstellung für Nachhaltige Entwicklung und den Bedeutungsgewinn der lokalen Ebene brachte der Erdgipfel für Umwelt und Entwicklung von Rio de Janeiro im Jahre 1992. Trotz seiner herausragenden Bedeutung muss dieser immer als Teil einer Reihe von Weltkonferenzen verstanden werden (siehe Abb. S. 19). Beginnend mit dem Weltkindergipfel 1990 und weiteren Konferenzen über soziale und Menschenrechte, Bevölkerung, Frauen sowie zu Wohn- und Siedlungswesen, versuchten die Vereinten Nationen die größten Probleme, denen sich die Menschheit gegenüber sieht, zu analysieren und gemeinsam Strategien zu ihrer Bewältigung auszuarbeiten.[3] Es ist hinzuzufügen, dass die Vereinten Nationen diese Erkenntnisse und Bemühungen nicht unvermittelt zeigten, sondern als Resonanz auf jahrzehntelanges Engagement der Zivilgesellschaft. Seit Rio sind fünfzehn Jahre vergangen. Ein Zeitraum, der kaum lang genug scheint, um Nachhaltigkeit und die Lokale Agenda 21 fest in den Gesellschaften und Kommunen zu verankern und substanzielle Veränderungen herbeizuführen, der sich aber als ausreichend erwiesen hat, um die Vorzeichen, unter denen alle Anstrengungen seit Rio stehen, zu verschärfen oder zu verändern und das Leitbild der Nachhaltigkeit dringlicher denn je werden zu lassen. Die globale Bevölkerungsentwicklung, die Urbanisierung, die Einsichten über den vom Menschen verursachten Klimawandel, die Einbeziehung der Transformationsstaaten

Anzahl der Kommunen weltweit
Stand: 1999/2000

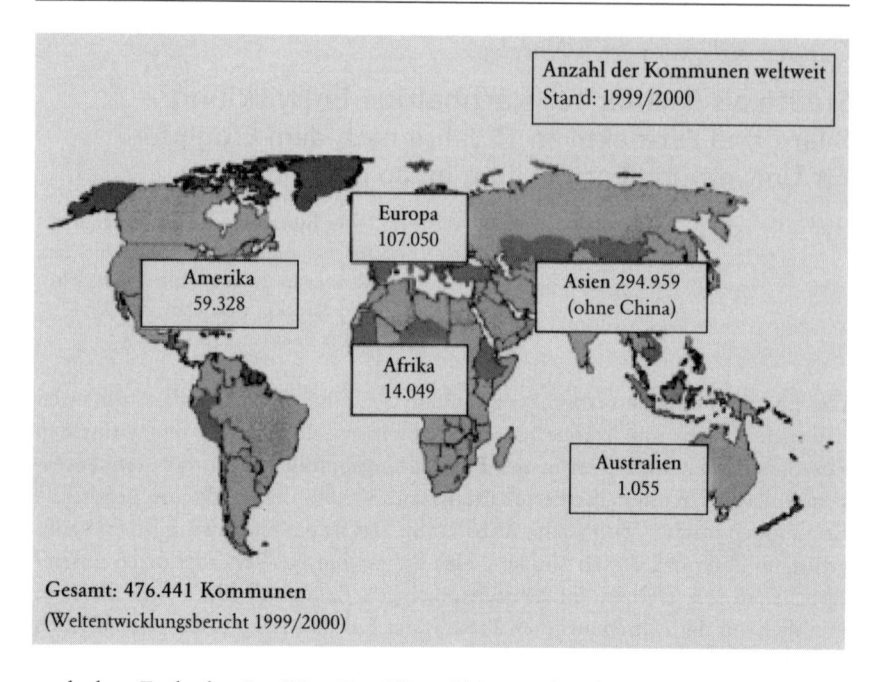

Europa 107.050

Amerika 59.328

Asien 294.959 (ohne China)

Afrika 14.049

Australien 1.055

Gesamt: 476.441 Kommunen
(Weltentwicklungsbericht 1999/2000)

nach dem Ende des Ost-West-Konflikts, China und Indien als neue Größen auf dem Weltmarkt und die rasante Globalisierung als Kontext aller Entwicklungen sind einige der Einflussfaktoren, die hier aufgeführt werden können.

Das der Bildung gewidmete Kapitel 36 der Agenda 21 forderte für die Bildung gänzlich neue Curricula. Die zunächst weitgehende Missachtung dieser Vorschläge führte zur UN-Bildungsdekade für nachhaltige Entwicklung 2004-2014. Immerhin hat dafür in Deutschland Bundespräsident Köhler die Schirmherrschaft übernommen. Ob dies die Kultusministerkonferenz wirklich beeindruckt und Aktivitäten hervorbringt, bleibt abzuwarten. Die bildungspolitische Stille der ersten drei Jahre lässt wenig Raum für Optimismus.

Es stellt sich heute die Frage, ob die „Agenten der Nachhaltigkeit" es verstanden haben, mit der hohen Dynamik unserer Lebenswelt Schritt zu halten und auf Entwicklungen, die begonnen haben oder sich für die Zukunft abzeichnen, auch in der internationalen Zusammenarbeit, einzugehen. Was hat sich auf lokaler Ebene in Deutschland bewegt, um den „glokalen" – denn global ist immer auch lokal, und Urbanisierung zeigt sich zunehmend eng mit Globalisierung verknüpft – Herausforderungen nachhaltig zu begegnen, und welche Rolle spielt die Lokale Agenda 21 für welche Akteure heute noch, 15 Jahre nach Rio? Dabei darf die Rolle der Länder und des Bundes nicht unterschätzt werden. Diese Ebenen hätten viel dazu beitragen können, lokal nachhaltige Entwicklungen zu

Städte als Partner für Nachhaltige Entwicklung 19

unterstützen, doch oft wurden die Bemühungen der schwächsten Ebene - die der Gemeinden - durch kontraproduktive Entscheidungen von Bund und Ländern ausgebremst oder gar konterkariert.

Es bietet sich an, die Kommunen als Schnittstelle zwischen verschiedenen Sektoren, Akteuren und Prozessen zu verstehen und einzusetzen. So lässt sich durch das Zusammenbringen von Entwicklungspolitik, Stadtentwicklung und Urbanisierung mit den Leitbildern von Rio eine kohärente wirkungsvolle Herangehensweise an einige der dringlichsten Probleme des „urbanen Planeten" gestalten.

1 Die Welt wird Stadt – und Deutschland?

Urbanisierung ist eine wahrhaft weltweite Entwicklung. Sie spielt sich in allen Ländern der Erde mit grundlegend gleicher Dynamik ab, jedoch mit von Region zu Region unterschiedlichem Ausmaß und Tempo. Vorhersagen sehen das Wachstum der städtischen Weltbevölkerung bis ins Jahr 2030 mit einer Rate voranschreiten, die beinahe doppelt so hoch liegen wird, wie die der gesamten Weltbevölkerung im selben Zeitraum. Im Jahr 2005 hatte Deutschland einen Verstädterungsgrad von 75,2 Prozent erreicht. Mit einer Urbanisierungsrate, die nicht über 0,25 Prozent hinausgeht, wird dieser bis 2030 auf schätzungsweise 80 Prozent steigen. Die Welt wird im Laufe des Jahres 2007 die 50-Prozent Marke überschreiten.[4] Mit anderen Worten, jeder zweite Erdenbürger wird in diesem Jahr in einer Stadt leben. Einer der grundlegenden Unterschiede, zwischen dem Urbanisierungsprozess der Industriestaaten und dem der Länder des Südens, die derzeit starkes Wachstum zeigen, ist die Zeitachse, auf der sich der Wandel von einer ländlichen in eine

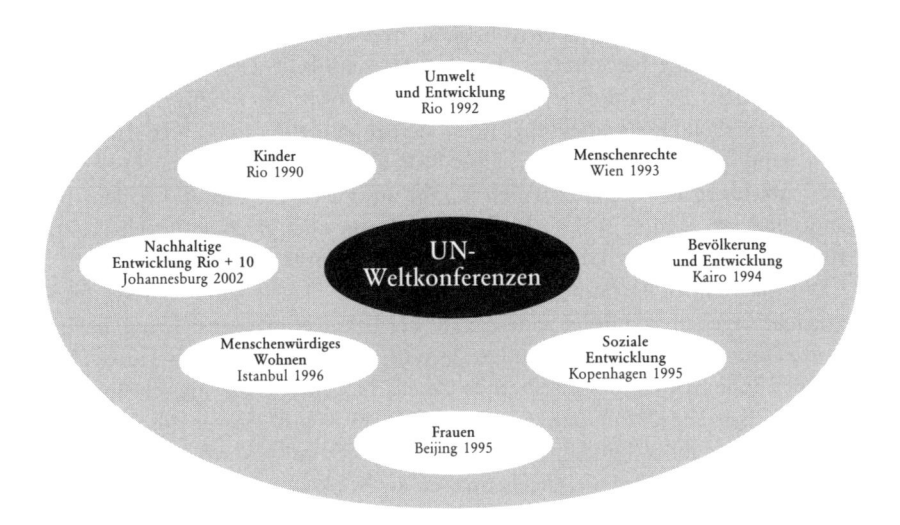

UN-Weltkonferenzen:
- Umwelt und Entwicklung, Rio 1992
- Kinder, Rio 1990
- Menschenrechte, Wien 1993
- Nachhaltige Entwicklung Rio + 10, Johannesburg 2002
- Bevölkerung und Entwicklung, Kairo 1994
- Menschenwürdiges Wohnen, Istanbul 1996
- Soziale Entwicklung, Kopenhagen 1995
- Frauen, Beijing 1995

städtische Gesellschaft vollzieht. Was sich beispielsweise in Großbritannien oder Deutschland über mehrere Jahrhunderte, seit dem Beginn der Industrialisierung, vollzog, läuft in vielen Ländern des Südens in wenigen Dekaden ab.

Vor allem, im globalen Vergleich als klein zu bezeichnende Städte, mit weniger als 500.000 Einwohnern, und solche mittlerer Größe, mit 1 bis 5 Millionen Einwohnern, werden überall auf der Welt die stärksten Zuwächse verzeichnen, nicht die Megastädte mit mehr als 10 Millionen Einwohnern, von denen es heute 20 gibt, die aber weiter wachsen und deren Zahl weiter steigen wird. Heute sind mehr als 53 Prozent der Stadtbewohner weltweit in Städten von weniger als 500.000 Einwohnern ansässig.[5] Eine Größenordnung, in der sich ca. 80 Prozent aller deutschen Städte wieder finden. Seit den fünfziger Jahren sind es in Deutschland die Mittel- und Kleinstädte, in denen sich die Urbanisierung am deutlichsten niederschlägt. Eine Entwicklung, die dazu beitrug, den vormals herrschenden Stadt-Land-Gegensatz zu mildern.

Eine alarmierende Tendenz der weltweiten Urbanisierung ist der unstillbare Ressourcenhunger der Städte. Auf den 2 Prozent der Erdoberfläche, die die Städte in Beschlag nehmen, werden 80 Prozent der Ressourcen verbraucht. Besonders in Regionen, wo sich Urbanisierung Hand in Hand mit Industrialisierung vollzieht, ist der ökologische Fußabdruck, den die Stadt in ihrem Umland hinterlässt, von besonderer Reichweite und Tiefe. Die dringende Notwendigkeit, die Entwicklung der Städte weltweit in nachhaltige Bahnen zu lenken, ist unumstritten, und das Leitbild einer Nachhaltigen Entwicklung, im Sinne des Brundtland-Berichts, steht seit Rio 1992 auf der Agenda der meisten Staats- und Regierungschefs, auch auf jener der Bundesregierung. Es sei ins Gedächtnis gerufen, dass das Konzept Nachhaltigkeit jedoch nicht nur eine ökologische Dimension beinhaltet, sondern ebenfalls soziale Gerechtigkeit, ökonomischen Wohlstand und globale Verantwortung befördert, auch wenn das Leitbild einer Nachhaltigen Entwicklung zuerst im Umweltbereich politisch und rechtlich verankert wurde.

Das Puzzleteil Deutschland fügt sich – bereits zu mehr als drei Viertel verstädtert – nahtlos in das Bild des „urbanen Planeten" ein. Allerdings zeichnen sich für Deutschland nicht die Szenarien ab, die aus vielen Ländern des Südens bekannt sind, wo Städte, in ihrer Entwicklung kaum oder gänzlich ungelenkt, zu Problemherden in allen kommunalen Handlungsfeldern werden.

Die wachsenden Herausforderungen mit denen Deutschland sich konfrontiert sieht, ergeben sich unter anderem aus der Bevölkerungsentwicklung, die gekennzeichnet ist durch geringe Kinderzahlen bei steigender Lebenserwartung. Dies bedeutet hohe Kosten für eine alternde Gesellschaft bei gleichzeitig schrumpfender Wirtschaftskraft. Kommunen müssen sich ein ebenso wirtschaftlich wie demographisch stabiles Fundament schaffen, um sich in Zukunft behaupten zu können. Hierbei werden sie gleichermaßen zu Konkurrenten um Investitionen wie auch um produktive junge Menschen. Das Stadtmarketing kann hier wesentlich dazu beitragen, die Attraktivität der jeweiligen Stadt zu steigern. Zudem müssen die Kommunen Strategien entwickeln, um mit minimalem Spielraum im Haushalt effizient arbeiten zu können oder bestehende Überschuldung zu überwinden, ohne auf Nachhaltigkeit zu verzichten. Hier sammeln die Kommunen bereits wertvolle Erfahrungen, die in Zukunft – so bleibt zu hoffen – als „gelungene Vorgehensweisen"[6], auch in der internationalen Kooperation, weitergegeben werden können.[7]

Zudem muss man sich bewusst machen, dass auch die urbane Entwicklung in Deutschland zu der Zeit, als die Impulse von Rio das Land erreichten, durch die Wiedervereinigung und die damit verbundene Politik zur Angleichung der Lebensverhältnisse in Ost und West geprägt war. In den neuen Bundesländern übernahmen die Kommunen durch die kommunale Selbstverwaltung bis dahin unbekannte Aufgaben und Pflichten, die einen Neuaufbau der Kommunalverwaltung unabdingbar machten.

2 Die Lokale Agenda 21 – wo stehen wir 15 Jahre nach Rio?

Der Berliner Bezirk Köpenick war es, der im Oktober 1994 als eine der ersten Kommunen die Herausforderung einer Lokalen Agenda 21 annahm. Ende 1996, als gemäß Kapitel 28 der Agenda 21[8] alle deutschen Kommunen ihren ersten Konsultationsprozess zur Aufstellung einer Lokalen Agenda 21 durchlaufen haben sollten, waren es kaum zwei Prozent, die entsprechende Bemühungen unternommen hatten. Dies veranlasste einige unserer europäischen Nachbarn, bei denen es zu diesem Zeitpunkt bereits mehr als 80 Prozent waren (Dänemark, Niederlande, Großbritannien) dazu, vom „Entwicklungsland Deutschland" zu sprechen. Ein erstes stärkeres Engagement nahm 1996 seinen Anfang und ging von den größeren Städten wie Bremen, Hamburg, Hannover, München und Wuppertal aus. Der Schub, den der Agenda-Prozess 1996 erlebte, war zum Teil auf den Leitfaden „Städte für eine umweltgerechte Entwicklung" des Deutschen Städtetags aus dem vorangegangenen Jahr zurückzuführen, wo auch die Diskussion über die Gründung einer Servicestelle für Kommunen, die sich in der internationalen Zusammenarbeit engagieren, ihren Ursprung nahm. Wichtig waren hier auch Debatten auf regionaler und kommunaler Ebene, die in Ministerpräsidenten- und Bundestags- und Bundesratsbeschlüsse mündeten, die den lokalen Akteuren neue Referenzrahmen bieten konnten.[9] Hauptauslöser war aber der drohende Fristablauf vom 31.12.1996.

Bisherige Entwicklungen unter schwierigen Rahmenbedingungen

Im März 2002, 10 Jahre nach Rio, hatten rund 16 Prozent der deutsche Städte und Gemeinden einen politischen Beschluss zur Aufstellung einer Lokalen Agenda 21 verfasst. Mitte 2006 waren es 2610 der 12.315 kommunalen Gebietskörperschaften[10] bundesweit, dies sind 20,5 Prozent ihrer Gesamtheit, die sich zur Aufstellung einer Lokalen Agenda 21 entschlossen hatten oder sich bereits in der Umsetzung befanden. Nicht mehr als 100 verabschiedete Aktionsprogramme für Nachhaltige Entwicklung kann Deutschland heute vorweisen.[11]

Im europäischen Vergleich bleibt Deutschland weit hinter Ländern wie Großbritannien, den Niederlanden oder Schweden zurück, die eine beinahe hundertprozentige Beschlusslage zur Lokalen Agenda 21 vorweisen können. Diese Zahl spiegelt jedoch nicht die Defizite bei der Umsetzung bzw. das aktuelle Engagement nach der anfänglichen Beschlussfreudigkeit wider.

Angesichts der nunmehr 15 Jahre, die seit dem Beschluss der Agenda 21 verstrichen sind, bietet dieses Verhältnis also keinen Grund, eine positive Bilanz zu ziehen. Vielmehr spiegelt es die Umsetzung der Agenda 21 auf der lokalen Ebene in Deutschland realistisch wider, als mühsamen Weg, den viele Kommunen nicht bereit oder in der Lage sind zu gehen. Die Argumentation der zögernden bzw. die Lokale Agenda 21 ablehnenden Kommunen ist dabei durchaus nachvollziehbar. Zuerst wird die meist defizitäre Haushaltslage gegen die Agenda-Arbeit, die in den Augen dieser Kommunen keinen unmittelbaren ökonomischen, sozialen oder ökologischen Nutzen verspricht, ins Feld geführt. Hinzu kommt, dass der optionale Charakter der Lokalen Agenda 21 kommunalen Handlungsspielräumen von vorne herein gewisse Grenzen setzt, die zu dem häufig geringen Interesse an entwicklungspolitischen Themen und Nachhaltigkeitsfragen in Politik und Administration beitragen. Viele lokale Agenda-Prozesse in Deutschland leiden an personellem und finanziellem Mangel, so dass Agenda-Arbeit gleichbedeutend mit Mehrarbeit für viele Mitarbeiter der Kommunen wird, die nicht immer übernommen werden kann.

Häufig kommt es zum Stillstand des Agenda-Prozesses inklusive der dazugehörigen Öffentlichkeitsarbeit, der Moderation und Durchführung von Partizipationsverfahren sowie der Bereitstellung des dazu erforderlichen qualifizierten Personals. Die Strukturen und Verbände, die in Deutschland den Agenda-Prozess befördern, beklagen den schwindenden Partizipationswillen der Bevölkerung und eine allgemeine Demokratiemüdigkeit. Diese Defizite auf Seiten der Zivilgesellschaft, aber auch bei den Aktiven in Politik und Verwaltung, lassen sich, zum Teil wohl durchaus berechtigt, auf den Frust zurückführen, der oft aus dem „unerträglichen Spagat zwischen politischen Sonntagsreden zur Nachhaltigkeit und den zähen Mühen im Alltag vor Ort, wo zwar viele Agenda-Beschlüsse existieren, aber deshalb die alten Trampelpfade noch lange nicht aufgegeben werden"[12], entsteht.

Die für eine Implementierung der Leitbilder von Rio nötigen Resolutionen mögen existieren, jedoch fehlt es häufig an Implementierungsmacht, um Taten folgen zu lassen, und die Unterstützung der Länder bleibt hinter dem zurück, was die Resolutionen vorsehen. Doch darf der Agenda-Prozess seine Legitimation wie auch seinen Auftrag ohnehin nicht ausschließlich aus Beschlüssen „von oben" ziehen. Regierungschefs wie Kommunalpolitik können mit noch so vielen Resolutionen aufwarten und noch so viele Beschlüsse zur Agenda 21 erlassen, so lang diese ohne breiten Rückhalt aus der lokalen Bevölkerung sind, wird aus ihnen weder ein lebendiger Prozess (was essentiell für die Agenda-Arbeit ist), noch werden sie eine positive Wirkung entfalten. Wiederum ist aber auch die aktivste demokratische Bürgergesellschaft alleingelassen und nur sehr begrenzt handlungsfähig, wenn Politik und Wirtschaft nicht mitziehen und die ihnen mögliche Unterstützung nicht leisten. Partizipation allein löst lokale Interessenkonflikte nicht.

In der Retrospektive drängt sich die Frage auf, ob das Kapitel 28 der Lokalen Agenda 21 nicht viele aktive Bürgerinnen und Bürger, Verbände und andere zivilgesellschaftliche Einrichtungen in die Falle gelockt hat, in der sie dann schlussendlich Frustration und Resignation erlagen.

Kapitel 28 verführt zu einer Parallelpolitik über Runde Tische, welche augenscheinlich die Möglichkeit gibt, „wirklich etwas zu erreichen" und Entscheidungen „von unten" zu beeinflussen. Dies schlug sich in der Anfangszeit in Euphorie und Aufbruchsstimmung in den Kreisen der Aktiven nieder. Der Lokale-Agenda-21-Prozess wurde zum Sammelbecken für viele soziale, politische und ökologische Bewegungen, die vor allem dadurch angelockt wurden, dass vielfältige Themen und vor allem die Zusammenhänge der Themen aus Entwicklung, Umwelt, Soziales, nachhaltigem Wirtschaften sowie aus frauen- und jugendpolitischen Themen endlich Beachtung fanden. Darüber hinaus versprach die Lokale Agenda 21, dass nun auch auf die wenig Gehörten geachtet werden sollte: Frauen, Jugendliche, Alte, Landwirte, Nichtregierungsorganisationen aller Provenienz, ja sogar die lokalen Entscheidungsträger/innen der Kommunen auf allen Ebenen. Der Multistakeholder-Ansatz sollte dies ermöglichen, so die Theorie des 28. Kapitels der Agenda 21 von Rio. Doch bald wurde deutlich, dass allen Stakeholdern zwar Beteilungskompetenz zugestanden wurde, Entscheidungskompetenz aber weiterhin nur bei den kommunalen Strukturen lag.

Ein Glücksfall war und ist es also, wenn der Agenda-Prozess tatsächlich mit der Kommunalpolitik in einem Guss gestaltet wird und alle Hauptakteursgruppen am selben Runden Tisch sitzen.

> **Kasten 1: UNCED 1992 – die Agenda 21 – Kapitel 28: Kommunale Initiativen zur Unterstützung der Agenda 21**
>
> *Handlungsgrundlage*
> 28.1 Da so viele der in der Agenda 21 angesprochenen Probleme und Lösungen ihre Wurzeln in Aktivitäten auf örtlicher Ebene haben, ist die Beteiligung und Mitwirkung der Kommunen ein entscheidender Faktor bei der Verwirklichung der Agendaziele. Kommunen errichten, verwalten und unterhalten die wirtschaftliche, soziale und ökologische Infrastruktur, überwachen den Planungsablauf, stellen die kommunale Umweltpolitik und kommunale Umweltvorschriften auf und wirken an der Umsetzung der nationalen und regionalen Umweltpolitik mit. Als Politik- und Verwaltungsebene, die den Bürgern am nächsten ist, spielen sie eine entscheidende Rolle dabei, die Öffentlichkeit aufzuklären und zu mobilisieren und im Hinblick auf die Förderung einer nachhaltigen Entwicklung auf ihre Anliegen einzugehen.
>
> *Ziele*
> 28.2 In diesem Programmbereich sind folgende Ziele vorgesehen:
> a) Bis 1996 sollte die Mehrzahl der Kommunalverwaltungen der einzelnen Länder in einen Konsultationsprozess mit ihren Bürgern eingetreten sein und einen Konsens hinsichtlich einer „lokalen Agenda 21" für das jeweilige Gemeinwesen erzielt haben;
> b) bis 1993 sollte die internationale Gemeinschaft einen Konsultationsprozess eingeleitet haben, dessen Ziel eine zunehmend engere Zusammenarbeit zwischen den Kommunen ist;
> c) bis 1994 sollten Vertreter von Verbänden der Städte und anderer Kommunen die Zusammenarbeit und Koordinierung intensiviert haben, mit dem Ziel, den Informations- und Erfahrungsaustausch zwischen den Kommunen zu verbessern;
> d) alle Kommunen in einem jeden Land sollten dazu angehalten werden, Programme durchzuführen und zu überwachen, deren Ziel die Beteiligung von Frauen und Jugendlichen an Entscheidungs-, Planungs- und Umsetzungsprozessen ist.
>
> *Maßnahmen*
> 28.3 Jede Kommunalverwaltung sollte in einen Dialog mit ihren Bürgern, örtlichen Organisationen und der Privatwirtschaft eintreten und eine „lokale Agenda 21" beschließen. Im Zuge der Konsultation und Konsensbildung würden die Kommunen von ihren Bürgern und von örtlichen Bürger-, Gemeinde-, Wirtschafts- und Gewerbeorganisationen lernen und die Informationen erhalten, die sie benötigen, um die beste Strategie aufstellen zu können. Durch den Konsultationsprozess würde das Bewusstsein der einzelnen Haushalte für Fragen der Nachhaltigen Entwicklung geschärft. Kommunale Programme, Politiken, Gesetze und sonstige Vorschriften zur Verwirklichung der Zielsetzungen der Agenda 21 würden bewertet und auf der Grundlage der verabschiedeten lokalen Programme modifiziert. Die Strategien könnten auch dazu herangezogen werden, lokale, nationale, regionale und internationale Finanzierungsvorschläge zu unterstützen.

Städte als Partner für Nachhaltige Entwicklung 25

28.4 Partnerschaften zwischen einschlägigen Organen und Organisationen wie etwa dem UNDP, dem Zentrum der Vereinten Nationen für Wohn- und Siedlungswesen (Habitat) und dem UNEP, der Weltbank, regionalen Banken, dem Internationalen Städte- und Gemeindeverband, dem Metropolis-Weltverband (World Association of the Major Metropolises), dem Gipfel der großen Städte der Welt, dem Weltbund der Partnerstädte und anderen wichtigen Partnern sollten gefördert werden, um vermehrt internationale Unterstützung für kommunale Programme zu mobilisieren. Ein wichtiges Ziel in diesem Zusammenhang wäre, vorhandene Institutionen, die mit kommunalem Kapazitätsaufbau und lokalem Umweltmanagement befasst sind, zu unterstützen, zu erweitern und zu verbessern. Zu diesem Zweck
a) sind Habitat und andere einschlägige Organe und Organisationen des Systems der Vereinten Nationen aufgefordert, ihre Dienstleistungen im Hinblick auf die Sammlung von Informationen über lokale Strategien, insbesondere soweit diese internationaler Unterstützung bedürfen, zu verstärken;
b) könnten im Rahmen regelmäßiger Konsultationen unter Beteiligung internationaler Partner sowie auch der Entwicklungsländer Strategien überprüft und Überlegungen angestellt werden, wie eine solche internationale Unterstützung am besten mobilisiert werden könnte. Eine derartige sektorale Absprache würde als Ergänzung zu gleichlaufenden länderspezifischen Konsultationen dienen, wie etwa denjenigen, die im Rahmen von Beratungsgruppen und Rundtischkonferenzen stattfinden.
28.5 Vertreter von Kommunalverbänden werden aufgefordert, Prozesse einzurichten, um den Austausch von Informationen und Erfahrungen und die gegenseitige technische Hilfe zwischen den Kommunen zu intensivieren.

Mittel zur Umsetzung
A) *Finanzierung und Kostenabschätzung*
28.6 Es wird empfohlen, dass alle Beteiligten ihren Finanzbedarf in diesem Bereich neu bewerten. Schätzungen des Konferenzsekretariats zufolge belaufen sich die durchschnittlichen jährlichen Gesamtkosten (1993-2000) für die Durchführung der in diesen Programmbereich fallenden Maßnahmen auf etwa 1 Million Dollar als Zuschüsse oder zu Konzessionsbedingungen. Es handelt sich dabei nur um indikative, von den Regierungen noch nicht geprüfte Schätzungen der Größenordnung.
B) *Erschließung der menschlichen Ressourcen und Kapazitätsaufbau*
28.7 Dieses Programm dürfte den Kapazitätsaufbau und die Ausbildungsmaßnahmen erleichtern, die bereits in anderen Kapiteln der Agenda 21 enthalten sind.

Neue Ansätze für die lokale Ebene

Die zuvor dargestellte kritische Betrachtung sollte allerdings auch um die Erfolge ergänzt werden, die Agenda-Kommunen langfristig und nachhaltig verzeichnen können. Teilweise haben Kommunen sehr gute, im Agenda-Prozess verankerte Wege gefunden, um mit den Herausforderungen, denen sie sich gegenüber sehen, umzugehen. Heute steht ein breites Spektrum an Maßnahmen, Instrumenten und Verfahren sowie Beteiligten und Akteuren zur Verfügung.

Eines der Handlungsfelder in dem relative Erfolge zu verbuchen sind, ist der kommunale Klimaschutz. Er hat nicht zuletzt durch die Lokale Agenda 21 erheblich an Relevanz gewonnen. Neben den meist bilateralen kommunalen Klimaschutzaktivitäten ist die Mitgliedschaft in internationalen Netzwerken als besonders wertvoll zu beurteilen. Zwei Städtenetzwerke haben sich dabei in besonderer Weise in die lokalen, nationalen und internationalen Prozesse eingemischt. So hat das Klimabündnis der Städte genauso wie ICLEI eine sehr wichtige Funktion, um Kräfte zu bündeln, neue Kooperationen zu entwickeln und Lernerfahrungen zu ermöglichen.[13]

Im Klimabereich steckt sicherlich eine ganz besondere Herausforderung, gerade auch für die Städte, von denen viele - und nicht nur die Küstenstädte - ganz besonders betroffen sind und in Zukunft sein werden.[14] Die Klimaforscher Rahmstorf/Schellnhuber sagen dazu: „Generell gilt, dass das System Stadt die ideale geographische Einheit darstellt, um integrierte Lösungen des Klimaproblems zu organisieren, also geeignete Kombinationen von Vermeidungs- und Anpassungsmaßnahmen im direkten Dialog mit den konkreten Akteuren zu planen und zu erproben. Die Stadteinheiten sind einerseits klein genug, um den schwerfälligen nationalen Tankern vorauseilen zu können (...). Und sie sind andererseits groß genug, um individuelle Motive und Aktionen in gerichtete und kraftvolle kooperative Prozesse zu verwandeln."[15]

Nicht zu unterschätzen ist der Wert der Agenda-Arbeit als politischer Lernprozess, welcher viele der heute praktizierten Kooperationsformen und Vorgehensweisen in und zwischen den verschiedensten Handlungsbereichen erst ermöglicht hat.[16] Dass heute in Deutschland der Bürgerhaushalt von Porto Alegre[17] in abgewandelter Form, das faire Beschaffungswesen[18] und die Praxis nachhaltigen Einkaufens oder auch das offensive Zusammenwirken von Migrantenvereinen und Kommunalpolitik möglich ist, wäre ohne die Lokale-Agenda-Bewegung der 1990er Jahre gar nicht denkbar. Sie war Wegbereiter wichtiger Verständigungsprozesse und hat die notwendigen Annäherungen der Akteursgruppen bewerkstelligt. Es entstand - und vielerorts hält dies stetig an - das gemeinsame Bewusstsein, dass angesichts globaler Herausforderungen in den zentralen Handlungsbereichen heute keine Akteursgruppe mehr die Probleme alleine bewältigen kann, aber gemeinsam mit allen Sichtweisen eine Veränderung der gesellschaftlichen Prozesse erreichbar ist. Erstmals wurden durch den Agenda-Prozess auch die Kontexte Umwelt und Entwicklung und lokal und global zusammen gedacht.

Dass es keinen Königsweg der Aufstellung und Implementierung der Lokalen Agenda 21 gibt, hat sich in Deutschland, wie auch bei den weltweiten Bemühungen, gezeigt. Kommunen sind sehr heterogen und jede Kommune tritt mit unterschiedlichen Rahmenbedingungen und einer anderen Ausgangssituation an, die eine spezifische Herangehensweise und Durchführung unabdingbar machen.

Stärken der Agenda-Arbeit sind allerdings deutlicher dort anzutreffen, wo Zusammenarbeit zwischen „oben und unten" aus gemeinsamer Überzeugung praktiziert wird. Die Lokale Agenda 21 braucht Akteure mit Durchhaltevermögen, „von oben" wie auch „von unten", die langfristig Kontinuität in ihrer Arbeit zeigen können.

Von Seiten der öffentlichen Verwaltung sind es vielfach die Dienststellen, die nah der Stadtspitze angesiedelt sind, aber auch die Fachämter, wie das Hauptamt, die Ämter für Umwelt, für internationale Beziehungen und/oder Repräsentation oder das Amt für Presse- und Öffentlichkeitsarbeit, welche die Zuständigkeit übernehmen. Zu den externen Akteuren gehören Freundschafts- und Fördervereine, Umwelt- und Naturschutz-Gruppen, Eine-Welt-Initiativen, karitative Einrichtungen, Kirchengemeinden, Initiativen-Netzwerke und ein breites Spektrum kommunaler Einrichtungen wie Museen, Krankenhäuser, Kulturstätten, Kammern, Verbände, Frauengleichstellungsstellen, privatwirtschaftliche Unternehmen etc. Besondere Erwähnung müssen die Kommunalen Spitzenverbände (Deutscher Städtetag, Deutscher Landkreistag, Deutscher Städte- und Gemeindebund) finden. Von ihnen geht wertvolle Unterstützung an den Konsultationsprozess zur Lokalen Agenda 21 aus.

Im Rahmen der Prozesse zur Lokalen Agenda 21 wurden gerade auch an die Wirtschaft besondere Erwartungen gestellt. Privatwirtschaftliche Unternehmen haben eine große kommunalpolitische Relevanz, da sie als Arbeitgeber und Steuerzahler vor Ort natürlich besonders ins Gewicht fallen. Sie als Mitstreiter an den Verhandlungstisch zu bekommen kann sehr erfolgreich sein. Allerdings waren sie bisher nur in wenigen Ausnahmefällen treibende Kräfte der Prozesse vor Ort. Dies auch deswegen, weil von den anderen Akteuren zu wenig genau gesagt wurde, was man denn konkret von einem bestimmten Wirtschaftsunternehmen wolle. Die Wirtschaft als solche an den Tisch bzw. in wenig präzise, offene Suchprozesse nehmen zu wollen, war von vornherein ein zum Scheitern verurteiltes Unterfangen.

Eine „gelungene Vorgehensweise", welche in Einzelfällen Kommunen und privatwirtschaftliche Unternehmen zu Partnern für Nachhaltige Entwicklung werden lässt, ist ÖKOPROFIT. Hierbei handelt es sich um ein Kooperationsprojekt zwischen Kommune und Wirtschaft, das dazu beitragen soll, die Umweltbelastung durch die Betriebe zu verringern und zugleich ihre Kosten zu senken. Das Besondere an ÖKOPROFIT sind die praxiserprobten Arbeitsmaterialien, der Zusammenschluss in einer Gruppe von Unternehmen sowie die enge Kooperation mit anderen Akteuren innerhalb der Kommune. Das Konzept wurde in Graz entwickelt und im Rahmen der Münchener Agenda 21 erstmals in Deutschland umgesetzt. In Nordrhein-Westfalen haben sich bis November 2006 622 Unternehmen an einem ÖKOPROFIT-Projekt beteiligt, wobei rund 4.000 Umweltschutzmaßnahmen umgesetzt wurden.[19] Bundesweit führend in der Betreuung von ÖKOPROFIT-Projekten ist der Bundesdeutsche Arbeitskreis für Umweltbewusstes Management e.V. (B.A.U.M.), welcher als erste überparteiliche Umweltinitiative der Wirtschaft im Jahr 1984 gegründet wurde. Das Bemerkenswerte an B.A.U.M. ist der zugrundeliegende Gedanke, Dienstleister für die Akteure unternehmerischen Umweltschutzes zu sein.[20]

Akteure, auch aus verschiedenen Handlungsbereichen, in strategischen Allianzen zu bündeln ist, wie es sich zwischen den Bereichen Bildung und Kultur häufig ergeben hat, sehr hilfreich. Das Ziel nachhaltiger Entwicklung bietet die gemeinsame Grundlage für strategische Partnerschaften zwischen allen kommunalen Akteuren aus Verwaltung, Politik und Zivilgesellschaft. Auch auf der 10. Bundeskonferenz der Kommunen und Initiativen, die vom 23. bis 25. November 2006 in Hamburg stattfand, wurden solche strategischen Allianzen als Fundament erfolgreicher Agenda-Arbeit identifiziert[21]. Besonders nachahmenswert ist der aus Großbritannien stammende Ansatz der „Fairtrade Towns"[22]. In „Fairtrade Towns" werden alle Menschen und Institutionen vor Ort zu Akteuren und können durch die vielen Möglichkeiten gemeinschaftlichen Handelns, die diese Initiative bietet, ihre Kommune stärken und zugleich einen wichtigen entwicklungspolitischen Beitrag leisten.

3 Stadtentwicklung im Fokus Nachhaltiger Entwicklung, weltweit und vor Ort

Die Entwicklung und Implementierung von Nachhaltigkeitsstrategien ist ohne Beteiligung der Menschen aussichtslos, woraus sich der hohe Stellenwert der Kommunen erklärt. Diese Erkenntnis wird mehr und mehr wahrgenommen und verstanden. Ihre Bedeutung ist vor allem in ihrer Rolle als Schnittstelle zwischen Bürger und Staat zu sehen, denn die Kommune ist auf der ganzen Welt stets die Ebene, die den Menschen am nächsten ist.

Der Beitrag, den Kommunen in der internationalen Zusammenarbeit leisten können, ist vielgestaltiger, als es sich Kommunen oft selbst zutrauen. Das Fehlen von Informationsaustausch und Vernetzung erklärt oft die Zögerlichkeit und den fehlenden Mut von Kommunen, die sich in vermeintlicher Isolation schwach und ohnmächtig fühlen. Parallelen zum vereinzelten Verbraucher drängen sich auf. Kommunen sind Erfahrungsträger, wenn es um flexible, innovative und erprobte Lösungsansätze geht. Als Partner der internationalen Zusammenarbeit bieten sie Möglichkeiten für gegenseitiges Lernen und Dialoge „von Stadt zu Stadt" zu entwicklungsrelevanten Themen für Megastädte, Städte oder auch kleinere Gemeinden. Zudem kann die Beteiligung der Zivilgesellschaft auf kommunaler Ebene der Lokalregierung Rückhalt für entwicklungspolitisches Handeln bieten. Wissenstransfer im Sinne des Austauschs gelungener Vorgehensweisen,

Capacity-Building zur Steigerung der geforderten Lösungskompetenz und interkulturellen Annährung sind wirkungsvolle Bestandteile einer nachhaltigen Entwicklungspolitik. Wichtig für den Erfolg aller Maßnahmen und Projekte ist eine breite Beteiligung der Öffentlichkeit bzw. der Bevölkerung, da nachhaltige Entwicklung auch in den Köpfen der Beteiligten Einzug halten muss. Ein besonderes Gewicht und große Verantwortung kommt hier den Kommunalverwaltungen zu, die für ihren Bereich die Umsetzung der Lokalen Agenda 21 im Konsens mit ihren Bürgern gewährleisten sollen. Die entsprechende dringend nötige Aus- und Fortbildung für den öffentlichen Dienst ist leider außerordentlich defizitär.

Stadtentwicklung beinhaltet alle kommunalen Handlungsfelder, und nahezu jedes kommunale Handlungsfeld übt einen Einfluss auf die Nachhaltige Entwicklung aus. Stadtentwicklung bedeutet im weitesten Sinn die Gesamtentwicklung einer Stadt in räumlicher, zeitlicher und struktureller Hinsicht. Sie vollzieht sich mit hoher Eigendynamik und wird von Faktoren wie Wirtschafts- und Bevölkerungsentwicklung beeinflusst. Eine gezielte Stadtentwicklung umfasst ein breites Aufgabenspektrum. Dazu gehören zum Beispiel: Auf- und Ausbau von Bildungseinrichtungen, die Minderung städtischer Armut, Klimaschutz, Flächenmanagement oder städtebauliche Maßnahmen etc. Die Gewährleistung der menschlichen Basisbedürfnisse ist hierbei das Kernanliegen der Kommunalpolitik. Ein Ansatz, diese Aufgaben in einer zukunftsfähigen Weise zu lösen, ist das Leitbild „Nachhaltige Stadtentwicklung". Es wurde auf internationaler Ebene in der Habitat-Agenda formuliert, bei der UN-Konferenz Habitat II zu Wohn- und Siedlungswesen 1996 in Istanbul. Nachhaltige Stadtentwicklung orientiert sich an drei zentralen Leitlinien: der „ökologischen und ressourcensparsamen Stadt", der „ökonomischen Stadt" und der „sozial inklusiven Stadt", die ihre Bürgerinnen und Bürger an Entscheidungsprozessen beteiligt und benachteiligte Bevölkerungsgruppen integriert und am wirtschaftlichen Fortschritt teilhaben lässt. Inzwischen nutzen viele Kommunen und Staaten dieses Leitbild bei der Steuerung der Stadtentwicklung. Auch in der internationalen Entwicklungspolitik ist das Thema Stadtentwicklung inzwischen ein wichtiger Schwerpunkt. Dafür gibt es drei wesentliche Gründe:[23]

- Städte wachsen rapide und stellen einen immer größeren Anteil der Weltbevölkerung.
- Nachdem jahrzehntelang ländliche Gebiete im Fokus der Entwicklungszusammenarbeit standen, ist inzwischen deutlich geworden, dass die Situation in den Städten oft weitaus prekärer ist.
- Städte sind aber auch ideale Ansatzpunkte, von denen aus positive Entwicklungen ins Umland ausgehen können. Soziale Netzwerke, Handelsbeziehungen und Stoffkreisläufe ermöglichen bemerkenswerte positive Wechselwirkungen zwischen Stadt und Umland.

Auch im Aktionsprogramm 2015[24], dem Instrument der Bundesregierung zur Verwirklichung der Ziele, die in der Millenniumserklärung, im Monterrey-Konsensus und im Aktionsplan von Johannesburg genannt werden, sind Ziele formuliert, die der internationalen Zusammenarbeit im Bereich Stadtentwicklung als Maßstab dienen können: die wirtschaftliche Dynamik erhöhen, die aktive Beteiligung der Armen am gesellschaftlichen, politischen und wirtschaftlichen Leben sichern, eine verantwortungsvolle Regierungsführung fördern, soziale Grunddienste bereitstellen, menschliche Sicherheit gewährleisten, den Zugang zu lebenswichtigen Ressourcen sichern und eine intakte Umwelt fördern. Darüber hinaus stehen fast alle der Millenniums-Entwicklungsziele in unmittelbarem Bezug zur Stadtentwicklung und unterstreichen damit ihre Bedeutung. Besonderes Gewicht hat im Bereich Stadtentwicklung das Ziel 7, „den Schutz der Umwelt verbessern". Unterziele sind hier u.a.: die Halbierung des Anteils der Menschen ohne dauerhaft gesicherten Zugang zu hygienisch einwandfreiem Trinkwasser und ohne geeignete Abwasserversorgung bis 2015; eine deutliche Verbesserung der Lebensbedingungen von mindestens 100 Millionen Slumbewohnern bis 2020. Die Anknüpfung der Millenniums-Entwicklungsziele an die Lokale Agenda 21 geht über diese konkreten Ziele im Bereich Stadtentwicklung weit hinaus. Die Umsetzung der acht Millenniums-Entwicklungsziele ist eine gemeinsame Aufgabe für alle zivilgesellschaftlichen Akteure und politischen Ebenen, die Anlass und Chance gibt, die internationale Zusammenarbeit der Kommunen und Lokale-Agenda-21-Prozesse zu stärken und auszuweiten. „Die weltweite Verwirklichung des Prinzips der kommunalen Selbstverwaltung ist eine wesentliche Voraussetzung für die erfolgreiche Umsetzung der Millenniums-Entwicklungsziele", erklärt das Abschlussdokument der 10. Bundeskonferenz der Kommunen und Initiativen. Der Kreis zwischen kommunaler Agenda- und weltweiter MDG-Arbeit schließt sich aus vielen Blickwinkeln.[25]

4 Deutsche Kommunen als Partner der Internationalen Zusammenarbeit

Die Zusammenarbeit mit den Ländern des Südens und ihren Städten wird in Deutschland seit den 1960er Jahren sowohl von privaten als auch öffentlichen Akteuren gepflegt. Kommunale Zusammenarbeit mit den Ländern des Südens ist eine verhältnismäßig junge Form internationaler Kooperation. Im zunehmenden Maße trat sie in den 1980er Jahren auf und stellte sich an die Seite der intraeuropäischen kommunalen Partnerschaften, die ihren unabdingbaren Beitrag zum Aufbau eines vereinten Europas seit dem Ende des zweiten Weltkriegs leisteten. Besonders die Versöhnung und die tiefen Freundschaften, die kommunale Partnerschaften zwischen den ehemals verfeindeten Kriegsparteien Frankreich und

Deutschland ermöglichten, sind bemerkenswerte Beispiele kommunalen Engagements über Grenzen hinweg. Aus ihnen konnten viele Lernerfahrungen gezogen werden.

1998 waren es nur knapp 3 Prozent aller unterhaltenen offiziellen Städtepartnerschaften, die zwischen deutschen Städten, Gemeinden und Kreisen und Ländern des Südens bestanden, 183 an der Zahl.[26] Vier Jahre später konnten bereits 300 Kooperationen gezählt werden, wobei auch Projekte der Kommunalen Entwicklungszusammenarbeit addiert wurden, die nicht im Kontext einer offiziellen Städtepartnerschaft standen. 646 Partnerschaften zu Kommunen in Entwicklungs-, Schwellen- und Transformationsländern konnte der Deutsche Städtetag 2004 benennen, denen 6000 Städtepartnerschaften mit anderen Industrieländern gegenüber stehen. Diese Zahlen werden begleitet von der langen Tradition partnerschaftlicher Zusammenarbeit zwischen Kirchengemeinden in Deutschland und den Ländern des Südens sowie einer Vielzahl privater und zivilgesellschaftlicher Aktivitäten, die oftmals von kommunaler Seite unterstützt werden und den Grundstein der internationalen Zusammenarbeit auf kommunaler Ebene legen können.

Bis Mitte der 1980er Jahre hatte kommunales Engagement in der internationalen Zusammenarbeit keine rechtliche Grundlage, da Grundgesetz und Länderverfassungen die Autorisierung der Gemeinden zur Aufnahme von Auslandsbeziehungen nicht ausdrücklich vorsehen und Entwicklungszusammenarbeit unter Auslandsbeziehungen zusammengefasst wurde. Jedoch kann eine Berechtigung dieser Art aus Artikel 28 Abs. 2 des Grundgesetzes abgeleitet werden. Sich darauf berufend beschloss der Arbeitskreis III „Kommunale Angelegenheiten" der Arbeitsgemeinschaft der Innenministerien im Oktober 1985, dass Gemeinden unter Berücksichtigung folgender Voraussetzungen Auslandsbeziehungen aufnehmen dürfen:[27]
- sie müssen auf lokaler Ebene erfolgen und Gemeinden oder vergleichbare Institutionen zum Partner haben;
- sie müssen sich auf Gegenstände beziehen, die nach deutschem Recht Angelegenheit der Gemeinden sind, und
- die Zusammenarbeit der deutschen Kommune und der ausländischen Partner muss sich auf den sog. örtlichen Wirkungskreis beschränken.

Drei Jahre später, am 28. Oktober 1988, stellen die Ministerpräsidenten der Bundesländer in einem Beschluss fest, „dass die Zusammenarbeit mit den Entwicklungsländern nicht nur vom Bund und den Ländern, sondern auch von der breiten Öffentlichkeit getragen werden muss." Darüber hinaus unterstreichen die Ministerpräsidenten im selben Beschluss auch die Bedeutung entwicklungspolitischer Bildung und Öffentlichkeitsarbeit. Im Jahr 1994 erweitern die Ministerpräsidenten die Bedeutung der Kommunen für die Umsetzung der Agenda 21, vor dem Hintergrund der UN-Weltkonferenz von Rio.

Heute sind deutsche Kommunen wichtige Partner in der entwicklungspolitischen Zusammenarbeit. Auch bei unseren europäischen Nachbarn rücken kommunale Partnerschaften weiter in den Fokus der Entwicklungszusammenarbeit. „Deutsche Kommunen werden zunehmend international aktiv (...). Ohne den Beitrag der Städte weltweit sind Entwicklungsprobleme nicht nachhaltig zu lösen." Diese Worte der Bundesministerin Heidemarie Wieczorek-Zeul[28] unterstreichen die Bedeutung, die Städten bzw. Kommunen als Akteuren der Entwicklungszusammenarbeit zukommt. Trotz dieser ermutigenden Entwicklung ist zu konstatieren, dass vielerorts der Zusammenhang zwischen dem Handeln der eigenen Kommune und dessen globale Auswirkungen nicht oder nur am Rande gesehen wird. Auch der direkte Nutzen der internationalen Zusammenarbeit mit Kommunen des Südens muss oft erst deutlich gemacht werden, besonders im Kontext knapper Finanz- und Personalressourcen. Der klassische Mitteltransfer, wie er aus der herkömmlichen Entwicklungspolitik bekannt ist, spielt in den auf gleicher Augenhöhe angelegten internationalen kommunalen Partnerschaften nur eine unwesentliche Rolle. Hier ist eine klare und sinnvolle Zäsur zu den Geber-/Nehmerrollen des Nordens und Südens in der Vergangenheit zu vermerken. Das Kernanliegen heute ist die Bildung internationaler Lerngemeinschaften, in denen gemeinsam lokale Lösungen für globale Probleme gefunden werden, das eigene Verhalten kritisch reflektiert wird und gesammelte Erfahrungen transferiert werden können. Der Austausch „gelungener Vorgehensweisen" wird zum zentralen Element der internationalen Zusammenarbeit der Kommunen.

Interkulturelle Kompetenz, also die Fähigkeit, über kulturelle „Grenzen" hinweg erfolgreich miteinander kommunizieren und kooperieren zu können, ist eine weitere qualifizierende Wirkung der internationalen kommunalen Partnerschaften. So kann die Interaktion mit den Partnern im Ausland im Inland zu einer verbesserten Kommunikation mit den Bürgerinnen und Bürgern mit Migrationshintergrund führen, was im Kontext der für die nächsten 50 Jahre erwarteten Veränderungen in der Verteilungsstruktur der Bevölkerung zunehmend an Bedeutung gewinnt. Derart können die internationalen kommunalen Partnerschaften gezielt als Qualifizierungsmaßnahmen, etwa für Mitarbeiter der Kommunalverwaltung, eingesetzt werden. So wird die Zusammenarbeit mit den Partnern im Süden zu einem breiten Qualifizierungsfeld der Personalentwicklung und erhöht die Attraktivität von Arbeitgebern und -nehmern. Zudem bieten kommunale Partnerschaftsaktivitäten neue Integrationsmöglichkeiten. Für die Wirtschaft, besonders für klein- und mittelständische Unternehmen, die nicht für den globalen Markt produzieren, können kommunale Partnerschaften so einen unmittelbaren ökonomischen Nutzen bringen. Über die direkten Kontakte zu ausländischen Firmen werden Technologie- und Beratungstransfer sowie Produktionskooperation ermöglicht. Vor allem im Bereich fairer Handel, aber auch im Zusammenhang mit erneuerbaren

Energien gibt es bereits eine Vielzahl gelungener Beispiele. Solidarität und Eigeninteresse sind hier kein Widerspruch, denn die Internationalität der Kommunen ist heute ein Standortfaktor. Für kommunale Partnerschaften gilt, wie auch bereits für die Lokale-Agenda-21-Arbeit angesprochen, dass sie nur zu einem vitalen und fruchtbaren Prozess werden, wenn sie von den Bürgern mit ausgelöst und getragen werden.

Auf der Ebene der Vereinten Nationen werden Kommunen seit der Weltkonferenz „Habitat II" 1996 in Istanbul als Partner für die Verwirklichung der Ziele der Vereinten Nationen anerkannt. Der erste Beirat der Kommunen auf Ebene der Vereinten Nationen (The United Nations Advisory Committee of Local Authorities – UNACLA) wurde im Jahr 2000 gegründet und soll an allen kommunalrelevanten Themen beteiligt werden. Der Weltverband United Cities and Local Governments (UCLG) hat mit einigen UN-Organen, insbesondere mit HABITAT, breite Partnerschaftsabkommen geschlossen. Bei den UN-Konferenzen in Johannesburg 2002 und bei dem Millennium+5-Gipfel 2005 hat die Präsenz der Kommunen stetig zugenommen, und UCLG hat verdeutlicht, dass die lokale Ebene sich selbst in der Pflicht sieht, Entwicklung und Demokratisierung weltweit voran zu bringen. Ein Schritt, den UCLG zusammen mit der Millenniums-Kampagne in diese Richtung geht, ist „Eight ways to change the World", die UCLG-Millenniums-Erklärung.[29] Auch die Innsbruck-Resolution des Rates der Gemeinden und Regionen Europas (RGRE) ist Beweis für das Engagement der Kommunen weltweit, die MDGs umsetzen zu wollen.[30]

5 Chance und Verpflichtung

Die bisherigen Ausführungen müssten deutlich gemacht haben, dass der Urbanisierungsprozess auch in Deutschland in vielfältiger Weise stattfindet und unter dem Aspekt der Nachhaltigen Entwicklung besonderen Herausforderungen unterworfen ist. Kommunen in Industrie-, Schwellen- oder Entwicklungsländern sind und werden auch in Zukunft die Verwaltungseinheiten sein, die als erste von den Problemen der rasanten Entwicklungen ergriffen und unmittelbar mit ihren Herausforderungen konfrontiert werden.

Dies eröffnet Chancen, die Globalisierung aktiv mit zu gestalten, führt aber gleichzeitig auch dazu, die Konsequenzen des (Nicht-) Handelns mit zu tragen. Dass Städte zugleich Hauptbetroffene und Hauptverursacher globaler Probleme sind, wird beim Thema Klima besonders deutlich und zeigt, warum den Städten auch bei den Lösungen mittlerweile eine bedeutende Rolle zukommt.

Eine erste Bilanz lässt erkennen, dass insbesondere schwierige kommunale Rahmenbedingungen, zu denen auch eine mangelhafte finanzielle und personelle Ausstattung gehören, zu Defiziten in der Umsetzung von Maßnahmen geführt haben. Darüber hinaus waren konzeptionelle Schwächen der Lokalen Agenda 21 (Kap. 28) für Schwierigkeiten in der „Rollenverteilung" der Akteure und damit der politischen Einbindung und Steuerung mit verantwortlich. Auch eine falsch verstandene Konkurrenz zwischen Kommunen und NGOs hat in diesem Zusammenhang zu „Reibungsverlusten" geführt. Des Weiteren hat auch die unzureichende Unterstützung und Kooperation von Bund und Ländern das kommunale Engagement beschränkt. Schließlich sei hier auch noch das Fehlen jeglicher Zielvorgaben sowie Indikatoren zur Erfolgskontrolle genannt, die für eine Qualitätssicherung unerlässlich sind.

Politische Einbindung, Steuerung, Strukturen und Ebenen

Was ist zu tun? Mutig, ambitioniert, aber ohne den Sinn für das realistisch Machbare zu verlieren oder weiterhin in der vielerorts verbreiteten Lethargie zu versinken, sollte bei der Zivilbevölkerung, in den Verbänden, in der Wirtschaft und der Kommunalpolitik wieder Lust und Motivation auf „Politikmachen" - im wahrsten Sinne des Wortes - entstehen. Diese Motivation wird nicht durch Beschlüsse erreicht, die in Gremien entstanden sind und dann nicht in die Tat umgesetzt wurden. Durch zahlreiche durchgeführte Studien der vergangenen Jahre, die durch Praxisbeispiele gut dokumentiert sind, ist genug Wissen vorhanden, aufgrund dessen neues Handeln und innovative Projekte entstehen könnten. Durch eine „gelungene Vorgehensweise" sowie nachvollziehbares Projektmanagement entsteht Motivation, die zum Umdenken anregt.

Die Erfahrung zeigt, dass diejenigen, die aktiv solche Herausforderungen angehen, oft überlastet sind. Es gibt eine Vielzahl an konkreten, stadtpolitischen Problemstellungen, die bearbeitet werden sollten, doch für einige wenige ist dies nicht zu schaffen. Um eine effizientere Gestaltung dieser Aufgaben zu ermöglichen, müssen die verschiedenen Treiber dieser Nachhaltigkeitspolitik - bei klarer Zuständigkeit und Entscheidungsbefugnis - eng vernetzt miteinander arbeiten, sowohl kommunal als auch global. Die Akteure kommen im besten Fall aus allen Bereichen der (Kommunal-) Politik, der Privatwirtschaft, der Zivilgesellschaft und aus Verbänden und Vereinen. Die Akteursebenen (also Politik, Verwaltung, Wirtschaft, Zivilgesellschaft, Medien) und ihre unterschiedlichen Interessenlagen sind dabei deutlich voneinander zu differenzieren.

Strategien zur Lösung von Problemen können so miteinander angegangen werden, und nachhaltige Stadtentwicklung kann in den verschiedenen Politikbereichen eine höhere Priorität einnehmen. Gerade internationaler Erfahrungsaustausch ist dabei motivationsfördernd und steigert die kommunale Lösungskompetenz um ein Vielfaches. Um diese Vernetzung zu gewährleisten sollten bereits funktionierende Strukturen besser genutzt werden. Alternativ kann auch ein lokales Konsortium geschaffen werden, das sich aktiv um die Stadtentwicklung bemüht und konkrete Handlungsanweisungen ausspricht. Je zeitnaher hierzu Entscheidungen fallen, umso höher sind die Erfolgschancen für stadtpolitisches Engagement.[31]

Von großer Bedeutung sind unterstützende Maßnahmen von Bund, Ländern und Kommunen. Insbesondere bei Bund und Ländern sind adäquate Strukturen, die Lösungsstrategien für eine nachhaltigere Stadtentwicklung unterstützen, wichtig. In den letzten Jahren wurden unterstützende Serviceeinrichtungen, insbesondere auf Länderebene, allerdings eher abgeschafft als verbessert und ausgebaut.

Kritik wird auch an dem Missstand laut, dass auf kommunaler Ebene kaum Indikatoren und Zielformulierungen vorliegen, anhand derer die Erfolge von 15 Jahren Lokale Agenda 21 messbar gemacht werden könnten. Auf internationaler Ebene wurde es versäumt, die Zahlen zu Agenda-Kommunen weltweit fortzuschreiben. Eine „15-Jahre-nach-Rio-Konferenz" müsste also ohne Evaluierung des bisherigen Prozesses auskommen und könnte die Akteursebene kaum aussagekräftig beleuchten. Dringend sind diese Defizite auf allen politischen Ebenen und bei allen Akteuren zu überwinden, wenn der Rio-Folgeprozess sinnvoll fortgeführt werden und auch weiterhin als Lernprozess dienen soll.

Die Vernetzung der einzelnen Bereiche Service, Qualifizierung, Beratung und Austausch darf nicht nur in der Kommunalpolitik miteinander vernetzt sein, auch Bund und Länder müssen diese Infrastruktur schaffen, damit die Bereiche zusammenwirken, adäquat gefördert und somit bessere Ergebnisse erzielt werden können. Und nationale Nachhaltigkeitsstrategien sollten sich auch auf diese Praxis und auf die kommunalen Erfahrungen berufen können.[32]

Kommunikation, Bildung für eine nachhaltige Entwicklung und Marketing

Der Aufklärungs- und Öffentlichkeitsarbeit zum Thema „Nachhaltige Entwicklung" kommt eine zentrale Bedeutung zu. Indem man frühzeitig und auf allen Ebenen ein Bewusstsein schafft, können die kommenden Herausforderungen angegangen werden. Dies beginnt in den Schulen mit gezielten Projekten zur Sensibilisierung und wird in Programmen, die einen weiten Publikumskreis ansprechen, fortgeführt.

Ein guter Weg, den z.B. Osnabrück, München und Bremen eingeschlagen haben, ist der, internationale Zusammenarbeit im Zeichen der Nachhaltigkeit verstärkt auch als „Binnenpolitik" aufzufassen und der internen Bildungs-, Aufklärungs- und Öffentlichkeitsarbeit einen höheren Stellenwert einzuräumen. Ohnehin liegt, wie so oft, der Schlüssel zum Erfolg in einer offensiven Bildungspolitik, die nicht nur Kindern lehrt, mit Ressourcen sparsam umzugehen, sozial zu handeln etc., sondern auch Erwachsene sensibilisiert.

Von strategischer Bedeutung ist darüber hinaus die systematische Aus- und Fortbildung der Entscheidungsträger aus Politik und Verwaltung. Moderne Methoden der Qualitätssicherung, des Vergleichs und der Verbesserung können erheblich zu besseren Projekten in der Kommunalpolitik beitragen. Konstruktive Rückmeldungen aller Beteiligten erhöhen die Motivation, in der eingeschlagenen Richtung weiterzumachen, und verbessern gleichzeitig die Umsetzung der Planungen und der Projekte und sorgen damit für gute Folgeprojekte. Darüber hinaus müssen Evaluierung und Monitoring zu akzeptierten und rege praktizierten Methoden der Qualitätssicherung werden.

Stadtmarketing ist ein weiteres Feld, auf dem in deutschen Kommunen noch viel passieren kann. Vermeintliche Schwächen der Städte können auch Stärken sein. Ein Beispiel hierfür sind einige Städte im Ruhrgebiet.[33] Ein weiteres Beispiel sind multikulturelle Stadtteile in Großstädten, die z. T. als heruntergekommene Stadtteile abgestempelt wurden. Doch auch genau diese multikulturelle Vielfalt, nicht nur die exotische Küche, sondern die Wirtschaftskraft und diversen Kulturangebote erhöhen die Attraktivität einer Stadt. Generell ist es also sinnvoll, die vermeintlichen Schwächen einer Stadt zu hinterfragen, ob diese wirklich welche sind und welche Marketingstrategie sich hieraus entwickeln lässt.

Strategien zu Finanzen, Personal, Instrumenten

Durch neue Impulse in der Politik und damit neue Motivation, auch aufgrund von mehr und erfolgreich durchgeführten Programmen der nachhaltigen Entwicklung, könnte sich die Zivilgesellschaft (wieder) vermehrt einbringen. Ferner könnten sich unter klaren Maßgaben über ganz spezifische Zielsetzungen auch mehr Akteure aus der Wirtschaft engagieren. Investitionen (u.a. in eine positive Stadtentwicklung) können zur Attraktivität der Stadt beitragen. Die erforderlichen Finanzmittel müssen allerdings zum Teil ganz neu zur Verfügung gestellt werden. Dafür sind auch kreative Wege der Geldbeschaffung erforderlich.

Die richtige Balance zwischen Haupt- und Ehrenamt ist zu finden und Trägerstrukturen müssen eindeutig geklärt und auch finanziell unterfüttert und lebensfähig sein. Um dies zu ermöglichen, muss es vermehrt Fortbildungsangebote für die Entscheidungsträger und Akteure selbst geben. Diese können z.B. Weiterqualifizierungen, Beratungen (für konkrete Maßnahmen und Situationen) oder detaillierte und konkrete Hilfe im Bereich Projektmanagement beinhalten. So kann den Entscheidungsträgern mehr aktuelles und vor allem praktisches Fachwissen und Managementkompetenz vermittelt werden, um Programme auch tatsächlich umzusetzen. Doch die Erfolge solcher Projekte müssen immer mit vorab identifizierten Zielen und durch vorab festgelegte, allgemein gültige Kriterien messbar sein, sonst ist ein Fortschritt in der Umsetzung der nachhaltigen

Städte als Partner für Nachhaltige Entwicklung

Stadtentwicklung nicht gesichert. Hinzu kommt die notwendige Weiterentwicklung von strategischen Handlungsfeldern.[34]

Mut zum Handeln

Bei den hier aufgezeigten Perspektiven ist immer wieder daran zu erinnern, dass es gemeinsame, zum Teil auch völkerrechtlich verbindliche Verpflichtungen gibt, an deren Erfüllung sich auch die Städte und Kommunen beteiligen müssen. Zu nennen sind die Millenium Development Goals (MDG), zu deren Erfüllung bis 2015 nicht mehr viel Zeit ist, und die Aufgaben aus dem Rio- und Johannesburg-Prozess, die ebenfalls mit großem Handlungsdruck verbunden sind.

Es geht also vor allen Dingen um Ermutigung zur Umsetzung des Gelernten und Erfahrenen. Aus diversen Studien, z.B. aus den 1990er Jahren, sind genügend Wissen, Erfahrungen und Erkenntnisse gewonnen worden, um sinnvolle Programme der Nachhaltigkeit ausarbeiten zu können und umzusetzen. Doch es gibt in Deutschland einen sehr großen Graben zwischen dem Wissen, welche Probleme und Lösungsmöglichkeiten existieren, und dem Handeln gemäß diesen Lösungen. Die Entscheidungsträger auf allen politischen Ebenen sehen zwar die Probleme, handeln aber häufig sehr kleinteilig, von Lobbys getrieben oder aus anderen Gründen beschränkt. Dabei sollten auch die Erkenntnisse internationaler Organisationen – zum Beispiel aus den Niederlanden[35] oder Schweden – berücksichtigt werden. Diese fordern vor allem eine Konzentration des kommunalen Engagements auf ausgewählte Bereiche und eine weitere Professionalisierung durch eine verbesserte Transparenz und Steuerung.

Der Zuwachs an kommunaler Entscheidungskompetenz für die Teilnahme an Prozessen der „Globalisierung von unten" braucht einerseits die aktive Zivilgesellschaft und andererseits die ausgebildete Verwaltung und Politik vor Ort. Dafür sind wenigstens bescheidene Sach- und Personalmittel als Investitionen in die Zukunft unabdingbar. Wirtschaft, Wissenschaft und NGOs haben diese Strukturkosten der Globalisierung schon lange akzeptiert und sich damit die Mitsprache gesichert.

Die unaufhaltsamen Globalisierungsprozesse werden an den Kommunen nicht vorbeigehen. Ob sie sich daran gestaltend beteiligen (können), haben sie auch selbst in der Hand.

Anmerkungen

1. Der Autoren danken Gerrit Peters, Rolf Lehmen und Klaus Milke für die Mitarbeit, die Hinweise und die Unterstützung.
2. Eine gute Einführung in das Thema „Lokale Agenda 21" gibt der entsprechende Artikel in der Online-Enzyklopädie Wikipedia sowie der Kasten 1 auf Seite 24/25. Germanwatch hat hinsichtlich der Umsetzung der Agenda 21 schon sehr früh die Bedeutung der unterschied-

lichen politischen Ebenen, also auch die regionale und lokale Ebene, angesprochen: so über die Regionalgruppen und ihre Watch-Berichte (Hamburg, Bonn, Münster, Berlin, München), aber auch durch Aktivitäten, die entsprechenden Ministerpräsidentenbeschlüsse bekannter zu machen. Germanwatch hat direkt nach Rio den Wert der Lokalen Agenda 21 hervorgehoben und dazu gearbeitet.

3. Auch die Weltkonferenz „Renewables 2004" im Juni 2004 in Bonn ist hier zu nennen, in deren Kontext die „Local Renewables", die Bürgermeisterkonferenz für erneuerbare Energien, durchgeführt wurde.
4. UN-HABITAT 2006
5. Ebd.
6. Der Begriff „gelungene Vorgehensweise" soll im Folgenden den Anglizismus „Best Practice" ersetzen, der oft mit der Konnotation eines erhobenen Zeigefingers aufgefasst wird und das, was er transportieren will, als zu vorbildlich, um übernommen werden zu können, erscheinen lässt. Hingegen lädt eine „gelungene Vorgehensweise" zum Nachahmen ein und zeigt differenziert Schwierigkeiten und Potentiale des Prozesses auf.
7. Eine Sammlung gelungener Vorgehensweisen findet sich in der Reihe „Dialog Global" der Servicestelle Kommunen in der Einen Welt.
8. Vgl. Kasten 1 zum Kapitel 28 der Agenda 21 (abrufbar beim Deutschen Übersetzungsdienst der Vereinten Nationen unter www.un.org/Depts/german/conf/agenda21/agenda_21.pdf.)
9. Hierzu sei vor allem auf den Ministerpräsidentenbeschluss von 1998 hingewiesen.
10. Laut Oeckl, Taschenbuch des öffentlichen Lebens, Bonn 2006.
11. Agenda-Transfer. Agentur für Nachhaltigkeit GmbH; Stand: Juli 2006; ohne Anspruch auf Vollständigkeit.
12. Hilliges 2004, S. 17
13. Vgl. dazu www.klimabuendnis.org und www.iclei.org.
14. Die Stadt Bonn spielt in diesem Diskurs nicht nur als UN-Sitz mit dem dort angesiedelten UN-Klimasekretariat eine wichtige Rolle. Die Oberbürgermeisterin Bärbel Dieckmann war auch erste Vorsitzende des World Mayor's Council on Climate Change (Weltbürgermeisterrat). Mehr dazu unter: www.iclei.org/index.php?id=2260.
15. Rahmstorf und Schellnhuber 2006, S. 130
16. Nicht zu vergessen sind auch die vielen Initiativen der NGO-Community in diesem Kontext: ob im Rahmen des Forum Umwelt und Entwicklung oder der Eine-Welt-Landesnetzwerke, gerade dort, wo sie in Bremen, Hamburg und Bremen gleichzeitig eine besonderes kommunale Komponente haben.
17. Vgl. Servicestelle Kommunen in der Einen Welt (Hrsg.) (2005): Porto Alegres Beteiligungshaushalt – Lernerfahrungen für deutsche Kommunen. Dokumentation eines Fachgesprächs am 19. Dezember 2002, Bonn. Reihe Dialog Global. Nr. 5.
18. Vgl. Agenda-Transfer/Servicestelle Kommunen in der Einen Welt (Hrsg.) (2002): Faires Beschaffungswesen von Kommunen. Dokumentation eines Fachgesprächs am 19. November 2002, Bonn.
19. Näheres zu Ökoprofit unter: Ökoprofit Netz NRW http://www.ökoprofit-nrw.de
20. Näheres zu B.A.U.M. unter: Bundesdeutsche Arbeitskreis für Umweltbewusstes Management e.V. (http://www.baumev.de).
21. Siehe www.iclei.org.

Städte als Partner für Nachhaltige Entwicklung

22. Näheres zum „Fairtrade Towns" unter: http://www.fairtrade.org.uk/towns
23. Vgl. Servicestelle Kommunen in der Einen Welt (Hrsg.) (2006): Kommunen in der Entwicklungszusammenarbeit. Informationen und Handlungsansätze, Bonn.
24. Vgl. zum Aktionsprogramm 2015: www.aktionsprogramm2015.de
25. Zur Zwischenbilanz der Millenium-Entwicklungsziele (MDG): F. Nuscheler/M. Roth (Hrsg.) (2006): Die Millennium-Entwicklungsziele – Entwicklungspolitischer Königsweg oder ein Irrweg? Bonn.
26. Deutsche Sektion des Rates der Gemeinden und Regionen Europas (Hrsg.) (1998): Die Partnerschaften der Städte, Gemeinden und Kreise, Köln.
27. Vgl. Servicestelle Kommunen in der Einen Welt (Hrsg.) (2005): Partner in alle Richtungen – Gestaltung und Nutzen kommunaler Partnerschaften. Ein Praxisleitfaden. Reihe Dialog Global, Nr. 9.
28. So anlässlich der 10. Bundeskonferenz der Kommunen und Initiativen vom 23.-25.11.2006 in Hamburg.
29. Abrufbar unter: http://www.cities-localgovernments.org/uclg/upload/template/templatedocs/ENG_Mill_Decl.pdf
30. Deutlich wird, wie stark das Interesse an einer Teilhabe an den die Städte betreffenden globalen Prozessen, auf allen Ebenen, bis heute gestiegen ist, wenn man die Teilnehmerzahlen des World Urban Forum II 2004 in Barcelona und die des World Urban Forum III 2006 in Vancouver vergleicht. In Barcelona waren es 4400 Vertreter aus dem öffentlichen Sektor, der Privatwirtschaft und der Zivilgesellschaft, zwei Jahre später in Vancouver waren es 11.418. Es geht bei dieser Teilhabe aber nicht nur um das Einfordern von Aufmerksamkeit und Maßnahmen für Kommunen, sondern auch darum, aktiv eine eigene Rolle bei der Lösung der Zukunftsprobleme zu spielen.
31. Die Servicestelle Kommunen in der Einen Welt arbeitet genau mit diesem Ziel. Die Evaluierung der SKEW 2005 zeigte darüber hinaus, dass heute neue und konkrete Weiterbildungs- und Qualifizierungsmöglichkeiten für Entscheider sinnvoll sind.
32. Es wird auch diskutiert, ein – auch untereinander verbundenes – globales Netzwerk, bestehend aus den verschiedensten Akteuren, aufzubauen. Vertreter aus Politik, Wirtschaft, von Verbänden und der Zivilgesellschaft brauchen eine Plattform, auf der Erfahrungen, Management, Know-how, Weiterbildung, Marketing, Ideen, Problemberichte und deren Lösungsstrategien ausgetauscht werden können. Dies führt zu einer schnelleren und effizienteren Herangehensweise an die zukünftigen Herausforderungen und damit der Gestaltung der politischen Programme. Ferner ist eine Vernetzung der ganzheitlich ausgerichteten, kommunalen Lösungsstrategien für ökologische, soziale, wirtschaftliche und kulturelle Herausforderungen sinnvoll. Auch ein einfacher Ideenaustausch kann viel bewirken, denn in einigen Kommunen wurden schon erfolgreich Lösungen für anstehende Probleme gefunden und angewendet. So kann eine (inter)nationale Vernetzung einen Ideentausch fördern, der motivierend wirkt und zu (kleinen, aber) effizient gestalteten Problemlösungen führen kann. Außerdem führt das vernetzte Angehen von Problemen zu einer insgesamt besseren Lösung, gerade was nachhaltige Entwicklungsstrategien angeht. Auch ein übergeordnetes Städtenetzwerk erscheint sinnvoll. So können sich Städte, die den gleichen Herausforderungen entgegen sehen, frühzeitig miteinander austauschen. Dies ist sowohl effizient, wenn Städte zeitgleich vor ähnlichen Problemen stehen, aber auch wenn sie diese zeitversetzt erleben und somit aus den Erfahrungen der anderen schöpfen können. Hier kann auch ein internationaler Fachkräfteaustausch einsetzen.

33. Diese waren lange mit dem Image einer dreckigen Industriestadt behaftet, mittlerweile werden u.a. Teile der „schmutzigen" Montanindustrie als kulturelles Erbe gepflegt und sind zum Touristenziel geworden. Gerade weite Teile des Ruhrgebietes haben es geschafft, Nachhaltigkeit in das jeweilige Stadtmarketing bzw. Regionalmarketing mit einzubauen.
34. Vgl. die strategischen Zukunftsthemen der SKEW sowie die Zielsetzungen des Klimabündnisses und von ICLEI.
35. Vgl. Job Evaluations Nr. 297, Policy and Operations Evaluation Department, Ministry of Foreign Affairs, the Netherlands, Den Haag (2004), On Solidarity and Professionalisation – Evaluation of Municipal International Cooperation.

Referenzen, weiterführende Links & Kontakte

Publikationen und Aufsätze

Bundesamt für Umwelt, Naturschutz und Reaktorsicherheit (2002): *Lokale Agenda 21 und Nachhaltige Entwicklung in Deutschen Kommunen. 10 Jahre nach Rio: Bilanz und Perspektiven*. Berlin.

Cramer, C. & Schmitz, S. (2004): „Die Welt will Stadt" – Entwicklungszusammenarbeit für das „Urbane Jahrtausend". Bundeszentrale für politische Bildung: Aus Politik und Zeitgeschichte 15-16, S. 12-20.

Deutsches Institut für Urbanistik (2004): *Kommunen auf dem Weg zur Nachhaltigkeit*. Köln.

Heinz, W., Langel, N. & Leitermann, W. (2004): „Kooperationsbeziehungen zwischen deutschen Städten und Kommunen in Entwicklungsländern". Bundeszentrale für politische Bildung: Aus Politik und Zeitgeschichte 15-16, S. 21-27.

Herrle, P., Jachnow, A. & Ley, A. (2006): *Die Metropolen des Südens: Labor für Innovationen? Mit neuen Allianzen zu besserem Stadtmanagement*. Policy Paper der Stiftung Entwicklung und Frieden, 25. Bonn.

Hilliges, G. (2004): „Inhalte und Ergebnisse der bisherigen Bundeskonferenzen – Rückblick und Ausblick". In: Servicestelle Kommunen in der Einen Welt/InWEnt gGmbH (Hrsg.): Dialog Gobal, 12, S. 16-21. Bonn.

Kraas, F., Müller-Mahn, D. & Radtke, U. (2002): „Städte, Metropolen und Megastädte: Dynamische Steuerungszentren und globale Problemräume". In: Ehlers, E., H. Leser (Hrsg.): Geographie heute für die Welt von morgen, S. 27-35. Gotha.

Leautier, F. (Hrsg.) (2006): *Cities in a Globalizing World*. World Bank. Washington.

Marwede, M. & Nitschke, U. (2004): „Chancen kommunaler Entwicklungszusammenarbeit". Bundeszentrale für politische Bildung: Aus Politik und Zeitgeschichte B 15-16, S. 33-38.

Nuscheler, Franz, Roth, Michèle (Hrsg.) (2006): *Die Millennium-Entwicklungsziele – Entwicklungspolitischer Königsweg oder ein Irrweg?* Bonn (EINE WELT-Band 20 der Stiftung Entwicklung und Frieden).

Rahmstorf, S. & Schellnhuber, H.J. (2006): *Der Klimawandel. Diagnose, Prognose, Therapie*. München.

Regionalgruppe Bonn von Germanwatch (Hrsg.) (1997): *WatchBericht Zukunftsfähiges Bonn. Ein Beitrag zur Lokalen Agenda 21*. Bonn.

Regionalgruppe Hamburg von Germanwatch (Hrsg.) (2000): *AGENDA 21, Hamburgs mühsamer Weg ins 21. Jahrhundert*. Hamburg.

Taube, G., Nitschke, U. & Peters, G. (2006): „Megastädte - Megaherausforderungen. Nord-Süd-Süd-Partnerschaften für urbane Entwicklungszusammenarbeit". Politische Ökologie. Nanotechnologie. H 101, S. 68-89.
Servicestelle Kommunen in der Einen Welt (Hrsg.) (2006): *Kommunen in der Entwicklungszusammenarbeit. Informationen und Handlungsansätze.* Bonn.

Dialog Global - Schriftenreihe der Servicestelle Kommunen in der Einen Welt (Hrsg.)

Heft 1: Give me hope Jo'hanna?! Von Rio in die deutschen Kommunen nach Johannesburg - von Schwierigkeiten und Erfolgen der Agenda-Prozesse in Deutschland. Oktober 2002. [vergriffen]
Heft 2: Pressespiegel 2002. Dokumentation der Presseartikel rund um die Servicestelle für das Jahr 2002. Dezember 2002. [vergriffen]
Heft 3: Globales Handeln lokal verankern. Befragung 2002 der Kommunen und Nichtregierungsorganisationen zum Stand der Lokalen Agenda 21 und der Eine-Welt-Arbeit in Deutschland. Januar 2003. [vergriffen]
Heft 4: Die Lokale Agenda 21 braucht professionelle Moderation - Eine-Welt-Referenten informieren Moderatoren. Dokumentation einer Informationsveranstaltung am 12.12.2002, Bonn, Februar 2003. [vergriffen]
Heft 5: Porto Alegres Beteiligungshaushalt - Lernerfahrung für deutsche Kommunen. Dokumentation eines Fachgesprächs vom 19.12.2002, Bonn, Februar 2003. [vergriffen]
Heft 6: Faires Miteinander. Leitfaden für die interkulturell kompetente Kommune 2012. Bonn, August 2003.
Heft 7: Hauptstadt des Fairen Handels 2003. Dokumentation des Wettbewerbs. Bonn, Februar 2004.
Heft 8: Global vernetzt - lokal aktiv 2004. Der Wettbewerb 2004. Dokumentation. Bonn, Juli 2004.
Heft 9: Partner in alle Richtungen: Gewinn und Nutzen kommunaler Partnerschaften in der Einen Welt. Ein Praxisleitfaden. Bonn, September 2004.
Heft 10: Kulturen der Welt vor Ort. Ein Praxisleitfaden. Bonn, August 2004.

Links

Agenda 21 - http://www.un.org/Depts/german/conf/agenda21/agenda_21.pdf
Agenda Transfer - http://www.agenda-transfer.de
Bundesdeutscher Arbeitskreis für Umweltbewusstes Management e.V.
http://www.baumev.de
Fairtrade Towns - http://www.fairtrade.org.uk/towns
Ökoprofit Netz NRW - http://www.ökoprofit-nrw.de
UN-HABITAT (2006): World Urban Forum - Urbanization facts and figures. www.unhabitat.org/documents/media_centre/wuf2006/WUF%201.pdf
World Urbanization Prospects: The 2005 Revision Population Database
http://esa.un.org/unup
World Urban Forum 3 - http://www.wuf3-fum3.ca/

Adressen

Climate Alliance of European Cities with Indigeneous Rainforest Peoples
European Secretariat
Galvanistrasse 28, 60486 Frankfurt am Main
Tel +49 - 69 - 7171 390
europe@klimabuendnis.org
http://www.klimabuendnis.org

ICLEI - International Council for Local Environmental Initiatives
European Secretariat
Leopoldring 3, 79098 Freiburg
Tel +49-761/368920
iclei-europe@iclei-europe.org
http://www.iclei.org/europe

InWEnt - Internationale Weiterbildung und Entwicklung gGmbh
Abt. 7.01 Entwicklungsbezogene Bildungsarbeit/
Servicestelle Kommunen in der Einen Welt
Friedrich-Ebert-Allee 40, 53113 Bonn
Tel: +49 (0) 228 - 4460 - 1600
info@service-eine-welt.de
http://www.service-eine-welt.de

Zur Lage der Welt 2007

Vorwort

Als ich bei UN-HABITAT anfing hatte ich schon ein entsprechendes Hintergrundwissen über landwirtschaftliche Ökonomie und internationale Handelsbeziehungen und brachte so mein eigenes Repertoire an beruflichen und persönlichen Vorurteilen mit. Wie viele andere Entwicklungstheoretiker war ich der Ansicht, dass die Entwicklung auf dem Land Priorität hatte, obwohl städtische Entwicklung natürlich auch wichtig war. Aber wie viele Menschen meiner Generation in Afrika und auf der ganzen Welt sah ich die städtischen Regionen als notwendige Übel an. Obwohl sie einerseits wirtschaftliche Zentren waren, führten sie andererseits zu Überbevölkerung, Umweltverschmutzung und unvermeidlich zur Verelendung.

Ich hatte mir wenig Gedanken über die Möglichkeiten und noch weniger über die Probleme und den Prozess der Urbanisierung gemacht. Seitdem ich jedoch Geschäftsführende Direktorin von UN-HABITAT wurde, bin ich viel und weit gereist und habe die erschreckenden Folgen der rasenden und chaotischen Urbanisierung aus erster Hand erfahren.

In jeder Stadt steckte ich in Staus fest; ich habe Menschen in Krankenhäusern besucht, die an vermeidbaren Krankheiten litten, die durch die industrielle Umweltverschmutzung ausgelöst waren; ich habe Slumbewohner unter Bedingungen leben sehen, die man nicht beschreiben kann, und habe junge Frauen getroffen, die auf dem Weg zur nächsten öffentlichen Toilette vergewaltigt worden waren, einer Toilette, die sich mehr als 500 Menschen teilten; ich bin über planiertes Gelände gegangen, auf dem einst ganze Gemeinden standen und das durch Überschwemmungen und andere Naturkatastrophen zerstört worden war.

Während 1950 New York und Tokio die beiden einzigen Städte mit mehr als 10 Millionen Einwohnern waren, gibt es heute mehr als 20 Megacities, die meisten davon in der sich entwickelnden Welt. Weil sich diese Städte ausbreiten und in Megalopolen verwandeln, die nicht mehr in den Griff zu bekommen sind, kann man ihren wachsenden Fußabdruck vom Weltraum aus registrieren. Diese Brutstätten der Umweltvergiftung gehören zu den größten Verursachern des Klimawandels.

Während sich die Urbanisierung in Amerika und in Europa auf einem stabilen Niveau eingependelt hat und wo etwa 75 Prozent der Bevölkerung in städtischen Regionen leben, stehen in Afrika und Asien größere demographische Verschiebungen bevor. Nur etwa 35 Prozent der Bevölkerung sind städtisch, aber es wird prognostiziert, dass diese Zahl bis 2030 auf 50 Prozent steigen wird. Das Ergebnis ist heute schon für alle sichtbar: chaotische Städte, die von Slums und wilden Siedlungen umringt sind.

Man schätzt, dass von den über 3 Milliarden Stadtbewohnern heute 1 Milliarde in Slums leben. Schlimmer noch, wenn wir so weitermachen wie bisher, wird sich diese Zahl bis 2030 verdoppeln.

Wenn jemals akuter Handlungsbedarf bestand, dann jetzt. Obwohl Städte ein wichtiger Motor des Wachstums sind und einen enormen wirtschaftlichen Faktor bei der Versorgung mit Dienstleistungen darstellen, gehen die meisten von ihnen nicht nachhaltig mit der Umwelt um. Mehr noch, wenn in diesen Zeiten wachsender Unsicherheit mehr als 50 Prozent ihrer Bewohner in Slums ohne ausreichenden Schutz und ausreichende Grundversorgung leben, dann werden viele Städte sehr schnell auch sozial gesehen nicht nachhaltig.

Die Vollversammlung der Vereinten Nationen hat zum ersten Mal 1969 ausdrücklich ihre Sorge über „die beklagenswerte Wohnsituation in der Welt" kundgetan, und sie hat die Behausung von Menschen zu einer Priorität für das fünfundzwanzigste Bestehen der Vereinten Nationen im Jahr 1971 erklärt. Die erste UN-Konferenz über die menschliche Umweltsituation im Jahr darauf in Stockholm bedeutete eine konzeptionelle Verschiebung von der weltweiten Umweltzerstörung zu ihren Ursachen – vor allem die Urbanisierung und die Auswirkungen menschlicher Siedlungstätigkeit.

Im Jahr 1977 stellte der Generalsekretär der ersten UN-Konferenz zur menschlichen Niederlassung und Besiedlung (Habitat I), Enrique Peòalosa, die Frage, „ob das urbane Wachstum weiter ein chaotischer Prozess sein oder aber geplant werden sollte, um die Bedürfnisse der Gemeinschaft befriedigen zu können". Aber die Urbanisierung erhielt nie die Aufmerksamkeit, die sie verdient gehabt hätte. Über Jahrzehnte hinweg haben die Geber bis heute den Schwerpunkt auf die ländliche Entwicklung gelegt. Die Human Settlement Foundation, zur selben Zeit gegründet wie UN-HABITAT, um die Modernisierung und Verbesserung der Lage in den Slums zu finanzieren, wurde niemals mit Finanzmitteln ausgestattet. Vielleicht deshalb, weil 1977 erst ein Drittel der Weltbevölkerung in städtischen Regionen lebte.

Heute wird die Urbanisierung zunehmend ernster genommen. 1996 unterschrieben bei Habitat II 171 Länder die Habitat-Agenda, einen gründlichen Leitfaden für eine umfassende und partizipatorische urbane Entwicklung. Im Jahr 2000 bekannten sich die politischen Führer der Welt zu den Millenium Development Goals, aufgeschreckt durch die wachsende Zahl der Menschen, die durch die rapide Globalisierung der Wirtschaft an den Rand gedrängt werden. Viele der Millenium Goals zielen auf die Lebensbedingungen der städtischen Armen, insbesondere die Punkte 9 und 11 im Rahmen des Ziels 7 zur Umweltnachhaltigkeit. Im Jahr 2001 hat die Vollversammlung eine Resolution verabschiedet, die UN-HABITAT in ein vollwertiges UN-Programm umwandelte und UN-HABITAT aufforderte, das World Urban Forum als Denkfabrik für alle urbanen Probleme und Angelegenheiten zu etablieren.

Mit mehr als 10.000 Delegierten hat die dritte Sitzung des World Urban Forum 2006 in Vancouver gezeigt, dass die Menschen um die Zukunft der menschlichen Ballungsräume zunehmend besorgt sind. Minister und Bürgermeister, Industrielle und Slumbewohner – sie haben alle erkannt, dass ihre gemeinsamen Anstrengungen erforderlich sind, um die Krise der Stadt zu bewältigen.

Für die Verbesserung unserer Städte brauchen wir auch Autoren und Journalisten. Charles Dickens, Emile Zola, Jacob Riis und Edward Mayhew spielten zu ihrer Zeit dabei eine wichtige Rolle. Heute helfen Forscher und Autoren von Publikationen wie *Zur Lage der Welt* das Bewusstsein einer größeren Öffentlichkeit für die wichtigsten Fragen unserer Zeit zu schärfen.

Erstaunlicherweise gab es bis 2003 keine allgemein anerkannte Definition des Begriffs Slum, bis die Vereinten Nationen *Global Report on Human Settlements: The Challenge of Slums* veröffentlichten. Wo früher ein Informationsmangel über urbane Indikatoren herrschte, gibt es heute das Netzwerk von Global Urban Observatories. Die Weltbank hat zusammen mit UN-HABITAT die Cities Alliance ins Leben gerufen, die die Geberaktivitäten in städtischen Regionen koordiniert, insbesondere bei der Verbesserung der Lage in den Slums. Die Vereinten Nationen haben ebenfalls größere Kampagnen zur Sicherheit von Siedlungsbesitz und für bessere städtische Verwaltung gestartet.

Die politische Maschinerie erkennt langsam die Bedeutung der Urbanisierung. Im Jahre 2006 hielt der US-Senat seine erste Anhörung über die Urbanisierung in Afrika ab, während das britische Parlament eine erste Debatte über die Urbanisierung in den Entwicklungsländern führte. Und United Cities and Local Governments, gegründet 2004, zum Beispiel ist ein anerkannter Partner auf der internationalen Bühne geworden. All diese Institutionen sind Orte der Intervention. Aber wenn unsere Kampagnen sich nicht in Taten verwandeln, haben wir versagt.

Es gibt Zeichen der Hoffnung. Es gibt mehr und mehr Überlegungen und Vorschläge, die aufzeigen, welche Maßnahmen für die Verbesserung der Wohnsituation bei den städtischen Armen ergriffen werden können, während gleichzeitig die Umweltschutzgesetzgebung gestärkt wird. Insbesondere viele Städte in Südost- und Südasien fangen an, die Zahl ihrer Einwohner zu senken, die in städtischer Armut leben. Obwohl alle Partner der Habitat-Agenda zu dieser Verbesserung beigetragen haben, waren die Zentralregierungen und örtliche Autoritäten dabei die treibenden Kräfte. Ihre politische Entschlossenheit hat verstärkte Anstrengungen dafür in Gang gesetzt, große und kleinere Städte zukunftsfähig zu gestalten.

Als Afrikanerin, die auf dem Kontinent mit der schnellsten Urbanisierung lebt, bin ich mir bewusst, dass wir jeden – von Präsidenten bis zu ganz normalen Politikern – von der Bedeutung der urbanen Fragen und Probleme überzeugen müssen. Die Commission of Africa, deren Mitglied ich war, hat die Urbanisierung als zweitgrößte Herausforderung für den Kontinent nach HIV/AIDS hervorgehoben. Da wir ins Zeitalter der Städte eintreten, müssen wir unsere Art ändern, die Welt zu sehen, zu beschreiben und darin zu handeln.

Glücklicherweise haben die afrikanischen Führer das erkannt. Auf dem Maputo-Gipfel 2003 haben die afrikanischen Staatschefs die Entschließung 29 angenommen, die noch einmal ihre Verpflichtung zur nachhaltigen Stadtentwicklung bekräftigte, einer Agenda, die von Joaquim Chissano während seiner Amtszeit als Präsident der Afrikanischen Union noch gestärkt wurde. In Nigeria hat Präsident Olusegun Obasanjo, beunruhigt durch die urbanen Probleme seines Landes, das Ministerium für Wohnungswesen und Städtische Entwicklung eingerichtet. In seiner Inauguralbotschaft 2006 hat der tansanische Präsident Jakaya Kikwete die Notwendigkeit gut verwalteter Städte als Grundlage nationaler Entwicklung betont. Um die Lösung urbaner Probleme zu koordinieren, haben afrikanische Politiker vor kurzem die Afrikanische Ministerkonferenz für Wohnungswesen und Entwicklung ins Leben gerufen. Gleichzeitig ist AFRICITIES führend beim Aufbau kommunaler Behörden auf dem Kontinent.

Das ist erst der Anfang. Wenn ich durch die Slums von Afrika gehe, ist es sehr hart für mich, Kinder zu sehen, die unter dem leiden, was man als „urbane Benachteiligung" bezeichnen kann. Ich staune immer wieder, wie Frauen es schaffen, ihre Familien unter so entsetzlichen Bedingungen aufzuziehen und durchzubringen, ohne Wasser und ohne angemessene Toilette. Die Hoffnung auf Unabhängigkeit ist verblichen vor den harten Realitäten des städtischen Lebens, vor allem, weil zu viele von uns schlecht vorbereitet waren auf unsere städtische Zukunft. Viele Städte sind nicht nur mit den Problemen städtischer Armut, sondern auch mit den viel schlimmeren der Umweltverschmutzung konfrontiert. Von Banda Aceh bis New Orleans werden ganze Gemeinschaften ausgelöscht, ohne dass die unschuldigen Opfer dafür verantwortlich wären.

Alle von uns werden die Verantwortung tragen müssen für eine Welt, die die falsche Richtung einschlägt. Wenn wir wie gewohnt fortfahren, droht eine katastrophale Zukunft: Städte, die von Slums übersät sind, ganze Gesellschaften, die durch den Klimawandel vernichtet werden.

Bei meiner Arbeit für UN-HABITAT und zusammen mit anderen Organisationen hoffe ich, dass wir es zusammen schaffen, die früheren Fehler städtischer Planung zu korrigieren. Ich hoffe darauf, dass die Arbeit solcher Organisationen wie Worldwatch und ihrer Partner mehr Menschen dazu bewegen wird, sich mit dem Problem umwelttechnisch und sozial zukunftsfähiger Städte auseinanderzusetzen. Wir sind gewarnt: Es kann nicht so weitergehen wie bisher.

Anna Tibaijuka
Geschäftsführende Direktorin, UN-HABITAT

Vorwort

Das zwanzigste Jahrhundert war das Jahrhundert der Urbanisierung par excellence. Auf der ganzen Welt wurde die zahlenmäßige Überlegenheit der ländlichen Bevölkerungsteile über die städtischen umgedreht, und die Städte erfuhren ein beschleunigtes Wachstum, oft über das erträgliche Maß hinaus. Sie haben kaum vorstellbare Wandlungsprozesse durchgemacht, die ein enormes Feld von Herausforderungen und Möglichkeiten hinterlassen haben.

Wenn das letzte Jahrhundert das der Urbanisierung war, wird das einundzwanzigste das der Städte sein. Denn in den Städten werden die entscheidenden Kämpfe um unsere Lebensqualität geführt, und die Resultate werden auf die ökologische Verfassung des Planeten und auf die Beziehungen zwischen den Menschen bestimmende Wirkung haben.

Deshalb ist zu fragen: Was können wir von einem urbanen Planeten erwarten? Wie werden die Städte der Zukunft aussehen?

Es gibt jene, die eine urbane Welt in dunklen apokalyptischen Farben ausmalen, die Städte als Orte der Hoffnungslosigkeit beschreiben, wo man nicht atmen, sich bewegen oder angemessen leben kann, weil die Bevölkerung und der Automobilverkehr überhand nehmen. Ich teile diese Sicht der Dinge nicht. Meine berufliche Erfahrung hat mir gezeigt, dass die Städte nicht das Problem sind, sondern die Lösung vieler Probleme. Deshalb kann ich einer urbanen Welt nur mit Optimismus entgegensehen.

Meine stärkste Hoffnung beruht auf dem Tempo der Veränderung. Beispielsweise sind die demographischen Prognosen von vor 20 oder 30 Jahren, die auf hohen Geburtenraten basierten, nicht bestätigt worden, was uns heute einen viel versprechenden Blick auf das Wachstum der Städte in den nächsten Jahren und Jahrzehnten erlaubt.

Erneuerbare Energiequellen, Autos mit weniger Schadstoffausstoß, neue Formen des öffentlichen Transportwesens und Kommunikationstechnologien, die den notwendigen Umfang des Reisens reduzieren, drängen das Chaos zurück, dass für die großen urbanen Zentren vorausgesagt worden war. Die Entwicklung der Technologie und ihre Demokratisierung eröffnen neue Perspektiven für Städte aller Größenordnungen.

Was ihre äußere Gestalt angeht, werden die Städte der Zukunft sich nicht wesentlich von denen von gestern und heute unterscheiden. Was die gute Stadt ausmacht, wird ihre Fähigkeit sein, ihre Bewohner mit der Natur zu versöhnen. Sozial gerechte und naturbewusste Städte - das ist die Aufgabe!

Weil man sich mit ökonomischen und ökologischen Fragen auseinandersetzen muss, wird dieses Ziel eine wachsende Synergie zwischen Städten, Regionen und Ländern fördern. Daran anschließend, werden neue planetarische Übereinkünfte zur Entwicklung der Menschheit begründet werden.

Noch immer ist ein gewisses Bewusstsein der Dringlichkeit unerlässlich, um den positiven Wandel für unsere Städte in Gang zu setzen. Der Gedanke, dass man erst dann handeln kann, wenn alle Antworten und alle Mittel da sind, wäre ein sicheres Rezept für Lähmung. Der Mangel an Mitteln kann keine Rechtfertigung sein, nicht zu handeln. Die Planungsarbeit für eine Stadt ist ein Prozess, der jederzeit Korrekturen erlaubt. Es ist überaus anmaßend zu glauben, dass Planungsarbeit erst dann erfolgen kann, wenn jede mögliche Variable berücksichtigt ist.

Innovation heißt anfangen! Daher muss der Prozess jetzt beginnen. Denken wir an das Ideal, aber tun wir, was heute möglich ist. Lösungen für 20 oder 30 Jahre im voraus sind sinnlos, denn bis dahin werden die Probleme vermutlich anders aussehen. Deshalb brauchen wir eine urbane Politik, die jetzt einen Wechsel in Gang setzen kann, der nicht Jahrzehnte braucht, bis sich seine Resultate zeigen. Uns gehört die Gegenwart, und unsere Verantwortung besteht darin, Wege zu öffnen.

Am Beginn einer großen Veränderung steht eine kleine. Man muss mit einfachen Dingen, die leicht einzuführen und durchzusetzen sind und die Keimzellen eines komplexeren Systems in der Zukunft sein werden, anfangen. Obwohl wir in einer Phase leben, in der sich alles in hohem Tempo ereignet und Informationen im Zeitraum eines Augenaufschlags weitergegeben werden, werden die Entscheidungen zu den urbanen Problemen aufgrund eines systematischen Mangels an Übereinstimmung mit der Geschwindigkeit der Ereignisse aufgeschoben.

Die Welt braucht zunehmend schnelle Lösungen, und es ist die lokale Ebene, die die schnellsten Antworten liefern kann. Aber damit das geschehen kann, muss geplant werden. Geplant für die Menschen und nicht für zentralisierte oder zentralisierende bürokratische Strukturen.

Diejenigen, die verantwortlich für die Verwaltung dieser urbanen Welt sind, müssen ihren Blick auf die Zukunft richten, mit beiden Beinen aber fest auf dem Boden der Gegenwart stehen. Wer sich nur an den aktuellen Bedürfnissen der Menschen orientiert, wird die Zukunft seiner Stadt gefährden. Andererseits werden die, die nur an die Zukunft denken und die aktuellen Bedürfnisse aus dem Blick verlieren, die unerlässliche Unterstützung ihrer Wähler verlieren und so überhaupt nichts erreichen.

Es ist deshalb nötig, nicht das Wesen der Dinge aus dem Blick zu verlieren: innerhalb der erstaunlichen Vielfalt der heute verfügbaren Informationen das, was grundlegend und was wichtig ist. Man sollte also das Strategische von den aktuellen Erfordernissen unterscheiden können. Ein klarer Ausblick auf die zukünftigen Ziele ist der beste Leitfaden für gegenwärtiges Handeln.

Es gibt drei wichtige Problemkomplexe, mit denen man sich befassen muss: Mobilität, Nachhaltigkeit und Identität.

Was Mobilität betrifft, liegt die Zukunft an der Erdoberfläche. Man kann nicht ganze Generationen opfern und sie auf eine U-Bahn-Linie warten lassen, wenn man in weniger als zwei Jahren vollständige Netze für das Transportwesen oberhalb der Erde einrichten kann. In Curitiba fingen wir 1974 an, den öffentlichen Bussen Priorität einzuräumen, die auf extra für sie eingerichteten Fahrbahnen 25.000 Passagiere täglich auf einer Nord-Süd-Achse beförderten. Heute befördert das Netzwerk 2 Millionen Passagiere oberirdisch über die ganze Fläche einer U-Bahn und zu einem einheitlichen Fahrpreis.

Der Schlüssel zur Mobilität ist die Kombination und Integration aller Systeme: U-Bahn, Bus, Taxi, Privatautos und Fahrräder. Aber diese Systeme können nicht auf demselben Raum miteinander konkurrieren. Die Leute werden sich die für sie selbst passende Kombination aussuchen und mit einer „Mobilitätskarte" fahren. Die Betreiber jeder Transportart werden Partner im selben System sein.

Was Nachhaltigkeit betrifft, ist der wesentliche Gedanke der, sich auf das zu konzentrieren, was wir wissen, statt auf das, was wir nicht wissen. Und vor allem, dieses Wissen den Kindern zu vermitteln, die dann die Lehrer ihrer Eltern sein werden. Curitibas Programm „Abfall, der kein Abfall ist" hat die Trennung recyclingfähiger Abfälle in Haushalten gefördert; Kinder haben über das Programm viel in der Schule gelernt und dabei geholfen, ihre Eltern zu mobilisieren.

Einfache Dinge aus der alltäglichen Routine von Städten lassen sich Kindern leicht erklären: zum Beispiel, wie jeder helfen kann, indem er weniger Auto fährt, näher an seinem Arbeitsplatz wohnt oder die Arbeit näher an sein Zuhause heranholt, das Möglichste einspart und nur das Nötigste verbraucht.

Nachhaltigkeit ist ein Ausgleich zwischen dem, was gespart, und dem, was verbraucht wird. Wenn also Nachhaltigkeit = Einsparung bzw. Verbrauch ist, dann tendiert Nachhaltigkeit ins Unendliche, wenn der Verbrauch „null" ist. Abfall ist die Energiequelle, die am reichlichsten vorhanden ist.

Eine nachhaltige Stadt kann sich nicht den Luxus leisten, Bezirke und Straßen mit guter Infrastruktur und guten Dienstleistungen ungenutzt zu lassen. Ihr Innenstadtbereich kann nicht während großer Teile des Tages verödet bleiben. Es ist erforderlich, ihn mit den fehlenden Funktionen zu versehen. Die „24-Stunden-Stadt" und ihre vielfältig nutzbare Ausstattung und Gestalt sind für Nachhaltigkeit unabdingbar.

Schließlich zur Frage der Identität. Identität ist ein wesentlicher Faktor für die Lebensqualität; sie bildet die Synthese des Verhältnisses zwischen dem Individuum und seiner Stadt. Identität, die Schätzung des eigenen Selbst, das Gefühl der Zugehörigkeit – all das ist eng verbunden mit den Bezugspunkten, die Menschen zur eigenen Stadt haben.

Flüsse sind zum Beispiel wichtige Bezugspunkte. Statt sie zu verstecken oder unter Beton zu begraben, sollten Städte ihre Flussufer als besonders wertvolle

Territorien behandeln und die natürlichen Flussläufe und Entwässerungssysteme respektieren, indem sie sicherstellen, dass bestimmte Flächen von Zeit zu Zeit zu unerlässlichen Überflutungsgebieten werden, während sie den Großteil der Zeit als Erholungsgebiete genutzt werden. Parks können nach einer ähnlichen Logik funktionieren und Flächen anbieten, zu denen die Menschen ein Verhältnis gewinnen.

Auch historische Bezirke sind wesentliche Bezugspunkte, weil sie mit den Anfängen einer Stadt eng verbunden sind. Diese Gebiete leiden jedoch oft unter einem Prozess der Abwertung und des Zerfalls. Es ist sehr wichtig, Wege zu finden, um solche Bezirke am Leben zu halten, indem man ihre identitätsstiftenden Elemente miteinander verbindet, stillgelegte Bauten neu nutzt und eine Mischung verschiedener Funktionen fördert. In Curitiba wurde ein stillgelegtes Pulvermagazin in eines der am meisten geschätzten Theater der Stadt umgewandelt, das Teatro do Paiol.

Eine Stadt ist ein kollektiver Traum. Es ist lebenswichtig, diesen Traum zu gestalten. Ohne ihn werden die Bewohner nicht so am Leben der Stadt teilnehmen, wie es unabdingbar ist. Deshalb müssen diejenigen, die für das Schicksal der Städte verantwortlich sind, ihre Konzepte deutlich machen – Konzepte, die von der Mehrheit begrüßt und gewollt werden und in der Lage sind, die Tatkraft einer ganzen Generation zu beflügeln.

Eine Stadt ist eine auf Wandel angelegte Struktur denn ein Planungsmodell, ein Instrument von Wirtschaftspolitik oder ein Nukleus gesellschaftlicher Polarisierung. Die Seele einer Stadt – die Kraft, die sie atmen, existieren und sich entwickeln lässt – wohnt in jedem ihrer Einwohner.

Städte sind Zufluchtsorte der Solidarität. Sie können Schutz bieten gegen die unmenschlichen Folgen des Globalisierungsprozesses. Sie können uns vor Heimatlosigkeit und Identitätsverlust bewahren.

Auf der anderen Seite werden die erbittertsten Kämpfe in Städten geführt, in ihren marginalisierten Randgebieten, beim Zusammenstoß zwischen wohlhabenden Enklaven und heruntergekommenen Ghettos. Auch die schwersten Umweltbelastungen werden dort geboren, weil wir nicht genug Empathie für die gegenwärtigen wie die künftigen Generationen aufbringen. Und genau deshalb sind es unsere Städte, wo wir die größten Fortschritte in Richtung eines friedlicheren und gerechteren Planeten machen können, damit wir der urbanen Welt mit Optimismus statt mit Furcht entgegensehen.

Jaime Lerner
Ehemaliger Gouverneur von Paraná, Brasilien,
und früherer Bürgermeister von Curitiba

Einleitung

Irgendwann in diesem Jahr wird die Welt einen unsichtbaren, aber bedeutenden Meilenstein passieren: den Punkt, wo mehr als die Hälfte der Erdbevölkerung - ungefähr 3,2 Milliarden Menschen - in Städten leben wird. Die vereinte Wirkung von Bevölkerungswachstum und einer nicht vorhergesehenen Migrationswelle vom Land in die Städte bedeutet, dass heute jedes Jahr mehr als 50 Millionen Menschen neu in die Städte und Vorstädte der Welt kommen. Mehr als je zuvor in der Geschichte wird die Zukunft der Menschheit, unserer Wirtschaft und des Planeten, der uns ernährt, in den Städten der Welt entschieden werden.

Urbane Zentren sind Schnittpunkte atemberaubender gestalterischer Innovation und zur gleichen Zeit der elendesten und schändlichsten Armutssituationen, die es auf der Welt gibt. Sie sind die Triebkräfte der Weltwirtschaft, aber auch die Brutstätten von Entfremdung, religiösem Extremismus und anderen Quellen lokaler und globaler Unsicherheit. Städte sind heute sowohl Pioniere bahnbrechender Umweltpolitik als auch die direkte oder indirekte Quelle des Großteils der Zerstörungen und Verschmutzungen in der Welt.

Diese moderne *Tale of two Cities*, um den Titel von Charles Dickens' berühmtem und düsterem Buch über das London des neunzehnten Jahrhunderts zu verwenden, ist etwas, was jeder Politiker und jeder Bürger verstehen muss. Die Schlachten gegen unsere größten globalen Probleme, von der Arbeitslosigkeit über HIV-Infektionen bis zu Wasserknappheit, Terrorismus und Klimawandel wird vor allem in den Städten gewonnen werden - oder verloren.

Obwohl unsere Spezies schon mehr als 100.000 Jahre existierte, bevor 4000 v. Chr. die ersten kleinen Städte zwischen Euphrat und Tigris gebaut wurden, ist die wachsende Dominanz der Städte eine der dramatischsten Veränderungen, die wir durchgemacht haben, und dazu eine, auf die wir sehr wenig vorbereitet sind. Noch im frühen zwanzigsten Jahrhundert lebte die große Mehrheit der Weltbevölkerung auf dem Land und betrieb Landwirtschaft für den Eigenbedarf. Noch heute räumen die Wahlsysteme vieler vorherrschend urbaner Länder - Japan ist ein gutes Beispiel - den ländlichen Bürgern unverhältnismäßig viel politischen Einfluss ein. Und die internationale Gemeinschaft, die Entwicklungshilfe betreibt, vernachlässigt bei der Verteilung der Hilfe oft die Städte.

1950 hatten nur New York und Tokio mehr als 10 Millionen Einwohner. Heute gibt es 20 sogenannte Megacities, die meisten von ihnen in Asien und Lateinamerika. Aber der Großteil des Wachstums in den vor uns liegenden Jahrzehnten wird in den kleineren Städten erfolgen. Die Demographen prophezeien, dass es bis zum Jahr 2015 in Afrika 59 Städte mit einer Bevölkerung zwischen 1 Million und 5 Millionen geben wird, 65 solcher Städte in Lateinamerika und der Karibik und 253 in Asien. Schon 2030 werden fast vier von fünf Städtebewohnern auf der Welt dort wohnen, was wir die „sich entwickelnde Welt" nennen.

Einleitung 53

Die demographischen und politischen Auswirkungen dieses Wandels werden uns auf die Probe stellen. In China zum Beispiel ziehen jedes Jahr Millionen von Menschen in die Städte, und obwohl dieses Land mehr als die meisten anderen dafür getan hat, den Bedürfnissen dieser neuen Städtebewohner gerecht zu werden, sind die sozialen Belastungen sichtbar. Und Afrika, heute der am wenigsten städtische Kontinent, ist die Region, die sich am schnellsten urbanisiert – ein Trend, der ohne Zweifel zusätzlichen sozialen, wirtschaftlichen und politischen Druck auf diesen ohnehin gebeutelten Teil der Welt ausüben wird.

Der größte Teil des Bevölkerungswachstums in den neuen urbanen Zentren Afrikas und Asiens geht in den wildwüchsigen und unterversorgten Siedlungen vor sich, die man gemeinhin als „Slums" bezeichnet. Mehr als ein Viertel der Städtebewohner in der sich entwickelnden Welt – weit über eine halbe Milliarde Menschen – hat kein sauberes Wasser und keine Kanalisation, und in der Folge davon sterben jedes Jahr 1,6 Millionen Menschen. Das Antlitz der Städte des einundzwanzigsten Jahrhunderts ist oft das eines kleinen, unterernährten Kindes in einem riesigen Slum in einer Stadt wie Abidjan, Kolkata (Kalkutta) oder Mexico City, nicht weit entfernt von den neu gebauten Opernhäusern, glitzernden Bürogebäuden und von Autos verstopften Hochstraßen, die nun auch in armen Ländern das Normale sind.

Dieses Kind hat häufig keinen Strom, kein sauberes Wasser, nicht einmal eine in der Nähe gelegene Toilette. Während sich die Luftqualität in den letzten Jahren in vielen europäischen und amerikanischen Städten bemerkenswert verbessert hat, ist sie in den meisten Städten der sich entwickelnden Welt sehr viel schlechter geworden. Allein in China gibt es 16 der am stärksten luftverschmutzten Städte der Welt. Für dieses Kind aus dem Slum sind mit der Verschmutzung zusammenhängende Krankheiten und Gewalt tägliche Bedrohungen, während Bildung und Gesundheitsversorgung nur eine sehr entfernte Hoffnung darstellen.

Unsere Fähigkeit, den Bedürfnissen der städtischen Armen gerecht zu werden, ist eine der größten humanitären Herausforderungen dieses Jahrhunderts. Das wird auch weitere wichtige Entwicklungen in der Welt mit beeinflussen – von der Sicherheit derjenigen, die nahebei in Luxusappartements leben, bis zur Beständigkeit der arktischen Eisdecke an den Polen des Planeten. Es ist eine ganz besondere Ironie, dass der Kampf um die Rettung der verbliebenen gesunden Ökosysteme der Welt nicht in den tropischen Wäldern oder den bedrohten Korallenriffs gewonnen oder verloren wird, sondern auf den Straßen der unnatürlichsten Landschaften des Planeten.

Auf dem Spiel steht das Vermögen dieser Ökosysteme, die Nahrung, die Rohstoffe, das Frischwasser und die Klimastabilität zu liefern, von denen alle Städte abhängen. Beinahe zwei Drittel dieser „Ökosystemdienstleistungen" sind nach den neuesten wissenschaftlichen Schätzungen schon abgebaut worden. Unsere

Herausforderung besteht also darin, das Schicksal der großen Städte der Mayas zu vermeiden, deren Ruinen im Dschungel von Südmexiko und Guatemala zu finden sind - Städte, die nicht aufgrund von inneren Kräften zugrunde gingen, sondern wegen des Zusammenbruchs der sie umgebenden Agrar- und Wasserressourcen nach Jahrhunderten der extensiven Ausbeutung.

Die Aufgabe, die modernen Städte der Welt zu retten, mag ähnlich hoffnungslos erscheinen - ausgenommen die Tatsache, dass es bereits geschieht. Dieses Buch zeigt die Probleme auf, mit denen die Städte der Welt konfrontiert sind, aber auch die bemerkenswerte Reihe vielversprechender Vorstöße, die in den letzten paar Jahren überall gemacht werden. Besonders beeindruckend ist die Eigenständigkeit, die sowohl reiche wie arme Gemeinden zeigen, die begonnen haben, die Lücken zu schließen, welche die Regierungen hinterlassen haben. Selbst solche unabdingbaren Subsistenzmittel wie Nahrung und Energie werden mehr und mehr von Pionieren innerhalb der Stadtgrenzen geschaffen.

In Accra bauen mindestens 1000 städtische Bauern Nahrung auf Hinterhöfen, leeren Grundstücken, an den Straßen und auf aufgegebenen Halden an. In Barcelona bezieht mehr als die Hälfte der neuen und renovierten Häuser Heißwasser aus Solarnergie. In Karachi haben sich die städtischen Armen zusammengetan, um die Abwasserentsorgung aufzubauen, indem die Einwohner selbst die Verantwortung für die Planung, den Bau und den Betrieb des örtlichen Leitungssystems übernehmen. In Bogotá nutzen viele Einwohner das schicke neue Schnellbussystem. Auf einer Insel im Yangtse in der Nähe von Shanghai wird ganz von vorn eine neue ökologische Stadt gebaut. Und in Johannesburg sind Geschäftskooperativen gebildet worden, um umweltfreundliche Baumaterialien zu verkaufen, während zugleich Hunderte neuer Jobs für die Bewohner geschaffen wurden.

Wie diese Beispiele zeigen, beschäftigt sich *Zur Lage der Welt 2007* mit einer thematisch und geografisch sehr vielfältigen Landschaft, denn wir erkunden die vielen Arten, in denen Städte sowohl der Schlüssel zum menschlichen Fortschritt wie zur ökologischen Nachhaltigkeit sein können. Meine Kollegin Molly O'Meare Sheehan, die das diesjährige Projekt *Zur Lage der Welt* geleitet hat, hat ein fähiges Team aus Forschern des Instituts und externen Fachleuten gebildet, das diesen Band verfasst hat. Er enthält gründliche Erörterungen vieler Herausforderungen, denen sich die Städte von heute gegenübersehen, wie auch aufregende Geschichten über die innovativen Kräfte, die neue Wege zur Bewältigung dieser Probleme finden, oftmals in den ärmsten Teilen der sich entwickelnden Welt. Die kurzen Geschichten unter der Rubrik „Stadtporträt", die zwischen den Kapiteln zu finden sind, wurden von Leuten zusammengestellt, die aus erster Hand wissen, was in diesen Städten geschieht.

Ganz besonders freut uns, dass zwei der in der Welt führenden Persönlichkeiten, die sich mit urbanen Fragen beschäftigen - beide aus dem Süden -, kenntnis-

Einleitung 55

reiche Vorworte für *Zur Lage der Welt 2007* geschrieben haben. Anna Tibaijuka, Executive Director von UN-HABITAT, der UN-Körperschaft, die sich dem Wohl menschlicher Wohngebiete widmet, hat die Aufmerksamkeit der Weltführer auf die Notlage städtischer Slumbewohner gelenkt. Als eine Frau, die in Tansania aufgewachsen ist und an der Universität Landwirtschaftsökonomie studierte, verfügt Anna Tibaijuka über die Perspektive eines Menschen, der beruflich wie persönlich die Spannweite der ländlich-städtischen Teilung erfahren hat.

Jaime Lerner, der frühere Bürgermeister von Curitiba in Brasilien und frühere Gouverneur von Paraná, der das Schnellbussystem entwickelte, das Bogotás System inspirierte und nun in Städten wie Los Angeles und Peking nachgebildet wird, schrieb unser zweites Vorwort. Im Gegensatz zu denen, die die Städte von heute als Orte der Hoffnungslosigkeit und Apokalypse beschreiben, sieht Jaime Lerner Städte als aufregende Laboratorien des Wandels. Dieser optimistische Sinn ist wesentlich für die Zukunft der Städte und für die Welt insgesamt.

Christopher Flavin
Präsident des Worldwatch Institute in Washington

Kai N. Lee
Kapitel 1: Die Welt wird urban

Im Jahr 2007 werden Ingenieure und Bauarbeiter damit beginnen, die Insel Chongming, die nahe Shanghai im Yangtse liegt, in eine Stadt zu verwandeln. Arup, die Firma, die den Masterplan für dieses neue Bauprojekt mit dem Namen Dongtan erstellt hat, kündigt es als „die erste nachhaltige Stadt der Welt" an. Die Pläne sprechen von einer Stadt mit 50.000 Menschen bis 2010, mit einer Bevölkerungserwartung bis zum Jahr 2040 von 500.000 Einwohnern. Das Projekt wird 4600 ha umfassen, weniger als ein Fünftel der gesamten Insel. Die Skyline wird von Windrädern beherrscht sein, und Torf, Pflanzen und Sonnenkollektoren werden die Dächer bedecken. Etwa 80 Prozent des Feststoffabfalls wird recycelt, organischer Abfall kompostiert oder aber zur Energieerzeugung verbrannt. Die einzigen motorisierten Fahrzeuge, die auf den Straßen erlaubt sind, werden durch Elektrizität oder Brennstoffzellen angetrieben.[1]

In der Theorie wird Dongtan bezüglich Energieversorgung, Nahrung und Wasser Selbstversorger sein, und die Kohlenstoffemissionen aus dem Transportwesen werden gegen null gehen. Wenn dieses Ziel erreicht wird, wird jeder Bewohner Dongtans weniger Umweltschäden verursachen, als es heute ein New Yorker tut. Obwohl die Siedlungsdichte in New York der für Dongtan geplanten vergleichbar ist, stützt sich die amerikanische Stadt auf Elektrizität, die praktisch vollständig aus fossilen Energien und Kernspaltung stammt, und ihre Abfälle werden von Lastwagen auf Mülldeponien gefahren, die bis zu 650 Kilometer weit entfernt liegen. New Yorks Recyclingrate beträgt weniger als 20 Prozent.[2]

Das Ökocityprojekt Dongtan ist einer der jüngsten Ansätze, eine Form der Stadt zu entwerfen, die die Bedürfnisse der Menschen und die der Umwelt miteinander in Einklang bringt. Vor einem Jahrhundert plädierte Ebenezer Howard, ein britischer Reformer, für „Gartenstädte", unabhängige Städte mit etwa 30.000 Einwohnern, die auf ca. 405 ha lebten, umgeben von Grüngürteln. In diesen neuen Städten war die Aufteilung so vorgesehen, dass Häuser und Gärten einerseits von den Fabriken und landwirtschaftlichen Betrieben andererseits getrennt wurden. Die erste Gartenstadt, Letchworth, wurde etwa 60 km von London entfernt im Jahre 1902 gegründet. Die Idee griff auf andere Länder über, darunter die Niederlande und Japan. Aber die neuen Städte schufen nicht wie geplant ihre eigenen Arbeitsplätze und wurden stattdessen vom regionalen Wachstum der sie umgebenden Städte geschluckt.[3]

Dongtan muss erst noch gebaut und getestet werden. Wie bei früheren utopischen Projekten wird es mit Sicherheit auch negative Folgen geben. Manche sind vorhersehbar, wie die mögliche Umsiedlung von Bauern, die jetzt auf der Insel leben, oder das Auseinanderreißen von geschützten Feuchtgebieten, die ein

Kapitel 1: Die Welt wird urban 57

Vogelschutzgebiet beherbergen, während andere erst geschaffen werden müssen. Dennoch kommt dieses Projekt zu einer Zeit, in der die Menschheit neue Modelle städtischer Entwicklung braucht.[4]

Die globale Herausforderung der Urbanisierung

Aufgrund des schnellen städtischen Wachstums nicht nur in China, sondern auch anderswo in Asien und Afrika, wird irgendwann in diesem Jahr die Weltbevölkerung mehrheitlich in Städten leben. 2005 machte die städtische Bevölkerung der Welt – 3,18 Milliarden Menschen – 49 Prozent der Gesamtbevölkerung von 6,46 Milliarden aus. Sehr bald und zum ersten Mal in der Geschichte unserer Gattung werden mehr Menschen in städtischen Regionen als auf dem Lande leben.[5]

Das ist auf dem langen Weg der Zivilisation ein bedeutender Meilenstein. Vor zehntausend Jahren waren die Menschen Jäger und Sammler, die mit ihren Nahrungsquellen wanderten. Mit der Erschließung der Landwirtschaft folgte die ständige Niederlassung, und irgendwann kamen die beeindruckenden Städte der antiken Welt. Vor mehr als zweihundert Jahren ermöglichten es Verbesserungen der Landwirtschaft im Nordwesten Europas einem kleineren Teil der Bevölkerung, jeden zu ernähren. Um 1740 arbeiteten etwa zwei Drittel der Arbeitskräfte in England und Wales in der Landwirtschaft. Bis 1840 hatte sich das auf weniger als ein Viertel reduziert, auch wenn die Engländer in jenem Jahrhundert sogar Nahrungsmittel exportierten. Direkt im Anschluss an diese landwirtschaftliche Produktivität folgte die Erfindung jener Maschinen, die die Hitze brennender Kohle oder brennenden Holzes in Arbeit umsetzen konnten. Die Industrielle Revolution ergriff von Europa aus Nordamerika und danach Japan, und die Städte wuchsen, damit sie die neuen Fabrikarbeiter beherbergen und versorgen konnten, von denen viele die Bauernhöfe verlassen hatten, als ihre Arbeit nicht länger gebraucht wurde. Im Jahre 1900 stand die Menschheit an der Schwelle zur Moderne: ein neuer Lebensstil entwickelte sich in den Städten, der die Grundbedingungen des menschlichen Lebens neu gestaltete (siehe Kasten 1.1).[6]

Parallel dazu hat sich die menschliche Aktivität als Umweltfaktor von planetarischem Ausmaß erwiesen, denn sie hat Wasserquellen versiegen lassen, Arten ausgerottet und das globale Klima verändert. Dieser Wandel hat unserer Gattung unvorhergesehene materielle Vorteile gebracht, insbesondere in den Ländern mit einem hohen Einkommensniveau. Ob diese Vorteile mit der gesamten Menschheit geteilt werden können und ob sie erhalten werden können, das sind Fragen, die jetzt immer dringlicher erscheinen, weil man die Auswirkungen menschlicher Tätigkeit auf die natürliche Welt nicht länger vernachlässigen kann. Es gibt auch Fragen, über die die Bewohner der Städte entscheiden werden, denn wenn auch das allgemeine Bevölkerungswachstum in diesem Jahrhundert durchaus zum Ende

Kasten 1.1: *Veränderungen der Modernität*

Die Städte, die die Industrialisierung möglich und notwendig gemacht hat, haben ihrerseits eine Reihe von Veränderungen hervorgebracht, die den Grundriss der materiellen Existenz neu bestimmen. Was wir heute als Globalisierung bezeichnen, ist die letzte Phase in einer ganzen Reihe miteinander verbundener Wandlungsprozesse, die die Bevölkerung, die Gesundheit, die Ökonomie, die Politik, die sozialen Beziehungen und die Umwelt betreffen.

Auf der ganzen Welt sind Familien kleiner geworden, angeführt von den Ländern mit hohem Einkommensniveau und Chinas überraschend erfolgreicher Ein-Kind-Politik. Dieser demographische Wandel wird vermutlich vor dem Ende des einundzwanzigsten Jahrhunderts in das Ende des Weltbevölkerungswachstums münden. Die Stabilisierung der Bevölkerung ist kein Ergebnis von Seuchen, Hunger oder Krieg. Mit Ausnahme der afrikanischen Länder, die durch AIDS schwer getroffen sind, hat sich die Gesundheitslage im Laufe des vergangenen Jahrhunderts beinahe überall verbessert. Die Säuglingssterblichkeit ist zurückgegangen, dasselbe ist der Fall bei den Infektionskrankheiten, und besonders in den Ländern mit hohem Einkommensniveau ist die Lebensdauer gestiegen. Der epidemiologische Wandel hat für die Städte wichtige Auswirkungen: Noch vor einem Jahrhundert gab es soviel Krankheiten in den Städten, dass die städtische Bevölkerung abnahm, obwohl Menschen in die Städte zuwanderten. Dieses Los der Städte wurde durch Kanalisation und sauberes Wasser weitgehend beseitigt, nur in den Slums können die schlechten Gesundheitsbedingungen noch immer in großem Ausmaß krankmachen und töten.

Die Industrialisierung hat einen unvorhergesehenen wirtschaftlichen Wandel hervorgebracht, der sich im Prozess der Globalisierung noch immer weiter entfaltet. Das durchschnittliche Pro-Kopf-Einkommen ist seit dem frühen neunzehnten Jahrhundert – mit Unterbrechungen – gestiegen. Aber der Wohlstand und die mittelbaren Vorteile der Prosperität sind ungleich verteilt worden, auch wenn die Leistung der Weltwirtschaft insgesamt enorm gestiegen ist. Diese wirtschaftliche Kraft ist in den Städten entstanden. Die Erwerbstätigkeit der Städter bildet die Grundlage der nationalen Volkswirtschaften. Technologische Veränderungen ließen die Städte wachsen und sich weiter ausdehnen: In Stahl gefasste Gebäude ermöglichten zum Beispiel den Bau von Wolkenkratzern, und die Beschleunigung des Transports ermöglichte es den Menschen, in weit entfernten, dünn besiedelten Vororten zu leben und in den hoch verdichteten Innenstädten zu arbeiten.

So einschneidend wie die wirtschaftlichen Veränderungen der letzten beiden Jahrhunderte war der uneinheitliche, jedoch unaufhaltsame Aufstieg der Demokratie. Der Anteil der Menschen in der Welt, die demokratisch regiert werden, stieg von etwa 4 Prozent im Jahr 1840 auf etwa 12 Prozent 1900 und überschritt um das Jahr 2000 herum die Fünfzigprozentmarke. Dieser bemerkenswerte Wandel ist u.a. auf das Ende des Kolonialismus zurückzuführen, das Indien und viele andere Länder mit mittlerem oder niedrigem Einkommensniveau der Liste der Demokratien hinzufügte. Die Ausbreitung freier Wahlen hat den Stadtbewohnern die Möglichkeit gege-

> ben, Rechenschaft zu fordern über die Grundbedingungen städtischen Lebens, und Regierungen werden heute als verantwortlich betrachtet für Angelegenheiten, die von schulischer Bildung über die Pflege von Parkanlagen bis hin zu den Frauenrechten reichen, Dinge, die einfach nicht auf der Tagesordnung feudaler Gesellschaften standen.
>
> *Quelle:* Siehe Anmerkung 6.

kommen kann, werden Städte und ihr Druck auf die Umwelt weiter zunehmen, aufgrund ihres wirtschaftlichen Wachstums, der Migration, der natürlichen Ausdehnung und der Transformation ländlicher Flächen in städtische Ansiedlungen.[7]

Schätzungen der UN gehen davon aus, dass beinahe die gesamte Zunahme der Weltbevölkerung in der nächsten Generation in den Städten von Ländern mit niedrigem oder mittlerem Einkommensniveau erfolgen wird. Von Asien und Afrika, heute die ländlichsten Kontinente, erwartet man, dass sie ihre urbanen Bevölkerungen bis zum Jahr 2030 auf etwa 3,4 Milliarden Menschen verdoppeln. Schon heute leben etwa 1 Milliarde Bewohner in „Slums" oder informellen Siedlungen – Gebieten, in denen die Menschen ohne die Befriedigung von einem oder mehrerer menschlicher Grundbedürfnisse existieren: das sind sauberes Wasser, ausreichender Lebensraum, geschützte und beständige Häuser oder sichere Verfügung über Grund und Boden, wozu auch der Schutz vor Zwangsvertreibung gehört.[8]

Die Urbanisierung stellt deshalb eine globale Herausforderung für die menschliche Entwicklung und die Menschenrechte dar. Die Veränderung, in der wir uns befinden, macht die Frage unausweichlich, wie wir leben wollen – das ist die Herausforderung nachhaltiger Entwicklung, die vor 20 Jahren in einer oft zitierten Form definiert wurde als die Fähigkeit, den Bedürfnissen der Gegenwart gerecht zu werden, ohne die Fähigkeit zukünftiger Generationen zu verspielen, ihren eigenen Bedürfnissen gerecht zu werden.[9]

Viele Wissenschaftler sind sich einig, dass die Weltwirtschaft nicht auf dem Weg zu einer nachhaltigen Entwicklung ist. Vor mehr als einem Jahrzehnt hat das Internationale Forum zum Klimawandel festgestellt, dass die Verbrennung fossiler Brennstoffe die Zusammensetzung und die Wärmebalance der Atmosphäre verändert; die Gruppe hat seitdem die Anzeichen eines Klimawandels dokumentiert: von schmelzenden Gletschern bis zum Verfall einer Reihe von pflanzlichen und tierischen Beständen. Eine von mehr als 1300 Wissenschaftlern verfasste internationale Analyse des Weltökosystems stellte fest, dass 60 Prozent der Leistungen der Natur – darunter auch die, die durch landwirtschaftliche Flächen, Fischgründe und Wälder geliefert werden – geschädigt wurden oder nicht nachhaltig genutzt werden. Dieses Millenium Ecosystem Assessment sprach 2005 die Warnung aus, dass „diese Probleme, wenn man sie nicht angeht, die Wohltaten des Ökosystems für künftige Generationen ganz wesentlich verringern wird".[10]

Dieses Kapitel befasst sich mit dem Zustand der urbanen Regionen der Welt und widmet sich besonders der Frage, wie Urbanisierung und nachhaltige Entwicklung miteinander verbunden sind. Auf den ersten Blick scheinen Städte eher das Problem als die Lösung zu sein: Die Zahl der in Slums lebenden Menschen ist stetig gewachsen, und die industrielle Umweltverschmutzung in schnell wachsenden Volkswirtschaften schädigt Wasser und Luft. Dennoch scheint der Zustrom der Menschen in die Städte nicht zu enden oder sich auch nur zu verlangsamen, zum Teil deshalb, weil die Chancen und wirtschaftlichen Möglichkeiten in den Städten sogar für viele der Armen besser sind.[11]

Unter dieser Perspektive bietet die Urbanisierung eine entscheidende Chance: Lebensmuster im Einklang mit den Rhythmen der Natur zu kreieren, während die Menschen weiterhin städtischen Lebensraum schaffen. Städte bieten zum Beispiel erhebliche wirtschaftliche Möglichkeiten für das Recycling von Wasser und Rohstoffen und für die effiziente Energienutzung. Aber die heutigen Städte mit hohem Einkommensniveau nutzen ihre Ressourcen nicht nachhaltig, und der auf hohem Verbrauch basierende Ansatz ist für Slumbewohner schlichtweg nicht erschwinglich. Für die nachhaltige Entwicklung ist es das Wichtigste, in allen Gesellschaften Wege zur Schaffung besserer menschlicher Siedlungsformen zu finden.

Man kann sich eine Stadt als einen physischen wie gesellschaftlichen Mechanismus vorstellen, der einer hochkonzentrierten menschlichen Population wichtige Leistungen der Natur wie sauberes Wasser abgewinnen und liefern soll. Den physischen Teil dieses Mechanismus nennt man oft die Infrastruktur, während der gesellschaftliche Teil Märkte, Regierungs- und Gemeindeorganisationen umschließt. Städte unterscheiden sich erheblich voneinander, aber wenn man sich städtische Regionen als mit der Natur vernetzt denkt, kommt ein wichtiges Muster zum Vorschein: Die Umweltprobleme von Städten mit niedrigem Einkommensniveau sind in Art und Umfang von den Problemen verschieden, denen sich industrialisierte Städte mit mittlerem Einkommensniveau gegenübersehen. Und die Herausforderungen, die zum Beispiel durch die rasende Industrialisierung in Guangzhou in China entstehen oder durch die Armut in Cochabamba, Bolivien, unterscheiden sich von denen, die man in Städten mit hohem Einkommen wie in Phoenix oder Turin findet.

Städte sind mit der Natur durch Märkte und durch Technologie verbunden. Praktisch alle Städte hängen von Nahrung, Brennstoffen und Rohstoffen von anderswo ab, und alle Städte sind Marktplätze. Deshalb heißt „nachhaltig" nicht selbsterhaltend. Eine Stadt, die sich auf die Nachhaltigkeit zubewegt, verbessert die öffentliche Gesundheitsversorgung und das Wohlergehen, recycelt zunehmend

Kapitel 1: Die Welt wird urban 61

ihre Rohstoffe und setzt Energie immer effizienter ein. Man beachte das Verb „zubewegen", denn es ist für eine menschliche Ökonomie unrealistisch, dass sie keinerlei Auswirkungen auf die Natur hat, aber ebenso sicher ist es wichtig für die menschliche Ökonomie, ihren Wohlstand gerechter zu teilen, und das auf eine Art und Weise, die es unserer Gattung ermöglicht, auf einem begrenzten Planeten zu überleben.

Städtische Regionen heute

Der weltweite Trend zur Industrialisierung ist eindeutig, im Gegensatz zur Urbanisierung. Wenn die Vereinten Nationen prognostizieren, dass die Weltbevölkerung 2008 vorherrschend städtisch sein wird, stützen sie sich auf Informationen aus Mitgliedsstaaten, die „städtisch" jeweils unterschiedlich definieren. Mehr als zwei Dutzend Länder dokumentieren ihre Definitionen überhaupt nicht. Städtische Population kann durch mindestens drei Größen definiert werden: diejenigen, die innerhalb der juristisch definierten Grenzen einer Stadt leben; diejenigen, die in Gebieten mit einer hohen Wohndichte leben (städtische Ballungsgebiete); diejenigen, die durch direkte ökonomische Bindungen mit einem Stadtzentrum vernetzt sind (Metropolregionen).

Diese Definitionen ergeben sehr unterschiedliche Bilder von der „Stadt". Der US National Research Council stellte 2003 fest, dass „bei Städten wie Buenos Aires, Mexico City, London und Tokio je nachdem, wie man ihre Grenzen definiert, zutreffend gesagt werden kann, dass ihre Bevölkerung schrumpft oder zunimmt". Außerdem haben mehr als zwei Dutzend Länder mit niedrigem Einkommensniveau seit mehr als einem Jahrzehnt keine Volkszählung mehr durchgeführt, und die Bevölkerungszahl, die man ihnen zurechnet, ist eine bloße Schätzung. Dann gibt es die Frage, wie groß eine Ansiedlung sein muss, um als städtisch bezeichnet zu werden. Indien würde zum Beispiel von einem überwiegend ländlichen zu einem überwiegend städtischen Land werden, wenn es die Definition einer städtischen Region übernehmen würde, die in Schweden angewandt wird. Trotz dieser Schwächen werden die von den Vereinten Nationen veröffentlichten Zahlen vielfach genutzt (wie auch in diesem Buch), und zwar aus Mangel an genaueren Schätzungen.[12]

In der zweiten Hälfte des zwanzigsten Jahrhunderts ist die städtische Bevölkerung auf der Welt nach Angaben der Vereinten Nationen beinahe um das Vierfache gewachsen, von 732 Millionen im Jahr 1950 auf 2,8 Milliarden im Jahr 2000 und mehr als 3,2 Milliarden im Jahr 2006. Wie in Tabelle 1.1 gezeigt wird, war das Wachstum in Afrika, Asien und Lateinamerika sehr schnell, in Europa und Nordamerika, wo schon 1950 die Hälfte der Bevölkerung in städtischen Regionen lebte, dagegen sehr viel langsamer. 1950 lebten nur 40 Prozent der städtischen Bevölkerung in Ländern mit niedrigem und mittlerem Einkommensniveau, aber diese Gruppe wird kurz nach dem Jahr 2010 drei Viertel ausmachen.[13]

Seit 1975 sind mehr als 200 urbane Ballungsgebiete in Ländern mit niedrigem und mittlerem Einkommensniveau auf über 1 Million Einwohner angewachsen. Ihre lokalen Verwaltungen sehen sich mit den Bedürfnissen nach Kanalisation, Wohnraum, Transport, Wasser und Energie von mehr als einer Million Wählern konfrontiert – eine eindrucksvolle neue Herausforderung, die in einer einzigen Generation gewachsen ist. Vielen örtliche Verwaltungen, die diese Probleme zu bewältigen versuchen, haben nicht genug ausgebildete Mitarbeiter, nicht das Geld, sie zu bezahlen, und verfügen über keine Erfahrung ziviler Verwaltung in so massenhaftem Umfang.[14]

Man geht davon aus, dass die Trends der vergangenen Generation sich in der folgenden fortsetzen werden. Noch wichtiger ist, wie schon früher erwähnt, die Tatsache, dass die überwältigende Mehrheit beim Zuwachs der Weltbevölkerung – 88 Prozent des Zuwachses zwischen 2000 und 2030 – städtische Bewohner in Ländern von niedrigem und mittlerem Einkommensniveau sein werden. Afrika hat schon jetzt 350 Millionen städtische Einwohner, mehr als die Bevölkerung von Kanada und den Vereinigten Staaten zusammen. Was die absoluten Einwohnerzahlen angeht, ist das städtische Wachstum nicht prognostiziert, und das wird so bleiben. Aber in Prozenten gerechnet, liegt die Quote, in der nationale Bevölkerungen städtisch werden, in der geschichtlichen Spannweite, die man von Ländern mit hohem Einkommensniveau kennt.[15]

Das schnelle Anwachsen urbaner Populationen ist sowohl auf die Migration in die Städte zurückzuführen als auch auf den Zuwachs bei den Menschen, die dort schon leben. Obwohl Politiker dahin tendieren, die Rolle der Migration zu

Tabelle 1.1: Städtische Bevölkerung nach Regionen, 1950-2000, mit Projektion aufs Jahr 2010

Region	1950	1970	1990	2000	2010
	Einwohner in Millionen				
Afrika	33	85	203	294	408
Asien	234	485	1011	1363	1755
Lateinamerika und Karibik	70	163	315	394	474
Europa	277	411	509	522	529
Nordamerika	110	171	214	249	284
Ozeanien	8	14	19	22	25
Welt	732	1329	2271	2845	3475

Quelle: Siehe Anmerkung 13. (Anm.: Die Summen wurden auf- und abgerundet.)

Kapitel 1: Die Welt wird urban

betonen, ist gegenwärtig der natürliche Bevölkerungszuwachs für mehr als die Hälfte des Anstiegs der urbanen Population verantwortlich.[16]

Der vielleicht am stärksten sichtbare Aspekt der weltweiten Urbanisierung ist die Entstehung der Megacities, großer städtischer Ballungsräume mit mehr als 10 Millionen Einwohnern (siehe Abb. 1.1). Diese Städte machen aber nur etwa 9 Prozent der urbanen Weltbevölkerung insgesamt aus. Etwas über die Hälfte der Städtebewohner in der Welt leben in Siedlungen mit weniger als 500.000 Einwohnern (siehe Abb. 1.2).[17]

Die schnelle Urbanisierung der Weltbevölkerung stellt sich in verschiedenen Teilen der Welt unterschiedlich dar. Lateinamerika, das schon zu 77 Prozent städtisch ist, hat bereits den demographischen Wandlungsprozess wie in Nordamerika und Europa durchlaufen, bei nationalen Wachstumsraten der Bevölkerung, die seit den 1960ern zurückgehen. Das Wachstum in den Megacities der Region hat sich beträchtlich verlangsamt, weil die Kosten solcher Anhäufungen kleinere städtische Regionen attraktiver gemacht haben. Trotzdem haben lateinamerikanische Städte große Slumbevölkerungen, die weiter wachsen, was auf das höchste Niveau der wirtschaftlichen und sozialen Ungleichheit in der Welt zurückzuführen ist.[18]

In Afrika, wo etwa 38 Prozent der Bevölkerung in städtischen Regionen leben, ist die Urbanisierung jünger und in Proportionen ausgedrückt schneller, wegen

Abbildung 1.1: Städtische Ballungsgebiete mit mehr als 10 Millionen Einwohnern bis 2015

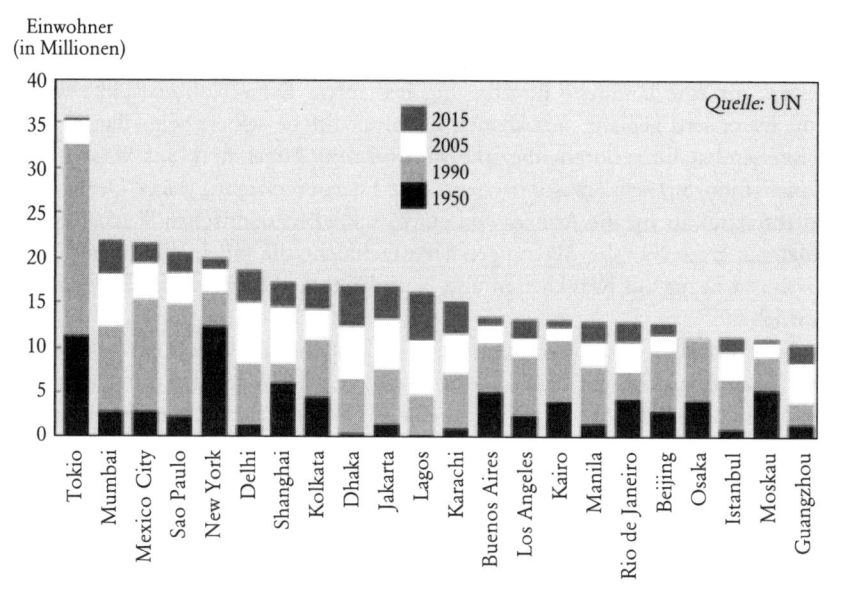

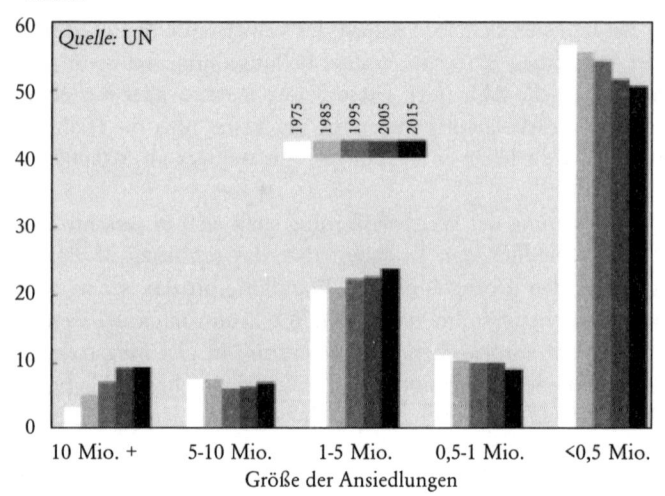

Abbildung 1.2: Größe städtischer Siedlungen von 1975-2015
Prozent

Quelle: UN

höherer Bevölkerungszuwachsraten, ländlicher Armut aufgrund niedriger landwirtschaftlicher Produktivität und aufgrund von Kriegen, die die Menschen in die Städte treiben. Die räumliche und wirtschaftliche Struktur afrikanischer Städte spiegelt vielfach Entscheidungen wider, die Europäer in der Kolonialära getroffen haben, als Handelszentren für landwirtschaftliche Produkte und Rohstoffe, die für den internationalen Export bestimmt waren, ältere Marktsiedlungen ablösten, die eine ländliche Bevölkerung bedienten. Diese Kolonialstädte waren von Europäern geplant, mit kleinen Enklaven für sie selber; beim Bau der anschließenden Eingeborenenbezirke wurde kaum Augenmerk auf Wasser und Kanalisation, Straßen, Transportsysteme oder Energieversorgung gelegt. Der Mangel an Infrastruktur für die Armen, von einem schnellen städtischen Wachstum gefolgt, hat große Slumbevölkerungen hervorgebracht, die auf einem hohen Risikoniveau in Bezug auf Krankheiten und Naturkatastrophen wie Überschwemmungen leben.[19]

Eine schlechte makroökonomische Politik im Afrika südlich der Sahara seit der Unabhängigkeit vor beinahe einem halben Jahrhundert hat zu städtischen Ökonomien geführt, die durch informelle Arbeit wie dem mobilen Verkauf von Nahrung und durch Kleinhandel dominiert werden, aber nur wenig industrielle Arbeitsplätze bieten. Mehr als drei Viertel der nichtlandwirtschaftlichen Arbeitsplätze sind im informellen Sektor angesiedelt, der aber nur 41 Prozent des ökonomischen „Outputs" ausmacht, weil beinahe alle Jobs hier im Bereich geringer Löhne und geringer Gewinne liegen. Afrikanische Ökonomien sind nur gering in die Weltwirtschaft integriert, und sie hängen noch immer vom Export von Rohstoffen und landwirtschaftlicher Produkte ab, um Fertigprodukte importieren zu können - wie in kolonialen Zeiten.[20]

Asien, die am stärksten bevölkerte Region der Welt, ist zu etwa 40 Prozent städtisch, wobei die urbane Landschaft sehr unterschiedlich aussieht. Das pazifische Asien - die Küstenregionen von Japan bis Südostasien - hat in der letzten Generation einen bemerkenswerten wirtschaftlichen Wandel durchlaufen, so wie China und die neuindustrialisierten Länder Ostasiens schnell wachsende Einkommen und Urbanitätsniveaus haben. China beherbergt heute 16 der 20 am stärksten verschmutzten Städte der Welt, weil ökonomische Veränderungen in rasendem Tempo die Fähigkeit der Regierungen, die öffentliche Gesundheit zu schützen und zu verbessern, überfordert haben. Im westlichen China, in Südasien und Zentralasien geht die Urbanisierung ebenfalls schnell voran, aber das Wirtschaftswachstum war nicht so steil, und Armut bedrückt beinahe ein Drittel der städtischen Bevölkerung Indiens. In Bangladesh und Pakistan bleiben die Wachstumsraten bei der Bevölkerung zwar hoch, nehmen aber ab. Städtische Populationen sind in Zentralasien geschrumpft oder nur langsam gewachsen in Folge der schweren wirtschaftlichen und politischen Erschütterungen, die dem Zusammenbruch der Sowjetunion folgten.[21]

Jenseits dieser regionalen Verallgemeinerungen hat jede Stadt eine Geschichte und eine Bevölkerung, die die Stadt in ihre eigene Richtung führt. Städte ziehen Neubürger an und halten ihre Bewohner, weil sie Beschäftigungsmöglichkeiten bieten, weil sie das Zusammentreffen mit anderen Menschen ermöglichen, weil man sich in ihnen verändern kann. Wie einem Migranten in jedem beliebigen Slum versichern werden, sind sie dort, weil sie dort sein wollen. Indem sie Möglichkeiten des Stadtlebens ergreifen und seine Risiken auf sich nehmen, werden die einen scheitern und die anderen Erfolg haben. Oft werden Menschen Dinge tun, die sie in ländlichen Gebieten nicht tun konnten, und manchmal werden sie die städtische Gemeinschaft und Wirtschaft gemeinsam in eine neue Richtung treiben, ob dies durch die Eröffnung eines neuen Geschäftszweigs wie eines Markts für biologische Lebensmittel ist oder die Herstellung neuer Verbindungen zu anderen Gemeinden, indem sie Geld nach Hause schicken, oder ob dies durch die Erschütterung der Gemeinde ist, weil sie ein Verbrechen begehen oder eine vormals unbekannte Krankheit mitbringen wie die Vogelgrippe.

Die Dynamik von Städten macht jede städtische Region zu einem besondern Platz, einer unverwechselbaren sozialen und milieugeprägten Szenerie, um die sich Loyalitäten und Antipathien herausbilden können.

Dass jede Stadt anders ist, hat wichtige Folgen für die Politik: die angemessene Hilfe für eine städtische Region oder eine Investition darin setzt die Kenntnis ihrer wichtigsten Wesenszüge voraus. Trotzdem ist unser Verständnis für Städte auffallend begrenzt, und das schränkt die Fähigkeit internationaler Organisationen, Regierungen und Nichtegierungsorganisationen ein, intelligent zu handeln. Als ein Ergebnis wäre festzuhalten, dass es kein einfaches Modell dafür gibt, wie man wirtschaftliches Wachstum – gar nicht zu reden von Nachhaltigkeit – in Städten in Gang setzt. Nur zum Vergleich: Bei der ländlichen Entwicklung ist es ein unumstößliches Axiom, dass die Hebung der landwirtschaftlichen Produktivität eine Voraussetzung des wirtschaftlichen Wachstums ist.

Eine grundlegende Einschränkung liegt in dem Mangel an Informationen, die über Städte gesammelt werden. Die städtische Bevölkerung wird von den Vereinten Nationen registriert, aber die verschiedenen Variablen, die zum Bild der Nachhaltigkeit gehören – menschliches Wohlergehen, Umweltbedingungen und wirtschaftliche Daten – werden meist nur auf nationaler Ebene gemessen, wobei die Städte in der sich entwickelnden Welt, in der der schnellste Urbanisierungsprozess erfolgt, höchst ungenügend erfasst werden.[22]

Wie schon erwähnt, variiert die Begrenzung von Städten von Land zu Land. Wenn man eine Grenze zwischen ländlichen und städtischen Räumen zieht, dann impliziert das eine scharfe Trennung zwischen Land und bebautem Gebiet – doch diese Trennung existiert meistens einfach nicht. Viele Familien hängen sowohl von der Stadt wie vom Land ab, um zu überleben. Cecilia Tacoli vom International Institute for Environment and Development weist auf Untersuchungen hin, die den nichtagrarischen Anteil an ländlichen Haushaltseinkommen, die Geldsendungen von Migranten eingeschlossen, derzeit in Lateinamerika auf 40 Prozent, in Südasien auf 60 Prozent und auf 30 bis 50 Prozent im Afrika südlich der Sahara schätzt, wobei er in Südafrika gar 80 bis 90 Prozent erreicht. Zudem sind die Veränderungen in der Nutzung des Landes an den ausgefransten Rändern der städtischen Ballungsräume kompliziert, oft zu schnell für die Reaktionszeit örtlicher Verwaltungen, und schwer zu kontrollieren. Städtische Verwaltungen übernehmen nicht oft die Verantwortung für Slums jenseits ihrer Grenzen.[23]

Ein anderes Problem für die Politik ist unsere ungenaue Kenntnis des Bevölkerungswachstums. Die städtischen Bevölkerungsprognosen der Vereinten Nationen sind nicht das, was sie scheinen: Sie sind einfach demographische Hochrechnungen, die die Bevölkerungskurve unter der Voraussetzung aufzeigen, dass sich die Parameter, die man jetzt sieht und schätzt, in den kommenden Jahren entsprechend entwickeln. In ihnen sind nicht die Auswirkungen wirtschaftlicher, sozialer oder ökologischer Faktoren enthalten, die beispielsweise Geburts- oder Migrationsraten ändern könnten. Obwohl die dahinter stehenden Annahmen in den UN-Dokumenten deutlich benannt werden, werden diese Hochrechnungen gemeinhin als Vorhersagen genommen, die sich auf das tiefste Verständnis aller wirkenden Kräfte stützen. Jedoch haben Untersuchungen demographischer Prognosen ergeben, dass die UN-Schätzungen von vor 20 Jahren zu einer Überschät-

Kapitel 1: Die Welt wird urban

zung des urbanen Wachstums in den sich entwickelnden Ländern um etwa 19 Prozent tendieren. Auf dieselbe Art könnte sich die Prognose rascher Urbanisierung im Afrika südlich der Sahara als zu hoch gegriffen erweisen, wenn die Volkswirtschaften in jenen Ländern weiterhin schwach bleiben.[24]

Eine weitere Einschränkung ergibt sich aus dem Mangel an Zahlen über die Unterschiede in den Städten. Wohlhabende Bezirke und Slums stellen bekanntes Terrain für die Einwohner einer Stadt dar, aber für die Analysten ist nur wenig Information erhältlich, wie die Wohn- und Beschäftigungsverhältnisse zwischen ihnen differieren. Selbst genaue Karten – unerlässlich für die Planung, den Bau und die Erhaltung von Straßen oder Kanälen – fehlen in manchen sich entwickelnden Ländern, besonders für informelle Siedlungen, die ohne Autorisierung oder beurkundete Eigentumswechsel in Besitz genommen wurden. Dieser Mangel an Wissen verschlimmert noch die Schwierigkeiten, die sich aus den vielfältigen und miteinander konkurrierenden Reihen von Eigentumsrechten ergeben. In Ghana wie auch in vielen anderen früheren Kolonien existiert ein eigentumsrechtliches System, das in den vorkolonialen Ansprüchen der Familien wurzelt, und ein anderes, das ein Erbe der Gesetzgebung aus kolonialer Zeit ist. Dies ohne Karten oder Dokumente über die traditionellen Eigentumsansprüche auseinanderzuhalten, blockiert die Gerichte und hindert die Entwicklung von Wohnungen und Geschäften, die die wachsenden städtischen Bevölkerungen angemessen versorgen könnten.[25]

Geografische Informationssysteme (GIS), die Computer einsetzen, um Daten aus unterschiedlichen Quellen zu sammeln und sie auf Karten zu übertragen, liefern mehr und mehr einen wesentlichen Beitrag. Indem sie auf Untersuchungen bestimmter Städte aufbauen, die zeigen, dass Slumbewohner unter Umständen unter schlechteren gesundheitlichen Bedingungen leben als Menschen in ländlichen Gebieten, zeigen die GIS-Analysen der Bedingungen u.a. in Accra, Ghana, und Tijuana, Mexiko, dass Armut wesentlich mehr bedeutet als Geldmangel. Sie schließt eine stärkere Verbreitung von Krankheiten, Gefährdung durch Überschwemmungen und andere Notfälle ein.[26]

Warum sind diese Begrenzungen unseres Verständnisses wichtig? Jährlich werden etwa 150 Milliarden Dollar in die physische Infrastruktur von Entwicklungsländern gesteckt. Das United Nations Millenium Project schätzt, dass die Erreichung des Millenium Development Goal zur Verbesserung des Lebens von 100 Millionen Slumbewohnern in den nächsten 17 Jahren 830 Milliarden Dollar kosten wird. Diese Ausgaben könnten helfen, arme Menschen einem nachhaltigen und würdigen Leben näher zu bringen, jedoch nur, wenn die Behörden und Regierungen, die diese enormen Summen vergeben, in der Lage sind, das Geld adäquat einzusetzen. Der große Teil der Entwicklungshilfe hat auf die Behebung der ländlichen Armut gezielt in der Annahme, dass städtische Armut ein vorübergehendes Phänomen bei den Zuwanderern in die Städte sei. Da aber mehr als die Hälfte des städtischen Wachstums durch natürlichen Zuwachs erfolgt, ist es überhaupt nicht klar, wann Slumbewohner ihrer Situation entkommen können oder in der Lage sein werden, ihre Siedlungen und Viertel in einen besseren Zustand zu versetzen. Eine Entwicklungshilfe, die Menschen nachhaltigen Lebensmustern näherbringen soll, wird Investitionen tätigen müssen, die auf einem Verständnis dafür basieren, wer wo in wachsenden Städten lebt und wie er seinen Lebensunterhalt verdient.[27]

Entwicklungshilfe, die Menschen nachhaltigen Lebensmustern näherbringen soll, wird Investitionen tätigen müssen, die auf einem Verständnis dafür basieren, wer wo in wachsenden Städten lebt und wie er seinen Lebensunterhalt verdient.

Forschung und Erkenntnis sind folglich einfach praktische Notwendigkeiten. UN-HABITAT hat eine große Menge von Indikatoren in seinem Global Urban Observatory gesammelt, und die wichtige Studie *Cities Transformed* aus dem Jahre 2003 übernahm Analysen der internationalen Demographic and Health Survey, um die Lage der Gesundheit in den Städten und der sozialen Bedingungen zu erhellen. Ein anderer bemerkenswerter Versuch wird von dem Wirtschaftswissenschaftler Stephen Sheppard und dem Stadtplaner Shlomo Angel unternommen. Sie haben 120 Städte verschiedener Größe aus allen Regionen der bewohnten Welt ausgewählt und einen Schnelltest entwickelt, um in jeder Zeit eine breite Skala von Variablen zu erheben, die von den Mietpreisen über die Luftverschmutzung bis zur Stadtplanungspolitik reichen. Der Test ist so entworfen, dass ein muttersprachlicher Student innerhalb einer Woche Informationen über mehrere Hundert Indikatoren sammeln kann. Das Projekt schließt Fernuntersuchungen der 120 Städte ein und nutzt dazu Satellitenbilder von 1990 bis 2000. Diese Studie, die von der Weltbank und der US National Science Foundation unterstützt wird, baut eine Datenbank für Analysten weltweit auf, um den sozialen, ökologischen und wirtschaftlichen Wandel über ein Jahrzehnt für eine große Anzahl von Städten zu untersuchen.[28]

Ebenso wichtig wie Forschung ist das Lernen aus der Erfahrung, damit man Fehler und Überraschungen in bessere Entscheidungen für die Zukunft umsetzt. Es hat sich erwiesen, dass dies sowohl in der Entwicklungs- wie in der Umweltarbeit eine Herausforderung ist. Obwohl sich Überraschungen bei sozialem Eingreifen so häufig ereignen, dass man mit ihnen rechnen muss, werden doch von denen, die Pläne aufstellen, nur selten unerwartete Ergebnisse überhaupt in Betracht gezogen. Schon Ziele deutlich genug zu formulieren, so dass man Fehlschläge kenntlich machen kann, ist für Politiker risikoreich. Es sind in geringem

Kapitel 1: Die Welt wird urban 69

Umfang systematische Methoden fürs Lernen aus der Durchsetzung und Durchführung politischer Maßnahmen entwickelt und ausprobiert worden, aber uneinheitliches Lernen und uneinheitliche Lernfähigkeit hängen wie Nebelschleier über dem Weg zur städtischen Nachhaltigkeit.[29]

Wohlstand und Umwelt

Die umweltbezogenen Probleme von Städten hängen vom Niveau ihrer wirtschaftlichen Aktivitäten ab. Vereinfacht gesagt, sehen sich arme Städtebewohner direkten und alltäglichen Umweltproblemen gegenüber, während die wohlhabendsten Einwohner einer Stadt Umweltprobleme verursachen, die sie in ihrem Alltagsleben nicht erfahren. Ein Kind in Soweto in Südafrika unterliegt dem Risiko, an durch unreines Wasser verursachten Krankheiten zu sterben, ein Risiko, dem sein Cousin in Birmingham in England nicht ausgesetzt ist. Eine Fabrikarbeiterin in Wuhan, China, könnte unter durch Luftverschmutzung verursachtem Asthma leiden, während ihre Kollegin in Nagoya, Japan, mit geringerer Wahrscheinlichkeit Giftstoffe in der Luft einatmet. Der College-Student in Denver, Colorado, trägt zur globalen Erwärmung mehr bei, wenn er täglich mit dem Auto zum Campus fährt, als jemand, der jeden Tag mit dem Bus zum Seminar an der Universidad de los Andes in Bogotà in Kolumbien fährt.

Diesen Beispielen individueller Erfahrungen entsprechen statistische Unterschiede zwischen Städten in Ländern mit niedrigem, mittlerem und hohem Einkommensniveau. Die Tabelle 1.2 vergleicht Indikatoren für drei Städte aus diesen drei Einkommenskategorien und zeigt wirtschaftliche und gesundheitliche Indikatoren auf der nationalen Ebene zusammen mit den Umweltbedingungen der Städte; der Energieverbrauch, eine nationale Statistik, wird als Indikator für den Kohlenstoffausstoß genommen. Die nationalen Statistiken geben die Bedingungen in den Städten nicht exakt wieder, und die Unterschiede innerhalb der Städte können ebenfalls sehr groß sein. Die wirtschaftlichen und gesundheitlichen Indikatoren sind hier aufgeführt, um die Unterschiede in den nationalen Zusammenhängen von Städten in Ländern mit niedrigem, mittleren und hohem Einkommensniveau aufzuzeigen.[30]

Diese Zahlen illustrieren ein Muster räumlicher, umweltbezogener und wirtschaftlicher Unterschiede. Eine Stadt mit geringem Einkommen wie Accra ist mit direkten gesundheitlichen Gefahren konfrontiert: durch menschlichen Abfall verschmutztes Wasser, Häuser, die unter Insekten- und Nagetierplagen leiden, Straßen und Viertel, die in der Regenzeit überflutet werden. Jeder Einzelne und jede Familie muss sich im Alltagsleben mit diesen Problemen auseinandersetzen. Eine Stadt im Prozess der Industrialisierung wie Tijuana hat mit zusätzlichen Umweltproblemen durch luftverschmutzende Fabriken und Giften aus

Tabelle 1.2: Nachhaltigkeitsindikatoren für Ghana, Mexiko, Singapur, Accra und Tijuna

Indikator	Ghana	Mexiko	Singapur
Bevölkerung	21,2 Mio. (2003)	104,3 Mio. (2003)	4,37 Mio. (2005)
Anteil städt. Bevölkerung, 2003	45,4%	75,5%	100%
BIP per Kopf 2003 (in Kaufkraftparität)	$ 2.238	$ 9.168	$ 24.481
Rang im Human Development Index im Jahr 2005 (von 177)	138	53	25
Lebenserwartung 2003	56,8 Jahre	75,1 Jahre	78,7 Jahre
Kindersterblichkeit unter 5 J. (m/w) pro 1000 E., 2001	107/100	31/25	4/3
Gesundheitsausgaben pro Kopf (in Kaufkraftparität) 2002	$ 73	$ 550	$ 1105
Energieverbrauch (Öläquivalent pro Kopf und Jahr), 2003	400kg	1564 kg	5359 kg

	Accra	Tijuana	Singapur
Bevölkerung (2005)	1,97 Mio.	1,57 Mio.	4,37 Mio.
Anteil der Bevölkerung ohne Zugang zu „verbesserter" Hygiene	48% (1991/92)	17% (2000)	0% (2002)
Anteil der Bevölkerung ohne Zugang zu „verbesserten" Wasserquellen	46% (1991/92)	29% (2000)	0% (2002)

Quelle: Siehe Anmerkung 30.

Produktionsprozessen zu tun. Der schnelle Anstieg des Energieverbrauchs während der Industrialisierung, oftmals in ineffizienten Gießereien und Schmelzöfen, belastet die Arbeiter und Anwohner sehr stark, mit erheblichen Konsequenzen für die öffentliche Gesundheit. Industrialisierung bringt jedoch auch Einkommen hervor, die in Maßnahmen der Umweltkontrolle und der öffentlichen Gesundheit gesteckt werden können, wie die Zahlen in Tijuana und Singapur zeigen.[31]

Mit dem Übergang zu einer Wirtschaft, die durch Dienstleistungsindustrien dominiert wird, haben die Städte mit hohem Einkommensniveau begonnen, einander bei der Lebensqualität Konkurrenz zu machen. Sie versuchen, Talente für Firmen wie Softwareproduzenten oder Finanzdienstleistungen anzuziehen. Gute Umweltbedingungen und andere Vorzüge helfen bei der Schaffung sauberer, interessanter Orte, die extrem mobile Menschen in Städte wie Singapur ziehen und sie halten. Die wachsenden Wirtschaften wohlhabender Städte führten zu einem erhöhten Energieverbrauch und zur erhöhten Ausbeutung von Wäldern, Meeren und anderen natürlichen Ressourcen – mit Auswirkungen, die sich oft weit entfernt von den angenehmen Büros und Häusern der dort Lebenden niederschlagen.

Die Städte mit hohem und mittlerem Einkommen sind heute in dem Paradox gefangen, dass sie den Blick auf die Natur verlieren, gerade in dem Moment, wo sie durch steigenden Verbrauch und die Globalisierung der Produktion abhängiger davon werden. Das Paradox selbst ist ein Geschenk der immer größeren Reichweite der Märkte: Wenn in Indonesien eine Kaffee-Ernte vernichtet wird, werden die Tassen in Rouen und Buenos Aires halt aus Guatemala oder Kenia gefüllt. Für den urbanen Kaffeetrinker ist eine Katastrophe für die Kaffeepflanzer nur ein kaum hörbares Signal. Es gibt aber noch eine andere Paradoxie der weltweiten Märkte. Städte sind Orte mit je eigenem Charakter. Wenn die Städte aber wohlhabender werden, kaufen ihre Einwohner Waren aus der ganzen Welt und investieren in globale Firmen. Die immer größere räumliche Ausdehnung städtischer Ökonomien hat oft die Besonderheit einer Stadt ausgehöhlt. Dieser Prozess beschleunigt sich. Die Industrialisierung brauchte mehr als ein Jahrhundert, um sich in Europa, den Vereinigten Staaten und Japan zu entwickeln. Die Ausdehnung der industriellen Produktion in die ehemals armen Länder Asiens hat in wenigen Jahrzehnten die Ökonomien geändert. Und der Aufstieg der informationsintensiven Dienstleistungswirtschaft führt zu Veränderungen, die sich in wenigen Jahren messen lassen.[32]

Die Unterschiede bei den Städten mit hohem, mittlerem und niedrigem Einkommensniveau sind in der Terminologie eines merkwürdigen empirischen Modells erörtert worden: der umweltbezogenen „Kuznets-Kurve", benannt nach dem amerikanischen Nobelpreisträger für Wirtschaft, Simon Kuznets. (Siehe Abb. 1-3.) Indem sie eine große Menge von Daten zusammentrugen, haben Analysten ein allgemeines Szenario der städtischen Umweltentwicklung entworfen: Lokale Umweltprobleme, die eine unmittelbare Bedrohung darstellen, wie etwa fehlende Kanalisation, nehmen bei steigendem Wohlstand ab, während die weltweiten Probleme, wie etwa Kohlenstoffemissionen, zunehmen und langsam große lebenswichtige Systeme wie das Klima zerstören. Und wenn eine Stadt industrialisiert wird, vergrößern sich zunächst die Umweltprobleme in der Stadt und der sie umgebenden Metropolregion, weil die Verschmutzung zunimmt, danach bessert sich die Lage, weil die Mittel für gezielte Kontrollen und Regulierung zur Verfügung stehen. In manchen Fällen zwingen solche Regulationen, verbunden mit dem wirtschaftlichen Wandel, andere Orte in der Welt dazu, umweltverschmutzende Aktivitäten zu betreiben.[33]

Dieses Modell soll nicht besagen, dass Umweltprobleme mit größerem Wohlstand automatisch abnehmen, wie es manchmal suggeriert worden ist. Aber die Tatsache, dass es unterschiedliche Arten der Herausforderung für die Umwelt gibt, hat für die Nachhaltige Entwicklung entscheidende Implikationen. Der Gedanke, dass man den Erfordernissen der Gegenwart gerecht werden muss, hat für einen Slumbewohner einen ganz anderen Inhalt als für jemandem, der einen durch hohes Einkommen gestützten Lebensstil pflegt. Auf ähnliche Weise hat die Verpflichtung, den zukünftigen Generationen nicht die Möglichkeit zu verbauen, ihren eigenen Aufgaben und Bedürfnissen nachzukommen, für die Armen und die Reichen einen unterschiedlichen Klang.

Natürlich ist es eine krasse Vereinfachung, Städte nur nach ihrem Einkommensniveau zu klassifizieren. Ein entscheidender Unterschied ist das Ausmaß der Ungleichheit in verschiedenen Städten, etwas, was man verfehlt, wenn man sich nur auf das Durchschnittseinkommen konzentriert. Die ärmsten Einwohner von Tijuana oder Accra leben in schwierigeren Umweltbedingungen als die am oberen Ende der Einkommensskala in diesen Städten, während sich in Singapur für beide Enden der Skala das gesundheitliche und ökologische Risiko nicht so krass unterscheidet. Armut übersetzt sich jedoch nicht zwangsläufig in gesundheitliche Risiken und schlechte Umweltbedingungen, wie in einer kleinen Anzahl von Slums durch die erfolgreiche Arbeit von Organisationen auf örtlicher Ebene gezeigt wurde (siehe Kapitel 7). Und die Transportsysteme weichen in den reichen Städ-

Abbildung 1.3: Herausforderungen für die städtische Nachhaltigkeit in Bezug zum Wohlstand

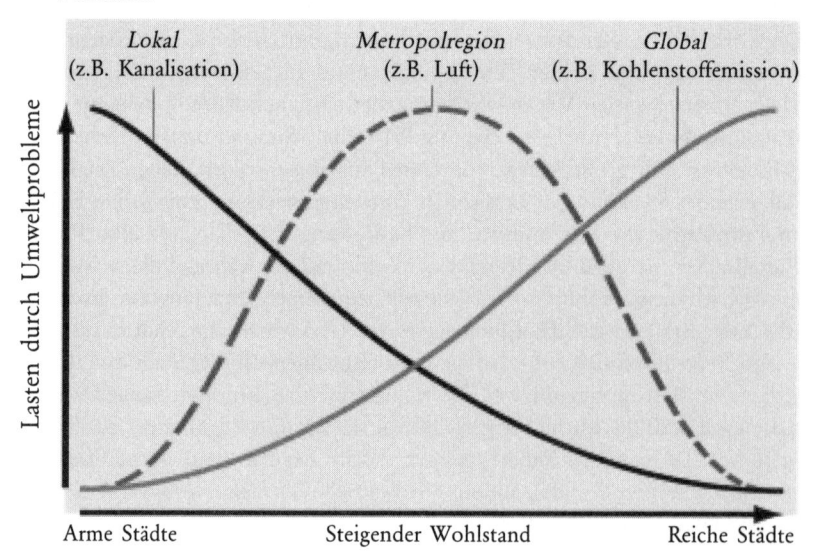

Kapitel 1: Die Welt wird urban

ten stark voneinander ab, was enorme Wirkungen für den Energieverbrauch, die Luftqualität und die Nutzung des Bodens hat (siehe Kapitel 4).[34]

Trotz der komplexen und besonderen Verhältnisse in den jeweiligen Städten ist es jedoch von Nutzen, allgemeine Trends zu verstehen. Die schnell wachsenden Städte von Indien, China und anderen Ländern, die sich industrialisieren, müssen die Umweltsanierung organisieren und dafür bezahlen. In den Städten der reichen Länder ist es wichtig, den Verbrauch fossiler Energien und anderer begrenzter Ressourcen zu reduzieren und in nachhaltig betriebene Industrien zu investieren – von erneuerbarer Energie über nachhaltig bewirtschaftete Wälder bis zu schonend betriebenen Fischgründen –, um die weltweiten Bedrohungen für die Artenvielfalt und das Klima in den Griff zu bekommen. Arme Städte, deren Bevölkerung ebenfalls rasend wächst, müssen sich mit verschlechterten Umwelt- und Gesundheitsbedingungen auseinandersetzen, in vielen Fällen ohne vergleichbaren Anstieg des örtlich erwirtschafteten Einkommens. Sie können sich unter Umständen kostenintensive und langfristige Lösungen wie teure Anlagen zur Trinkwasseraufbereitung und umfassende Leitungssysteme nicht leisten.

Natur – unerlässlich für das menschliche Wohlergehen

Alle Menschen hängen von der natürlichen Welt ab: Wasser kommt aus Brunnen und Flüssen; Nahrung von Bauernhöfen und Fischgründen; und der Abfall wandert in die Natur zurück. Einige alte Zivilisationen sind untergegangen, weil sie ihre natürlichen Ressourcen geschädigt haben, die sie brauchten, um ihre Städte funktionsfähig zu halten. Archäologische Funde beweisen, dass die Sumerer, obwohl sie 3500 v. Chr. herausgefunden hatten, wie sie das Wasser aus Euphrat und Tigris auf ihre Felder leiten und Weizen und Gerste anbauen konnten, bei ihren Bewässerungssystemen nicht für genügenden Abfluss sorgten, so dass sich im Boden Salz bildete und die Weizenproduktion 1700 v. Chr. endete. Die übermäßige Nutzung der Ressourcen spielt auch beim Niedergang der Maya-Städte in Zentralamerika eine Rolle.[35]

Heute brauchen wir immer noch Bäume und Feuchtgebiete, um uns vor Überflutung und Stürmen zu schützen, und wir stützen uns auch auf die Natur bei den Rohstoffen für unser alltägliches Leben. Diese Ökosystemleistungen sind für das Leben und das Wohlergehen unerlässlich. Die notwendigen Ökosystemleistungen zu sichern war und ist eine tägliche Aufgabe der Jäger-und-Sammler-Gesellschaften und eine saisonale Realität für die Bauern und Fischer heutzutage. Aber mitten in der Betriebsamkeit und Kakophonie der Städte wird das kaum wahrgenommen, wenn nicht eine Katastrophe eintritt in Form von Versorgungsschwierigkeiten, steil nach oben schießenden Preisen oder einer *Natur*katastrophe, die nicht gehandhabt werden kann. Wie schon erwähnt, kann man sich eine

Stadt als einen Mechanismus vorstellen, der seine Bewohner mit Ökosystemleistungen versorgt. Das ist eine große Aufgabe, die für viele Städtebewohner auf der Welt unzureichend bewältigt wird.

In den frühen 1990er Jahren erdachten sich William Rees und Mathis Wackernagel den menschlichen „Fußabdruck", um die Abhängigkeit der menschlichen Gemeinschaften von der Natur zu messen. Der Fußabdruck schätzt, „wieviel Land und Wasserfläche eine menschliche Bevölkerung gebraucht, um die Ressourcen zu produzieren, die sie verbraucht, und ihre Abfälle zu beseitigen nach den Regeln der herrschenden Technologie". Der ansprechende Gedanke eines Fußabdrucks ruft das Bild einer vorindustriellen Stadt auf, die ihren Lebensunterhalt aus dem umliegenden Agrarland zieht. Der ökologische Fußabdruck versucht, dieses Bild auf Städte und Länder anzuwenden, die tief in die Weltwirtschaft verstrickt sind. Wenn man diesen Ansatz nutzt, ist der Fußabdruck der reichen Länder pro Kopf achtmal so groß wie der der armen Länder.[36]

Vielleicht ebenso wichtig wie der Umfang der menschlichen Abhängigkeit von der Natur ist die Art, wie Menschen mit den Ökosystemen umgehen, die diese Leistungen liefern. Es gibt Weiden in den Alpen und Leitungssysteme auf Bali, die über Jahrhunderte genutzt wurden ohne Einbußen ihrer Leistungsfähigkeit. In vielen anderen Fällen sind Ökosysteme übermäßig genutzt worden, mit katastrophalen wirtschaftlichen und sozialen Folgen, insbesondere, wenn die gesellschaftlichen Institutionen, die ihren Gebrauch regeln sollten, nicht vorhanden oder zu schwach waren. Viele Fischgründe in den Ozeanen erleiden jetzt dieses Schicksal. Oder nehmen wir den Abfall: Keinem gehört er, und nur wenige wollen ihn aufheben – also müssen von der Regierung Abfallsammelbehälter aufgestellt werden. Da zeigt sich ein umfassenderes Muster: Wenn die menschliche Verantwortlichkeit nicht im Einklang ist mit den Zyklen und Mustern der Natur, wächst höchstwahrscheinlich die Unverantwortlichkeit. Das ist ein Problem menschlicher Institutionen, inklusive Märkten, Regierungen und Eigentumskonzepten. Diese Missverhältnisse zwischen der Logik der Natur und den Regeln und Impulsen, die das menschliche Verhalten bestimmen, nennt man *problems of the commons*.[37] Es geht hier also im weiteren Sinne um die Frage des Gemeinwohls und im engeren um die Abwälzung von Kosten auf die Allgemeinheit.

In Städten führt die hohe Intensität menschlicher Aktivitäten oft zu Problemen, bei denen individuelle Interessen gegen das Gemeinwohl stehen. Die zentrale Aufgabe städtischer Nachhaltigkeit besteht darin, diese *problems of the commons* im Rahmen der Ökosysteme zu meistern, um die Städte am Leben zu erhalten.

Während der Industriellen Revolution regte die Verschmutzung in den Städten Nordamerikas und Europas ein Überdenken des Verhältnisses zwischen Menschen und Umwelt an, weil mehr Menschen dichter zusammenlebten als in den ländlichen Gebieten. Als die Industrialisierung Arbeitskräfte in die Städte

Kapitel 1: Die Welt wird urban

zog, wurde das Wasser aus Brunnen durch Leitungswasser ersetzt. Die Verfügbarkeit großer Mengen relativ billigen Wassers führte andererseits zu einem schnellen Anstieg des Verbrauchs. Der Wasserverbrauch in Chicago stieg zum Beispiel zwischen 1856 und 1882 von 125 auf 545 Liter täglich pro Person.[38]

Für arme Menschen in den Ländern mit niedrigem Einkommensniveau sind die Dienstleistungen der Natur sowohl teuer als auch schwer erhältlich, wie anhand der Wasserkosten gezeigt werden kann. Wasser, das frei von krankheitserregenden Bakterien ist, ist nur für einen kleinen und sinkenden Anteil der Einwohner von armen Städten verfügbar. Eine Einschätzung von 116 Städten durch die Weltgesundheitsorganisation im Jahr 2000 kam zu dem Ergebnis, dass nur 43 Prozent der städtischen Bewohner in Afrika Zugang zu Leitungswasser hatten. Der Anteil sinkt, weil sich mehr Menschen in städtischen Gebieten ohne Wasserleitungssystem niederlassen und weil die bestehenden Systeme aufgrund unzureichender Wartung, Korruption und der Erschöpfung der Quellen wegen steigender Nachfrage beeinträchtigt sind. Dennoch brauchen die Menschen weiterhin Wasser zum Trinken, Kochen, Waschen und Baden.[39]

Wo Leitungswasser nicht verfügbar ist, können die Kosten unverschämt hoch sein (siehe Tabelle 1.3). In zwei informellen Siedlungen in Accra, Ghana, kostet ein Eimer Wasser aus einer Standleitung ungefähr 5 US-Cent, ein Preis, der jemandem in Houston bescheiden vorkommen mag, der bereitwillig mehr als einen Dollar für 500 ml in Flaschen abgefülltes „Quellwasser" bezahlt. Aber Wasser kann mehr als 10 Prozent des Budgets einer armen Familie verschlingen. In Addis Abeba in Äthiopien gibt das ärmste Fünftel der Bevölkerung ungefähr ein Sechstel des Haushaltseinkommens für Wasser aus. Darüber hinaus ist Wasser, das von privaten Händlern in kleinen Mengen verkauft wird, wesentlich teurer als Wasser aus der Leitung: 37mal teurer in Accra und doppelt so teuer in Ostafrika, nach einer dort vorgenommenen Untersuchung. Teures Wasser wird sparsam gebraucht, darunter leidet die Hygiene, und Krankheiten gewinnen die Oberhand. Diese Probleme sind inzwischen so weit verbreitet, dass sie auch Familien betreffen, die nicht arm sind. Ein Wissenschaftler an einem Forschungsinstitut in Accra steht jeden Tag vor der Dämmerung auf, um Badewasser für seine Familie zu holen und trägt die Eimer vier Treppen hoch. Er lebt in einem eleganten Viertel inmitten eingezäunter diplomatischer Gelände in der Hauptstadt seines Landes.[40]

Infrastruktur und Steuerung

Die Massenproduktionsvorteile, die in hochverdichteten städtischen Siedlungen möglich sind, mögen die besten Chancen bieten, allen Armen der Welt anständige Lebensbedingungen zu bringen und die Ressourcen zu erhalten, von denen wir alle abhängen. Um Gesundheit, Ausbildung und andere Faktoren der menschlichen Entwicklung steht es am besten in Ländern mit überwiegend städtischer Bevölkerung. Die Notwendigkeit, wenigstens soviel städtischen Wohnraum zu schaffen, wie heute schon vorhanden ist, ist die größte Hoffnung für nachhaltige Entwicklung – wenn wir die Lektionen aus jener Welt lernen, die wir gerade so rasend zu verändern im Begriff sind.[41]

Das menschliche Leben in den Städten wird durch die Infrastruktur strukturiert: Wasser und Nahrungsmittelversorgung, Abwassersysteme, Verkehrs- und Kommunikationsnetze, Technologien, die die Luftqualität verbessern, und der Bau von Häusern für die Menschen und die Produktion. Die physische Infrastruktur ist weitgehend inflexibel. Straßen und Wasserleitungen sind teure und langfristig bindende Einrichtungen und formen die Gestalt einer Stadt für Jahrzehnte. Eine Entscheidung gegen den Massenverkehr schließt eine Entscheidung für Busse und Autos ein. Wenn ein Kohlekraftwerk gebaut wird, bringt das zwangsläufig den Ausstoß von Treibhausgasen über zwei Generationen mit sich.

Ein großer Teil der Infrastruktur in Ländern mit hohem Einkommensniveau, die als Reaktion auf die gesundheitlichen Gefahren in den sich industrialisierenden Städten des neunzehnten Jahrhunderts aufgebaut wurde, brachte neue Probleme hervor. Ingenieure bauten Dämme und Aquädukte, um die Wasserversorgung zu steigern, aber die Umwelt litt darunter. Eine Untersuchung von 292 großen Flusssystemen in den Vereinigten Staaten, Kanada, Europa und der früheren Sowjetunion kam zu dem Ergebnis, dass 42 Prozent der Ökosysteme, die von

Tabelle 1.3: Kosten für 100 l Wasser in Accra und Ostafrika (nach verschiedenen Quellen)

Wasserquelle	Accra 2006	Ostafrika 1997	Nutzer
Beutel (500ml)	$8,01		Allgemeinheit, Straßenverzehr
30er-Pack (Tütchen)	$4,45		Allgemeinheit, Haushaltsverzehr
Eimer vom Kiosk	$1,87	18ct	Haushalt
Gemeindedusche	$1,33 (nur Bad)		Bewohner informeller Siedlungen
Verkäufer	27ct	45ct	Viertel mit gemischtem Einkommensniveau, ohne Wasserleitung
Wasserleitung	5ct	10ct	Haushalte mit Wasseranschluss

Quelle: Siehe Anmerkung 40.

Kapitel 1: Die Welt wird urban 77

diesen Flüssen durchzogen werden, durch Staubecken und Umleitungen stark beeinträchtigt sind und der Lebensraum einer großen Zahl von Pflanzen- und Tierarten in den Flüssen und im Flussgebiet gefährdet ist.[42]

Systeme, die dafür entworfen wurden, den Schmutz durch Kanäle so schnell wie möglich von den Menschen zu entfernen, haben ebenfalls die menschliche Gesundheit stabilisiert, dafür aber die Umwelt in anderer Art und Weise geschädigt. Wenn das Regenwasser über den Asphalt in Abzugskanäle und Abwassersysteme fließt, treten die Flüsse am Ende der Leitungen häufiger und ernsthafter über das Ufer, als es der Fall wäre, wenn Pflanzen, der Boden und Feuchtgebiete einen Teil der Überschwemmung in sich aufnehmen würden. Wie Regenkanäle den Wasserkreislauf umgehen, schädigen die städtischen Abfallentsorgungssysteme den Nahrungskreislauf. Knapp die Hälfte der Nahrung, die in New York City ankommt, wird in menschliche Energie umgewandelt; die andere Hälfte wird ins Abwasser geschüttet oder auf immer weiter wachsende Müllkippen gefahren. Aber organischer Abfall ist eine wertvolle Ressource, wenn man ihn kompostiert und ihn zur Kräftigung landwirtschaftlicher Böden nutzt (siehe Kapitel 3).[43]

Trotz des Produktivitätszuwachses hungern weiter etwa 852 Millionen Menschen auf der Welt, und etwa 1,6 Milliarden haben keine Elektrizität.

Die Transportinfrastruktur des zwanzigsten Jahrhundert hat es ermöglicht, die Versorgungslinien mit Nahrung und Energie für die Städte weiter auszudehnen, während die Produktion immer mehr wuchs und immer stärker zentralisiert wurde. Obwohl große landwirtschaftliche Betriebe und Kraftwerke darin erfolgreich sind, mit weniger Beschäftigten mehr Nahrung und Elektrizität zu produzieren, verschmutzen sie doch auch die Umwelt und erfordern komplizierte Verteilungswege, deren Nutzung weit von der eigentlichen Produktionsstätte entfernt erfolgt. Und trotz des Produktivitätszuwachses hungern weiter etwa 852 Millionen Menschen auf der Welt, und etwa 1,6 Milliarden haben keine Elektrizität.[44]

Infrastruktur ist weitgehend unsichtbar: Leitungen verlaufen normalerweise unterirdisch, und die Versorgung mit Wasser, Abwassersystemen, Elektrizität und Telekommunikation wird meistenteils als selbstverständlich angesehen. Aber sie ist nicht billig. Wenn sie durch die öffentliche Hand finanziert und erhalten wird, nehmen die Regierungen Schulden auf, die nur im Fall wirtschaftlichen Wachstums zurückgezahlt werden können. In den kommenden Jahrzehnten wird der Zugang zu Kapital für den Aufbau von Infrastruktur eine zentrale Rolle bei der Lebensqualität in den Städten spielen, besonders für die armen Leute.

Wie sich bei den hohen Kosten der physischen Infrastruktur denken lässt, sind die gesellschaftlichen Institutionen, die man für den Bau, die Erhaltung und die Bezahlung des Verbunds der Städte mit der Natur braucht, ebenfalls komplex und vielfältig. Herausragend unter ihnen ist der Markt, der denjenigen den Zugang zu den Leistungen des Ökosystems eröffnet, die das bezahlen können. Der Umfang der Armut in schnell wachsenden Städten mit niedrigem Einkommensniveau stellt deshalb ein großes Dilemma dar. Menschen, die sich den konstanten Zugang zu wichtigen Ökosystemen nicht leisten können, leiden unter gesundheitlichen Risiken und Einschränkungen des Wohlergehens. Aber viele Regierungen sind so arm und werden von der Geschwindigkeit des urbanen Wachstums dermaßen erdrückt, dass sie es sich nicht leisten können, die Infrastruktur aufzubauen, die in vielen Fällen die Kosten für Wasser, Kanalisation und andere Leistungen senken würde. Die Aufgabe, ein geschäftliches Modell zu schaffen, das den Bewohnern von Städten mit niedrigem Einkommen bezahlbares und sauberes Wasser bringt, hat in den letzten 20 Jahren Körperschaften und Regierungen gedrängt, mit der Privatisierung der Wasserversorgung zu experimentieren (siehe Kapitel 2).[45]

Kurz gefasst, bieten Märkte keine vollständige Lösung, um die Dienste der Natur den Städtebewohnern zugänglich zu machen, besonders wo es Probleme des Gemeinwohls gibt. Die Institutionen, die die Märkte ergänzen und ersetzen, reichen von bürokratischen Einrichtungen, die die Kontrolle der Interaktion der Ökosysteme garantieren, wie Gesundheits- und Umweltschutzbehörden, bis zu Traditionen wie den informellen Fangbegrenzungen in einigen Fischergemeinden. Viele dieser sozialen Arrangements können kostspielig sein, weil sie gut ausgebildete Mitarbeiter und dauerhafte Organisation brauchen. Wie bei der physischen Infrastruktur braucht der Erhalt gesellschaftlicher Institutionen regelmäßige Einnahmen und ein effektives Management.

Die Konzeptionen der Entwicklung von Infrastruktur und der Investitionen darin, gehen implizit von Arrangements aus, die man in den reichen Nationen vorgefunden hat: öffentliche Institutionen, die im großen und ganzen frei von Korruption sind, wirtschaftliche Tätigkeit im Rahmen einer offiziellen Ökonomie und Prokopfeinkommen, die hoch genug sind, damit Wasser, Nahrung, Sicherheit und Transport für die meisten Menschen zu einer Selbstverständlichkeit werden können.

In Städten mit niedrigem Einkommensniveau sind diese Bedingungen für viele Menschen jedoch nicht gegeben, besonders nicht für die, die in Slums leben und in einer Schattenwirtschaft arbeiten. Dennoch bewältigen die Menschen das Problem und überleben in den meisten Fällen. Sauberes Trinkwasser, sichere Nutzung einer Unterkunft, Schutz vor Kriminellen und vieles mehr mag überhaupt nicht von staatlicher Seite kommen. Unter solchen Umständen sind manchmal aber Organisationen auf Gemeindeebene in der Lage, soziale und öffentliche Dienste zu leisten (siehe Kapitel 7). Städtische Initiativen wie das Orangi Pilot

Project in Karachi haben gezeigt, dass sehr arme Menschen nicht zwangsläufig ohne Kanalisation oder sauberes Wasser leben müssen (siehe Kapitel 2).[46]

Dieses Potential zu erkennen und es mit Unterstützung der Entwicklungshilfe zu verbinden hat auf der Agenda der internationalen Geber im vergangenen Jahrzehnt einen höheren Stellenwert eingenommen. Wesentliche Anstrengungen, die Verwaltung zu dezentralisieren, sind von Mexiko über Mali bis nach Thailand mit bemerkenswertem Erfolg unternommen worden. Die Dezentralisierung hat den städtischen Verwaltungen mehr Ressourcen eröffnet, und Innovationen wie die Teilhabe an der Finanzplanung haben umgekehrt den armen Gemeinden eine Stimme bei der Verwendung der öffentlichen Mittel gegeben. Noch immer liegt jedoch ein weiter Weg vor uns, wenn es darum geht, das Selbsthilfepotential von Slumbewohnern und anderen armen Menschen bei der Befriedigung ihrer Bedürfnisse nach natürlichen Dienstleistungen zu erkennen (siehe Kapitel 8).[47]

Zirkulärer Metabolismus

Den Armen bei der Lösung lokaler Umweltprobleme Gehör zu verschaffen, wäre ein großer Schritt dahin, den Erfordernissen der Gegenwart gerecht zu werden. Für langfristige Nachhaltigkeit ist jedoch mehr erforderlich: nämlich, die Institutionen und die Infrastruktur in Formen zu transformieren, die auch die Möglichkeiten künftiger Generationen schützen, ihre eigenen Bedürfnisse zu befriedigen. Auf diesem Feld gibt es Ideen, die durch alle Einkommensgruppen gehen. Während es einerseits vielversprechende Anfänge gibt, besonders in den Ländern mit hohem Einkommensniveau, ist andererseits auch hier noch viel zu tun.

Ein ganz wesentlicher konzeptioneller Schritt ist das Überdenken der Infrastruktur. In der Theorie kann viel von dem verbrauchten Wasser, der Nahrung, den Brenn- und Rohstoffen, die in die Städte fließen, wieder genutzt oder recycelt werden. Herbert Girardet fordert die Schaffung eines „zirkulären Metabolismus", in dem Abfälle wiederverwendet werden und der den linearen Metabolismus einer Stadt ablösen soll, der ihre Ressourcen einfach nur in Abfälle verwandelt. Der Gedanke, Lücken des Ernährungskreislaufs in einer der Funktionsweise natürlicher Ökosysteme parallelen Art und Weise zu schließen, kann auf den unterschiedlichsten Ebenen und in unterschiedlichem Umfang verfolgt werden, vom einzelnen Haus bis zu einer ganzen städtischen Region (siehe Kasten 1.2).[48]

„Grüne Architektur" heißt ein Ansatz bei der Planung von Häusern, der sich in Richtung zirkulärer Metabolismus bewegt durch den Einsatz von Technologien, die Wasser wieder nutzen und Elektrizität erzeugen (siehe Kapitel 5). Die außerhalb des Hauses angepflanzte Vegetation rettet zum Beispiel Wasser, das andernfalls verlorengehen würde, während der Energieverbrauch zur Kühlung sinkt. Das fünfzehnstöckige Hauptquartier von IBM in Kuala Lumpur, entworfen von Ken

Yeang, ist dafür ein gutes Beispiel. In New York City liefern Photovoltaikzellen, die in die Süd- und Ostfassade des Condé Nast Buildings am Times Square eingebettet sind, genug Elektrizität, um den Nachtbetrieb des Gebäudes aufrechtzuerhalten.[49]

Ein sehr bekanntes Beispiel für zirkuläre Planung in größerem Umfang ist der öko-industrielle Park in Kalundborg in Dänemark, wo Abgase einer Ölraffinerie von einem Kraftwerk verbrannt werden und Abwärme des Kraftwerks kommerzielle Fischteiche heizt, während andere Firmen Nebenprodukte der Verbrennung zur Produktion von Holzfaserplatten und Beton nutzen.[50]

Das Konzept grüner Infrastruktur gewinnt in Europa und Amerika Anhänger. Es ist eine Planungsidee für eine ganze Metropolregion, aber auch auf ländliche Gebiete anwendbar, die unter starken Belastungen durch wirtschaftliche Entwick-

---

Kasten 1.2: Zirkulärer Metabolismus in Stockholm

Stockholms neuer ökologischer Bezirk Hammarby Sjöstad ist gegenwärtig das beste Beispiel dafür, wie man zirkulären Metabolismus durch kreative Planung und Bauweise in einem neuen, dicht besiedelten Stadtteil umsetzen kann. Von Beginn an versuchten die Planer, holistisch zu denken – sich einen Überblick zu verschaffen über die Ressourcen, die die Bewohner in Anspruch nehmen würden, und über die Abfälle, die daraus resultierten und produktiv genutzt werden könnten. Beispielsweise wurden etwa 1000 Wohnungen mit Öfen ausgestattet, die Biogas nutzen, das aus dem städtischen Abwasser gewonnen wird. Biogas ist auch der Treibstoff der Busse, die hier verkehren.

Die Leute im Stadtteil deponieren ihren Feststoffabfall in einem als Vakuum konstruierten unterirdischen Sammelsystem, das eine effiziente Trennung nach recyclingfähigen, organischen und sonstigen Abfällen erlaubt. Brennbarer Abfall wird verbrannt und dem Stadtteil in Form von Elektrizität und heißem Wasser zurückgegeben, wobei das letztere durch ein Fernheizungsnetz geliefert wird.

Regenwasser wird von den Straßen in ein Reinigungs- und Filtersystem geleitet und von Gebäuden auf begrünte Dächer und Feuchtgebiete. Beide Wasserströme werden vom Abwasser ferngehalten, das getrennt behandelt wird.

Die Kohlenstoffemissionen aus dem örtlichen Verkehr sind minimiert worden, weil der Stadtteil nah am Zentrum Stockholms liegt. Es gibt ein Stadtbahnsystem mit sehr kurzem Takt, die Tvärbanan, und ein ausgedehntes Netz von Fuß- und Radwegen. Im Stadtteil stehen außerdem 30 Autos nach dem Carsharing-System zur Verfügung.

Auch wenn es kein perfektes Beispiel ist, repräsentiert Hammarby doch eine neue Sicht städtischen Bauens und verlangt außerdem ein Ausmaß an interdisziplinärer und intersektoraler Zusammenarbeit, wie es in den meisten Städten nicht üblich ist.

Timothy Beatley, University of Virginia

Quelle: Siehe Anmerkung 48.

Kapitel 1: Die Welt wird urban 81

lung stehen. Voraussetzung ist, dass Planer, indem sie auf regionalem Niveau denken, Gebiete und Korridore ausweisen, die den ökologischen Reichtum des gesamten Gebiets erhalten können, indem sie den Pflanzen und Tieren weiterhin ökologische Funktionen wie Samenstreuung ermöglichen, auch wenn Land in städtische Fläche verwandelt wird. Das Netzwerk grüner Flächen ermöglicht außerdem Schutz vor und Kontrolle von Überschwemmungen, saubere Luft und sauberes Wasser und Erholungsflächen für die Stadtbewohner.[51]

Rein theoretisch könnten Städte in Ländern mit niedrigem Einkommensniveau direkt den Sprung zu den Technologien des einundzwanzigsten Jahrhunderts machen, und in sich industrialisierenden Volkswirtschaften werden viele Ideen ausprobiert, wie etwa die Anwendung von Sonnenenergie in großem Maßstab in Rizaho, China. Schon sind viele Städte direkt zu drahtlosen Telefonsystemen übergegangen, und eine Reihe von Projekten laufen, um die Durchführbarkeit von Wasseraufbereitung und dezentralisierter erneuerbarer Energie in Ländern mit mittlerem Einkommensniveau zu testen. Ein Ansatz, dies in den sich schnell urbanisierenden Teilen Asiens zu tun, wird in Kasten 1.3 beschrieben.[52]

Welche sich urbanisierende Welt?

Weil die Mehrzahl der Menschen in diesem Jahrhundert eine städtische Umgebung als ihre Heimat haben wird, können wir von den entschlossenen Bewohnern von Städten wie Accra lernen. In dem schon lange existierenden Slum Nima hat ein Mitglied der Gemeindeversammlung seine Nachbarn organisiert und mobilisiert, um die Berge von Müll zu bewältigen, die die zahllosen kleinen Geschäfte und Märkte von Nima täglich anhäufen.[53]

Wir sehen Städte mit rapide wachsender Wirtschaft wie Tijuana beim Experiment mit Reformen, die die städtische Finanzverwaltung verschlankt haben und der Stadt so ermöglichen, die selbstinitiierte Renovierung ihrer Häuser zu subventionieren.[54]

Wir haben in nur einer einzigen Generation die Verwandlung Singapurs aus einem sich abmühenden, gerade unabhängig gewordenen Stadtstaat in eine postmoderne Stadt erlebt, die in einer globalen Wirtschaft durch ihre Finanzdienstleistungen, ihre Produktion und ihren großen Hafen blüht. Singapurs Slums sind durch moderne Häuser ersetzt worden, von denen die meisten von einer kompetenten und nicht korrumpierbaren Regierung gebaut wurden. Mit seinem Massenverkehrssystem und seiner kompakten städtischen Gestalt erfreut sich Singapur auch einer hohen Lebensqualität, bei einem geringeren Energieverbrauch pro Person als dem der Vereinigten Staaten.[55]

Keine dieser Städte ist bereits nachhaltig. Städte mit geringem Einkommensniveau stöhnen unter den Bedürfnissen ihrer wachsenden Bevölkerungen. Der

> **Kasten 1.3: Der Umweltgipfel der Bürgermeister des asiatisch-pazifischen Raums**
>
> Im Mai 2006 trafen sich Bürgermeister und andere städtische Beamte aus 49 Städten in 17 Ländern entlang des Pazifikgürtels in Melbourne, Australien, zum vierten Umweltgipfel der Bürgermeister des asiatisch-pazifischen Raums (Mayor's Asia-Pacific Environmental Summit – MAPES), einer Konferenz, die erstmals 1999 abgehalten wurde. Von 47 städtischen Politikern aus dem Treffen von 2003, die sich verpflichtet hatten, innerhalb von zwei Jahren bestimmte Umweltziele zu erreichen, wurden 7 beim Treffen 2006 mit Preisen für das Erreichen der Ziele ausgezeichnet. Ihre Erfolge reichten vom Bau neuer Kompostieranlagen für den städtischen Abfall in Nonthaburi, Thailand, über den Ausbau von Wasserleitungen für 4000 arme Haushalte in Phnom Penh, Kambodscha, bis zur Installation eines neuen Abwasserentsorgungssystems in Male, der Hauptstadt der Malediven.
>
> Sobald ein Bürgermeister eine Verpflichtung eingeht, stellen die Organisatoren des Gipfels technische Hilfe und Hilfe bei der Beschaffung der finanziellen Mittel zur Verfügung. 2006 hat außerdem jede Stadt, die einen MAPES-Preis bekommen hat, ein Stipendium für ein Studium am Königlichen Institut für Technologie in Stockholm im Rahmen eines Studiengangs erhalten, der zu einem Magisterabschluss in nachhaltiger städtischer Technologie führt. Der amerikanische Softwareproduzent ESRI bot außerdem Städten Hilfe an, die für die städtische Verwaltungsarbeit geographische Informationssysteme (GIS) übernehmen wollten.
>
> MAPES ist die Idee von Jeremy Harris, dem früheren Bürgermeister von Honolulu, und von Karl Hausker, einem Wirtschaftswissenschaftler, der in der US-Umweltschutzbehörde arbeitete, und wird von der Asia Development Bank und der U.S. Agency for International Development finanziell unterstützt.
>
> „Wir wissen, wie man nachhaltige Städte baut", sagt Harris, „aber es ist immer noch eine hartes Stück Arbeit, den politischen Willen zu schaffen, das auch zu tun." Mit einem Blick auf Asiens schnell wachsende Städte kamen er und Hausker auf die Idee, den Bürgermeistern politische Belohnungen für eine Orientierung an Nachhaltigkeit zu geben, zusammen mit den technischen Möglichkeiten und der Chance, voneinander zu lernen.
>
> Andere Versuche, nachhaltige Entwicklungsprojekte von einer Stadt auf die andere zu übertragen, haben gezeigt, dass nachhaltiger Wandel nur schwer zu erreichen ist. Selbst innerhalb einer Stadt können Umweltreformen mit dem Wechsel einer Verwaltung angestoßen oder auch gestoppt werden. In Honolulu sieht es so aus, dass energiesparende Glühbirnen im Rathaus und eine Anlage zur Wasseraufbereitung wohl über Harris' Amtszeit hinaus Bestand haben werden. Jedoch hat sein Nachfolger Straßenbäume mit dem Argument fällen lassen, Harris sei fiskalisch unverantwortlich vorgegangen, denn die Stadt könne es sich nicht leisten, die Kosten für die Erhaltung der Bäume zu tragen. Ob MAPES mit seiner Konzentration auf Politiker in der Lage sein wird, eine ökologisch verantwortliche Entwicklung zu fördern, die auch im politischen und behördlichen Sinne nachhaltig ist, ist die entscheidende Frage.
>
> *Quelle:* Siehe Anmerkung 52.

Kapitel 1: Die Welt wird urban

Bedarf sich industrialisierender Städte an Energie und Rohstoffen kommt hinzu. Alle Städte hängen von vielen Ökosystemen ab. Es gibt heute nur wenige Fälle, wo diese Abhängigkeit auch über einen langen Zeitraum belastbar wäre, selbst wenn die Bevölkerung und der Verbrauch stabil bleiben würden.

Die sich urbanisierende Welt muss mit der natürlichen Welt koexistieren, wenn beide bestehen bleiben sollen. Die außerordentliche Vielfalt menschlicher Erfahrung und menschlicher Initiative liefert genug Beweise und Beispiele für die Bedrohung durch weitere unumkehrbare Schädigungen der Ökosysteme, aber auch für vielversprechende Wege in eine nachhaltige Zukunft. Vielleicht etwas überraschend bringt uns die Urbanisierung dahin, die Natur und die Leistungen der Ökosysteme, von denen alle Menschen abhängig sind, wiederzuentdecken. Es liegt in unseren Möglichkeiten und ist zugleich ein wichtiger Prüfstein für unsere Menschlichkeit, städtische Lebensräume zu schaffen, die die Freigiebigkeit der Natur den Stadtbewohnern aller Gesellschaften nachhaltig zugänglich machen.

Anmerkungen

1. „World's first sustainable city" und Wachstumsprognosen nach Arup, „Dongtan Eco-City, Shanghai, China", 23. August 2005, unter www.arup.com/eastasia/project.cfm?pageid=7047; Recycling von Feststoffabfall nach Jean-Pierre Langellier und Brice Pedroletti, „China to Build First Eco-City", *Guardian Unlimited*, 5. Mai 2006; andere Daten nach Frank Kane, „Shanghai Plans Eco-metropolis on its Mudflats", *Guardian Unlimited*, 8. Januar 2006.
2. Der Anteil der durch fossile Brennstoffe und Kernspaltung erzeugten Energie wurde geschätzt nach der Leistung von Consolidated Edison in New York City, wiedergegeben im Environmental Disclosure Label Program of the New York State Public Service Commission, unter ww.3/dps.state.ny.us/E/Energylabel.nsf/Web+Environmental+Labels/A3655A00689E8EB8525 719C0056A1A5/$File/CONED.PDF?OpenElement, Stand September 2006; Abfall auf Müllkippen und Recycling nach Kate Ascher, The *Works: Anatomy of a City* (New York: Penguin press, 2005), S. 190-94.
3. Ebenezer Howard, *Garden Cities of To-Morrow* (Cambridge, MA: The MIT Press, 1965, Reprint); Rudolf Hartog, „Growth without Limits: Some Case Studies of 20th-Century Urbanization", *International Planning Studies*, Februar 1999, S. 95-130.
4. Entsiedlung von Bauern nach „Development Jockeys With Ecology on Shanghai Island", *Reuters*, 18. April 2006; Auseinanderreißen von Feuchtgebieten nach Meg Carter, „Life, But Not as We Know IT", *The Independent*, 4. Mai 2006.
5. United Nations Population Division, *World Urbanization Prospects 2005* (New York: 2006), auch einsehbar online unter esa.un.org/unup.
6. Paul Bairoch, *Cities and Economic Development: From the Dawn of History to the Present*, übersetzt von Christopher Braider (Chicago: University of Chicago Press, 1988), Kapitel 12-15. Kasten 1.1 nach folgenden Quellen: United Nations Population Division, *World Population Prospects: The 2004 Revision* (New York: 2004); Roy Porter, *The Greatest Benefit to Mankind. A Medical History of Humanity* (New York: W. W. Norton & Company, 1997), Kapitel 13 und 14; heutige Gesundheitsbedingungen nach Alan D. Lopez et al., *Global Burden of Disease and Risk Factors* (New York: Oxford University Press for World Bank, 2006);

Konventionalstrafen in der Stadt nach National Research Council, *Cities Transformed: Demographic Change and Its Implications in the Developing World* (Washington, DC: National Academies Press, 2003), S. 259-60, 271-72, 284, 259-60; Pro-Kopf-Einkommen nach Angus Maddison, *The World Economy: A Millennial Perspective* (Paris: Organisation für wirtschaftliche Zusammenarbeit und Entwicklung, 2003); Technologischer Wandel nach John Eberhard, „A New Generation of Urban Systems Innovations", *Cities: The International Journal of Urban Policy and Planning*, Februar 1990; George Modelski und Gardner Perry III, „'Democratization in Long Perspective' Revisited", *Technological Forecasting and Social Change*, vol. 69 (2002), S. 359-76.

7. National Research Council, op. cit. Anm. 6, S. 89-92.
8. United Nations Population Division, *World Urbanization Prospects: The 2003 Revision* (New York: 2003), Tabelle 14, S. 7; Slumbewohner nach UN-HABITAT, *State of the World's Cities 2006/7* (London: Earthscan, 2006), S. 16.
9. World Commission on Environment and Development, *Our Common Future* (New York: Oxford University Press, 1987), S. 43.
10. J. T. Houghton et al., Hg., *Climate Change 1995: The Science of Climate Change*, Contribution of Working Group I to the Second Assessment of the Intergovernmental Panel on Climate Change (IPCC), (Cambridge, UK: Cambridge University Press, 1996); James J. McCarthy et al., Hg., *Climate Change 2001: Impacts, Adaptation, and Vulnerability* (Cambridge, UK: Cambridge University Press, 2001), Habiba Gitay et al., Hg., *Climate Change and Biodiversity*, IPPC Technical Paper V (Genf: 2002); Millennium Ecosystem Assessment, „Summary for Decision-Makers", *Ecosystems and Human Well-Being: Synthesis* (Washington: Island Press, 2005), S. 1.
11. UN-HABITAT, op. cit. Anm. 8, S. 46-47; National Research Council, op. cit. Anm. 6, S. 164-80.
12. National Research Council, op. cit. Anm. 6, S. 132-35, mit Zitat von S. 135; Implikationen von Veränderungen nach David Satterthwaite, *Outside the Large Cities: The Demographic Importance of Small Urban Centres and Large Villages in Africa, Asia, and Latin America*, Human Settlements Discussion Paper Series, Urban Change - 3 (London: International Institute for Environment and Development (IIED), 2006).
13. Tabelle 1.1 und Zahlen im Text nach United Nations Population Division, op. cit. Anm. 5.
14. Ibid., Stand August 2006. Ein Gespräch mit David Satterthwaite war bei der Abfassung dieser Absätze hilfreich.
15. United Nations Population Division, op. cit. Anm. 5, Stand Juli 2006; städtische Bevölkerung Afrikas nach Diana Mitlin und David Sattterthwaite, Hg., *Empowering Squatter Citizen: Local Government, Civil Society, and Urban Poverty Reduction* (Sterling, VA: Earthscan, 2004), S. 6; Urbanisierungsquote nach National Research Council, op. cit. Anm. 6, S. 92-93.
16. National Research Council, op. cit. Anm. 6, S. 107.
17. Anteil in Siedlungen unter 500.000 nach United Nations Population Division, op. cit. Anm. 8, S. 5; Zahlen 1.1 und 1.2 nach United Nations Population Division, op. cit., Anm. 5. Janice Perlman hatte die Idee für die Abb. 1.1 über Megacities.
18. National Research Council, op. cit. Anm. 6, S. 95-99; Lateinamerikas städtischer Bevölkerungsanteil nach United Nations Population Division, op. cit. Anm. 5, Stand August 2006.
19. National Research Council, op. cit. Anm. 6, S. 99-102.
20. UN-HABITAT, op. cit. Anm. 8, S. 9. Eine gegensätzliche, aber nicht unvereinbare Darstellung stammt von Christine Kessides, die darauf hinweist, dass das Wachstum im Afrika

Kapitel 1: Die Welt wird urban 85

südlich der Sahara wesentlich auf die Industrie zurückzuführen ist, einschließlich Bauwesen und Bergbau, und auf Dienstleistungssektoren, die überwiegend städtisch sind. Diese Aktivitäten machten 80 Prozent des Bruttoinlandprodukts in dieser Region zwischen 1990 und 2003 aus. Christine Kessides, *The Urban Transition in Sub-Saharan Africa: Implications for Economic Growth and Poverty Reduction*, Africa Region Working Paper Series No. 97 (Washington, DC: World Bank, 2005).

21. National Research Council, op. cit. Anm. 6, S. 102-06; Verschmutzte Städte in China nach World Bank, zitiert in „A Great Wall of Waste—China's Environment", *The Economist*, 21 August 2004; Indiens städtische Armut nach UN-HABITAT, op. cit. Anm. 8, S. 11.

22. National Research Council, op. cit. Anm. 6, Kapitel 10.

23. Cecilia Tacoli, „Editor's Introduction", in Cecilia Tacoli, Hg., *The Earthscan Reader in Rural-Urban Linkage* (London: Earthscan, 2006), S. 3-14.

24. National Research Council, op. cit. Anm. 6, S. 143-46; Zweifel über schnellen Wachstum ohne ökonomischen Wachstum nach David Satterthwaite, *The Scale of Urban Change Worldwide 1950-2000 and Its Underpinning*, Human Settlements Discussion Paper Series, Urban Change-1 (London: IIED, 2005).

25. Accra Planning and Development Programme, *Strategic Plan for the Greater Accra Metropolitan Area. Volume I. Context Report* (Accra: Department of Town and Country Planning, Ministry of Local Government, Government of Ghana, Entwurf des Abschlussberichts, 1992), S. 77-81.

26. Institute for Regional Studies of the Californias, *A Binational Vision for the Tijuana River Watershed* (San Diego, CA: San Diego State University, 2005).

27. Ausgaben für Infrastruktur nach UN-HABITAT, *The State of the World's Cities, 2004/2005* (London: Earthscan, 2005), S. 28; Kosten zur Erreichung der Millenniums-Entwicklungsziele nach UN-HABITAT, op. cit. Anm. 8, S. 162; städtische Armut, nicht vorübergehend nach ibid., S. 49.

28. Global Urban Observatory nach UN-HABITAT, op. cit. Anm. 8; National Research Council, op. cit. Anm. 6, Kapitel 5; Umfragen zu Demographie und Gesundheit, unter www.measuredhs.com/aboutdhs/whoweare.cfm, Stand August 2006; Shlomo Angel, Stephen C. Sheppard und Daniel L. Civco, *The Dynamics of Global Urban Expansion* (Washington, DC: World Bank, 2005).

29. Center for Global Development, *When Will We Ever Learn? Improving Lives through Impact Evaluation*, Final Report of the Evaluation Gap Working Group (Washington, DC: 2006); C. S. Holling, Hg., *Adaptive Environmental Assessment and Management* (New York: John Wiley & Sons, 1978); Richard Margoluis und Nick Salafsky, *Measures of Success. Designing, Managing, and Monitoring Conservation and Development Projects* (Washington, DC: Island Press, 1998); Kai N. Lee, „Appraising Adaptive Management", *Conservation Ecology*, vol. 3, no. 2 (1999), Artikel 3.

30. Tabelle 1.2 nach den folgenden Quellen: Die ersten 5 Datenreihen und Reihe 7 über Pro-Kopf-Ausgaben für Gesundheit sind dem U.N. Development Programme entnommen, *Human Development Report 2005* (New York: Oxford University Press, 2005). Wahrscheinlichkeit, keine 5 Jahre alt zu werden nach Lopez et al., op. cit. Anm. 6, Anhang 2A, S. 36-42. Energieverbrauch nach World Bank, World Development Indicators (2006), unter devdata.worldbank.org/dataonline. Kommunale Bevölkerung, geschätzt für 2005, nach United Nations Population Division, op. cit. Anm. 8, Tabelle A.12, S. 266, 268, 270. Die Bevölkerungszahlen sind aktuell, aber die Zahlen hinsichtlich Zugang zu Wasser, sanitären Anlagen und Energie-

versorgung sind älteren Datums; vor allem Accra war in den Jahren 1991-92 beträchtlich kleiner; es ist also möglich, dass sich der Zugang zu Wasser und sanitären Anlagen seit damals verschlechtert hat. Die Schätzungen des Bevölkerungsanteils ohne „verbesserte" sanitäre Anlagen und Wasserversorgung müssen mit Vorsicht betrachtet werden, da die Definitionen von „verbessert" von Stadt zu Stadt variieren. Diese Unterschiede sind nicht nur eine unvermeidliche Folge der Art der Datenerhebung, sie reflektieren auch die Unterschiede in Historie und kulturellen Standards, nachzulesen in UN-HABITAT, *Water and Sanitation in the World's Cities: Local Action for Global Goals* (London: Earthscan, 2003), S. 2-5, oder auch in Kapitel 2 in diesem Buch. Die Zahlen für Accra nach Gordon McGranahan et al., *The Citizens at Risk: From Urban Sanitation to Sustainable Cities* (Sterling, VA: Earthscan, for Stockholm Environment Institute, 2001), Kapitel 4 (Sanitäre Anlagen werden als nicht verbessert angesehen, solange ein Haushalt eine Toilette mit mehr als zehn anderen Haushalten teilt. Wasserversorgung gilt als nicht verbessert, wenn ein Haushalt keinen Zugang zu einer hauseigenen Wasserleitung hat). Die Zahlen für Tijuana nach *Potable Water and Wastewater Master Plan for Tijuana and Playas de Rosarito* (Comisión Estatal de Servicios Públicos de Tijuana, 2003), S. 2-37, es werden Volkszählungsdaten für 2000 zitiert (wobei nicht verbesserte sanitäre Anlagen definiert werden als Wohnungen ohne Abwasserleitung; nicht verbesserte Wasserversorgung als Wohnungen ohne Wasseranschluss). Zahlen für Singapur nach World Bank, op. cit. diese Anm. Weitere Daten im Text nach Carolyn Stephens et al., „Urban Equity and Urban Health: Using Existing Data to Understand Inequalities in Health and Environment in Accra, Ghana and São Paulo, Brazil", *Environment and Urbanization*, April 1997, S. 181-202, und nach Songsore et al., op. cit. Anm. 26.

31. Gordon McGranahan und Frank Murray, Hg., *Air Pollution and Health in Rapidly Developing Countries* (London: Earthscan, 2003).

32. Thomas L. Friedman, *The World Is Flat* (New York: Farrar, Straus and Giroux, 2005).

33. Abb. 1.3 nach Millennium Ecosystem Assessment, *Ecosystems and Human Well-Being. Vol. 1: Current State and Trends* (Washington, DC: Island Press, 2005), S. 807; Xuemei Bai und Hidefumi Imura, „A Comparative Study of Urban Environment in East Asia: Stage Model of Urban Environmental Evolution", *International Review for Environmental Strategies*, Sommer 2000, S. 135-58; McGranahan et al., op. cit. Anm. 30. Die ökologische Kuznetskurve wurde zuerst vorgestellt in World Bank, *World Development Report 1992* (New York: Oxford University Press, 1992), S. 11; siehe auch Kirk R. Smith und Majid Ezzati, „How Environmental Health Risks Change with Development: The Epidemiologic and Environmental Risk Transitions Revisited", *Annual Review of Environment and Resources*, November 2005, S. 291-333.

34. O. Alberto Pombo, „Water Use and Sanitation Practices in Peri-Urban Areas of Tijuana: A Demand-side Perspective", in Lawrence A. Herzog, Hg., *Shared Space: Rethinking the U.S.-Mexico Border Environment* (La Jolla, CA: Center for U.S.-Mexican Studies, University of California, San Diego, 2000); Serge Dedina, „The Political Ecology of Transboundary Development: Land Use, Flood Control, and Politics in the Tijuana River Valley", *Journal of Borderlands Studies*, vol. 10, no. 1 (1995), S. 89-110; Accra nach Songsore et al., op. cit. Anm. 26; in Singapur, wo öffentlicher Wohnungsbau seit 1960 in großem Umfang eingeführt wurde, sind die Umweltschäden dramatisch gestiegen, nach Tan Sook Yee, *Private Ownership of Public Housing in Singapore* (Singapore: Times Academic Press, 1998), siehe auch, etwas weiter gefasst, in Giok Ling Ooi und Kenson Kwok, Hg., *The City & The State: Singapore's Built Environment Revisited* (Singapore: Oxford University Press for the Institute of Policy Studies, 1997); Organisationen auf Gemeindeebene nach Mitlin und Satterthwaite, op. cit. Anm. 15.

Kapitel 1: Die Welt wird urban

35. Sumerer nach Sandra Postel, *Pillar of Sand* (New York: W. W. Norton & Company, 1999) S. 14-21; Mayas nach Jared Diamond, *Collapse: How Societies Choose to Fail or Succeed* (New York: Viking, 2005), S. 156-77.
36. Definition nach Global Footprint Network, unter www.footprintnetwork.org/gfn_sub.php?content=footprint_overview, Stand August 2006; relative Größen der Pro-Kopf-Fußabdrücke nach den nationalen Schätzungen der Fußabdrücke durch die Europäische Umweltagentur, unter org.eea.europa.eu/news/Ann1132753060, Stand August 2006. Die Definition erweckt vielleicht den Eindruck, der Fußabdruck eines Landes bezieht sich auf die Fläche eines Landes, aber alle Länder hängen von unterschiedlichen Ressourcen wie Öl, Industriegütern oder manchmal auch von Wasser ab, so ist der Fußabdruck aktuell nur eine abstrakte Messgröße, basierend auf weltweiten Schätzungen der durchschnittlichen ökologischen Produktivität.
37. Elinor Ostrom, *Governing the Commons. The Evolution of Institutions for Collective Action* (Cambridge, U.K.: Cambridge University Press, 1990), insbesondere Kapitel 3; J. Stephen Lansing, *Priests and Programmers: Technologies of Power in the Engineered Landscape of Bali* (Princeton, NJ: Princeton University Press, 1991); Daniel Pauly et al., „The Future for Fisheries", *Science*, 21 November 2003, S. 1359-61.
38. Joel A. Tarr, *The Search for the Ultimate Sink: Urban Pollution in Historical Perspective* (Akron, OH: University of Akron Press, 1996), S. 179-217.
39. UN-HABITAT, op. cit. Anm. 30, S. 8-12; John Thompson et al., „Waiting at the Tap: Changes in Urban Water Use in East Africa over Three Decades", *Environment and Urbanization*, Oktober 2000, S. 37-52.
40. Tabelle 1.3 nach den folgenden Quellen: Edem Dzidzienyo und Kai N. Lee, unveröffentlichte Field Notes, Accra, Ghana, Januar 2006, und Thompson et al., op. cit. Anm. 39 (Wasserpreise in Accra in ghanaischen Cedis (GHC) nach dem Dollarkurs von 2006: 1 Dollar zu 8,900 GHC; diese Preise wurden übertragen auf den Dollarkurs von 1997 unter Verwendung des impliziten Preisdeflators in Executive Office of the President, *Economic Report of the President*, 2006, Tabelle B-3; der Wert für das 4. Quartal 2005 wurde kombiniert mit dem Wert von 1997 für einen Gesamtdeflator von 113.369/95.414=1.188); Äthiopien nach UN-HABITAT, op. cit. Anm. 30, S. 67-68, und nach UN-HABITAT, op. cit. Anm. 8, S. 75; Wissenschaftler nach Dr. Frederick Amu-Mensah, Accra, Ghana, Gespräch mit dem Autor, 9. Februar 2006.
41. Verbindung zwischen menschlicher Entwicklung und Urbanisierung nach UN-HABITAT, op. cit. Anm. 8, S. 46; Wachstumsrate der urbanen Bevölkerung und Notwendigkeit für städtischen Lebensraum nach United Nations Population Division, op. cit. Anm. 5.
42. Ingenieure des 19. Jahrhunderts nach Hans van Engen, Dietrich Kampe und Sybrand Tjallingii, Hg., *Hydropolis: The Role of Water in Urban Planning* (Leiden: Backhuys Publishers, 1995); Christer Nilsson et al., „Fragmentation and Flow Regulation of the World's Large River Systems", *Science*, 15 April 2005, S. 405-08.
43. Chester L. Arnold, Jr., „Impervious Surface Coverage: The Emergence of a Key Environmental Indicator", *Journal of the American Planning Association*, Frühjahr 1996, S. 243ff; Thomas Dunne und Luna B. Leopold, *Water in Environmental Planning* (New York: W. H. Freeman and Company, 1998, 15th ed.); New York nach Toni Nelson, „Closing the Nutrient Loop", *World Watch*, November/Dezember 1996; Vivian Toy, „Planning to Close Its Landfill, New York Will Export Trash", *New York Times*, 30 November 1996; Nährstoffkreislauf nach Gary Gardner, *Recycling Organic Waste: From Urban Pollutant to Farm Resource*, Worldwatch Paper 135 (Washington, DC: Worldwatch Institute, August 1997).

44. Millennium Project, *Halving Hunger: It Can Be Done*, Summary of Report of the Task Force on Hunger (New York: Earth Institute, Columbia University, 2005); Menschen ohne Elektrizität nach V. Modi et al., *Energy and the Millennium Development Goals* (New York: U.N. Development Programme, UN Millennium Project und World Bank, 2006).
45. UN-HABITAT, op. cit. Anm. 30, Kapitel 5.
46. Arif Hasan, *Working with Government: The Story of the Orangi Pilot Project's Collaboration with State Agencies for Replicating its Low Cost Sanitation Programme* (Karachi: City Press, 1997).
47. UN-HABITAT, op. cit. Anm. 8, S. 160–67.
48. Herbert Girardet, *Cities People Planet* (Chichester, U.K.: John Wiley & Sons, 2004), S. 123–25; Herbert Girardet, *The Gaia Atlas of Cities* (London: Gaia Books, 1992), S. 22–23; Kasten 1.2 nach Stadt Stockholm, „Hammarby Sjöstad: The Best Environmental Solutions in Stockholm", undatiert, nach Timothy Beatley, *Green Urbanism: Learning from European Cities* (Washington, DC: Island Press, 2000), und nach Ortsterminen und Interviews mit Stadtangestellten von Timothy Beatley, 2000–06.
49. Ken Yeang, *Bioclimatic Skyscrapers* (London: Ellipsis London Press, 2000); Condé Nast nach „Urban Sustainability at the Building and Site Scale", in Stephen M. Wheeler und Timothy Beatley, Hg., *The Sustainable Urban Development Reader* (London: Routledge, 2004), S. 300.
50. Steven Peck und Chris Callaghan, „Gathering Steam: Eco-Industrial Parks Exchange Waste for Efficiency and Profit", *Alternatives Journal*, Frühjahr 1997.
51. Mark A. Benedict und Edward T. McMahon, *Green Infrastructure: Linking Landscapes and Communities* (Washington, DC: Island Press, 2006); Laura Kitson, „Green Spaces Widen Growth Area Purpose", *Planning*, 9. Juni 2006.
52. International Telecommunications Union, „Mobile Cellular, Subscribers per 100 People" und „Main Telephone Lines, Subscribers per 100 People", unter www.itu.int/ITU-D/ict/statistics, Stand 21. Juli 2006; William McDonough, „China as a Green Lab", *Harvard Business Review*, Februar 2006; Kasten 1.3 nach Jeremy Harris, Gespräch mit Molly O'Meara Sheehan und dem Autor, 19. Juni 2006, mit zusätzlichen Informationen von Karl Hausker, Center for Strategic and International Studies, Washington, DC, E-Mail an Molly Sheehan, 19. September 2006, und von Peter Chaffey, Business Melbourne, Melbourne, E-Mail an Molly Sheehan, 20. September 2006.
53. Hon. Kodjo Gbli-Boyetey, Gespräch mit dem Autor, Edem Dzidzienyo und Dana Lee, 24. Januar 2006.
54. Tim Campbell und Travis Katz, „The Politics of Participation in Tijuana, Mexico: Inventing a New Style of Governance", in Tim Campbell und Harald Fuhr, *Leadership and Innovation in Subnational Government: Case Studies from Latin America* (Washington, DC: World Bank Institute, 2004), Sektion 5-1, S. 69–97.
55. W. G. Huff, *The Economic Growth of Singapore: Trade and Development in the Twentieth Century* (Cambridge, U.K.: Cambridge University Press, 1994); Tan, op. cit. Anm. 34; Energie nach World Bank, op. cit. Anm. 30 (zeigt einen Energieverbrauch für Singapur von 5.359 Kilogramm Öläquivalent pro Kopf im Jahr 2003 und für die USA von 7.843 Kilogramm).

Stadtporträt Timbuktu:
Begrünung des Hinterlands

Als altes Handelszentrum am Rande der Sahara und früheres Zentrum von Kultur und Bildung nimmt Timbuktu einen einzigartigen Platz in unserer Vorstellung ein. In jüngerer Zeit zog die Stadt die Aufmerksamkeit während der Dürreperioden in der Sahelzone von 1968-1974 auf sich, als der Hunger zum Tod von ca. 100.000 Menschen und Millionen Stück Vieh führte, sowie 1984/85. Viele Überlebende aus Mali gingen nach Timbuktu, das von 8000 Einwohnern Mitte der 60er Jahre auf 32.000 im Jahr 1998 anwuchs. Sie fanden Beschäftigung auf den Reisfeldern und in den Gartenbaubetrieben, im Handwerk, im Tourismus und in Kleinunternehmen. Timbuktu ist nach wie vor ein wichtiges kommerzielles Zentrum für den transsaharischen Handel.[1]

Seit den späten 1960er Jahren haben verschärfte Trockenheit und Dürre zu einem dramatischen Verlust an Wald und Feuchtwiesen um die Stadt herum geführt. Die Dürre hat verheerend auf einige wichtige Arten gewirkt, darunter Bourgou, ein Wassergras, das während der Trockenzeit für das Vieh als Weideland wichtig ist, und die Doumpalme, einen langsam wachsenden Baum, dessen Stamm sehr häufig fürs Bauen genutzt wird.

Timbuktus Wachstum hat jedoch Anreize für die Landbevölkerung geschaffen, in die Bewirtschaftung natürlicher Ressourcen zu investieren. An den Ufern des Niger nahe der Stadt haben Eukalyptusparzellen und Bourgouweiden auf einstmals dürrem und rissigem Land Wurzeln geschlagen. In den letzten beiden Jahrzehnten haben Landbewohner diese Arten angepflanzt, um die Stadt mit Baumaterial und Energie zu versorgen. Bourgou und Eukalyptus bringen nicht wenig Geld ein in einer Region, wo das durchschnittliche Prokopfeinkommen 240 Dollar pro Jahr beträgt und 77 Prozent der Bevölkerung in Armut leben.[2]

Aguissa Bilal Touré, der Bürgermeister von Bourem-Inaly, einem Ort mit 8700 Einwohnern 35 Kilometer von Timbuktu entfernt, war bei diesem Trend tonangebend. Durch achtsame Bearbeitung erzielt er jährlich etwa 1335 Dollar aus seinem Eukalyptuswald am Niger. Touré erklärt: „Seitdem wir angefangen haben, Eukalyptus zu pflanzen, mussten wir kein Holz mehr fürs Kochen oder für den Bau von Häusern kaufen. Mit dem Verkauf des Eukalyptusholzes können wir stattdessen alles kaufen, was wir brauchen – Getreide, Trockengut, Vieh, Kleidung, Motorräder. Mit diesem Einkommen bezahlen wir unsere Steuern, kaufen Medizin und Schulsachen für unsere Kinder und legen sogar noch Geld zurück. Die Menschen bauen hier auch weiter Reis an, weil das unsere Tradition ist. Aber jeder hier hat ein kleines Waldstück."[3]

Eukalyptus wurde zuerst in den späten 1980er Jahren durch die Forstbehörde von Mali durch Projekte propagiert, die vom U.N. Capital Development Fund

und der International Labour Organization unterstützt wurden. Sie bewegten Gruppen auf Gemeindeebene dazu, Bäume am Rand bewässerter Reisfelder zu pflanzen, als Windschutz und Brennholz. Entwicklungsprojekte unterstützten den Zusammenschluss der Einzelproduzenten, indem sie Werkzeug zur Verfügung stellten und die gemeinsame Nutzung von Motorpumpen für die Bewässerung der jungen Bäume förderten. Eine dieser Maßnahmen, das Projet de Lutte Contre l'Ensablement (Projekt „Kampf gegen die Versandung"), arbeitete mit 124 Gruppen und 54 Einzelpersonen, bevor es im Jahr 2001 abgeschlossen wurde.[4]

Ein Hektar Eukalyptus wirft pro Jahr in dieser Region etwa 10,6 m^3 ab. Der Reinertrag für Bauholz pro Hektar nach fünf Jahren beträgt auf dem örtlichen Markt etwa 1335 Dollar. Geschlagene Bäume können alle fünf Jahre bis zu dreimal genutzt werden, bevor sie neu gepflanzt werden müssen.[5]

Am Anfang dieses Jahrzehnts pflanzten die Leute nach Aussagen des örtlichen Leiters der Forstverwaltung die Bäume so schnell, dass die Förster kaum noch den Überblick behalten konnten. Die Eukalyptuswälder erstreckten sich am Niger 50 Kilometer lang auf jeder Seite Timbuktus. Einige Erzeuger haben angefangen, Holzkohle zu produzieren, andere verhandeln mit Verarbeitungsbetrieben über den Verkauf von Eukalyptusblättern für die Verwendung in Insektiziden.[6]

Im nahen Hondo Bomo Koyna legen die Dorfbewohner Feuchtwiesen an, die sie schneiden, um die Ernte als Tierfutter in Timbuktu zu verkaufen. Ein einziger Hektar gut bewirtschafteten Borgous ergibt ein Durchschnittseinkommen von 800 Dollar im Jahr. Amadu Mahamane, der Dorfvorsteher, erklärt: „Bourgou ist für uns interessanter als Reis. Nach Abzug der Kosten für Dünger und Wassergebühren verdienen wir am Reis pro Hektar ungefähr 180 Dollar. Wir verwenden manchmal sogar einen Teil unseres Einkommens aus dem Bourgou, um die Wasserkosten für die Bewässerung unseres Reises zu bezahlen."[7]

Bourgou wurde 1985 durch die französische NGO Vétérinaires Sans Frontières (VSF) eingesetzt, um die durch die Dürre geschädigten Feuchtwiesen wiederherzustellen. Von 1985 bis 1989 arbeitete VSF mit 24 Nomadengruppen und 19 Dörfern zusammen. Hondo Bomo Koyna war das erste Dorf, das um Hilfe bat; die Zahl derer, die Bourgo anpflanzten, stieg dort von null auf über hundertfünfzig, und sie pflanzten etwa 1200 Hektar (ha). Die Dorfbewohner entdeckten bald den Bedarf an Bourgou in Timbuktu, wo die Bewohner zunehmend in Hausvieh investierten. In der Folge verdoppelten sie beinahe die mit Bourgou bepflanzte Fläche.[8]

Die Waldstücke und Feuchtwiesen um Timbuktu herum sind ungeplante und unerwartete Ergebnisse von Projekten, die die Basis der natürlichen Ressourcen für die ländliche Produktion verbessern sollten. Für Hunderte von Menschen wie Touré und Mahamane bedeuteten gesündere natürliche Ressourcen ein verbessertes Einkommen und eine geringere Anfälligkeit für Dürre. Das Einkom-

© Charles Benjamin

Ein kleines Mädchen spült Geschirr in einer Bourgou-Ebene nahe Bourem-Inaly. Im Hintergrund eine Fischreuse.

men aus diesen Erzeugnissen bereichert die ländliche Bevölkerung um einige Wahlmöglichkeiten. Sie sind nicht gezwungen, als Umweltflüchtlinge in die Städte zu gehen. Ein junger Mann in Hondo Bomo Konya erzählt: „Im vergangenen Jahr bat mich mein Bruder, der in Senegal lebt, ihm im Geschäft zu helfen. Ich antwortete ihm, dass ich nicht kommen könne, bevor das Bourgou abgeerntet wäre. Mit anderen Worten, das Einkommen aus dem Bourgou ist wichtiger als das, was ich im Ausland hätte verdienen können."[9]

Angekurbelt durch die städtische Nachfrage nach Holz und Brennstoff, hat die Begrünung des Hinterlands von Timbuktu nicht nur die natürlichen Ressourcen wiederhergestellt, sondern auch die Belastbarkeit der Umwelt gestärkt. Waldstücke haben die Ufer des Niger gefestigt und verlangsamen die Drift von Sand ins Flußbett. Sie haben die Erosion verlangsamt, indem sie den Boden vor Wind und Regen schützen. Und die Bourgouwiesen sind Puffer für die Felder gegen die saisonalen Überflutungen und haben Laichgründe für die Fische geschaffen.

Obwohl Entwicklungsorganisationen die Initialzündung für diese Projekte gaben, haben örtliche Initiativen die schnelle Verbreitung von Bourgou und Eukalyptus erst richtig angekurbelt. Die Beziehung zwischen Timbuktu und den umliegenden ländlichen Gebieten setzen einen starken Kontrapunkt gegen die allgemein verbreitete Überzeugung, dass die Landbewohner in der Sahelzone hoffnungslos in einem Teufelskreis von Armut und Umweltzerstörung gefangen sind und dass die Urbanisierung die negativen Umwelttrends noch verschärft hat.

Charles Benjamin, Williams College, Massachusetts
Aly Bocoum, Near East Foundation, Mali
Aly Bacha Konaté, Reseau GDRN5, Mali

Anmerkungen

1. Geschätzte 100.000 nach Richard W. Franke und Barbara H. Chasin, *Seeds of Famine: Ecological Destruction and the Development Dilemma in the West African Sahel* (Lanham, MD: Rowman and Littlefield, 1980), S. 11; Bevölkerungszahlen nach Jan Lahmeyer *Population Statistics*, unter www.library.uu.nl/wesp/populstat/populframe.html, Stand Juli 2006.
2. Nationale Einkommens- und Armutszahlen nach Regierung von Mali, Strategiepapier zur Reduzierung der Armut (Bamako, Mali, 29. Mai 2002), S. 7, 13.
3. Aly Bacha Konaté und Mamadou Diakité, *Etude de la filière de l'Eucalyptus dans la vallée du Yamé* (Mopti, Mali: GDRN5 und USAID/FRAME, 2006), S. 28; Zitat aus Aly Bacha Konaté und Aly Bocoum, *Lutte contre la desertification, reduction de la pauvreté: Etude de cas du Mali* (Mopti, Mali: GDRN5 und USAID/FRAME, 2005), S. 36.
4. Konaté und Bocoum, op. cit. Anm. 3, S. 36.
5. Ertrag nach Konaté und Bocoum, op. cit. Anm. 3, S. 36; Reinertrag nach Konaté und Diakité, op. cit. Anm. 3, S. 28.
6. Örtlicher Leiter der Forstverwaltung im Gespräch mit den Autoren, März 2005.
7. Ertrag nach Konatè und Bocoum, op. cit. Anm. 3, S. 33; Zitat nach ibid., S. 32.
8. Konaté und Bocoum, op. cit. Anm. 3, S. 31.
9. Zitat nach Konaté und Bocoum, op. cit. Anm. 3, S. 32.

Stadtporträt Loja:
Eine ökologische und gesunde Stadt

Als Dr. José Bolivar Castillo 1996 zum Bürgermeister von Loja in Ecuador gewählt wurde, erlaubte es die Politik dieser verarmten Andenstadt von 160.000 Einwohnern, sich unkontrolliert auszudehnen, die schwierigen und unsicheren Teile der Stadt eingeschlossen. Die Entwaldung führte zu über die Ufer tretenden Flüssen. Busse und Autos, die verbleites Benzin fuhren, vergifteten die Luft. Die Abfälle sammelten sich auf den Straßen der Stadt, verschmutzten die Flüsse, die Sammeltonnen quollen von ihnen über, und schließlich war ein ganzes Gelände auf der anderen Straßenseite gegenüber dem weltberühmten Podocarpus-Nationalpark davon überschwemmt.[1]

Nach Bürgermeister Castillo kam „der Anstoß für den Umbau zu einer ökologischen Stadt aus Loja selbst. Ich erinnere mich an meine Kindheit, bevor die Stadt so verschmutzt wurde." Während seiner acht Jahre als Bürgermeister wandelte die Stadtverwaltung Loja von einer „gewöhnlichen" ecuadorianischen Stadt in eine *ciudad ecologica y saludable* um – eine ökologische und gesunde Stadt.[2]

Eine gründliche Planung der Landnutzung und eine umweltfreundliche Politik im gesamten Bezirk setzten der Zerstörung des Landes Grenzen, verbesserten die öffentliche Gesundheit und erleichterten der Stadtverwaltung die Durchsetzung und Handhabung der nötigen Infrastruktur. Zugleich wurden Rohstoff- und Baukosten für wichtige städtische Projekte eingespart, wie etwa dem Bau von Wasserleitungen für die ärmsten Stadtviertel. Der Wissenschaftler Dr. Ermel Salinas erklärt, dass das Wasser trinkbar war, „weil unsere Flüsse gereinigt, geschützt und nach den Erfordernissen der United States Standard Method behandelt wurden", was einer Menge Krankheiten vorbeugte, die durch das Trinken verunreinigten Wassers verursacht werden.[3]

Eine Verordnung, die dann auch durchgesetzt wurde, verpflichtete bei der Erschließung und Entwicklung von Grundstücken die Eigentümer dazu, 20 Prozent des Landes als öffentliches Gelände ungenutzt zu lassen, was viele öffentliche Parks schuf. Der Architekt Jorge Muòos Alvarado, Chef der Stadtplanung in Loja, stellt fest, dass die Begrünung „wie ein Schwamm wirkt, weil sie Regenwasser aufsaugt und die Flüsse nicht mehr über die Ufer treten". Und Dr. Humberto Tapia, Leiter der Gesundheitsbehörde, bemerkt, dass Sport in den Parks die vermeidbaren Krankheiten wie Fettsucht, Diabetes und Herzkrankheiten reduziert, was zur Senkung der durch diese Erkrankungen verursachten Todesfälle führen kann.[4]

Wilson Jaramillo, ein städtischer Verkehrsplaner, stellte außerdem fest, dass sich die Luftqualität verbessert hat. Der Grund ist eine neue Regelung, wonach alle Autos bleifreies Benzin mit Katalysator fahren müssen.[5]

© Municipality of Loya   © Municipality of Loya

Müllcontainer auf dem San-Sebastian-Markt vor (links) und nach dem verbesserten Sammel- und Recyclingprogramm (rechts).

Um das Müllproblem in den Griff zu bekommen, forderte die Stadt ihre Bewohner auf, organische von unorganischen Abfällen zu trennen. Die Einwohner waren für dieses Programm sehr offen: 95 Prozent von ihnen trennen ihren Müll täglich und korrekt. Gleichzeitig holt die Stadt den Müll wenigstens einmal täglich ab und spült mehrmals täglich die Straßen.[6]

Die positiven Folgen dieses Programms sind mannigfaltig. Der gesamte organische Abfall und über 50 Prozent des unorganischen Abfalls wurden recycelt und nicht recyclingfähige Abfälle und Gefahrenstoffe in einer hygienisch einwandfreien Mülldeponie gelagert. Außerdem nahm die Stadt etwa 50.000 Dollar jährlich (rund 7 Prozent der Betriebskosten des Programms in Höhe von 685.000 Dollar) durch den Verkauf recycelter Stoffe ein und schuf im Zusammenhang mehr als 50 Vollzeitjobs in der ganzen Stadt. Ebenso drängte die Reinlichkeit der Straßen die Nagetiere und das Ungeziefer zurück.[7]

Wenn man versteht, warum das Recyclingprogramm so gut funktioniert, können auch andere dazu bewegt werden, in ihren Städten Verbesserungen in Gang zu bringen. Ganz offensichtlich machten die Bewohner von Loja mit, weil die Stadtverwaltung jeden Haushalt und jeden Betrieb, der die Teilnahme verweigerte, per Verordnung mit einer Geldstrafe belegte. Darüber hinaus sperrte die Stadtverwaltung die Wasserversorgung eines Gebäudes, wenn der Eigentümer die Strafe nicht bezahlte. Die Organisation des Systems garantierte ebenfalls ein hohes Maß an Teilnahme: Jeder Müllwagen hielt in etwa seinen Plan ein, und das sieben Tage in der Woche, denn Inspekteure in den Wagen registrierten Übertretungen und verschafften den Verordnungen rigoros Geltung. Fernando Montesinos, Leiter der Abfallentsorgung, ist der Überzeugung, dass das Programm „eine Investition der Bewohner von Loja in die eigene Stadt" war.[8]

Darüber hinaus hat die Stadtverwaltung Anreize für die Teilnahme geschaffen, wie etwa durch Bereitstellung von Leitungsrohren für Wasser oder von Materialien für öffentliche Parks, die im Rahmen kommunaler Arbeitsprojekte angelegt wurden und die man *mingas* nennt. Lolita Samaniego, Präsidentin von La Floresta, einer Wohnungsorganisation für Frauen, erklärt, dass eine *minga* ein obligatorisches Ereignis ist, wo „jeder für die Allgemeinheit arbeitet ... Frauen kümmern sich ums Essen, und die Männer teilen die Arbeit unter sich auf und arbeiten von Sonnenaufgang bis Sonnenuntergang". Das stärkt die Wahrnehmung der Bewohner für die Beziehung zwischen Müllmanagement, natürlichen Ressourcen und staatsbürgerlichen Fortschritten. Örtliche Politiker versicherten, dass staatsbürgerliches Bewusstsein und kulturelle Solidarität Werte seien, die aus Lojas autochtoner Vergangenheit stammten.[9]

Außerdem gab der Einsatz örtlicher Arbeitskräfte den städtischen Arbeitern einen gewaltigen Besitzerstolz. Eines Abends sprachen Marlon Cueva und andere Ingenieure aus Loja über die Bedeutung der Tatsache, Lojas Recyclinganlagen entworfen zu haben: „Etwas zu entwerfen, was ich vorher nie gesehen hatte – das macht das Leben aus ... Als ich mein Ziel erreichte, befriedigte mich das und bestätigte mich als Mensch wie in meinem Beruf, stärkte mein Selbstvertrauen und steigerte meine Erwartungen an mich selbst."[10]

Zudem sei es hilfreich, erklärte Fernando Montesinos, dass es nicht eine ausgewiesene „Recyclingsteuer" gebe. Ungefähr 20 Prozent der Wasserrechnung jedes Haushalts (etwa 20 Cent im Monat) finanzierten einen Teil des Recyclingprogramms, während kleinere Anteile aus der Straßensteuer und aus anderen öffentlichen Fonds entnommen würden. So wurde Recycling nicht ein Projekt für sich und ein Selbstzweck, sondern ein kleiner Teil eines größeren Netzwerks öffentlicher Arbeits- und Entwicklungsmaßnahmen.[11]

Die Stadt hat für ihre Anstrengungen und Leistungen drei internationale Preise gewonnen: bei den International Awards for Livable Communities (Nations in Bloom) den ersten Preis für Einbeziehung der Allgemeinheit (durch das United Nations Environment Programme), den Bronzepreis für eine globale ökologische Stadt (hinter den schwedischen Städten Norrköping und Malmö), und den ersten Preis für öffentliche Erholung und körperliche Aktivität bei Promoter of Natural Environment's City of the Americas. Wenn eine arme Stadt, die neben der Sorge um eine gesunde Umwelt noch viele andere Probleme zu bewältigen hat, dahin kommen kann, bewusst die „ökologische Stadt" zu entwickeln und zu akzeptieren, dann kann ein solches Konzept – mit den entsprechenden kulturellen Anpassungen – sicher auch anderswo Erfolg haben.[12]

Rob Crauderueff, Sustainable South Bronx, New York

Anmerkungen

1. Marlon Cueva, Gespräch mit dem Autor am 23. April 2004; Fernando Montesinos, Gespräch mit dem Autor am 15. April 2004.
2. Dr. José Bolívar Castillo, Gespräch mit dem Autor am 3. Mai 2004.
3. Dr. Ermel Salinas, Gespräch mit dem Autor am 29. April 2004.
4. Jorge Muños Alvarado, Gespräch mit dem Autor am 21. April 2004; Dr. Humberto Tapia, Gespräch mit dem Autor am 28. April 2004.
5. Wilson Jaramillo, Gespräch mit dem Autor am 16. April 2006.
6. Fernando Montesinos, Gespräch mit dem Autor am 19. April 2004.
7. Ibid.
8. Fabián Álvarez, städtischer Ingenieur, Gespräch mit dem Autor am 19. April 2004; Fernando Montesinos, Gespräch mit dem Autor am 6. Mai 2004.
9. Lolita Samaniego Idrovo, Gespräch mit dem Autor am 6. Mai 2004; Fernando Montesinos, Gespräch mit dem Autor am 6. Mai 2004.
10. Cueva, op. cit. Anm. 1
11. Montesinos, op. cit. Anm. 6.
12. Tierramérica, *Ecobreves*, 2001, unter www.tierramérica.net/2001/1216/iecobreves.shtml; LivCom, *LivCom Awards-Previous Winners 2001*, unter www.livcomawards.com/previous-winners/2001.htm; „Turismo Nacional se Reunirà en Loja", *El Mercurio*, 16. September 2003.

David Satterthwaite/Gordon McGranahan
Kapitel 2: Die Wasser- und Sanitärversorgung verbessern

Wohl kaum einer der Leser dieses Kapitels wird zur Befriedigung seines täglichen Wasserbedarfs groß Zeit oder Mühe aufwenden müssen. Wir haben Wasser, so viel und wann immer uns danach dürstet, 24 Stunden am Tag, in der Küche, im Bad, auf der Toilette. Wir müssen es uns nicht von einer weit entfernt liegenden öffentlichen Wasserentnahmestelle, einem Wassertanker oder aus einem verschmutzten Fluss besorgen - im Gegensatz zu vielen Hundert Millionen Stadtbewohnern in Ländern mit einem niedrigen und mittleren Einkommensniveau.

Ein fünfköpfiger Haushalt benötigt dort mindestens 120 Liter Wasser pro Tag (24 Liter pro Kopf) zur Erfüllung seiner Grundbedürfnisse - Wasser zum Trinken, zum Kochen und Abspülen, zur Körperreinigung, zum Wäschewaschen und zum Putzen. Mit anderen Worten, jemand aus dem Haushalt (üblicherweise eine Frau oder ein älteres Kind) muss Tag für Tag 120 Liter Wasser - das entspricht sechs schweren Koffern - besorgen und nach Hause transportieren, und das häufig über eine beträchtliche Entfernung hinweg. Die Wasserentnahmestelle oder der Tanklastwagen stehen üblicherweise über 50 Meter von den Häusern entfernt, häufig aber noch viel weiter. Vielerorts bilden sich vor den Wasserhähnen oder dem Tanklastwagen lange Schlangen, was den Zeitaufwand für die Wasserbesorgung deutlich erhöht. Außerdem muss in vielen Fällen für das Wasser bezahlt werden - und zwar deutlich mehr als für Wasser, das per Leitung ins Haus kommt.[1]

So gut wie alle, die dieses Kapitel lesen, werden zu Hause und an ihrem Arbeitsplatz eine Toilette haben und dazu noch ein Waschbecken zum Händewaschen, aus dessen Hahn sauberes Wasser fließt. Millionen von Stadtbewohnern in Ländern mit einem niedrigen und mittleren Einkommensniveau haben diesen Luxus nicht. Sie haben entweder gar keine Toilette oder nur Gemeinschaftsklos, die umständlich zu erreichen sind, oder sie müssen sich mit öffentlichen Toiletten begnügen, die weit entfernt und verschmutzt sind und für deren Benutzung sie bezahlen müssen. Es sind Toiletten, deren Benutzung für Frauen und Kinder nach Einbruch der Dunkelheit zudem nicht ganz ungefährlich ist. Deshalb sehen sich Hunderte Millionen Menschen gezwungen, sich in der Öffentlichkeit oder in Plastiktüten zu erleichtern, die sie dann wegwerfen.

Die sanitäre Revolution steht noch aus

Sauberes, leicht zugängliches Wasser zum Trinken, zur Essenszubereitung und zur Körperreinigung sowie leicht zugängliche Toiletten sind erst in den letzten 100 bis 150 Jahren zur Norm geworden. Die Städte in den Industrieländern des

19. Jahrhunderts waren berüchtigt dafür, dass die Lebensbedingungen in ihnen weit gesundheitsschädlicher waren als auf dem Land, bis mit der sanitären Revolution Leitungswasser und Kanalisation Einzug hielten. Heute warten noch weltweit rund eine Milliarde Stadtbewohner darauf, dass die sanitäre Revolution auch sie erreicht.[2]

Die Gesundheitskosten der unzureichenden Trinkwasser- und Sanitärversorgung sind immens. Nach wie vor sterben Jahr für Jahr eine Million oder mehr Säuglinge und Kinder an Krankheiten, die unmittelbar mit der unzureichenden Trinkwasser- und Sanitärversorgung zusammenhängen, und hunderte Millionen Menschen leiden aus demselben Grund unter Krankheiten, Schmerzen und körperlichen Beschwerden.[3]

In vielen städtischen Regionen in Ländern mit einem niedrigen Einkommensniveau ist es nicht ungewöhnlich, dass jedes zehnte Kind vor Erreichen seines fünften Geburtstags stirbt. Die Sterblichkeitsraten liegen unter Stadtbewohnern mit niedrigen Einkommen bei weitem am höchsten. Solche Zahlen überraschen wenig, wenn man bedenkt, dass in Afrika und Asien rund die Hälfte – in Lateinamerika und der Karibik immer noch über ein Viertel – aller Stadtbewohner keinen angemessenen Zugang zu sauberem Trinkwasser und ausreichenden sanitären Einrichtungen hat (siehe Tabelle 2.1).[4]

Die Frage stellt sich, warum das so ist, nachdem doch bereits Mitte der 1970er Jahre die Länder dieser Welt und internationale Organisationen beschlossen hatten, bis 1990 allen Menschen auf der Welt Zugang zu sauberem Trinkwasser und sanitären Einrichtungen zu gewähren. Zur Erklärung könnte man darauf verweisen, dass sich die Anstrengungen vor allem auf die Bedürfnisse der Menschen in ländlichen Regionen richteten – was aber nichts daran ändert, dass selbst in ländlichen Regionen die Versorgung vielerorts noch sehr zu wünschen übrig lässt. Man könnte auch auf die zu geringen internationalen Finanzmittel und die niedrige Priorität verweisen, die die meisten Geldgeber dem Problem zuweisen. Allerdings hat sich in vielen Städten, die erhebliche internationale Hilfsmittel erhalten haben, die Wasser- und Sanitärversorgung auch kaum verbessert. In Anbetracht des offenkundigen Versagens der bestehenden Ansätze stellt sich die Frage, was geändert werden muss.[5]

Auf den ersten Blick scheint die Lösung auf der Hand zu liegen: die internationale Finanzierung für das System ausweiten, das sich in den wohlhabenden Ländern bewährt hat – sprich die Ausstattung aller Haushalte mit Wasserhähnen und Toiletten mit Wasserspülung, die an das Trinkwasser- beziehungsweise das Abwassernetz angeschlossen sind. Dass das den Wasserverbrauch erhöhen und Recyclingmaßnahmen erschweren könnte, darf kein Grund dafür sein, weltweit mehrere hundert Millionen Stadtbewohner den Gesundheitsrisiken, alltäglichen Erschwernissen und Erniedrigungen auszusetzen, die ihnen durch weit entfernte, überlastete oder kontaminierte Wasserentnahmestellen und unhygienische Lebensbedingungen aufgebürdet werden.

In städtischen Gebieten stellen an die Kanalisation angeschlossene Toiletten mit Wasserspülung generell die sicherste, praktischste und am einfachsten zu wartende Lösung für Haushalte, Schulen, Arbeitsstätten und öffentliche Einrichtungen dar. Sie verbessern die öffentliche Gesundheit, indem sie die Kontamination von Grundwasser verhindern und das Risiko minimieren, dass Menschen mit Exkrementen in Kontakt kommen. Wasser- und Abwasserleitungen benötigen in Gebäuden nur wenig Platz – ein insbesondere in Städten gewichtiger Vorteil –, und Wassertoiletten funktionieren in mehrstöckigen Häusern weitaus besser als die meisten Alternativen. Mit steigender Bevölkerungsdichte fallen die Kosten pro Einheit, in manchen Fällen sogar unter die von Grubenlatrinen. Sind die meisten oder alle Haushalte und Arbeitsstätten an das Wassernetz angeschlossen, muss das Abwasser über eine Kanalisation aufgefangen werden, selbst wenn diese Toilettenabwässer nicht aufnimmt. Dieses System funktioniert sehr gut in vielen urbanen Zentren in Ländern mit mittlerem Einkommensniveau wie Brasilien und Mexiko.[6]

In städtischen Regionen einkommensschwacher Länder sind Wassertoiletten und entsprechende Kanalisationssysteme selten kosteneffektiv – abgesehen davon, dass sie häufig auch nicht funktionieren und dort, wo sie das tun, nur einer kleinen Elite zur Verfügung stehen. Mit anderen Worten, die in reichen Ländern gängige Lösung ist in den meisten urbanen Zentren Afrikas, Asiens oder Lateinamerikas kaum praktikabel, da zum einen die Effizienz dieses Modells fast aus-

Tabelle 2.1: Zahl und Anteil an Stadtbewohnern ohne ausreichende Versorgung mit Wasser und sanitären Einrichtungen, nach Region, 2001

Region	Unzureichender Zugang zu Wasserversorgung	Unzureichender Zugang zu Sanitärversorgung
	(Zahl der Personen)	
Afrika	100 – 150 Millionen (35 – 50 Prozent)	150 – 180 Millionen (50 – 60 Prozent)
Asien	500 – 750 Millionen (35 – 50 Prozent)	600 – 800 Millionen (45 – 60 Prozent)
Lateinamerika und Karibik	80 – 120 Millionen (20 – 30 Prozent)	100 – 150 Millionen (25 – 40 Prozent)

Quelle: Siehe Anmerkung 4. Bei diesen Werten handelt es sich um „indikative Schätzungen", da die meisten Länder keine Angaben über den Anteil ihrer Bevölkerung mit angemessenem Zugang zu Wasser- und Sanitärversorgung machen.

schließlich vom Dienstleister abhängt und es zum anderen in diesen Ländern meist an den erforderlichen Kapazitäten zur Planung, Umsetzung, Verwaltung und Finanzierung sowie an der notwendigen Verantwortlichkeit gegenüber den Einwohnern mangelt. Eine Grubenlatrine mag in den meisten städtischen Umgebungen als unzureichend erscheinen, stellt aber eine Lösung dar, die die Menschen unabhängig von irgendwelchen Behörden oder Versorgungsgesellschaften

Tabelle 2.2: „Treppe" der Möglichkeiten der Wasserversorgung für Haushalte

Art der Versorgung				Management
Gemeinsam genutzte gewöhnliche Wasserquellen				Individuell oder gemeinschaftlich
	Gemeinsam genutzte öffentliche Wasserhähne			Mischung aus externem (bspw. für die Wasserhauptleitung) und gemeinschaftlichem Management
		Genossenschaftliche Wasserhähne (bspw. einer pro 20 Haushalte)		
			Hofanschlüsse für jeden Haushalt	
			Individuelle Haushaltsanschlüsse (einschließlich Sammelanschlüsse)	Formale Organisation (staatlich oder privatwirtschaftlich)

Ein Wechsel von links nach rechts impliziert oder führt zu:
- zunehmendem Komfort (und Rückgang der zur Wasserbesorgung erforderlichen Zeit), üblicherweise steigende Einheitskosten
- steigendem Wasserverbrauch, üblicherweise verbunden mit Gesundheitsvorteilen (insbesondere für Abspülen, Wäschewaschen und persönliche Hygiene)

Der Wechsel von links nach rechts wird unterstützt durch eine steigende Einwohnerzahl, eine höhere kommerzielle und industrielle Nachfrage (was zur Finanzierung des Infrastrukturausbaus beiträgt) und einer Zunahme der Zahl zahlungskräftiger Haushalte.

Der Wechsel vom Management durch Haushalte und Gemeinschaften zu professionellen Organisationen geht mit einem steigenden technischen Niveau und höheren Kapitalkosten einher.

selbst bauen und unterhalten können. Zudem funktionieren sie (im Gegensatz zu Wasserklosetts) ohne Anschluss an die Wasserversorgung. Die meisten städtischen Zentren in Ländern mit niedrigem und mittlerem Einkommensniveau – darunter viele mit über einer Million Einwohnern – verfügen über keinerlei Kanalisation.[7]

In den meisten städtischen Zentren dieser Länder leben ja viele der Menschen, nämlich rund 900 Millionen, ohne ausreichenden Zugang zu Trinkwasser und sanitären Einrichtungen in Slums oder informellen Siedlungen. Die meisten Gebäude sind inoffiziell oder sogar illegal auf widerrechtlich besetztem oder aufgeteiltem Land und im Widerspruch zu geltenden Bau- und Planungsgesetzen errichtet, ein Umstand, der die Versorgungsgesellschaften vor große Probleme stellt, da es keine offiziellen Besitzer gibt, denen sie ihre Dienste anbieten könnten. Außerdem ist es wirtschaftlich riskant, Wasser- oder Abwasserleitungen in illegalen Siedlungen zu verlegen, die später möglicherweise vom Staat abgerissen werden – ganz abgesehen davon, dass dies offiziellen Versorgungsunternehmen zumeist per Gesetz verboten ist.[8]

Darüber hinaus sind die meisten Städte in diesen Ländern chaotisch gewachsen und die meisten neuen Ansiedlungen jenseits offizieller Baupläne oder regulatorischer Vorschriften entstanden. Die Expansion der meisten Städte erfolgte ohne ein auch nur annähernd ausreichendes Flächenmanagement (was auch die Notwendigkeit für Landerschließungen, den Schutz von Wassereinzugsgebieten und den Hochwasserschutz betrifft) oder einen entsprechenden Ausbau der grundlegenden Infrastrukturen. Häuser und Fabriken wurden und werden in Gebieten gebaut, die weder an die Wasser- noch an die Abwasserversorgung angeschlossen sind, während die Wassernutzer und Abwassererzeuger ihre Bedürfnisse auf die billigste und bequemste Weise erfüllen, unabhängig davon, ob sie damit die Grundwasservorkommen kontaminieren oder das Trinkwasser der stromabwärts lebenden Menschen verschmutzen.

Je größer die Stadt und je größer das von Haushalten und der Industrie erzeugte Abwasservolumen, umso dringender erforderlich ist ein funktionierendes Abwassersystem. Das wird umso schwieriger, wenn, wie in vielen Fällen, überbaute Flächen die Wasseraufnahmefähigkeit der Böden reduzieren und die abfließenden Niederschläge nach starken Regenfällen weiträumige Überschwemmungen verursachen.

Versorgungsdefizite messen

Da niemand ohne Trinkwasser überleben kann (oder ohne Darm und Blase zu entleeren), haben alle in irgendeiner Form Zugang zu entsprechenden Ressourcen. Das aber reicht nicht aus. Wir müssen allen Menschen eine Versorgung gewähren, die sicher, erschwinglich und leicht zugänglich ist. Um das zu erreichen, müssen wir zuerst wissen, wer - und vor allem wer nicht - angemessen versorgt ist.

Dies zu erfassen ist überaus schwierig. In den meisten Ländern mit niedrigen und mittleren Einkommen gibt es keine Angaben dazu, wer über angemessenen Zugang zu Trinkwasser und sanitären Einrichtungen verfügt. So technisch die Frage anmutet, wie der Anteil derjenigen mit einer ausreichenden Versorgung erfasst werden kann, sollte sie doch im Kern aller Diskussionen stehen. Sind die Zahlen, von denen wir ausgehen, falsch, stellt sich das Problem falsch dar, und das bedeutet üblicherweise, dass die zu seiner Behebung ergriffenen Maßnahmen wirkungslos verpuffen. Doch genau das ist, was allzu lange Zeit passiert ist.

So leicht es ist, die Kriterien einer angemessenen Wasser- und Sanitärversorgung aufzulisten, so schwer fällt es also in den meisten Fällen, sie genau zu messen. Was Trinkwasser betrifft, geht es um die Frage, ob eine Person problemlos und zu erschwinglichen Preisen Zugang zu sauberem Wasser in einer Menge hat, die zur Deckung seiner täglichen Bedürfnisse ausreicht. Problemloser Zugang impliziert dabei, dass die Wasserquelle in unmittelbarer Nähe zum Haushalt liegt und die Lieferung regelmäßig und ohne lange Wartezeiten erfolgt. Von entscheidender Bedeutung ist auch die Wasserqualität, zumindest für das Wasser, das zum Trinken und zur Essenszubereitung verwendet wird. Und natürlich muss dieses Wasser zu einem Preis angeboten werden, den sich auch einkommensschwache Gruppen leisten können.

Die Kriterien einer angemessenen Sanitärversorgung sind gleichermaßen schnell aufgezählt: Saubere und problemlos zugängliche Orte für Frauen, Männer und Kinder, an denen sie zu Hause ihren Stuhlgang erledigen können - ebenso wie am Arbeitsplatz, in der Schule und in öffentlichen Einrichtungen -, mit angemessenen Möglichkeiten zur Analreinigung (und entsprechenden Vorkehrungen zur Entsorgung gebrauchten Toilettenpapiers oder anderer zur Reinigung verwendeter Materialien) sowie zur anschließenden Reinigung der Hände. Wenn es in den einzelnen Haushalten an solchen Einrichtungen fehlt, sollten in zumutbarer Entfernung saubere, ansprechende und gepflegte öffentliche Toiletten vorhanden sein, deren Inanspruchnahme sich auch einkommensschwache Personen leisten können. Die anfallenden Fäkalien müssen so entsorgt werden, dass eine Kontamination durch direkten Kontakt, verschmutztes Wasser oder Fliegen verhindert wird.

Obwohl diese Kriterien eindeutig erscheinen, ist es schwer festzustellen, wer über Zugang zu Wasser und Toiletten verfügt, die diese Kriterien erfüllen. Die meisten offiziellen Statistiken basieren auf Umfragen, die in einer repräsentativen Haushaltsstichprobe durchgeführt werden. Allerdings ist es unmöglich, auf Grundlage von ein paar vorformulierten Fragen festzustellen, ob ein Haushalt Zugang zu angemessener Wasser- und Sanitärversorgung hat, insbesondere wenn die Menschen für unterschiedliche Nutzungen und zu unterschiedlichen Zeiten und Jahreszeiten auf unterschiedliche Wasserquellen und Technologien zurückgreifen. Eine angemessene Versorgung hängt nicht nur von den verwendeten Technologien ab, sondern auch davon, wie diese Technologien eingesetzt werden, in welchem Kontext und von wem. Männer, Frauen und Kinder haben jeweils unterschiedliche Bedürfnisse, und Menschen mit eingeschränkter Mobilität, darunter auch viele Alte, haben wieder andere Bedürfnisse. Wer beispielsweise beurteilen will, ob die Grubenlatrine in einem bestimmten Haushalt ausreichend ist, müsste eine Vielzahl fragen stellen und Beobachtungen anstellen, von denen die meisten kaum relevant für Wasserklosetts oder öffentliche Toiletten sind.

Große Haushaltsumfragen basieren üblicherweise auf Stichproben, in denen genau die Menschen unterrepräsentiert sind, die unter der schlechtesten Wasserver- und Abwasserentsorgung leiden – Menschen, die in informellen Siedlungen leben. Zudem sind diese Umfragen meist nicht darauf angelegt, für die lokalen Wasserversorger nützliche Informationen zu erheben; sie fragen zwar ab, wie hoch der landesweite Anteil der Haushalte mit Anschluss an das Wasserleitungsnetz ist, enthalten aber keine Angaben darüber, genau welche Haushalte keinen Anschluss haben oder in welchen Gebieten die Versorgungsdefizite am eklatantesten sind. Im Gegensatz zu repräsentativen Haushaltsumfragen liefern Volkszählungen solche Aussagen, da sie Informationen über alle Haushalte erfassen (obwohl auch bei Volkszählungen Wohnsitzlose und Menschen, die in informellen Siedlungen leben, üblicherweise unterrepräsentiert sind). Doch Volkszählungen werden bestenfalls alle zehn Jahre durchgeführt und fragen im Allgemeinen nur wenige Angaben zur individuellen Wasser- und Sanitärversorgung ab. Zudem wird das, was sie an Erkenntnissen aus diesem Bereich enthalten, viel zu häufig nicht an die lokalen Behörden oder Versorgungsunternehmen weitergeleitet, die daraus ableiten könnten, wo Verbesserungsmaßnahmen am dringendsten benötigt werden.

Diejenigen, die dafür verantwortlich sind, internationale Statistiken zur Wasser- und Sanitärversorgung zu erstellen, stehen also vor einem Dilemma. Sie können entweder – ungeachtet fehlender empirischer Grundlagen für derartige Aussagen – Schätzungen der Bevölkerungsanteile ohne Zugang zu einer angemessenen Versorgung anstellen, oder sie können Indikatoren entwickeln, die sich zwar empirisch korrekt abschätzen lassen, jedoch nicht die tatsächliche Versorgungslage widerspiegeln. Während der Internationalen Trinkwasser- und Sanitär-Dekade in den 1980er Jahren wurden die Regierungen aufgefordert, Angaben über den Zugang zu sicherer Wasserver- und Abwasserentsorgung zu machen, obwohl die meisten Länder gar nicht in der Lage waren, entsprechende Daten zu erheben. Ab dem Jahr 2000 und zur besseren Überwachung der Fortschritte im Hinblick auf die Millennium-Entwicklungsziele wurde dieser Ansatz wieder aufgegriffen und den Ländern dabei geholfen, wann immer möglich auf Grundlage von Haushaltsumfragen Schätzwerte des Anteils der Bevölkerung mit Zugang zu einer „verbesserten Versorgung" zu entwickeln.[9]

Die Zahlen in Tabelle 2.1 scheinen auf den ersten Blick den offiziellen UN-Statistiken zu widersprechen, nach denen ein weitaus geringerer Anteil der Stadtbewohner keinen Zugang zu „verbesserter Versorgung" hat. Das liegt daran, dass die Tabelle Schätzwerte über den Zugang zu einer angemessenen Wasser- und Sanitärversorgung liefert, während die UN-Statistiken Schätzwerte zur „verbesserten Versorgung" widerspiegeln, ohne anzugeben, ob diese auch angemessen ist. Nach Angaben der Vereinten Nationen liegen für die meisten Länder keine Zahlen vor zum Anteil der Bevölkerung mit Zugang zu einer guten oder „angemessenen" Wasserver- und Abwasserentsorgung oder mit, wie in den Millennium-Entwicklungszielen gefordert, „nachhaltigem Zugang zu einwandfreiem Trinkwasser". Leider ist vielen, die die offiziellen Statistiken benutzen, nicht bewusst, dass diese Statistiken Kriterien wie „angemessen" oder „einwandfrei" gar nicht erfassen, und ziehen deshalb häufig falsche Schlussfolgerungen nicht nur bezüglich des Ausmaßes des Problems, sondern auch darüber, wo die schlimmsten Missstände herrschen.[10]

Dieser Umstand erklärt, warum in vielen städtischen Populationen, für die eine „verbesserte" Wasser- und Sanitärversorgung ausgewiesen wird, nach wie vor sehr hohe Säuglings- und Kindersterblichkeitsraten gemessen werden. So heißt es in einem 2002 veröffentlichen UN-Bericht, dass über drei Viertel der Stadtbevölkerung in Kenia und Tansania Zugang zu „verbesserter" sanitärer Versorgung haben – wobei es sich aber in den meisten Fällen um einfache und unzureichend gewartete Grubenlatrinen handelt, die oft von mehreren Personen genutzt werden. Insofern überrascht es kaum, dass beide Städte weiterhin unter sehr hoher Säuglings- und Kindersterblichkeit leiden.[11]

So verlockend die Forderung nach detaillierten, international vergleichbaren Haushaltsumfragen auch sein mag, solche Umfragen liefern nicht die erforderlichen Informationen auf der lokalen Ebene. Maßnahmen vor Ort erfordern in den meisten Fällen detaillierte Daten über alle Haushalte, Gebäude und Grundstücksgrenzen in den betroffenen Gebieten sowie über Art und Umfang der bereits bestehenden Versorgung. Weiter setzen erfolgreiche Maßnahmen Karten voraus, die Höhenlinien und Einzelheiten über Straßen, Wege und Grundstücksgrenzen beinhalten – Angaben, die Regierungen und internationale Organisationen im Rahmen der Überwachung der Versorgung nicht erheben. Natürlich ist es wichtig, sich die Defizite in den verwendeten Statistiken bewusst zu machen; wichtiger aber ist es, gezielt auch die Informationen zu erheben, die für konkrete Maßnahmen vor Ort erforderlich sind.

Das Wichtigste zuerst

Obwohl sich die heftigsten Debatten im Zusammenhang mit der Trinkwasser- und Sanitärversorgung um die zu verwendenden Technologien drehen, ist die Frage nach der Finanzierung, dem Management und der Verantwortung mindestens ebenso wichtig. Im Mittelpunkt der Diskussionen über Finanzierung und Management steht zumeist die Frage, ob die Versorgung privat oder öffentlich organisiert werden soll, doch auch hier gibt es eine Vielzahl von Optionen, bei denen öffentliche, private und gemeinnützige Organisationen oftmals komplementäre Rollen spielen.

Wir brauchen in allen urbanen Zentren oder Bezirken kompetente lokale Wasser- und Abwasserorganisationen, in denen jene, deren Bedürfnisse erfüllt werden sollen, ein Mitspracherecht haben. In vielen der Städte, wo die Versorgung verbessert und ausgeweitet worden ist, waren es weniger technologische Neuerungen, die die Verbesserungen bewirkt haben, sondern vielmehr auf den Forderungen von Betroffenen basierende Innovationen im Finanz- und Managementbereich.

Obwohl es keine allgemeingültigen Wahrheiten im Hinblick auf Technologie, Management oder Finanzierung gibt, bieten sich einige nützliche und bewährte Prinzipien an. Erstens, das Angebot muss auch für die einkommensschwachen Gruppen funktionieren, sprich tauglich und erschwinglich sowohl für die Nutzer wie auch die Anbieter sein. Dies erfordert die Suche nach Lösungen, die die wirtschaftliche Überlebensfähigkeit der Versorger – egal ob privater oder öffentlicher Natur – bewahren. Es wäre naiv zu glauben, man könne in jedem Fall sämtliche Bereitstellungskosten einschließlich der Infrastrukturinvestitionen durch Verbraucherabgaben oder Anschlussgebühren erwirtschaften. Da das Einkommen der ärmsten Nutzerschicht häufig so gering ist, dass eine volle Kostendeckung illusorisch ist, sind Quersubventionen über die Tarifstruktur oder Steuern unerlässlich, was nicht heißt, dass nicht versucht werden sollte, die Kosten pro Einheit und zugleich den Subventionsbedarf möglichst gering zu halten. Je weniger Subventionen erforderlich sind, umso eher ist es möglich, die Versorgung auszubauen und auch Menschen mit sehr niedrigen Einkommen zu erreichen, und umso geringer ist die Abhängigkeit von externen Geldgebern.

Die Forderung, allen Menschen Zugang zu einer angemessenen Versorgung zu verschaffen, ist nicht gleichbedeutend damit, jedem dieselbe Form der Versorgung zu bieten. In einkommensschwachen Bezirken ist selbst eine rudimentäre Versorgung – beispielsweise gut gemanagte öffentliche Wasserzapfstellen anstelle von Haushaltsanschlüssen – weitaus besser als gar keine Versorgung und kann, sollte einmal mehr Geld zur Verfügung stehen, die Basis für schrittweise Verbesserungen darstellen. So sollte das Wasserleitungsnetz, das öffentliche Entnahmestellen bedient, so ausgelegt sein, dass es auch Haushaltsanschlüsse ermöglicht, wenn die Menschen sich diese leisten können. In manchen Fällen ist es günstiger, lokale Wasservorkommen zu nutzen, statt auf einen Anschluss an die Hauptwasserleitung zu warten. Extern finanzierte Lösungen, die weniger auf bestehenden Systemen aufbauen als diese vielmehr ersetzen, sind häufig unverhältnismäßig teuer (und den lokalen Umständen schlecht angepasst) und können besser angemessene, lokal finanzierte Lösungen behindern oder gar verdrängen.[12]

Die Versorgung lässt sich auch durch Maßnahmen verbessern, die nicht direkt unter die Rubrik „Wasser- und Sanitärversorgung" fallen, etwa durch Baudarlehen für einkommensschwache Haushalte. So zeichnet sich unter Mikrofinanzierungsinstitutionen ein Trend ab, Darlehen für Verbesserungsarbeiten am Haus zu gewähren – beispielsweise für Anschlüsse an das Wasser- und Abwassernetz, das Verlegen neuer Leitungen im Haus oder den Einbau einer Toilette. Hypothekendarlehen können den Menschen auch erlauben, sich ein Haus mit einer besseren Versorgung zu bauen oder zu kaufen. Werden Menschen in informellen Siedlungen gesetzliche Grund- oder Wohnrechte eingeräumt, können lokale Versorgungsunternehmen Wasser- und Abwasseranschlüsse in die betreffenden Viertel legen. Viele Stadtverwaltungen unterstützen Programme zur Verbesserung von Slums und wilden Siedlungen, die üblicherweise auch eine bessere Wasserver- und Abwasserentsorgung umfassen. Wo es Selbsthilfegruppen von Slumbewohnern gibt, können diese mit den zuständigen Behörden bei der Erfassung der Haushalte und der Kartierung informeller Siedlungen zusammenarbeiten, in denen Handlungsbedarf besteht – und das zu einem Bruchteil der Kosten professionell durchgeführter Umfragen.[13]

Eine angemessene Trinkwasserversorgung sicherstellen

Ein stadtweites Leitungsnetz, an das möglichst viele Haushalte und andere Verbraucher direkt angeschlossen sind, ist und bleibt der Idealfall der städtischen Wasserversorgung. Die Versorgungskosten pro angeschlossene Gebäudeeinheit sinken mit zunehmender Verbraucherdichte. Darüber hinaus kommen die Städte in den Genuss von Größeneffekten bei der Wasseraufbereitung und dem Gebühreneinzug. Und mit der Qualität und Zuverlässigkeit der Versorgung steigt in den meisten städtischen Gebieten auch die Zahlungsbereitschaft und -fähigkeit.

Doch der Auf- und – wo nötig – Ausbau sowie der Unterhalt eines Wasserleitungsnetzes sind komplexe Aufgaben, insbesondere in rasch wachsenden Städten, entlang deren Peripherie sich üblicherweise ein Flickenteppich neuer Ansiedlungen erstreckt, in die Wasserleitungen zu legen sehr aufwändig und kostspielig ist. In vielen Städten und kleineren Ballungsgebieten erreicht das Wasserleitungsnetz nur einen kleinen Prozentsatz der Einwohner – üblicherweise die Wohlhabenden. Auch kommt es häufig zu Lieferausfällen – was üblicherweise bedeutet, dass das Wasser in vielen Teilen des Systems kontaminiert ist (wenn der Druck in den Leitungen fällt, können durch Risse und Lecks leicht Schadstoffe in die Leitungen eindringen).

Kapitel 2: Die Wasser- und Sanitärversorgung verbessern 107

Ein stadtweites Wasserversorgungssystem mit Leitungsanschlüssen für alle Verbraucher ist zwar wünschenswert, aber vielerorts schlicht nicht finanzierbar. Unter solchen Umständen müsste sich eine auf die Armen ausgerichtete Strategie auf zwei Dinge konzentrieren: Erstens sicherstellen, dass diejenigen, die an das Wassernetz angeschlossen sind, die vollen Gebühren entrichten (in einem System, das danach strebt, diese Gebühren möglichst niedrig zu halten). Und zweitens nach Mitteln und Wegen suchen, eine bessere Versorgung einkommensschwacher und anderer derzeit nicht versorgter Gruppen zu gewährleisten, beispielsweise durch den Anschluss an das Rohrleitungsnetz. Sind jedoch die Kosten für Haus- oder Hofanschlüsse zu hoch, könnte die Versorgung über von mehreren Parteien gemeinschaftlich genutzte oder öffentliche Wasserhähne oder auf anderem Wege erfolgen (beispielsweise durch gemeinschaftlich genutzte Wassertanks, die aus dem Grundwasser gespeist werden).

In allen Ballungsgebieten muss überprüft werden, wer auf unsichere Wasserquellen – etwa ungeschützte Flachbrunnen oder unbehandeltes Wasser aus lokalen Wasserläufen – angewiesen ist. Es sollte mit diesen Gruppen darüber gesprochen werden, wie ihre Versorgung am besten verbessert werden kann, sodass sie sowohl für die Wasserversorger wie auch die Verbraucher finanzierbar ist (siehe Tabelle 2.2). Wasserhähne in Höfen hinter dem Haus zu installieren ist günstiger, als sie bis in die Wohnungen zu führen, noch günstiger sind Wasserhähne, die von 5 bis 25 Haushalten gemeinsam genutzt werden, insbesondere wenn sie die Gebühren gemeinsam tragen. Wasserkioske, die Wasser eimerweise verkaufen, sind eine weitere Alternative – insbesondere wenn sie von Gemeinschaftsorganisationen betrieben werden. Wenn das Wasser aber mehr kostet, als die einkommensschwachen Gruppen bezahlen können, werden sie ihren sonstigen häuslichen Wasserbedarf aus unsicheren Quellen decken.[14]

Sollen die vollen Gesundheitsvorteile der Sanitärversorgung realisiert werden, muss jede Frau, jeder Mann und jedes Kind in der Lage sein, eine Toilette benutzen zu können, die die Fäkalien sicher entsorgt.

Natürlich setzen all diese Formen der Versorgung eine regelmäßige und ausreichende Zufuhr von qualitativ hochwertigem Wasser voraus. Gemeinschaftliche und öffentliche Wasserhähne sind auf eine stabile Wasserversorgung angewiesen; für die langen Schlangen, die sich vor den Wasserzapfstellen bilden, sind häufig Unterbrechungen in der Wasserlieferung verantwortlich.

Da die meisten Haushalte es vorziehen würden, in der in Tabelle 2.2 dargestellten Treppe möglichst weit rechts unten zu rangieren, lautet eine entscheidende Frage, wie die Kosten reduziert und der Kostendeckungsgrad erhöht werden kann, entweder über Nutzungsgebühren oder durch öffentliche Finanzierung. Selbst wenn vorgelagerte Infrastrukturen und Leitungen staatlich finanziert werden – und die Argumente sprechen in vielen Fällen für diese Form der Finanzierung – können die Kosten für Anschlüsse, Betrieb und Wartung Haushalte mit geringen Einkommen übermäßig belasten.

Eine zuerst in Brasilien entwickelte und inzwischen in mehreren anderen Ländern eingesetzte Innovation sind Wasseranschlüsse für Hausgemeinschaften. Über dieses Modell, bei dem die Wasserversorger die Rohrleitungen bis zu einer Gemeinschaft von Haushalten (einschließlich Wohnanlagen und Kooperativen) verlegen und die Haushalte die Installation der Leitungen bis in die Wohnungen oder Höfe übernehmen, können die Kosten pro Haushalt so weit gesenkt werden, dass sich viele einkommensschwache Haushalte Haus- oder Hofanschlüsse leisten können und nicht länger auf kommunale oder öffentliche Standrohre angewiesen sind.[15]

Darüber hinaus gibt es viele Beispiele für lokalen Einfallsreichtum und lokale Partnerschaften, die zu einer besseren Wasserversorgung geführt haben. Eines davon ist das gemeinschaftliche Wasserhahnprogramm in der Gemeinde San Roque in Mandaue-City (das zu Cebu-City auf den Philippinen gehört). Ein von Spargenossenschaften armer Stadtbewohner gegründeter lokaler Verband stellt den rechtlichen Rahmen für unterschiedliche gemeinschaftlich verwaltete Entwicklungsprojekte. Unter dem Community Faucet Program des Metro Cebu Water District können arme Gemeinschaften Anschlüsse an die Hauptwasserleitungen legen und Wasser zu niedrigen Kosten beziehen, wenn sie die Verlegung der notwendigen Rohrleitungen planen, finanzieren und verwalten und die Entnahmehähne installieren.[16]

Eine angemessene Sanitärversorgung sicherstellen

Idealerweise verfügt jeder Haushalt über eine gut funktionierende, an das Abwassersystem angeschlossene Wassertoilette und eine Möglichkeit zur Reinigung der Hände nach ihrem Gebrauch. Für viele einkommensschwache Gruppen ist dies aber nicht erreichbar, weil es zu teuer ist oder weil die Räume, die sie bewohnen, nur gemietet sind und der Eigentümer keine Toiletten installieren möchte. Da in Städten die Wohnungskosten generell sehr hoch sind, leben viele Arme aus Kostengründen in überbelegten Unterkünften. Darüber hinaus ist die Platz sparendste Form der sanitären Versorgung – eine an die Abwasserleitung angeschlossene Toilette – in vielen Fällen wegen des Fehlens einer Kanalisation gar nicht möglich.[17]

Sollen die vollen Gesundheitsvorteile der Sanitärversorgung realisiert werden, muss jede Frau, jeder Mann und jedes Kind in der Lage sein, eine Toilette benutzen zu können, die die Fäkalien sicher entsorgt. Selbst wenn nur ein paar Menschen in einer Nachbarschaft ihr Geschäft im Freien verrichten, kann dies die Gesundheit aller anderen gefährden. Doch ungeachtet der damit assoziierten Gesundheits- und anderen Risiken bleibt die Darmentleerung im Freien oder in Plastiktüten, die anschließend weggeworfen werden (auch als „fliegende Toiletten" bezeichnet), die billigste Option (siehe Tabelle 2.3).[18]

Die so genannten „Eco-Sanitation"-Konzepte, die einen Ökosystemansatz verfolgen, zielen auf die Schließung der Nährstoffflüsse einschließlich des Recyclings menschlicher Ausscheidungen und sonstiger Haushaltsabwässer ab. Werden Urin und Kot dem Boden zurückgeführt, senkt das die Kosten der Abwasseraufbereitung deutlich. Die meisten Formen der Eco-Sanitation benötigen wenig oder gar kein zusätzliches Wasser. Damit das System gut funktionieren kann, müssen die Exkremente eingesammelt und zwischengelagert werden, bevor sie zu den Bauern transportiert werden, die sie als Dünger verwenden. Zudem ist ein gutes Management erforderlich, um die Geruchsentwicklung zu minimieren, die Toiletten sauber und Fliegen fern zu halten. Die meisten dieser Anlagen nehmen mehr Platz in Anspruch als an die Kanalisation angeschlossene Toiletten, obwohl das Dehydrationsmodell (bei dem Urin von Kot getrennt wird) den Platzbedarf vermindert. Die Kosten pro Einheit variieren stark in Abhängigkeit der lokalen Umstände und des verwendeten Systems.

Im Rahmen einer Studie in der chinesischen Stadt Kunming wurden die Betroffenen zu zwei Formen der Eco-Sanitation befragt: Trenntoiletten, in denen der Urin zur Nutzung als Dünger getrennt wird (und die Fäkalien per konventioneller Wasserspülung entsorgt werden), und Trockentoiletten, bei denen der Urin ebenfalls getrennt wird, die Fäkalien aber in einem Behältnis innerhalb des Hauses unter Hinzugabe von Asche gesammelt und regelmäßig abgeholt werden. Die meisten Befragten anerkannten die Notwendigkeit solcher Toiletten: Kunming liegt an einem inzwischen stark verschmutzten See. Die Trockentoiletten sind deutlich billiger und sparsamer im Wasserverbrauch, wurden aber von der Mehrheit als weniger angemessen bezeichnet, was auf die Notwendigkeit innovativer technischer und organisatorischer Lösungen hindeutet, um die Akzeptanz von Trockentoiletten in urbanen Regionen zu erhöhen. Diese Form der Eco-Sanitation dürfte aller Wahrscheinlichkeit nach zuerst in weniger dicht besiedelten Gebieten an den Stadträndern in größerem Stil zum Einsatz kommen, wo mehr Platz und keine Kanalisation für Hausanschlüsse vorhanden ist und wo es in unmittelbarer Umgebung mehr Abnehmer für Dünger aus den Toiletten gibt.[19]

Die pakistanische NGO Orangi Pilot Project (OPP) hat mit dazu beigetragen, die Debatte über die Bereitstellung sanitärer Einrichtungen zu verändern, indem sie bewiesen hat, dass selbst in einkommensschwachen Gebieten alle Haushalte an eine qualitativ hochwertige Kanalisation angeschlossen und die Kosten dafür vollständig erwirtschaftet werden können. Die NGO wurde 1980 mit dem Ziel

Tabelle 2.3: Unterschiedliche Optionen der Sanitärversorgung und ihre Kosten

Art der sanitären Einrichtung	Kosten pro Haushalt (in US-Dollar)	Vor- und Nachteile
Wasserklosett mit Anschluss an Kanalisation oder Faultank plus Einzelanschluss ans Wassernetz für jeden Haushalt	400-1500	Kosten pro Person steigen bei Abwasserentsorgung in konventionellen Kläranlagen mit hohem Behandlungsgrad stark an.
Sammelanschluss an die Kanalisation (das Organi Pilot Project-Modell „gemeinsam genutzter Komponenten")	40-300	Bei hoher Bevölkerungsdichte und starkem lokalem Arbeitseinsatz können die Kosten pro Haushalt mit denen von Grubenlatrinen konkurrieren.
Eine „verbesserte" Latrine oder Handspültoiletten mit Faulbehälteranschluss in jedem Haushalt	40-260	Keine Notwendigkeit für Kanalisation. Bei verbesserten Latrinen geringere Geruchsbelästigung als bei konventionellen Latrinen und besserer Schutz gegen Insektenbefall. Platzprobleme in den meisten Städten, nicht geeignet für mehrstöckige Gebäude. Kinder haben oft Angst, sie zu benutzen (dunkle, große Grube)
Eco-Sanitation	90-350+	Bei den meisten ecosan-Modellen keine Notwendigkeit für Kanalisation. Urin wird bei vielen Verfahren getrennt, dadurch Vorteile für Nährstoffrecycling und Vor-Ort-Kompostierung, was aber mit signifikant höheren Kosten pro Einheit einhergeht.
Einfache Grubenlatrine	10-50	Keine Notwendigkeit für Kanalisation. Wenn gut gemanagt, keine Gesundheitsnachteile gegenüber teureren Optionen, aber Platzprobleme in den meisten Städten und nicht geeignet für mehrstöckige Gebäude
Zugang zu einer öffentlichen oder Gemeinschaftstoilette/ Latrine (bei 50 Nutzern pro Toilettensitz)	12-40	Wirksamkeit hängt ab von Entfernung zu Nutzern, von der Sicherheit bei nächtlicher Benutzung, von der Qualität der Wartung und davon, wie erschwinglich die Nutzung für die ärmsten Gruppen ist.
Stuhlgang im Freien oder in Abfallmaterial	0	Offenkundige Gesundheitsprobleme für diejenigen, die im Freien ihren Stuhlgang verrichten und für alle anderen in der Nachbarschaft.

Quelle: Siehe Anmerkung 18.

gegründet, neue Modelle zur Bereitstellung von Infrastruktur und Dienstleistungen in Orangi zu unterstützten, einer Zusammenballung informeller Siedlungen in Karachi, in der inzwischen rund 1,2 Millionen Menschen leben. In der Zwischenzeit hat die NGO ihre Tätigkeit auf viele andere Bezirke der Stadt ausgeweitet und unterstützt darüber hinaus Partnerorganisationen in anderen pakistanischen Ballungsgebieten.[20]

Im Kern basiert der OPP-Ansatz auf dem Prinzip der „gemeinsam genutzten Komponenten", bei dem die Anwohner jeder Straße oder Gasse die Verantwortung für die Planung, Finanzierung und Überwachung der Verlegung und Wartung der „internen" Leitungen (z.B. für die Abwasserentsorgung der Toiletten) übernehmen, die dann an eine externe Hauptabwasserleitung oder einen natürlichen Abfluss angeschlossen werden. Dank der Zusammenarbeit aller Anwohner bei der Installation und Wartung der Rohre unter Anleitung von OPP oder einer anderen lokalen Organisation können die Kosten pro Einheit deutlich reduziert werden – im Normalfall auf ein Fünftel dessen, was die öffentliche Wasserver- und Abwasserentsorgungsgesellschaft in Rechnung stellt. Damit sinken die Kosten pro Einheit auf ein Niveau, das sich auch einkommensschwache Haushalte leisten können, was wiederum eine volle Kostendeckung ermöglicht. Die „Straßengemeinschaften" sind somit für die lokalen Versorgungsunternehmen ein Partner, der den zeitaufwändigsten Teil einer verbesserten Sanitärversorgung übernimmt: den Anschluss der einzelnen Haushalte und Straßen an das Hauptnetz.

Die lokal unterstützten Initiativen in Pakistan planen, Partnerschaften mit den lokalen Verwaltungen zu gründen. OPP hat darüber hinaus mit Hilfe lokaler Jugendteams die Kartierung aller informellen Siedlungen in Karachi vorangetrieben, um die Ansprüche der dort lebenden Menschen auf das Land zu stärken und die Grundlage für die Installation oder Verbesserung von Wasser- und Abwasserleitungen und anderen Infrastrukturen zu schaffen. Wenn Bewohner informeller Siedlungen akkurate und detaillierte Karten über bestehende Grundstücksgrenzen, Straßen, Rohrleitungen und Abflüsse vorlegen können, stärkt das nicht nur ihre Position in Verhandlungen mit Behörden, sondern erlaubt auch zielgerichtete Gespräche darüber, was getan werden muss, um die Versorgung zu verbessern, und wo diese Maßnahmen erforderlich sind.[21]

Nach über zwei Jahrzehnten Arbeit – häufig gegen den Widerstand der Behörden und externer Berater, die ihnen sagten, sie würden den falschen Ansatz verfolgen – hat OPP nicht nur vielen Hunderttausend Menschen in Karachi zu einer besseren Wasser- und Sanitärversorgung verholfen. Die NGO hat auch die Art und Weise verändert, wie die Stadtregierung den Ausbau der Sanitärversorgung angeht. Nicht zuletzt dank der Intervention von Orangi wurde der ursprüngliche, sehr kostenintensive, wenig durchdachte und mit vielen Mängeln behaftete Abwasserplan für ganz Karachi, zu dessen Finanzierung ein hoher ausländischer

Kredit hätte aufgenommen werden müssen, durch einen weitaus effektiveren, billigeren und für die einkommensschwachen Gruppen vorteilhafteren Plan ersetzt. OPP hilft mit, überall in der Stadt Prioritäten für die Verbesserung der Sanitärversorgung zu identifizieren, und beeinflusst damit, wo und wofür staatliche Mittel investiert werden, verzichtet aber selbst auf staatliche Unterstützung, um die eigene Unabhängigkeit zu bewahren.

Das Beispiel OPP wirft eine interessante Frage auf – die nach der Rolle lokaler zivilgesellschaftlicher Organisationen für die Entwicklung der bestmöglichen Mischung aus qualitativ hochwertiger und bequemer Versorgung, nach Bezahlbarkeit und lokalem Management. Das jährliche Budget von OPP ist verschwindend im Vergleich zu dem Wert der an den Armen orientierten Wasserver- und Abwasserentsorgung und anderer von ihr unterstützter Aktivitäten – und im Vergleich zu dem, was die Stadt durch den Verzicht auf unnötig teure und schlecht geplante Infrastruktursysteme an Geld einspart. Die Lektion von OPP liegt weniger in dem, was gebaut, sondern mehr darin, wie das erreicht wurde: nämlich durch die direkte Zusammenarbeit mit städtischen Armenorganisationen (deren Fähigkeiten gestärkt wurden), durch die Beschreitung neuer Wege bei Planung, Bau, Management und Finanzierung der Wasser- und Abwasserinfrastruktur, durch die überaus detaillierte Dokumentation und Kartierung der Bedürfnisse, durch die bei den Lokalverwaltungen erworbene Glaubwürdigkeit und schließlich durch die hohe Qualität der den Gemeinschaften und den Behörden erteilten Ratschläge und Empfehlungen.

Gemeinschaftliche Wasser- und Sanitärversorgung

Die gemeinschaftliche Versorgung mit Wasser durch öffentliche Wasserentnahmestellen oder Wasserkioske ist lange Zeit als eine „Lösung" für ärmere Gruppen betrachtet worden. Im Bereich der Abwasserentsorgung gilt das nicht, auch wenn diese Sichtweise in jüngster Zeit durch eine Reihe lokaler Innovationen (einige davon mit Unterstützung der internationalen NGO WaterAid) in Frage gestellt wurde. Der gemeinschaftliche Ansatz funktioniert am besten bei der Wasserversorgung, da die Menschen Wasser in ihren Wohnungen aufbewahren und dadurch zeitaufwändiges Schlangestehen oder die Notwendigkeit umgehen können, sich nachts Wasser besorgen zu müssen. Eine gemeinschaftliche oder öffentliche Sanitärversorgung ist niemals die Ideallösung, aber vielerorts der beste Kompromiss zwischen besserer Versorgung, Bezahlbarkeit und der Möglichkeit zu lokalem Management. Sie ist billiger als der Anschluss aller Einzelhaushalte und in vielen Vierteln mit hoher Bevölkerungsdichte einfacher zu realisieren.[22]

Die in Indien errichteten öffentlichen Toilettenkomplexe sind ein Beispiel dafür, wie gut das funktionieren kann (siehe Kasten 2.1). Wie im Falle von OPP

Kapitel 2: Die Wasser- und Sanitärversorgung verbessern

Kasten 2.1: Gemeinschaftlich gebaute und betriebene Toilettenblöcke in Indien

In den späten 1980er und frühen 1990er Jahren entwickelten, bauten und betrieben in Indien zwei Gemeinschaftsorganisationen und eine lokale NGO öffentliche Toilettenblöcke in ihren schlecht oder gar nicht versorgten Nachbarschaften. Die Allianz bestand aus der National Slum Dwellers Association, Mahila Milan (einem Netzwerk von Spargenossenschaften von Slumbewohnerinnen und auf der Straße lebenden Menschen) und der in Mumbai ansässigen NGO SPARC (Society for Promotion of Area Resource Centers). Dem Bau der Toilettenblöcke ging jeweils eine gemeinschaftlich durchgeführte Umfrage zur Dokumentation der Versorgungsmängel voraus. Lokale Spargenossenschaften aus den Slums halfen bei Entwicklung, Bau und Betrieb der Toilettenblöcke. Diese sollen die Mängel der bestehenden öffentlichen Toiletten im Hinblick auf ihre Lage, ihre Gestaltung und ihr Management vermeiden. Die neuen Gemeinschaftstoiletten gewähren Frauen mehr Privatsphäre, organisieren die Warteschlangen besser – beispielsweise durch separate Warteschlangen für Männer und Frauen, um zu vermeiden, dass die Männer sich vordrängeln –, verfügen über eine zuverlässige Wasserversorgung für das Händewaschen und bieten ein besseres Angebot für Kinder. Viele von ihnen sind mit Kindertoiletten ausgestattet, so dass Kinder nicht in den Schlangen der Erwachsenen warten müssen.

Die gemeinschaftliche Verwaltung der Toilettenblöcke stellt sicher, dass sie sich über die – im Vergleich zu den herkömmlichen öffentlichen Toiletten deutlich niedrigeren – Nutzungsgebühren finanzieren (üblicherweise bezahlen Familien eine Monatsgebühr). So genannte Hausmeister und Reinigungskräfte werden aus der lokalen Gemeinschaft rekrutiert. Anfangs ignorierten oder behinderten die Lokalregierungen diese Projekte. Dann anerkannte die Stadtverwaltung von Pune, einer Stadt mit über zwei Millionen Einwohnern, die schlechte Qualität und unzureichende Zahl öffentlicher Toiletten und fing an, die Allianz beim Bau der Gemeinschaftstoiletten zu fördern. Heute gibt es über 500 solcher Toilettenblöcke – die meisten in Pune und Mumbai, aber zunehmend auch in anderen Ballungsgebieten.

Quelle: Siehe Anmerkung 23.

---

in Pakistan wurde das Projekt von einer lokalen NGO und gemeinschaftsbasierten Organisationen initiiert, allerdings nicht als autonome Versorgungslösung. Das Projekt verbesserte die Sanitärversorgung hunderttausender Menschen und zeigte, wie sich die Lücke zwischen den Kosten einer besseren Versorgung und dem schließen lässt, was sich einkommensschwache Gruppen leisten können. In den Städten und Gemeinden, in denen dieses Programm umgesetzt wurde, leben mit die ärmsten Bevölkerungsgruppen im ganzen Land.[23]

Doch es ist schwierig, Gemeinschaftstoiletten so zu gestalten, dass sie gut funktionieren, für Kinder und Frauen bequem und zu allen Zeiten sicher zu benutzen und sauber und in gutem Zustand zu halten sind. Die Kosten einer regulären

Wasserversorgung für solche Einrichtungen und eines hohen Wartungsstandards müssen getragen werden, was die Gefahr birgt, dass die Gebühren die Möglichkeiten mancher Nutzer übersteigen. Die Bereitstellung einer ausreichenden Zahl an Toiletten, um auch in Spitzenzeiten Warteschlangen zu vermeiden, erhöht die Kosten noch weiter; andererseits schrecken Warteschlangen viele Menschen (insbesondere Kinder) von der Nutzung der Einrichtung ab. Die Probleme der gemeinschaftlichen Versorgung fallen generell geringer aus, wenn eine Toilette von relativ wenigen, einander bekannten Haushalten genutzt wird – beispielsweise bei einer Toilette, die ausschließlich Anwohnern eines Hofes vorbehalten ist.

Die Aussichten auf eine ausreichende Einzelversorgung stehen häufig deutlich besser, wenn sich Haushalte zu Gruppen zusammenschließen und gemeinsam an Planung, Management und Finanzierung der Installation arbeiten.

Öffentliche oder gemeinschaftliche Einrichtungen stellen dort eine Option dar, wo es nicht möglich ist, die einzelnen Haushalte mit Wasser- und Abwasseranschlüssen zu versorgen – wobei diese Entscheidung in Absprache mit denen getroffen werden muss, die sich Haushaltsanschlüsse nicht leisten können. Das setzt üblicherweise einen inkrementellen Ansatz voraus, bei dem eine gute gemeinschaftliche Versorgung nur den ersten Schritt darstellt, gefolgt von der Unterstützung bei der Installation individueller Anschlüsse. Die Aussichten auf eine ausreichende Einzelversorgung stehen häufig deutlich besser, wenn sich Haushalte zu Gruppen zusammenschließen und gemeinsam an Planung, Management und Finanzierung der Installation arbeiten.

Stärkere Partizipation des privaten Sektors

In den 1990er Jahren förderten zahlreiche internationale Organisationen – angeführt von der Weltbank – gezielt die Partizipation des privaten Sektors in Wasser- und Abwasserprogrammen. Dies war zum Teil eine pragmatische Antwort auf die Unfähigkeit der öffentlichen Versorgungsunternehmen in den 1970er und 1980er Jahren, die gewünschten Verbesserungen zu erreichen, zum Teil aber auch Spiegelbild einer allgemeinen Abkehr vom öffentlichen Sektor und einer Hinwendung zu privaten Unternehmen und dem freien Markt. Öffentlichen Versorgungsunternehmen wurde vorgeworfen, ineffizient und übersetzt zu sein, von Politikern zur Erreichung kurzfristiger politischer Ziele manipuliert zu werden und – insbesondere in einkommensschwachen Gebieten – dazu zu neigen, der urbanen Mittelklasse subventionierte Dienstleistungen zukommen zu lassen und dafür die Armen in den Städten und auf dem Land zu vernachlässigen.[24]

Kapitel 2: Die Wasser- und Sanitärversorgung verbessern 115

Die Befürworter einer stärkeren privatwirtschaftlichen Partizipation argumentierten, dass es durch die Übertragung der Versorgungsaufgaben auf private Betreiber unter konkurrenzorientierten Rahmenbedingungen möglich wäre, diese Probleme zu überwinden und mehr Kapital für den Ausbau der Wasser- und Sanitärversorgung zu mobilisieren. Private Konzessionen, wie sie etwa in Buenos Aires oder Jakarta vergeben wurden, würden, so die Hoffnung, den Weg zu einer Variante öffentlich-privater Partnerschaften weisen; allerdings wurde auch mit einer Reihe anderer Vertragsformen experimentiert, darunter den heute populäreren Bewirtschaftungs- und Dienstleistungsverträgen.[25]

Die stärkere privatwirtschaftliche Beteiligung – oder Privatisierung, wie Kritiker des Ansatzes dazu häufiger sagen – zog heftige Auseinandersetzungen nach sich. Das kam kaum überraschend. Die Angst davor, dass private Unternehmen ein Monopol über die städtische Wasserversorgung erhalten und die Profitmaximierung vor das öffentliche Wohl stellen, reicht lange zurück. Die Kontroverse über die in den 1990er Jahren gewährten Konzessionen wurde noch von dem Umstand angeheizt, dass vielerorts anfangs die meisten großen Konzessionen an Konsortien unter Führung einer Handvoll großer ausländischer Wassergesellschaften gingen. Dazu kam der – auch in den Geberländern aufkeimende – Verdacht, dass Entwicklungshilfegelder zur Förderung der Privatisierung zweckentfremdet wurden. Bei neueren Konzessionen verbleibt das Eigentum an den Anlagen zwar in öffentlichen Händen, und in vielen neuen Kontrakten werden den privaten Versorgern zumindest im Prinzip einseitige Preiserhöhungen zur Gewinnsteigerung untersagt. Doch hat das bislang nicht ausgereicht, die Befürchtungen der Kritiker zu zerstreuen.[26]

Die Auswirkungen dieser Entwicklungen auf Menschen ohne angemessenen Zugang zur Wasser- und Sanitärversorgung zu bewerten – oder auch nur festzustellen, ob die Nettoeffekte eher positiv oder negativ sind –, fällt überaus schwer, und selbst sehr groß angelegte statistische Studien liefern in dieser Hinsicht widersprüchliche Ergebnisse. Nimmt man allerdings die überaus optimistischen Behauptungen als Maßstab, der Einstieg von Privatunternehmen würde den Versorgungsgrad erhöhen, die Effizienz und Verantwortlichkeit verbessern und Korruption und politische Einmischung reduzieren, muss man die Resultate als enttäuschend bezeichnen.[27]

Die anfangs abgeschlossenen Verträge haben die gewünschten Verbesserungen nicht gebracht, zumindest nicht für die armen Menschen in den Städten. Der von Buenos Aires mit einem privaten Anbieter abgeschlossene Vertrag wurde zunächst als das Modell einer durchdachten Konzession gefeiert, obwohl er zu keiner Ausweitung der Wasserversorgung auf die vielen Viertel der Stadt führte, deren Bewohner keine sicheren Eigentumsverhältnisse haben, und zudem anderen unversorgten Bewohnern Anschlusskosten auferlegte, die weit über ihren finanziellen Möglichkeiten lagen. Zu der Zeit, als diese Probleme endlich angegangen wurden, stellte die Wirtschaftskrise, die Argentinien erfasst hatte, die Grundlage für die Konzession selbst in Frage. Auch in Jakarta häuften sich bald nach Vergabe der beiden Konzessionen die Probleme: Kurz nach Abschluss der Verträge geriet Indonesien in eine schwere Wirtschaftskrise; Präsident Suharto wurde gestürzt, und was vormals eine Notwendigkeit gewesen war – die enge Verbindung zwischen den örtlichen Partnern und dem Unternehmensgeflecht der Präsidentenfamilie – erwies sich nun als Bürde. Die Konzessionen wurden zwar neu verhandelt, doch die der Ausweitung der Versorgung auf die einkommensschwachen Einwohner der Stadt entgegenstehenden Hindernisse sind nach wie vor nicht ausgeräumt. Für viele Länder hat sich die Privatisierung denn auch eher als Ablenkung von und weniger als Lösung der städtischen Wasser- und Abwasserprobleme erwiesen.[28]

Generell haben Länder, die sich mit dem Management öffentlicher Versorgungsgesellschaften schwer tun, auch Probleme mit privaten Versorgern. An den Hindernissen, die der öffentlichen Versorgung in den ärmsten Bereichen entgegenstehen, ändert sich zumeist wenig, wenn die Versorgung privatisiert wird: unsicherer oder illegaler Grundbesitz, schwieriges Terrain, verschachtelte oder winzige Grundstücke, große Abstände zwischen Hauptleitungen und privaten Abwassertanks oder Abflüssen, illegale Anschlüsse, Probleme bei der Rechnungseintreibung und Korruption. Darüber hinaus haben, wie Kritiker anmerken, die privaten Wassergesellschaften nicht annährend so viel in den Wassersektor investiert, wie man sich das zu Beginn der 1990er Jahre erhofft hatte.[29]

Verständlicherweise richtete sich der Appetit der privaten Anbieter vornehmlich auf Konzessionen in sehr großen Städten mit einer nennenswerten Mittelschicht. Für die kleineren Städte und Gemeinden, in denen der Löwenanteil der Menschen mit unzureichender oder gar keiner Versorgung leben, interessierte sich kaum jemand. Die meisten Menschen, die heute über keine angemessene Versorgung verfügen, können sich auf absehbare Zeit keine Hoffnung darauf machen, an ein funktionierendes Wasser- oder Abwassernetz angeschlossen zu werden, und zumindest was die unmittelbare Zukunft angeht, interessiert es sie wenig, ob die großen städtischen Wasserversorger in öffentlichem oder privatem Besitz sind, da sie weder in dem einen noch in dem anderen Fall auf eine Verbesserung ihrer Lage hoffen können. Selbst in Ländern mit mittlerem Einkommen haben die meisten Städte kein einheitliches Wassernetz, sondern eine Vielzahl unterschiedlicher Systeme, einige davon modern, andere veraltet, einige in Privat- und andere in öffentlichem Besitz. In vielen einkommensschwachen Regionen spielt der Privatsektor eine wichtige Rolle, aber primär in Form des Wassers und der Dienstleistungen, die von kleinen Wasser- und Abwasserunternehmen (darunter auch Wasserverkäufern) angeboten werden, und weniger in Form von Wasserversorgern, die von multinationalen Konzernen betrieben werden.[30]

Kapitel 2: Die Wasser- und Sanitärversorgung verbessern

In den letzten Jahren ist der internationale Trend zur Privatisierung der Wasserver- und der Abwasserentsorgung ins Stocken geraten und wird eine stärkere Beteiligung der Privatwirtschaft nur noch selten als das Allheilmittel für die Probleme im Wassersektor präsentiert. In vielen Ländern sind im Wassersektor nach wie vor international geförderte Reformen im Gange, von denen viele auf stärkere Kommerzialisierung und regulatorische Rahmenbedingungen zielen und offen sind für Privatisierungen. Und während die internationalen Wasserkonzerne offenbar weniger aggressiv um neue Konzessionen werben, gewinnen andere Vertragsarrangements und Privatunternehmen zusehends an Bedeutung, so in Teilen Asiens, wo lokale Gesellschaften dem Vernehmen nach beständig stärker werden. Von den 124 größeren Wasser- und Abwasserkonzessionen (84 davon in China), die ein jüngerer Bericht für das Jahr 2004 für Asien auswies, wurden 42 an nationale Versorgungsgesellschaften und 17 weitere an von chinesischen Unternehmern in Malaysia oder Singapur geführte Unternehmen vergeben.[31]

Kleine Wasser- und Abwasserunternehmen, wie sie in einkommensschwachen urbanen Regionen in Afrika, Asien und Lateinamerika seit langem eine Schlüsselrolle spielen, sind in den Debatten über die Partizipation der Privatwirtschaft vernachlässigt und von den lokalen Behörden oft behindert worden - ungeachtet der Tatsache, dass die informellen Märkte für solche Unternehmen dem marktwirtschaftlichen Ideal näher kommen als die strikt regulierten Märkte der Wasserversorgungsgesellschaften. Seit einiger Zeit jedoch setzt sich die Erkenntnis durch, dass die Wasserversorgungsgesellschaften und Behörden die Stärken dieser kleinen Anbieter anerkennen und mit ihnen zusammen arbeiten müssen, statt ihnen Steine in den Weg zu legen. Allerdings stehen dem erhebliche Probleme entgegen. Da viele dieser Betriebe mit Technologien arbeiten, die offiziellen Standards nicht genügen, oder Preise verlangen, die über den festgelegten Preisen der offiziellen Versorgungsgesellschaften liegen, dürfte es den Behörden schwer fallen, auf sie zuzugehen, geschweige denn, sie zu unterstützen.[32]

Vielleicht war es der Fehler der 1990er Jahre, wirtschaftlich sinnvolle Prinzipien in der Wasser- und Sanitärversorgung - die Kosten pro Einheit senken, Kunden und potenziellen Kunden gegenüber verantwortlich sein, die Kosten wo immer möglich von den Nutzern einzutreiben - mit den Interessen großer Privatunternehmen zu verwechseln und zu glauben, nur große Privatunternehmen könnten den Sektor wirtschaftlich betreiben. In vielen Fällen haben die in diesem Kapitel erwähnten NGOs und Gemeinschaftsorganisationen diese wirtschaftlichen Prinzipien besser erfüllt. Natürlich sind diese Prinzipien wichtig, aber es gibt keinen Grund, warum sie nicht auch von zivilgesellschaftlichen Organisationen - und staatlichen Behörden - erfüllt werden könnten.

Wie bereits erwähnt, bieten viele öffentliche Wasser- und Abwassergesellschaften gute Dienstleistungen und eine nahezu vollständige Versorgung an, und sie tun das unter Beachtung gesunder wirtschaftlicher Prinzipien. Viele andere haben ihre Leistungen durch Anwendung derselben Prinzipien in hohem Maße verbessert. So gelang es der staatlichen Wassergesellschaft in Uganda, die Kampala und viele andere urbane Zentren versorgt, im Zeitraum von 1998 bis 2006 aus tiefroten Zahlen in die Gewinnzone vorzustoßen; in diesem Zeitraum wurden durch eine Reihe von Initiativen die Zahl der angeschlossenen Haushalte verdreifacht, die Wasserverluste im Netz von 51 auf 29 Prozent reduziert, die Anschluss- und Wiederanschlusskosten gesenkt und die Kundenfreundlichkeit deutlich erhöht. Allerdings sollte darauf hingewiesen werden, dass sich dank dieser Maßnahmen die bessere Wasserversorgung zwar selbst finanziert, diese aber nicht die finanzielle Grundlage dafür bieten, das Problem der zahllosen Menschen in Kampala anzugehen, die ohne angemessene Sanitärversorgung auskommen müssen.[33]

Die Wasserressourcen besser managen

Es liegt auf der Hand, dass eine bessere Wasser- und Sanitärversorgung von einem konstanten und ausreichenden Frischwasserangebot abhängt; gleichzeitig ist es wichtig, diese Voraussetzung nicht mit dem Problem der knapper werdenden Wasserressourcen zu verwechseln. Seit den 1980er Jahren nimmt die Sorge um Wassermangel und so genannten „Wasserstress" zu, wofür hauptsächlich die veränderte Landnutzung und die gewaltigen Wassermengen verantwortlich sind, die zur Nahrungsmittel- und Biomasseproduktion eingesetzt werden. Dieser steigende Wasserstress stellt für aquatische und terrestrische Ökosysteme und viele landwirtschaftliche Anbaugebiete zwar eine massive Gefahr dar. Bislang jedoch gibt es keine Hinweise darauf, dass Wasserstress ein signifikanter Faktor für eine unzureichende Wasserversorgung und die damit verbundenen Gesundheitsgefahren oder Nöte wäre.

Leider wurden und werden insbesondere in populärwissenschaftlichen Berichten über eine bevorstehende Wasserkrise Statistiken über die Zahl der Menschen ohne Zugang zu einer verbesserten Wasserversorgung und solche, die an durch das Wasser übertragenen Krankheiten leiden, häufig zusammen mit Schätzungen über die Zahl der Menschen präsentiert, die in von Wasserknappheit oder -stress betroffenen Regionen leben. Dies impliziert, dass der Wasserstress dafür verantwortlich ist, dass die Menschen unter einer unzureichenden Versorgung leiden und krank werden. Statistisch gesehen besteht jedoch im Ländervergleich kein Zusammenhang zwischen Wasserstress und einer ausreichenden Wasserversorgung für die ländliche und städtische Bevölkerung, und zwar selbst dann nicht, wenn man Länder derselben Einkommensgruppe miteinander vergleicht. Viele große Städte mit einer unzureichenden Wasser- und Sanitärversorgung leiden unter keinem oder nur geringem Mangel an Süßwasservorkommen, während es Städte

Kapitel 2: Die Wasser- und Sanitärversorgung verbessern

gibt, die unter ernsthaftem Wassermangel leiden und dennoch ein hohes Versorgungsniveau erreichen.[34]

Stadtbewohner und hier insbesondere Angehörige einkommensschwacher Gruppen haben manchmal Probleme, infolge von Wasserressourcenkrisen, die nicht immer in den offiziellen Statistiken zur Wasserversorgung auftauchen, eine ausreichende Versorgung mit Wasser sicherzustellen. In Jakarta etwa zahlen die ärmsten Einwohner in Stadtbezirken mit salzhaltigem Grundwasser aufgrund der hohen von den Wasserhändlern geforderten Preise mehr für Trinkwasser als die Wohlhabenden, während sie in Bezirken, in denen das Grundwasser nach Abkochen zum menschlichen Genuss geeignet ist, weniger als die Wohlhabenden bezahlen. Allerdings können weder die Wasserhändler noch die von den Stadtbewohnern genutzten Brunnen als verbesserte Trinkwasserlieferanten bezeichnet werden. Tatsächlich trägt das versalzte Grundwasser auf verquere Weise zu einer höheren Versorgungsdichte bei, da manche Haushalte deswegen einen Anschluss an das Wasserversorgungsnetz vorziehen. In Mexico City dagegen beeinträchtigen Wasserressourcenprobleme insbesondere in den ärmeren, in der Peripherie gelegenen Vierteln die Versorgung mit Leitungswasser. Dort kommt es wegen der Versorgungsausfälle in der Trockenzeit regelmäßig zu öffentlichen Protesten und Vorwürfen in den Medien. Dass jedoch selbst jene Haushalte, die in der Trockenzeit zeitweise nicht mit Wasser versorgt werden, in der Statistik unter „mit verbesserter Wasserversorgung ausgestattet" geführt werden, beweist einmal mehr, wie oft die von Wasserressourcenproblemen resultierenden Defizite übersehen werden.[35]

Wie viele Fallstudien von Städten mit Wasserknappheiten zeigen, ist dafür häufiger schlechtes Management als echter Wassermangel verantwortlich – so im Falle der mexikanischen Stadt Guadalajara und dem drohenden Verschwinden des Chapala-Sees, oder in Peking, wo ein Großteil des Wassers höchst ineffizient genutzt wird. Selbst dort, wo Wasser im Überfluss vorhanden ist, kann Missmanagement zu unregelmäßigen Wasserlieferungen im Leitungsnetz führen. So oder so ist die zur Deckung des städtischen Grundbedarfs zusätzlich erforderliche Wassermenge im Vergleich zu anderen Nutzungszwecken klein. Die für eine angemessene Versorgung erforderliche Wassermenge dürfte – gutes Wassermanagement vorausgesetzt – in den meisten Fällen die Gesamtwasserentnahme eines Landes nur unwesentlich erhöhen. Im globalen Maßstab gerechnet würden 20 Liter pro Tag für eine Milliarde Menschen lediglich sieben Kubikkilometer Wasser pro Jahr entsprechen, verglichen mit einer aktuellen weltweiten Gesamtwasserentnahme in der Größenordnung von jährlich 4000 Kubikkilometern.[36]

Die Lösung der Wasserressourcenkrise in den Städten liegt also in den meisten Fällen in einem besseren lokalen Management. Die billigste Methode, die verfügbare Süßwassermenge für das Wasserleitungsnetz zu erhöhen, besteht häufig darin, die Wasserverluste durch Lecks zu reduzieren und Tarife einzuführen, die Großverbraucher einen Anreiz bieten, weniger Wasser zu verbrauchen. Wie im Falle der Technologien für die Wasser- und Sanitärversorgung gibt es auch hier zahlreiche Techniken, mit deren Hilfe der Wasserverbrauch reduziert oder Abwasser wieder verwendet oder aufbereitet werden kann bzw. neue Wasserquellen erschlossen werden können (beispielsweise durch die Regenwassersammlung in privaten und öffentlichen Gebäuden). Wo solche Maßnahmen nicht ausreichen, kann eventuell durch die Verbesserung der vorgelagerten Wasserförderungsinfrastruktur die Nutzungsrate erhöht werden. Reicht auch das nicht aus, müssen neue Wasservorkommen gesucht und erschlossen werden. Die Sicherstellung der Wasserverfügbarkeit für Wasserleitungsnetze verlangt demnach einen zweigleisigen Ansatz: Das Wassermanagement muss verbessert und Wasservorkommen müssen für den gegenwärtigen und künftigen Bedarf gesichert werden.[37]

Maßnahmen zur Verbesserung der Wasserverfügbarkeit sind in vielen Ballungsräumen zweifelsohne von großer Bedeutung, doch reichen sie in den seltensten Fällen dazu aus, das Problem der unzureichenden Versorgung der am schlechtesten versorgten Gruppen zu lösen. Obwohl Wasserknappheit und Infrastrukturmängel am ehesten und härtesten diejenigen mit den geringsten wirtschaftlichen und politischen Ressourcen treffen, profitieren diese Gruppen nicht notwendigerweise von Maßnahmen zur Behebung der Wasserknappheit oder von Investitionen in neue Infrastrukturen. Nur wenn diese mit Maßnahmen zur Verbesserung der Wasserversorgung in den am stärksten benachteiligten Gebieten und zur Stärkung des Einflusses der dort lebenden Menschen auf die Planungsprozesse kombiniert werden – nur dann werden ein besseres Wasserressourcenmanagement und Infrastrukturinvestitionen auch denen zugute kommen, die am dringendsten darauf angewiesen sind.

Lokale Regierungen und Aktionen fördern

Fortschritte im Bereich der Abwasserentsorgung verlangen, heißt es im *UN-Bericht über die menschliche Entwicklung 2006*, eine stärkere lokale Entwicklung und mehr Engagement für die Unter- und Unversorgten. Dasselbe gilt für die Wasserversorgung. Wie mehrfach in diesem Kapitel betont, benötigt jeder städtische Ballungsraum den bestmöglichen Kompromiss zwischen qualitativ hochwertiger und bequemer Versorgung, erschwinglichen Preisen und einem höchstmöglichen Maß an lokalem Management.[38]

Lokale Regierungen spielen eine zentrale Rolle, wenn es um einen Wechsel der Ansätze geht, und bei den meisten Beispielen sehr guter oder stark verbesserter Versorgung wurden die Veränderungen von kompetenteren und verantwortungsvolleren lokalen Regierungen unterstützt. Leider sind lokale Regierungen häufig schwach und ineffizient (nicht zuletzt, weil dies von höheren Regierungsebenen so gewollt wird) und vertreten weniger die Anliegen der Armen, als vielmehr die einflussreicher lokaler Interessengruppen.

Fortschritte in der Wasser- und Sanitärversorgung hängen jedoch nicht nur davon ab, was lokale Regierungen tun, sondern auch davon, was sie fördern, unterstützen und überwachen. Vielerorts leisten kleine Wasserunternehmen (Wasserhändler und -kioske), lokale NGOs, Kooperativen und Gemeinschaftsorganisationen wichtige Beiträge zur Versorgung oder Finanzierung einer verbesserten Versorgung – und bieten lokalen Regierungen ein großes Potenzial für Partnerschaften. Auch mit anderen Mitteln können lokale Regierungen viel für eine bessere Wasserver- und Abwasserentsorgung tun – beispielsweise durch Maßnahmen zur Erhöhung der Wasserverfügbarkeit, durch die Senkung der Bodenpreise für neue Siedlungen und, wie bereits erwähnt, durch Verbesserungsprogramme für Slums und wilde Siedlungen. Wie viele Möglichkeiten sich hier auftun, wird häufig gar nicht erkannt; so können durch den Ausbau von Straßen und den Aufbau eines guten öffentlichen Verkehrsnetzes am Rande zugebauter Stadtzentren die Preise für Baugrundstücke gesenkt (was mehr einkommensschwache Familien in die Lage versetzt, ein eigenes Haus zu bauen) und die Kosten für die Wasser- und Abwasserversorgung pro Haushalt reduziert werden.

Egal aber wie kreativ und effektiv diese Gemeinschaftsorganisationen, NGOs und kleinen Wasserunternehmen sind, es liegt an den lokalen Regierungen, den Rahmen zu schaffen, innerhalb dessen diese Akteure operieren und zusammenarbeiten können. Die wenigsten lokalen Regierungen verfügen über die Kapazität, ein konventionelles System zu managen oder zu überwachen, bei dem Versorgungsunternehmen – ob nun öffentlich, privat oder kooperativ geführt – eine qualitativ hochwertige Wasserver- und Abwasserentsorgung für alle Gebäude anbieten und sowohl im vorgelagerten wie auch im nachgelagerten Bereich gutes Management leisten. Was die meisten aber können, ist, einen fördernden Rahmen für ein System zu schaffen, in dem öffentliche Versorger, kleine Privatanbieter, NGOs, Gemeinschaftsorganisationen und Haushalte in unterschiedlichen Konstellationen die Versorgung übernehmen.

Eine weitere Möglichkeit ist die Kombination konventioneller und unkonventioneller Systeme, wobei nach Möglichkeit (also dort, wo die Nutzer die vollen Kosten zu tragen imstande sind) das konventionelle System eingesetzt und in allen anderen Fällen auf alternative Systeme ausgewichen wird. Das ermöglicht es, das konventionelle System schrittweise auszudehnen und einen immer höheren Bevölkerungsanteil zu versorgen. Zudem können, wie die zahlreichen in diesem Kapitel angeführten Beispiele belegen, Haushalte und Gemeinschaften durch gemeinsame Initiativen viel dazu beitragen, die Versorgung in den Wohnungen und Häusern und in ihren Vierteln zu verbessern. Voraussetzung dafür ist aber im Normalfall das Vorhandensein einer (externen) Versorgungsinfrastruktur, aus der sie Wasser entnehmen und über die sie feste und flüssige Abfälle entsorgen können.

Die Förderung einer guten Hygiene ist ein weiterer wichtiger Bestandteil der Lösung – wobei der Nutzen einer guten Hygiene in den Gebieten mit der schlechtesten Sanitärversorgung am größten ist. Dieser Punkt unterstreicht einmal mehr die grundsätzliche Bedeutung guter Beziehungen zwischen lokalen Regierungen, offiziellen Versorgungsunternehmen und den unter- oder unversorgten Gruppen, da deren Kooperation und Unterstützung für Fortschritte in diesem Bereich unerlässlich ist.[39]

In der Hitze der Debatte über öffentliche oder private Versorger droht unterzugehen, dass die zentrale Frage die Qualität und Effizienz der Versorger und ihre Verantwortlichkeit gegenüber aktuellen und künftigen Nutzern betrifft. Da sich die meisten offiziellen Wasser- und Abwassergesellschaften in urbanen Regionen in öffentlichem Besitz befinden, ist die Reform dieser Behörden in vielen Fällen der wirksamste lokale Ansatz. Dabei sollte das Ziel solcher Reformen unter anderem sein, die politische Einmischung bei der Preisfestlegung zu reduzieren, die Zahlungsmoral der Wasserverbraucher im öffentlichen Sektor zu verbessern und einen stärker unternehmerisch geprägten Ansatz einzuführen, beispielsweise die Versorgungsreichweite durch Kostensenkungen erhöhen und sicherstellen, dass die Kosten entweder durch Nutzungsgebühren oder aus anderen zuverlässigen Quellen vollständig gedeckt werden.[40]

In den meisten Ländern sind lokale Regierungen, die effektiver arbeiten und die Belange der Armen besser vertreten möchten, auf die Unterstützung übergeordneter Regierungsebenen angewiesen. In vielen lateinamerikanischen Ländern haben Dezentralisierung und stärkere lokale Selbstverwaltung zu einer deutlich besseren Wasser- und Sanitärversorgung beigetragen, wenn vielleicht auch nicht in dem erwarteten Maße, da parallel dazu viele dieser Staaten einen Großteil der 1990er Jahre hindurch eine Wirtschaftpolitik verfolgten, die mit einem Rückzug des Staates und einem Rückgang der öffentlichen Investitionen einherging.[41]

Der Weg zu einer deutlich besseren und mehr arme Menschen erreichenden Wasser- und Sanitärversorgung in Ballungsgebieten führt weniger über die Ausweitung der bestehenden Systeme, als vielmehr über die Förderung und Multiplikation lokaler Initiativen.

Alle Länder sind auf Initiativen der Art angewiesen, wie sie das Orangi Pilot Project in Pakistan oder die Wasseringenieure in Brasilien in Gang setzten, die eine Wasser- und Sanitärversorgung für Haushaltsgemeinschaften entwickelten – oder von Vereinigungen von Slumbewohnern und Wohnsitzlosen, die auf unterschiedliche

Weise demonstrierten, wie neue Häuser deutlich kostengünstiger und effektiver mit guter Wasser- und Sanitärversorgung ausgestattet werden können. Dabei fällt weniger ins Gewicht, was diese Initiativen konkret erreicht haben, als vielmehr die starke Verwurzelung der von ihnen angestoßenen Innovationen im lokalen Kontext und ihr Fokus auf einkommensschwache Gruppen. Dies erlaubte es ihnen, die Debatte über neue Ansätze, die in ihren Vierteln, Städten und Ländern geführt wird, voranzutreiben und innovative, in der Praxis funktionierende Beispiele zu entwickeln, die von Politikern, Beamten, Experten und Gemeinschaftsorganisationen besichtigt werden können. Innovationen funktionieren nur dann und werden nur dann übernommen, wenn sie den lokalen Bedingungen angemessen sind.[42]

Der Weg zu einer deutlich besseren und mehr arme Menschen erreichenden Wasser- und Sanitärversorgung in Ballungsgebieten führt weniger über die Ausweitung der bestehenden Systeme, als vielmehr über die Förderung und Multiplikation lokaler Initiativen. Weltweit gibt es zehntausende urbane Zentren mit völlig unzureichender Wasser- und Sanitärversorgung, und jedes davon ist auf lokal verwurzelte Initiativen zur Verbesserung der Versorgungssituation angewiesen.

Leider tun sich die meisten internationalen Hilfsorganisationen schwer mit diesem Ansatz, was mit daran liegt, dass sie diesem Ansatz zufolge Initiativen und Projekte in urbanen Gebieten unterstützen müssten. Viele dieser Organisationen aber vermeiden es traditionell, sich in Städten zu engagieren oder begrenzen die Finanzierung von urbanen Projekten, da sie der Überzeugung sind, dass diese Gebiete einen überproportionalen Anteil der nationalen Entwicklungsmittel erhalten. Was sie offenkundig ignorieren, sind die extremen Defizite im Bereich der urbanen Wasser- und Sanitärversorgung und das Ausmaß und die Schärfe der städtischen Armut, einer Armut, die sich in den meisten Ländern der Welt rapide ausbreitet.[43]

Aber selbst wenn sich diese Haltung ändern sollte, stellt sich die vielleicht ebenso problematische Frage, wie man dafür sorgen kann, dass die gewaltigen Summen, die die internationalen Hilfsorganisationen über die jeweiligen Regierungen investieren, zur Unterstützung der vielfältigen lokalen Prozesse beitragen, die zur Ausweitung und Verbesserung der Wasser- und Sanitärversorgung erforderlich sind. Offizielle Entwicklungshilfeorganisationen sind meist zu schlecht ausgerüstet und strukturiert, als dass sie die von einer Vielzahl lokaler Regierungen, NGOs oder gemeinschaftsbasierter Organisationen implementierten lokalen Prozessen wirksam unterstützen könnten, von denen viele zwar nur bescheidene Finanzhilfen, aber ein starkes Engagement für die – zumeist armen – Menschen ohne jegliche Wasser- und Sanitärversorgung voraussetzen. So ist es vielleicht wenig überraschend, dass viele Innovationen im Wasser- und Abwassersektor in urbanen Regionen, die einkommensschwachen Gruppen zugute kommen, nicht von offiziellen Entwicklungshilfeorganisationen finanziert wurden.[44]

Dort, wo nationale Regierungen einen angemessenen Rahmen für lokales Handeln schaffen, kann die Entwicklungshilfe das unterstützen. Leider, und das ist das eigentliche Problem, fehlt es allzu häufig – und insbesondere in den Ländern, wo es um die Wasser- und Sanitärversorgung am schlimmsten bestellt ist – an der Unterstützung der Regierung für lokale Aktionen. Derweil verringern die meisten Entwicklungshilfeorganisationen ihre Unterstützung für Wasser- und Sanitärprojekte zugunsten der Budgetunterstützung (was weniger mitarbeiterintensiv ist als die Projektfinanzierung) oder der über andere Organisationen geleiteten Finanzhilfe. Und im Falle der Hilfsorganisationen, die noch substanzielle Mittel für Wasser- und Sanitärmaßnahmen bereitstellen, fließen diese Gelder häufig in kostspielige Infrastrukturen, von denen die ärmeren Bevölkerungsgruppen kaum profitieren.[45]

Es ist, wie in einem jüngeren UN-Bericht angemerkt wird, an der Zeit, dass externe Hilfsorganisationen den Aufbau lokaler Kompetenzen zur Entwicklung lokal angepasster Lösungen fördern, statt häufig unpassende und kostspielige, mit unangemessenen Bedingungen verknüpfte Standardmaßnahmen umzusetzen. Die Verbesserung der Wasser- und Sanitärversorgung in städtischen Regionen setzt erhebliche Finanzmittel voraus, insbesondere für die große Rohrleitungsinfrastruktur für die Wasserver- und Abwasserentsorgung, an die verbesserte lokale Einrichtungen angeschlossen werden können, sowie für das Management der Wasserressourcen und die Abwasserbehandlung. Wasserleitungen in bislang unversorgte Stadtviertel zu legen ist wenig sinnvoll, wenn die Wasservorkommen nicht ausreichen, den zusätzlichen Bedarf zu befriedigen. Genauso wenig hilfreich aber ist es, die Erschließung neuer Wasserressourcen zu finanzieren, wenn die Stadt- und Gemeindeverwaltungen nicht bereit oder fähig sind, die Wasserversorgung der einkommensschwachen Gruppen auszubauen oder zu verbessern.[46]

Die Bilanz dieser Diskussion über die weltweiten Wasser- und Sanitärherausforderungen lautet, dass es die Armen sind, die in ihrem Kampf um eine angemessene Versorgung am dringendsten auf die Hilfe der globalen Gemeinschaft angewiesen sind. Sie sind es, die tagtäglich und häufig über weite Entfernungen eine Wassermenge in ihre Unterkunft schleppen müssen, die dem Gewicht von sechs schweren Koffern entspricht. Und die ihre Notdurft in den Straßen vor den Hütten erledigen müssen, die sie ihr Zuhause nennen.

Einen Eindruck davon, welche Belastung das für die Familien darstellt, vermitteln die Wort von Chhaya Waghmare aus dem indischen Pune: „In unserer Siedlung leben 280 Familien. [...] Jeden Tag kommen Tanklastwagen, die uns Wasser bringen, aber nicht zu regelmäßigen Zeiten. Jeden Morgen stellen wir uns für das Wasser an, indem wir unsere Wasserkanister in einer Schlange aufstellen. Das Haus verlassen können wir erst, wenn wir die Kanister mit Wasser gefüllt haben. Ich muss zur Arbeit gehen. Meine Kinder sind noch sehr klein und können die Kanister nicht füllen. Deshalb muss meine Schwester zu Hause bleiben und auf

Kapitel 2: Die Wasser- und Sanitärversorgung verbessern

den Tanklastwagen warten. Damit sie da ist, wenn der Tanklastwagen kommt, hat sie aufgehört in die Schule zu gehen."⁴⁷

Oder hören wir, was Shalina Sadashiv Mohite aus Mumbai darüber zu sagen hat, wie das Leben war, bevor die Gemeinschaftsorganisation, der sie angehört, eine öffentliche Toilette errichtete: „In der gesamten Gegend gab es nicht eine einzige Toilette. Die Männer und Frauen aus der Siedlung erledigten ihr Geschäft am Straßenrand. Wir Frauen taten das nie nach sechs Uhr morgens. Wir warteten auf den Schutz der Dunkelheit. Wir aßen sogar extra weniger, um nicht tagsüber unsere Notdurft verrichten zu müssen."⁴⁸

Schlussendlich geht es für die meisten Menschen, die keinen ausreichenden Zugang zur Wasser- und Sanitärversorgung haben, ebenso sehr um bessere Beziehungen zu den Mächtigen und den Managern der Versorgungsgesellschaften wie um Fragen der Technologie, der Kosten oder der Investitionen in die Infrastruktur. In den meisten Beispielen verbesserter Versorgung in diesem Kapitel hatten die Verantwortlichen die Legitimität der Bedürfnisse der unversorgten Gruppen anerkannt – und zwar auch die der Gruppen, die in illegalen Siedlungen leben. In vielen Situationen hat auch geholfen, dass von städtischen Armen gegründete Organisationen und lokale NGOs den Behörden die zahlreichen Möglichkeiten demonstrierten, wie man die Wasser- und Sanitärversorgung verbessern kann, wenn sie zusammenarbeiten. Wie es aussieht, müssen die meisten internationalen Hilfsorganisationen dies erst noch erkennen – oder, falls sie es bereits erkannt haben, ihre Finanzhilfe mit dem Ziel neu ausrichten, solche Initiativen und Gemeinschaftsprojekte zu unterstützen.

Anmerkungen

1. U.N. Human Settlements Programme, *Water and Sanitation in the World's Cities: Local Action for Global Goals* (London 2003).
2. Simon Szreter, *Health and Wealth: Studies in History and Policy* (Rochester 2005); U.N. Human Settlements Programme, op. cit. Anm. 1.
3. U.N. Human Settlements Programme, op. cit. Anm. 1.
4. David Satterthwaite, *The Under-estimation of Urban Poverty in Low and Middle-Income Nations*, Working Paper 14 on Poverty Reduction in Urban Areas (London 2004); siehe auch African Population and Health Research Center, *Population and Health Dynamics in Nairobi's Informal Settlements* (Nairobi 2002); Tabelle 2.1 nach U.N. Human Settlements Programme, op. cit. Anm. 1.
5. Siehe zum Beispiel U.N. Development Programme (UNDP), *Human Development Report 2006* (New York 2006), in dessen Mittelpunkt die Wasser- und Sanitärversorgung steht (deutsche Ausgabe: *Bericht über die menschliche Entwicklung 2006*, Berlin 2006); siehe auch UNICEF und World Health Organization (WHO), *Meeting the MDG Drinking Water and Sanitation Target: A Mid-Term Assessment of Progress*, WHO/UNICEF Joint Monitoring Programme for Water Supply and Sanitation (New York 2004).

6. Rualdo Menegat, „Participatory Democracy and Sustainable Development: Integrated Urban Environmental Management in Porto Alegre, Brazil", *Environment and Urbanization*, Oktober 2002, S. 181-206; U.N. Human Settlements Programme, op. cit. Anm. 1; Lo Heller, „Access to Water Supply and Sanitation in Brazil: Historical and Current Reflections; Future Perspectives", Hintergrundaufsatz für UNDP, op. cit. Anm. 5; U.N. Human Settlements Programme, *Meeting Development Goals in Small Urban Centres: Water and Sanitation in the World's Cities 2006* (London 2006).
7. Jorge E. Hardoy, Diana Mitlin und David Satterthwaite, *Environmental Problems in an Urbanizing World: Finding Solutions for Cities in Africa, Asia and Latin America* (London 2001); U.N. Human Settlements Programme, op. cit. Anm. 1.
8. 900 Millionen nach U.N. Human Settlements Programme, *The Challenge of Slums: Global Report on Human Settlements 2003* (London 2003).
9. UNICEF und WHO, op. cit. Anm. 5, S. 23.
10. U.N. Human Settlements Programme, op. cit. Anm. 1; U.N. Human Settlements Programme, op. cit. Anm. 6.
11. WHO und UNICEF, *Global Water Supply and Sanitation Assessment, 2000 Report* (Genf 2002); hohe Säuglings- und Kindersterblichkeitsraten nach Satterthwaite, op. cit. Anm. 4.
12. Siehe zum Beispiel Arif Hasan, *Understanding Karachi: Planning and Reform for the Future* (Karachi 1999); Arif Hasan, „Orangi Pilot Project: The Expansion of Work beyond Orangi and the Mapping of Informal Settlements and Infrastructure", *Environment and Urbanization*, Oktober 2006, S. 451-80.
13. Celine D'Cruz und David Satterthwaite, *Building Homes, Changing Official Approaches: The Work of Urban Poor Federations and Their Contributions to Meeting the Millennium Development Goals in Urban Areas*, Working Paper 16 on Poverty Reduction in Urban Areas (London 2005); Mohini Malhotra, „Financing Her Home, One Wall at a Time", *Environment and Urbanization*, Oktober 2003, S. 217-28; Lula da Silva et al., „The Programme for Land Tenure Legalization on Public Land", *Environment and Urbanization*, Oktober 2003, S. 191-200; Jessica Budds, mit Paulo Teixeira und SEHAB, „Ensuring the Right to the City: Pro-poor Housing, Urban Development and Land Tenure Legalization in São Paulo, Brazil", *Environment and Urbanization*, April 2005, S. 89-114.
14. Tabelle 2.2 übernommen von U.N. Human Settlements Programme, op. cit. Anm. 1, sowie nach U.N. Human Settlements Programme, op. cit. Anm. 6.
15. J. C. Melo, *The Experience of Condominial Water and Sewerage Systems in Brazil: Case Studies from Brasilia, Salvador and Parauapebas* (Lima 2005).
16. Dieser Absatz basiert auf den von der Vincentian Missionaries Social Development Foundation Incorporated in Manila erstellten und von Asian Coalition for Housing Rights an UN-HABITAT für die Vorbereitung des U.N. Human Settlements Programme überreichten Fallstudien, op. cit. Anm. 6.
17. Hardoy, Mitlin und Satterthwaite, op. cit. Anm. 7.
18. Tabelle 2.3 nach einer Tabelle aus UNDP, op. cit. Anm. 5.
19. Edi Medilanski et al., „Wastewater Management in Kunming, China: A Stakeholder Perspective on Measures at the Source", *Environment and Urbanization*, Oktober 2006, S. 353-68.
20. Dieser Absatz basiert auf einer Fallstudie, erstellt von Arif Hasan vom Orangi Pilot Project-Research & Training Institute (OPP-RTI) für ein Forschungsprojekt des Max Lock Centre, Westminster University, London, UK, April 2003; sowie auf Arif Hasan, *Working with*

Kapitel 2: Die Wasser- und Sanitärversorgung verbessern

Government: The Story of the Orangi Pilot Project's Collaboration with State Agencies for Replicating Its Low Cost Sanitation Programme (Karachi 1997); Perween Rahman, Katchi Abadis of Karachi: A Survey of 334 Katchi Abadis (Karachi 2004); Hasan, „Orangi Pilot Project", op. cit. Anm. 12; und auf OPP-RTI-Mitarbeiterstab, Karachi, Diskussionen mit David Satterthwaite, Juli 2006.

21. Hasan, „Orangi Pilot Project", op. cit. Anm. 12.
22. Mimi Jenkins und Steven Sugden, „Rethinking Sanitation—Lessons and Innovation for Sustainability and Success in the New Millennium", Hintergrundaufsatz für UNDP (London 2006).
23. Kasten 2.1 nach Sundar Burra, Sheela Patel und Tom Kerr, „Community-designed, Built and Managed Toilet Blocks in Indian Cities", *Environment and Urbanization*, Oktober 2003, S. 11-32.
24. Internationale Hilfsorganisationen in den 90er Jahren nach Matthias Finger und Jeremy Allouche, *Water Privatisation: Trans-National Corporations and the Re-Regulation of the Water Industry* (London 2002).
25. Zu Befürwortern siehe zum Beispiel Walter Stottman, „The Role of the Private Sector in the Provision of Water and Wastewater Services in Urban Areas", in Juha Uitto und Asit Biswas, Hg., *Water for Urban Areas* (Tokio 2000).
26. Clare Joy und Peter Hardstaff, *Dirty Aid, Dirty Water: The UK Government's Push to Privatise Water and Sanitation in Poor Countries* (London 2005).
27. Zu großen Übersichtsstudien siehe zum Beispiel George R. G. Clarke, Katrina Kosec und Scott Wallsten, *Has Private Participation in Water and Sanitation Improved Coverage? Empirical Evidence from Latin America*, Policy Research Working Paper 3445 (Washington DC 2004), und Colin Kirkpatrick, David Parker und Yin-Fang Zhang, „State versus Private Sector Provision of Water Services in Africa: An Empirical Analysis", präsentiert auf der Konferenz Pro-Poor Regulation and Competition: Issues, Policies and Practices, Kapstadt, Südafrika, 7./9. September 2004; J. Budds und G. McGranahan, „Are the Debates on Water Privatization Missing the Point? Experiences from Africa, Asia and Latin America", *Environment and Urbanization*, Oktober 2003, S. 87-113.
28. A. J. Loftus und D. A. McDonald, „Of Liquid Dreams: A Political Ecology of Water Privatization in Buenos Aires", *Environment and Urbanization*, Oktober 2001, S. 179-99; Ricardo Schusterman et al., *Public Private Partnerships and the Poor: Experiences with Water Provision in Four Low-income Barrios in Buenos Aires* (Loughborough 2002); A. Harsono, *Water and Politics in the Fall of Suharto* (Washington DC 2003).
29. David Hall und Emanuele Lobina, *Pipe Dreams: The Failure of the Private Sector to Invest in Water Services in Developing Countries* (London 2006).
30. K. Bakker, „Archipelagos and Networks: Urbanization and Watrer Privatization in the South", *Geographical Journal*, Bd. 169 (2003), S. 328-41.
31. Gordon McGranahan und David Lloyd Owen, *Local Water and Sanitation Companies and the Urban Poor*, Water Discussion Paper 3 (London 2006).
32. Bernard Collignon und Marc Vezina, *Independent Water and Sanitation Providers in African Cities*, Water and Sanitation Program (Washington DC 2000); Herve Conan and Maria Paniagua, *The Role of Small Scale Private Water Providers in Serving the Poor* (Manila 2003); Tova Maria Solo, *Independent Water Entrepreneurs in Latin America: The Other Private Sector in Water Services* (Washington DC 2003).

33. Silver Mugisha und Sanford V. Berg, „Turning Around Struggling State-owned Enterprises in Developing Countries: The Case of NWSC-Uganda", vorbereitet für ein Seminar Reforming Public Utilities to Meet the Water and Sanitation Millennium Development Goals (London 2006).
34. Gordon McGranahan, *Demand-Side Water Strategies and the Urban Poor*, Poverty, Inequality and Environment Series Nr. 4 (London 2002).
35. Gordon McGranahan et al., *The Citizens at Risk: From Urban Sanitation to Sustainable Cities* (London 2001); José Esteban Castro, *Water, Power and Citizenship: Social Struggles in the Basin of Mexico* (New York 2006).
36. Zu Beispielen von Städten mit Problemen in der Wasserversorgung siehe Etienne von Bertrab, „Guadalajara's Water Crisis and the Fate of Lake Chapala: A Reflection of Poor Water Management in Mexico", *Environment and Urbanization*, Oktober 2003, S. 127-40; J. Wolf et al., „Urban and Peri-urban Agricultural Production in Beijing Municipality and Its Impact on Water Quality", *Environment and Urbanization*, Oktober 2003, S. 141-56; Angaben zu den aggregierten Wassserentnahmen nach Peter H. Gleick, „Water Use", *Annual Review of Environment and Resources*, Vol. 28 (2003), S. 275-315.
37. Zu Beispielen für den möglichen Beitrag der Regenwassersammlung zu den Wasservorräten siehe etwa Anil Agarwal und Sunita Narain, *Dying Wisdom: Rise, Fall and Potential of India's Traditional Water-harvesting Systems* (Neu-Delhi 1997).
38. UNDP, op. cit. Anm. 5; U.N. Human Settlements Programme, op. cit. Anm. 1.
39. Jenkins und Sugden, op. cit. Anm. 22.
40. Antonio Miranda, *Developing Public-Public Partnerships: Why and How Not-for-profit Partnerships Can Improve Water and Sanitation Services Worldwide*, erstellt für das Seminar Reforming Public Utilities to Meet the Water and Sanitation Millennium Development Goals (London 2006).
41. Zunahme der Verbesserungen nach U.N. Human Settlements Programme, op. cit. Anm. 1; Jose Esteban Castro und Leo Heller, „The Historical Development of Water and Sanitation in Brazil and Argentina", in Petri Juuti, Tapio Katko und Heikki Vuorinen, Hg., *Environmental History of Water: Global View of Community Water Supply and Sanitation* (Tampere, zur Veröffentlichung anstehend).
42. D'Cruz und Satterthwaite, op. cit. Anm. 13.
43. Satterthwaite, op. cit. Anm. 4.
44. David Satterthwaite, „Reducing Urban Poverty: Constraints on the Effectiveness of Aid Agencies and Development Banks and Some Suggestions for Change", *Environment and Urbanization*, April 2001, S. 137-57; U.N. Human Settlements Programme, op. cit. Anm. 6.
45. Julie Crespin, „Aiding Local Action: The Constraints Faced by Donor Agencies in Supporting Effective, Pro-poor Initiatives on the Ground", *Environment and Urbanization*, Oktober 2006, S. 433-50.
46. U.N. Human Settlements Programme, op. cit. Anm. 6.
47. Meera Bapat und Indu Agarwal, „Our Needs, Our Priorities: Women and Men from the 'Slums' in Mumbai and Pune Talk about Their Needs for Water and Sanitation", *Environment and Urbanization*, Oktober 2003, S. 71-86.
48. Ibid.

Stadtporträt Lagos:
Kollabierende Infrastruktur

Mit über zehn Millionen Einwohnern platzt Lagos buchstäblich aus allen Nähten. Die frühere Hauptstadt der Bundesrepublik Nigeria, kommerziell-industrielles Zentrum und führender Seehafen Westafrikas, erhielt zu Zeiten des Ölbooms in den 1970er Jahren massive staatliche Mittel zum Bau von Straßen und Brücken. In der Folgezeit dehnte sich die Stadt in Riesenschritten aus bis in die Außenbezirke der rund 40 Kilometer im Bundesstaat Ogun gelegenen Stadt Ota. Der gewaltige Zustrom von Menschen überforderte den öffentlichen Verkehr, den Wohnungsmarkt sowie die Wasser- und Stromversorgung der Stadt völlig und führte dazu, dass Angebot und Nachfrage immer weiter auseinanderklaffen.[1]

Bis Ende der 1970er Jahre blieb die Lage dank der gemeinsamen Anstrengungen der Bundes- und der Landesregierung halbwegs erträglich, bis drei Faktoren zusammenkamen, die die Krise drastisch verschärften. Erstens sabotierten ab 1979 dem Bundesstaat Lagos feindlich gesinnte nationale (zumeist vom Militär beherrschte) Regierungen die Infrastrukturvorhaben der Landesregierung, insbesondere was den Ausbau der städtischen Eisenbahn anging. Zweitens entzogen die rapide Entwertung der Landeswährung, die durch das strukturelle Anpassungsprogramm der Weltbank ausgelöste Wirtschaftskrise und die grassierende Korruption in den Behörden der Stadt dringend benötigte Mittel zur Finanzierung der Infrastrukturentwicklung. Vor allem aber traf die Stadt die Verlegung des Regierungssitzes nach Abuja (und der damit verbundene Verlust des Hauptstadtstatus). „Lagos wurde", wie der Architekt Rem Koolhaas es ausdrückte, „zuerst sich selbst überlassen und dann aufgegeben."[2]

Seit dem Ende der Militärherrschaft 1998 können sich zwar alle staatlichen Institutionen in der Wasser- und Stromversorgung und im Straßenbau engagieren, am verheerenden Niveau der staatlichen Dienstleistungen in diesen Bereichen aber hat das bislang wenig geändert. Eine der wenigen neuen Entwicklungen ist die stärkere Beteiligung des Privatsektors an öffentlichen Dienstleistungen. So hat die Regierung von Lagos öffentlich-private Partnerschaften in den Bereichen Wasser- und Stromversorgung sowie Straßenbau initiiert, Technokraten aus dem Privatsektor mit der Führung der öffentlichen Wasserversorgungsgesellschaft betraut und ein unabhängiges Stromerzeugungsprogramm aufgelegt. Die Bundesregierung ihrerseits hat vor nicht allzu langer Zeit einen ehrgeizigen Entwicklungsplan für die Megastadt Lagos vorgeschlagen.[3]

Die Wasserversorgung illustriert die Herausforderungen und Möglichkeiten innovativer Projekte im Kampf gegen den drohenden völligen Kollaps der Infrastruktur in Lagos. Die drei großen Wasserwerke bei Iju, Adiyan und Isahi haben

© Ganiyu Aijbola Aliyu/UNEP/Peter Arnold, Inc.

Müllberge im Vordergrund, dahinter Pendler.

insgesamt eine installierte Kapazität von gut 450.000 Kubikmetern pro Tag, die tatsächliche Produktion liegt aber lediglich bei 260.000 Kubikmetern. Im Gegensatz zu den großen Wasserwerken, die Oberflächenwasser aus den Flüssen Ogun und Omo entnehmen, sind die kleineren Wasserversorger auf Grundwasservorkommen angewiesen. Dennoch hat seit Ende der britischen Kolonialherrschaft im Jahr 1960 wegen des Bevölkerungswachstums, der zusehends maroden Infrastruktur (undichte Rohre), illegaler Wasserentnahmen, schlechter Wartung und des unzureichenden Zugangs zu den begrenzten Wasservorräten die Zahl ernsthafter Wasserengpässe beständig zugenommen. Abgesehen davon, dass die offiziell eingespeiste Wassermenge den Bedarf kaum zur Hälfte abdeckt, schwankt der Abdeckungsgrad innerhalb der Stadt zum Teil ganz erheblich.[4]

Private Anbieter gleichen das Defizit der öffentlichen Wasserversorgung aus. Haushalte mit höherem Einkommen bekommen das Wasser von Tanklastwagen geliefert, während in ärmeren, dicht besiedelten Vierteln Wasser von Straßenhändlern in 15l-Blechkanistern verkauft wird. Das Wasser aus den vielen Brunnen, die seit dem 19. Jahrhundert gebohrt oder gegraben wurden (reiche Stadtbewohner lassen oft eigene Brunnen bohren), ist wegen des tief liegenden Terrains, der Verschmutzung der Grundwasservorkommen und der geringen Tiefe der Brunnen zumeist von schlechter Qualität. Seit Mitte der 1990er Jahre erfreut sich so genanntes „pure water", in Nylontüten abgefülltes, aufbereitetes Wasser, zunehmender Beliebtheit. „Reines Wasser" ist leicht zu transportieren und eignet sich sowohl für individuelle Verbraucher wie auch für große religiöse, politische oder gesellschaftliche Versammlungen. Leider stellen die nicht biologisch abbaubaren Nylontüten inzwischen selbst ein Müll- und Umweltproblem dar.[5]

Nachdem der Schuldenberg des öffentlichen Wasserversorgungsunternehmens – der Lagos State Water Corporation (LSWC) – Ende 2004 auf 119 Millionen Dollar angeschwollen war, beschloss die Regierung von Lagos auf Grundlage eines im Dezember 2004 erlassenen Gesetzes, die öffentliche Wasserversorgung zu privatisieren. Das dabei verfolgte Privatisierungsmodell, bei dem die Trinkwasserversorgung zwar im Besitz der öffentlichen Hand bleibt, das Management aber in die Hände von privaten Betreibern kommt, wird jedoch von mehreren Interessengruppen abgelehnt. Seit Dezember 2004 wird die LSWC von Olumuyiwa Coker geleitet, einem aus der Privatwirtschaft rekrutierten Spitzenmanager, dessen Angaben zufolge die LSWC nur 55 Prozent des Bundesstaates abdeckt.[6]

Die Unfähigkeit der Regierung von Lagos angesichts des drohenden Kollapses der Versorgungsinfrastruktur hat die Sorgen um die Zukunft der Megastadt verschärft, denn sie ist die einzige Stadt dieser Größenordnung ohne ein funktionierendes schienengebundenes Massentransitsystem. Das vergiftete Klima zwischen den Regierungen in Abuja und Lagos machte bislang noch alle Bemühungen zunichte, die Infrastrukturkrisen in Lagos mit koordinierten Maßnahmen in den Griff zu bekommen. So kam es im Streit um die Kontrolle über bestimmte Straßen in der Stadt zu Zusammenstößen zwischen Bundes- und Landespolizisten und hielt die Bundesregierung in Missachtung eines Urteils des Obersten Gerichtshofes den lokalen Regierungen im Bundesstaat Lagos zustehende Gelder zurück und sabotierte in vielen weiteren Fällen Initiativen des Bundesstaates wie etwa unabhängige Elektrizitätsprojekte.[7]

Seit der Ernennung eines neuen Ministers für öffentliche Versorgung haben sich die Beziehungen verbessert, und im Juli 2006 hat die Bundesregierung die Einsetzung einer neuen Entwicklungsbehörde für Lagos – der Lagos Mega City Region Development Authority – angekündigt, die sich vornehmlich der Wohnungsnot in der Stadt widmen soll. Zugleich genehmigte sie einen zinsfreien Kredit der International Development Association in Höhe von 26 Milliarden Naira (rund 150 Millionen Euro) für Infrastrukturverbesserungen in der Megastadt.

Obwohl die Menschen wissen, dass sie zunächst abwarten müssen, ob alle Interessengruppen ihre Zusagen auch einhalten, ist seitdem wieder so etwas wie Optimismus in der Stadt zu spüren.[8]

Ayodeji Olukoju, Universität Lagos, Nigeria

Anmerkungen

1. Matthew Gandy, „Planning, Anti-Planning and the Infrastructure Crisis Facing Metropolitan Lagos", *Urban Studies*, Bd. 43, Nr. 2 (2006), S. 372; Charisma Acey, „Towards Sustainability in an African Mega-City: A Spatial Analysis of Potable Water Service Areas in Lagos, Nigeria", Final Project Paper, Department of Urban Planning, University of California in Los Angeles, Frühjahr 2005, S. 6.
2. Dele Olowu, *Lagos State: Governance, Society and Economy* (Lagos, Nigeria 1990); Ayodeji Olukoju, *Infrastructure Development and Urban Facilities in Lagos, 1861-2000* (Ibadan, Nigeria 2003); Rem Koolhaas, „Fragments of a Lecture on Lagos", in O. Enwezor et al., Hg., *Under Siege: Four African Cities: Freetown, Johannesburg, Kinshasa, Lagos* (Ostfildern-Ruit 2003), S. 181, 183.
3. Olukoju, op. cit. Anm. 2; Matthew Gandy, „Learning from Lagos", *New Left Review*, Mai/Juni 2005, S. 37-52; Doyin Abiola, „Lagos Megacity: On the Way to Recovery?" *Sunday*

PUNCH (Lagos), 30. Juli 2006, S. 2; Tunde Alao, „NIESV Seeks Roles in Lagos Mega-city Implementation", *The Guardian* (Lagos), 31. Juli 2006, S. 33.

4. Bola Olaosebikan, *Lagos State Water Corporation: Dawn of a New Era in Water Supply* (Lagos State Water Corporation, 1999); Acey, op. cit. Anm. 1; Gandy, op. cit. Anm. 1.
5. Olukoju, op. cit. Anm. 2; Samuel Shofuyi, „Study X-rays Poor Quality of 'Pure Water'", *The PUNCH* (Lagos), 4 Februar 2003, S. 46; J. W. K. Duncan und A. O. Olawale, „Properties of Water from 9 Existing Wells in Shomolu, a Suburb of Lagos", *The Nigerian Engineer*, Bd. 6, Nr. 2 (1970), S. 17-19.
6. Acey, op. cit. Anm. 1; Coker zitiert in Chinedu Uwaegbulam, „Four Firms Jostle for Lagos Water Corporation IPP Project", *The Guardian* (Lagos), 31. Juli 2006.
7. Olukoju, op. cit. Anm. 2; Gandy, op. cit. Anm. 1; Alao, op. cit. Anm. 3.
8. Abiola, op. cit. Anm. 3; Madu Onuorah, „FEC Okays Police Reforms, N26b Lagos Facelift Loan", *The Guardian* (Lagos), 10. August 2006.

Brian Halweil/Danielle Nierenberg
Kapitel 3: Landwirtschaft in Städten

Oberflächlich betrachtet scheinen Accra in Ghana, Beijing in China und Vancouver in Kanada wenig gemeinsam zu haben. Die Einwohnerzahl dieser drei Städte reicht von rund zwei Millionen in der Metropolregion Vancouver bis rund 14,5 Millionen in Beijing. Auch beim durchschnittlichen Pro-Kopf-Einkommen sind die Unterschiede gewaltig – in Ghana liegt es bei rund 700 US-Dollar pro Jahr, in Beijing bei etwa 2200 Dollar und in Vancouver bei über 32.000 Dollar. Aber wenn man näher hinschaut und den Blick auf die Hinterhof- und Dachgärten richtet, stellt man fest, dass viele Menschen in diesen Städten einer Beschäftigung nachgehen, die seit Gründung der ersten Städte floriert – dem Anbau von Nahrungsmitteln.[1]

In Accra leben sechs Millionen Menschen, darunter zahllose Migranten aus ländlichen Regionen und Einwanderer, die Arbeit in den Fabriken der Stadt suchen. Weil Nahrungsmittel teuer sind, bauen die Menschen sie überall an, wo sich eine Gelegenheit dazu bietet: in Hinterhöfen, auf brachliegenden Grundstücken, am Straßenrand und auf stillgelegten Mülldeponien. Diese Stadtbauern ziehen eine Vielzahl von Feldfrüchten für den Eigenbedarf und den Verkauf, neben exotischen Pflanzen wie Paprika, Frühlingszwiebeln und Blumenkohl auch traditionelle Feldfrüchte wie Okra, Chili und Blattgemüse wie Alefi (Afrikanischer Spinat) und Suwule.[2]

In Accra gibt es über 1000 Bauern, die Parzellen von einem zehntel oder zwanzigstel Hektar bis zu – in den Außenbezirken – 20 Hektar (ha) bewirtschaften. Mit die größte Herausforderung, vor der diese Bauern stehen, ist die Bewässerung der Felder, da es zumeist an sauberen und erschwinglichen Wasserquellen mangelt. Hinterhofbauern verwenden häufig so genanntes „Grauwasser" – also Bad- und Küchenabwasser. Obwohl Toilettenabwasser ein Gesundheitsrisiko darstellt, schätzen die Bauern in Accra – und in vielen anderen Städten rund um die Welt – menschliche Exkremente als wertvollen Dünger.[3]

In Beijing erkannten Stadtplaner bereits in den 1990er Jahren, dass die städtische Landwirtschaft einen wichtigen Beitrag zur Deckung des städtischen Nahrungsmittelsbedarfs, zur Bewahrung der urbanen Grünflächen und zum wirksamen Schutz der regionalen Wasser- und Landressourcen leistet. Sie boten den Stadtbauern Kurse und Unterstützung an, überprüften die bestehende Landnutzung, um sich ein besseres Bild über das Ausmaß der städtischen Landwirtschaft zu verschaffen, und versuchten die urbane Landwirtschaft in die langfristige Stadtplanung mit einzuschließen.[4]

Heute versorgt die urbane und periurbane Landwirtschaft (die in, um und in der Nähe von Städten betriebene Landwirtschaft) in Beijing die Stadtbewohner nicht nur mit besseren und gesünderen Nahrungsmitteln, sondern sichert auch vielen bäuerlichen Betrieben das Überleben – zwischen 1995 und 2003 hat sich das Einkommen der im unmittelbaren Einzugsbereich der Stadt angesiedelten Bauern ungefähr verdoppelt. In der Stadt gibt es Zehntausende Kleinbauern und über 1900 agrotouristische Höfe für Stadtbewohner, die sich nach Landluft sehnen. Der Anteil der Stadtbevölkerung, der in irgendeiner Weise landwirtschaftlich tätig ist, ist mit knapp einem Prozent gegenwärtig zwar sehr gering, doch die Stadtverwaltung plant, im Laufe der nächsten zehn Jahre auf insgesamt drei Millionen Quadratmetern Dachfläche Nutzgärten anzulegen.[5]

So beliebt Vancouver bei Touristen ist, die wenigsten Besucher dürften wissen, dass die Stadt mehr als die meisten anderen ihre Bürger darin unterstützt, Obst, Gemüse und andere Nahrungsmittel für den Eigenbedarf und den Verkauf zu züchten. Laut einer jüngeren Umfrage bauen 44 Prozent der Stadtbewohner Früchte, Beeren, Nüsse oder Kräuter in Gärten, auf Balkonen oder in einem der 17 Gemeinschaftsgärten in der Stadt an. Dank ihres milden Klimas und der eisfreien Winter ist die Stadt bestens für den nahezu ganzjährigen Anbau geeignet. Die urbane Landwirtschaft ist hier Teil einer viel größeren Bewegung, der Restaurants angehören, die Erzeugnisse von lokalen Bauern beziehen, Einkaufsgenossenschaften, deren Mitglieder im Wochenabonnement lokal angebautes Obst und Gemüse beziehen, und das überaus populäre „Feast of Fields", das zwei Mal jährlich auf einer Farm am Stadtrand ausgerichtet wird und den Stadtbewohnern Gelegenheit gibt, Landluft zu schnuppern.[6]

Die reiche Geschichte der städtischen Landwirtschaft

Der Anbau von Nahrungsmitteln und die Aufzucht von Fischen und Nutztieren in Städten ist weder ein neues Phänomen noch auf Accra, Beijing und Vancouver beschränkt. Seit Gründung der ersten Städte wird in Städten auch Landwirtschaft betrieben. In gewisser Hinsicht reagieren die Bewohner dieser drei Städte auf dieselben Herausforderungen, mit denen es Stadtbewohner seit Jahrtausenden zu tun haben. Die hängenden Gärten Babylons stehen ebenso beispielhaft für die frühe urbane Landwirtschaft wie die Gärten, in denen die Bewohner der antiken persischen, syrischen und mesopotamischen Städte Gemüse anbauten. Zum Teil liegt das daran, dass Städte seit jeher bevorzugt in besonders fruchtbaren Gebieten entstehen – flaches Land eignet sich nicht nur für den Feldbau, sondern auch für den Bau von Häusern, Palästen und Fabriken –, und zum Teil daran, dass Städte mit ihren vielen Einwohnern ein lukrativer Markt für frisches Obst und Gemüse sind.

„Früher waren die Transportkosten weitaus höher", erklärt Jac Smit, Direktor des Urban Agriculture Network, „und damit auch der Anreiz größer, Nahrungsmittel in Städten anzubauen." Natürlich entwickelten sich die Anbaumethoden der Stadtbauern beständig weiter. Jahrhunderte, nachdem die Inkas von Machu Picchu Nutzpflanzen auf kleinen, dicht bepflanzten Terrassenfeldern zogen, die mit den Abwässern der Stadt bewässert wurden, erfanden einfallsreiche Pariser den biointensiven Anbau in dampfbeheizten Treibhäusern und unter Glasglocken, die über einzelne Salatköpfe gestülpt wurden, und verkauften ihre Produkte bis nach London. In den chinesischen Städten entwickelten die Bauern ausgeklügelte Fruchtfolgemuster und Rankgitter, um jeden verfügbaren Quadratmeter Land möglichst effizient zu nutzen.[7]

Dieselben Faktoren, die überall zum Verschwinden der Kleingärten beitrugen – die Industrielle Revolution, die Entstehung von Megastädten und die Erfindung der Kühltechnik und des Kühlschranks –, forcierten auch den Niedergang der städtischen Landwirtschaft. Vor allem aber wurde, als man in den Städten dazu überging, industrielle und Haushaltsabwässer in einem Abwassersystem aufzufangen, das Abwasser zu giftig, als dass man es noch für die Bewässerung hätte verwenden können. In vielen Städten war es nicht nur schwieriger, Landwirtschaft zu betreiben, sondern sogar illegal, weil übereifrige Beamte und Gesundheitspolitiker die Nutztierhaltung aus den Städten verbannen wollten.

In den 1970er Jahren jedoch setzte ein Umdenken ein. Mitarbeiter der Vereinten Nationen, des Peace Corps und anderer Entwicklungshilfeorganisationen registrierten, wie in vielen großen Städten in Asien, Lateinamerika und Afrika immer mehr Kleingärten und kleine Landwirtschaftsbetriebe entstanden, die für den Verkauf produzierten. Die rapide Urbanisierung, ineffiziente und teure Transportsysteme und die steigende Nachfrage nach Nahrungsmitteln ermöglichten und erforderten den Anbau von Feldfrüchten und die Viehhaltung in Städten. Mit anderen Worten, dieselben Faktoren, die zu Zeiten der ersten Städte zur Entstehung der städtischen Landwirtschaft geführt hatten, trugen nun zu ihrer Renaissance bei. Und im Gegensatz zu den Städten in den Industrieländern, die Verkehrsprobleme und den Mangel an lokal erzeugten Nahrungsmitteln durch ein effizientes Transportwesen und moderne Verpackungstechniken ausgleichen können, stand den Städten in den Entwicklungsländern dieser Ausweg nicht offen. Die Bühne war bereit für die Rückkehr der städtischen Landwirtschaft.[8]

Heute ist die urbane Landwirtschaft weit verbreitet. Schätzungen des UN-Entwicklungsprogramms UNDP zufolge sind weltweit rund 800 Millionen Menschen in der städtischen Landwirtschaft tätig, die Mehrzahl davon in Asien. 200 Millionen davon produzieren vorwiegend für den Verkauf, die große Mehrheit aber für den Eigenbedarf. Wie eine im Auftrag der Vereinten Nationen durchgeführte Studie ergab, stammt weltweit bereits ein Drittel der von Städtern verbrauchten Nahrungsmittel aus Städten, ein Anteil, der angesichts der wachsenden Bedeutung der urbanen Landwirtschaft in den kommenden Jahrzehnten noch weiter ansteigen dürfte.[9]

Laut Angaben der Welternährungsorganisation FAO nimmt die Zahl der Stadtbewohner, die Hunger leiden, beständig zu. In Zahlen ausgedrückt stellt die Unterernährung auf dem Land zwar nach wie vor das größere Problem dar – 75 Prozent der weltweit 852 Millionen Menschen, die unterernährt sind, leben auf dem Land –, doch sind auch in den Städten immer mehr Menschen und insbesondere Kinder von Unterernährung und Mikronährstoffunterversorgung betroffen. Die städtische Landwirtschaft kann, indem sie sowohl den Zugang zu Nahrung wie auch die Nahrungsmittelqualität verbessert, einen wichtigen Beitrag im Kampf gegen die Unterernährung von Kindern leisten. Neuere Studien aus den Philippinen und anderen Ländern bestätigen die Verbindung zwischen einer besseren Kinderernährung und dem Nahrungsmittelanbau in urbanen Regionen.[10]

Zum Glück erkennen immer mehr Politiker, Unternehmen und Stadtplaner in der urbanen Landwirtschaft ein Instrument, das den Städten im Kampf gegen eine ganze Palette ökologischer, sozialer und ernährungsbedingter Probleme helfen kann: vom Wuchern der Städte über Unterernährung bis hin zu überquellenden Mülldeponien und potenziellen Terrorangriffen auf die Nahrungsmittelkette. Vor diesem Hintergrund erscheint es nicht nur nahe liegend, sondern auch notwendig, das Land in und in der unmittelbaren Umgebung von Städten landwirtschaftlich zu nutzen. Im Gegensatz zu Parks oder anderen Grünflächen, die zumeist vom Steuerzahler finanziert werden, finanzieren sich die Anbauflächen der urbanen Bauern selbst. Und die Städte, die im Umland gelegenes Farmland zur Abwasserreinigung, zum Nährstoffrecycling und als grüne Lungen für die unter Luftverschmutzung leidenden Innenstädte benutzen, sind in zunehmenden Maße auf die städtische Landwirtschaft angewiesen.[11]

Nahrungsmittelwüsten wieder beleben

Auf einem Planeten, dessen Bevölkerung inzwischen zur Hälfte in Städten lebt, kommt der lokalen Nahrungsmittelerzeugung eine völlig neue Bedeutung zu. Je mehr Menschen weit von den Gebieten entfernt leben, in denen Nahrungsmittel angebaut werden, umso größer ist die Nahrungsmittelmenge, die über weite Entfernungen und manchmal sogar um die ganze Welt transportiert werden muss.

Die großen Städte in Asien, Lateinamerika und Afrika könnten, befürchteten FAO-Mitarbeiter, auf Dauer nicht in der Lage sein, die Nahrungsmittelversorgung ihrer Bevölkerung zu gewährleisten. Um ihre Einwohner zu ernähren, müssen laut einer FAO-Studie viele dieser Städte bis 2010 die Menge der pro Jahr – zumeist per Lastwagen – herangekarrten Nahrungsmittel drastisch erhöhen – und zwar in einem Ausmaß, das die Fähigkeit dieser Städte, Nahrungsmittel zu verteilen, übersteigen würde. Der zusätzlich erwartete Bedarf für Bangkok etwa wird auf 104.000 Lastwagenladungen à 10 Tonnen pro Jahr veranschlagt, für Jakarta auf

Kapitel 3: Landwirtschaft in Städten

205.000, für Karachi auf 217.000, für Beijing auf knapp 303.000 und für Schanghai sogar auf 360.000 Lastwagenladungen. Auch wenn es wohl kaum einer Stadt gelingen wird, ihren Nahrungsmittelbedarf allein aus dem lokalen Anbau zu befriedigen – angesichts der gewaltigen Kosten und des horrenden Energieaufwands, die der Nahrungsmitteltransport in Ballungsräume verursacht, und der dafür erforderlichen Infrastruktur wären die Städte gut beraten, möglichst viel Nahrungsmittel vor Ort oder in näherer Umgebung zu erzeugen.[12]

Städte bieten ihren Bewohnern gewisse gastronomische Vorzüge. Im Vergleich zu der eher traditionellen Küche auf dem Land steht Stadtbewohnern dank der kulturellen und ethnischen Vielfalt und der Vielzahl an Restaurants eine breite gastronomische Palette offen. Feinkost- und Spezialgeschäfte und internationale Märkte führen eine riesige Vielfalt an Zutaten aus aller Welt. Gleichzeitig nehmen sich die im hektischen Leben steckenden Stadtbewohner oft weniger Zeit, ihre Mahlzeiten selbst aus frischen Zutaten zu bereiten und greifen immer häufiger zu vorgekochten Menüs aus dem Supermarkt oder zu Fastfood. (Verbraucher in Städten zahlen bis zu 30 Prozent mehr für Nahrungsmittel, zum Teil, weil sie weniger Zutaten selbst anbauen, zum Teil, weil die Nahrungsmittel über weitere Entfernungen herangeschafft werden müssen.)[13]

Dieser Wandel in den Ernährungsgewohnheiten geht mit einer Vielzahl ernährungsphysiologischer und logistischer Konsequenzen einher. Vorverarbeitete Nahrungsmittel verlangen eine Kühlung, sauberes Wasser zur Zubereitung und ausgefeilte, zuverlässige Transportketten. Sie erhöhen den Zucker- und Fettanteil in der Ernährung, was zusammen mit dem für den städtischen Lebensstil charakteristischen Bewegungsmangel Fettleibigkeit und Diabetes Vorschub leistet. Eine in 133 Entwicklungsländern durchgeführte Studie ergab, dass die Migration in die Stadt – bei unverändertem Einkommen – den Pro-Kopf-Konsum an Süßstoffen verdoppeln kann, schlicht weil sie in Städten billig und überall zu bekommen sind. Traditionelle Grundnahrungsmittel dagegen – Vollkorngetreide, Kartoffeln und andere Wurzelgemüse sowie bestimmte Gemüsesorten – sind in urbanen Gebieten häufig deutlich teurer als auf dem Land. So ergaben in der vietnamesischen Hauptstadt Hanoi durchgeführte Umfragen, das erst kürzlich zugezogene Migranten weniger Reis, Mais, Gemüse und Bohnen und dafür mehr Fleisch, Fisch, Eier, Milch, Limonade sowie Dosen- und verarbeitete Nahrungsmittel als früher zu sich nehmen, seltener zu Hause kochen und ihren Hunger häufiger in Restaurants oder in Straßenküchen stillen.[14]

Das Dilemma der urbanen Nahrungsmittelversorgung lautet also: Menschen, die in Städten wohnen, verbrauchen mehr Nahrungsmittel und verlangen nach einem vielfältigeren Angebot als Menschen auf dem Land, leben aber weiter entfernt von den Zentren der Nahrungsmittelerzeugung. Gleichzeitig verlegen sich viele Stadtbewohner auf den Eigenanbau von Gemüse und Feldfrüchten, entweder weil die traditionellen Nahrungsmittel, die sie von früher kennen, zu teuer oder nur schwer erhältlich sind – oder weil sie schlicht kein Geld haben, um sich ausreichend Nahrungsmittel zu kaufen. Kein Geld zu haben, bedeutet in der Stadt viel schneller als auf dem Land, dass man auch nichts zu Essen hat.[15]

> *Nimmt man die Kalorien- und Proteinzufuhr oder das Größenwachstum von Kindern als Maßstab, dann, so zeigen Studien aus mehreren afrikanischen Städten, sind die Angehörigen von Familien, die selbst Nahrungsmittel anbauen, besser ernährt.*

Mit anderen Worten: Für die meisten Stadtbewohner, die Nahrungsmittel selbst anbauen, ist das kein Hobby, sondern eine Notwendigkeit. Nimmt man die Kalorien- und Proteinzufuhr oder das Größenwachstum von Kindern als Maßstab, dann, so zeigen Studien aus mehreren afrikanischen Städten, sind die Angehörigen von Familien, die selbst Nahrungsmittel anbauen, besser ernährt. Im Hinblick auf ihre Bedeutung als Nahrungsmittel- und Einkommensquelle spielen die urbane und semiurbane Landwirtschaft im internationalen Vergleich in den afrikanischen Ländern südlich der Sahara wohl die größte Rolle. In den ostafrikanischen Groß- und Kleinstädten betreiben rund ein Drittel aller Bewohner in der einen oder anderen Form Landwirtschaft. In Westafrika reicht der Anteil der in der städtischen Landwirtschaft aktiven Haushalte von über 50 Prozent im senegalesischen Dakar bis zu 14 Prozent in Accra, Ghana. In der tansanischen Großstadt Daressalam werden 60 Prozent der verkauften Milch in der Stadt selbst erzeugt.[16]

Im dicht besiedelten Bangkok mit seinen rund zehn Millionen Einwohnern wird die steigende Nachfrage nach Aquakulturprodukten wie Wasserspinat, Wassermimose und Süßwasserfischen hauptsächlich von einer ganzen Industrie periurbaner Wasserfarmer gedeckt. Nahezu ein Drittel der hoch entwickelten thailändischen Aquakulturproduktion mit einem jährlichen Gesamtumsatz von 75 Millionen Dollar stammt aus der Gegend um Bangkok. Die Katzenfischfarmen im Nordteil der Stadt sind für über 70 Prozent der thailändischen Gesamtproduktion dieser Fischart verantwortlich, 40 Kilometer westlich von Bangkok wird in riesigen Anlagen Wasserspinat angebaut (ein wichtiger Bestandteil der Thaiküche), und 20 Kilometer südlich der Stadt werden in großen Teichen Buntbarsche und Karpfen gezüchtet.[17]

In der Stadt gelegene landwirtschaftliche Betriebe können Märkte zuverlässiger und günstiger beliefern als weit entfernte Farmen, insbesondere wenn Kühlkapazitäten knapp oder die Straßen während der Regenzeit kaum noch passierbar sind. Für die Stadtbewohner, die von der Fernnahrungsmittelkette vernachlässigt werden, könnte der lokale Anbau also die beste Lösung sein.[18]

Kapitel 3: Landwirtschaft in Städten

Laut Angaben von Ernährungskundlern und Soziologen sind in den letzten Jahrzehnten viele einkommensschwache Innenstadtbezirke zu wahren „Nahrungsmittelwüsten" verkommen. Supermärkte sind aus den Innenstädten in die lukrativeren Vorstädte gezogen, nicht ohne zuvor dem Großteil der kleinen Tante-Emma-Läden den Garaus gemacht zu haben. In manchen Stadtvierteln gibt es nur noch Fastfood-Restaurants und Bedarfsartikelläden. Solche Gegenden bieten gute Voraussetzungen für Bauernmärkte, gemeindeunterstützte Lebensmittelabonnements, Nahrungsmittelkooperativen und andere lokal geführte Geschäfte. In Anacostia, einem Stadtviertel von Washington, in dem es seit Jahren keinen Supermarkt mehr gibt, bietet seit einiger Zeit ein Bauernmarkt den Anwohnern erstmals wieder eine Möglichkeit, frische Erzeugnisse zu kaufen.[19]

Diese Versorgung durch Stadtbauern ist nicht immer geplant. Ein Beispiel dafür ist Kuba, wo die städtische Landwirtschaft eine große Rolle spielt – in Havanna etwa stammen schätzungsweise 90 Prozent der dort konsumierten landwirtschaftlichen Erzeugnisse aus der urbanen und periurbanen Landwirtschaft. Diese Entwicklung vollzog sich allerdings nicht freiwillig. Anfang der 1990er Jahre schnitten das von den USA verhängte Handelsembargo und der Zusammenbruch der Sowjetunion Kuba vom Zugang zu Agrochemikalien, landwirtschaftlichen Maschinen, Nahrungsmittelimporten und Erdöleinfuhren ab, was sich nachteilig auf die nationale Nahrungsmittelproduktion und die Fähigkeit auswirkte, landwirtschaftliche Erzeugnisse in die Städte zu transportieren. Angesichts der massiven Probleme bei der Nahrungsmittelversorgung baute der Staat ein loses Netzwerk lokaler Büros auf, über die die Stadtbewohner Zugang zu brachliegenden Grundstücken, Saatgut, Wasser und landwirtschaftlichen Grundkenntnissen erhielten.[20]

Das Hauptmotiv für die Regierung war, die drohende Nahrungsmittelkrise abzuwenden, die Förderung der Stadtbauern erwies sich auch als eine kluge Investition zur Schaffung neuer Arbeitsplätze und zur Krisenprävention. Insgesamt sind in der urbanen Landwirtschaft auf Kuba 160.000 neue Arbeitsplätze entstanden, etwa für Landarbeiter, Maurer, Händler, Kräutertrockner und Komposthersteller. Egidio Páez von der Kubanischen Gesellschaft für Land- und Forstwirtschaft weist darauf hin, dass „das Wachstum und die Ausbreitung der Städte unweigerlich viele Leerräume schafft, die häufig als Müllhalden missbraucht werden und dann zu Brutstätten für Moskitos, Ratten und andere Krankheitsüberträger verkommen". Werden auf solchen Flächen Gärten und Anpflanzungen angelegt, vermindert das nicht nur Gesundheitsgefahren, es entstehen auch neue Arbeitsplätze. Da die kubanischen Stadtbauern organischen Landbau – also ohne Einsatz von Pestiziden und chemischen Düngemitteln – betreiben, vermeiden sie zugleich die durch Agrochemikalien verursachten Gesundheits- und Umweltprobleme.[21]

Diese Vorzüge der städtischen Landwirtschaft wissen auch viele andere Länder zu schätzen. In Yaoundé in Kamerun gehen über 70 Prozent der Stadtbauern keiner anderen Arbeit nach, in Abidjan in der Elfenbeinküste liegt dieser Anteil sogar bei über 85 Prozent. In einigen Gebieten im Großraum Hanoi werden auch heute noch für über die Hälfte der Einkommen in der Landwirtschaft erwirtschaftet. Im ghanaischen Kumasi werden die Jahreseinkommen mancher Stadtbauern auf 400 bis 800 US-Dollar geschätzt, das Zwei- bis Dreifache dessen, was ländliche Bauern in Ghana im Durchschnitt verdienen.[22]

Insbesondere für diejenigen Städter, die keine Arbeit oder keine Möglichkeit haben, Qualifikationen für die Arbeitswelt zu erwerben, bietet die urbane Landwirtschaft eine Chance. In Boston bildet die gemeinnützige Organisation Food Project Jugendliche aus der Innenstadt in vielen mit dem kommerziellen Catering verbundenen Tätigkeiten aus; die Jugendlichen arbeiten auf einer Farm, ernten die Pflanzen, bereiten sie zu und servieren sie auf Veranstaltungen. In der ägyptischen Hauptstadt Kairo finden Mädchen im Teenageralter, die entsprechend der religiösen Tradition das Haus nicht verlassen dürften, in der Anlage und Pflege von Gemüsegärten auf den Dächern ihres Zuhauses eine Aufgabe und eine Möglichkeit, sich ein eigenes Einkommen zu verdienen. Sie bewässern die Gärten mit dem Abwasser aus den Wohnblocks und vermarkten ihre Ernte mit Hilfe von Freunden und Verwandten.[23]

Über die Beschäftigungs- und Ernährungsvorteile hinaus erschließt die städtische Landwirtschaft noch eine Reihe weiterer Gesundheitsvorteile. So haben mehrere Studien zu dem Thema einen Zusammenhang zwischen dem Eigenanbau von Feldfrüchten und einem reduzierten Risiko für Fettleibigkeit, Herzerkrankungen, Diabetes und Verletzungen am Arbeitsplatz nachgewiesen. Insbesondere für Stadtbewohner kann die Arbeit mit Pflanzen und an der frischen Luft Krankheiten verhindern und Heilungsprozesse beschleunigen. In der so genannten Gartentherapie werden der Umgang mit Pflanzen und die Gartenarbeit gezielt dazu eingesetzt, Patienten im Umgang mit psychischen Erkrankungen zu helfen, ihre sozialen Fähigkeiten und ihr Selbstwertgefühl zu stärken und ihnen zu zeigen, wie sie ihre Freizeit sinnvoll nützen können. Gartenarbeit ist entspannend und reduziert Stress, Angst- und Wutgefühle, sie senkt den Blutdruck, vermindert die Muskelspannung und kann die Abhängigkeit der Patienten von Medikamenten vermindern.[24]

Wayne Roberts vom Toronto Food Policy Council bezeichnet die städtische Landwirtschaft als „die neue Hoffnung im öffentlichen Gesundheitssektor", die der Gesundheit der Menschen gleich auf zweierlei Weise zugute kommt: Erstens, weil sie die Nahrungsmittelversorgung der Stadtbewohner verbessert, und zweitens aufgrund der körperlichen Betätigung, die mit der Gartenarbeit einhergeht. Die in den meisten wohlhabenden Ländern weit verbreitete Fettleibigkeit stellt zunehmend auch in Städten der Dritten Welt ein Problem dar. Werden Nahrungsmittel lokal angebaut, kann das die Einstellung der Menschen zu ihrer Ernäh-

Kapitel 3: Landwirtschaft in Städten 141

rung von Grund auf ändern. „Statt auf Schritt und Tritt mit Getränke- und Schokoriegelautomaten konfrontiert zu werden, sehen die Menschen plötzlich viel mehr frisches Obst und Gemüse", sagt Roberts.[25]

Weil Kleingartenanlagen und Gemeinschaftsgärten in urbanen Regionen auch soziale Treffpunkte sind, erstreckt sich ihr Bildungspotenzial auf weit mehr als nur die Vermittlung gärtnerischer Fähigkeiten. Im malawischen Lilongwe nutzt das Peace Corps kommunale Gärten zum Anbau von Heilkräutern und als Forum zur Aufklärung der Menschen über die Aidsgefahr. Über die positiven gesundheitlichen Auswirkungen hinaus bringen „urbane Gemeinschaftsgärten die Menschen an öffentlichen Orten zusammen und fördern dadurch das Gemeinschaftsgefühl, die Wissensvermittlung und eine gesündere Lebensweise – und machen auch noch Spaß", sagt Anne Bellows, Wissenschaftlerin am Food Policy Institute in New Jersey.[26]

Roberts sieht noch eine dritte Möglichkeit, wie die städtische Landwirtschaft die öffentliche Gesundheit verbessern kann: indem sie die sozialen Determinanten der Gesundheit positiv beeinflusst, beispielsweise die Schönheit und Sicherheit von Stadtvierteln, die Stärke der Bindungen innerhalb von Gemeinschaften und die Qualität der sozialen Interaktionen. Wie Untersuchungen belegen, kommt es in Bauernmärkten zehn Mal häufiger zu Gesprächen, Begrüßungen und anderen sozialen Interaktionen zwischen den Kunden als in Supermärkten. Stadtplaner erkennen zusehends, dass Bauernmärkte Menschen an einem zentralen Ort zusammenbringen und Politikern, Aktivisten und anderen Gemeinschaftsführern als Foren zur Diskussion über lokale Themen dienen können.[27]

Bei einer Studie über Gemeinschaftsgärten in New York zeigte sich, dass ihr Vorhandensein die Einstellung der Anwohner gegenüber ihrem Viertel verbesserte, in diesen Gebieten weniger Abfall herumlag, die Häuser besser gepflegt und die Menschen allgemein stolzer auf ihr Viertel waren. In einkommensschwachen Nachbarschaften mit Gemeinschaftsgärten, so die Studie weiter, kommt es vier Mal häufiger zu weiteren gemeinschaftlichen Aktionen als in einkommensstärkeren Vierteln mit Gemeinschaftsgärten – ein Ausdruck der zahlreicheren Missstände und des Mangels an Treffpunkten in einkommensschwachen Gegenden. Addiert man dazu noch die anderen gut dokumentierten Effekte von Nachbarschaftsgärten – angefangen von einem höheren Konsum von frischem Obst und Gemüse über geringere Lebensmittelkosten bis hin zu den mit der Betätigung in einer naturnahen Umgebung assoziierten vielfältigen psychologischen und gesundheitlichen Vorteile – wird klar, dass die urbane Landwirtschaft weit mehr als nur Nahrungsmittel hervorbringt.[28]

Den Betondschungel aufbrechen

Auf dem Weg zu mehr Nahrungsmittelautarkie stehen Städten zahlreiche Hindernisse im Weg. Auf der praktische Ebene blockieren vielerorts hohe Gebäude einen erheblichen Teil des Sonnenlichts (ein Problem, dass sich zum Teil mit Dachgärten umgehen ließe). Darüber hinaus besteht die Gefahr, dass die Böden in Städten mit Rückständen aus früheren Industrieansiedlungen verseucht sind (andererseits sind mit Pestiziden belastete Böden auf dem Land oft auch nicht weniger belastet). Die Haltung von Nutzvieh oder Aufzucht von Fischen in dicht besiedelten Wohngebieten und der zusätzliche Wasserbedarf der städtischen Landwirtschaft in sowieso schon unter Wassermangel leidenden Städten stellen erhebliche Herausforderungen für Städte dar. Richtig gehandhabt kann die städtische Landwirtschaft allerdings sogar dazu beitragen, potenzielle öffentliche Gesundheitsgefahren zu minimieren und die Wasserqualität zu verbessern.[29]

Je knapper die Ressource Süßwasser in Städten wird, umso wichtiger ist es, jeden Tropfen möglichst effektiv zu nutzen. Obwohl viele Stadtbauern Regenwasser und Wasser aus nahe gelegenen Bächen oder Flüssen zur Bewässerung ihrer Beete und Felder benutzen, greifen viele auch auf eine Wasserquelle zurück, die in allen Städten weithin verfügbar ist – auf das Abwasser aus Haushalten. Laut Schätzungen des Internationalen Instituts für Wassermanagement (IMWI) werden in mehreren asiatischen und afrikanischen Städten über 50 Prozent der städtischen Anbauflächen mit Haushaltsabwässern bewässert (siehe Kasten 3.1). Neben kontaminiertem Wasser müssen Stadtbauern und Konsumenten mit anderen Schadstoffquellen in ihren Nahrungsmitteln rechnen, beispielsweise mit Schwermetallen und anderen Giften, die im Erdreich stecken und sich in Pflanzen anreichern.[30]

Ungeachtet dieser Probleme trägt die städtische Landwirtschaft dazu bei, den Betondschungel ein bisschen ländlicher und lebenswerter zu machen. Außerdem profitieren von ihr nicht nur die Stadtbauern, die mehr Geld verdienen, oder die Stadtbewohner, deren Nahrungsmittelversorgung besser gesichert ist (siehe Tabelle 3.1). Urbane Farmen lockern das triste Stadtbild auf, bewahren unversiegelte Flächen, die Regenwasser auffangen und filtern, und bieten Platz für die Kompostierung und Wiederverwertung organischer Abfälle. Auf ihnen wachsen Bäume, die Schatten spenden, das Mikroklima verbessern und Treibhausgase binden, und in Regionen, die für Überschwemmungen oder Erdbeben anfällig sind, können sie wichtige Pufferzonen sein. Von Bäumen beschattete und mit Blumen bewachsene Parzellen sind kleine Oasen der Ruhe für gestresste Städter – und tragen ein bisschen zur Verbesserung der toxischen urbanen Umwelt bei.[31]

Im weiteren Sinne kann die städtische Landwirtschaft auch als eine extrem effiziente Nutzung natürlicher Ressourcen gesehen werden. Der intensive Gemüseanbau in Städten kommt im Vergleich zur mechanisierten ländlichen Landwirt-

Kapitel 3: Landwirtschaft in Städten

Kasten 3.1: Städtische Landwirtschaft und die Abwassernutzung

Es ist schwer zu glauben, aber ein Großteil der Nahrungsmittel, die in den Städten der Entwicklungsländer wachsen, wird mit verschmutztem Wasser bewässert. Der Grund dafür ist einfach: Abwässer aus den Kanalisationssystemen und selbst unverdünnter Urin und Fäkalien stellen für die Armen eine kostengünstige und nährstoffreiche Alternative. Weltweit werden zwischen 3,5 und 4,5 Millionen Hektar Land mit Abwasser bewässert. Doch im Abwasser findet sich eine ganze Palette von Krankheitserregern, die nach der Ausbringung auf die Felder noch wochenlang überleben können und die eine ernste Gefahr für die öffentliche Gesundheit darstellen.

Die Abwasserbewässerung erfolgt im Normalfall auf informeller Grundlage. Die städtischen Behörden wissen davon, haben aber nicht die Mittel oder die Infrastruktur, Alternativen anzubieten. Aus Ghana liegen zwar kaum Daten über das landesweite Ausmaß der informellen Bewässerung vor, doch in Kumasi, die mit einer Million Einwohner nach Accra zweitgrößte Stadt des Landes, bewässern in der Trockenzeit mindestens 12.700 Bauern über 11.900 Hektar mit Abwasser – eine Fläche, die doppelt so groß ist, wie die gesamte offiziell bewässerte Anbaufläche im Land.

In Accra essen tagtäglich 200.000 Menschen Salat, der auf informell bewässerten urbanen Feldern gezogen wird – eine Zahl, die ungeachtet der willkommenen Abwechslung für die Speisefolge, die der Salat darstellt, verdeutlicht, wie viele Menschen den von dem kontaminierten Wasser ausgehenden Gesundheitsgefahren ausgesetzt sind.

Regierungen und NGOs wie das Internationale Institut für Wassermanagement arbeiten daran, Stadtbewohner über die mit der Abwasserbewässerung zusammenhängenden Risiken und Vorteile aufzuklären. Da ohne die Abwassernutzung aber Millionen Menschen Hunger leiden würden, sollten die Richtlinien für die Abwassernutzung flexibel gehandhabt werden und darauf ausgerichtet sein, die Gefahren für die öffentliche Gesundheit zu minimieren – und nicht darauf, die Stadtbauern für die Abwasserbewässerung zu bestrafen.

Pay Drechsel, Internationales Institut für Wassermanagement

Quelle: Siehe Anmerkung 30

---

schaft mit bis zu einem Fünftel der Bewässerungswassermenge und bis zu einem Sechstel der Fläche aus. Die Stadtverwaltung von Freiburg in Deutschland subventioniert Bauern, die an den steilen Hängen rund um die Stadt Landwirtschaft betreiben, um die Erosionsgefahr zu begrenzen. Die Kaffeeplantagen in den Bergen um San Salvador in El Salvador dienen demselben Zweck, und eine vorgeschlagene Steuer auf kommunales Wasser (die Wasserversorgung ist auf die dicht mit Bäumen bestandenen Kaffeeplantagen im Wassereinzugsgebiet angewiesen) könnte den Fortbestand dieser Kaffeepflanzungen sichern.[32]

In den Sumpfgebieten östlich der indischen Millionenstadt Kolkata (Kalkutta) verdienen viele Bauern ihren Lebensunterhalt und helfen dabei mit, die Umwelt

Tabelle 3.1: *Einsatzmöglichkeiten und Vorteile der städtischen Landwirtschaft*

Einsatz-möglichkeit	Stadt	Vorteile
Abwasserbehandlung und Aquakultur	Beung Cheung Ek-See, Kambodscha	Tausende von Familien, die an diesem stark belasteten See leben, bauen Wasserspinat an – ein lokales Grundnahrungsmittel, das in nährstoffreichem Wasser gedeiht. Seit Jahrtausenden züchten Asiaten Pflanzen und Fische in mit menschlichen Abwässern gedüngten Teichen, die zum Überschwemmungsschutz und zur Wasserreinigung beitragen.
Krisenprävention und Nahrungsmittelsicherheit	Städte in Kuba; Freetown, Sierra Leone	In Reaktion auf das US-Wirtschaftsembargo entwickelte Kuba ein Netzwerk urbaner Nutzgärten. 1999 erzeugten die Stadtbauern pro Tag und Kopf der Landesbevölkerung 215 Gramm Obst und Gemüse – in einigen Städten übertraf der Ertrag die von Gesundheitsexperten definierte Marke von 300 Gramm pro Tag und Kopf. Ein ähnliches System existiert in Freetown, wo der Krieg Städter, Flüchtlinge und Schulkinder zur urbanen Landwirtschaft zwang.
Bioremediation und Nahrungsmittelsicherheit	New Orleans, USA	Die Hurrikane Katrina und Rita setzten in erheblichem Ausmaß DDT, Arsen, Blei und andere Bodengifte frei. Die Anpflanzung von Sonnenblumen, wildem Senf, Austernpilzen und Kompostierung in der gesamten Stadt tragen mit dazu bei, diese Giftstoffe abzubauen und aus der Umwelt zu entfernen.
Erzeugung von Einkommen und Verbrechenskontrolle	Los Angeles, USA; St. Petersburg, Russland	Jugendliche in Los Angeles bauen Nahrungsmittel zum Verkauf auf Bauernmärkten an. Gefängnisse in St. Petersburg kultivieren Dachgärten, um Einkommen zu generieren und das Gemeinschaftsgefühl unter den Gefangenen zu stärken.
Erosion und Verhinderung von Erdrutschen	San Salvador, El Salvador	Das 120 Hektar große El Espino ist eines der wenigen noch bewaldeten Gebiete in der Umgebung der rasch wachsenden Stadt. Das auch als „Lunge" der Stadt bezeichnete Areal ist wichtig für die Luftqualität und die Erneuerung der Grundwasserressourcen, die eine zentrale Rolle für die Wasserversorgung von San Salvador spielen. In dem von einer Kaffeepflanzer-Kooperative verwalteten Wald, die im Schatten der Bäume ihre Kaffeebüsche anpflanzen, finden sich über 50 Baum- und Buscharten und 70 Vogelspezies, von denen etliche nur hier vorkommen. Nachdem in den letzten Jahren weite Teile von El Espino erschlossen wurden, gingen 2005 während des Tropensturms Stan in mehreren bislang stabilen Gebieten gewaltige Erdrutsche ab.

Quelle: Siehe Anmerkung 31.

zu schützen. In den über 12.500 Hektar großen Sumpfgebieten finden sich 254 natürliche und künstlich angelegte Fischteiche, Felder und Weiden und zahlreiche Siedlungen – und das am meerseitigen Rand einer der am dichtesten besiedelten Städte Indiens, die die Sumpfgebiete vor allem als Auffangbecken für ihre Abwässer nutzt. In einem einzigartigen Recyclingsystem extrahieren die Fisch- und Gemüsefarmen Nährstoffe aus den städtischen Abwässern; die Fischteiche mit insgesamt über 4000 Hektar Fläche begünstigen eine Vielzahl physikalischer, chemischer und biologischer Prozesse und verbessern die Qualität des Wassers, bevor es in den Indischen Ozean mündet.[33]

Die vom Volksmund als „Niere der Stadt" bezeichneten Sumpfgebiete produzieren jährlich rund 18.000 Tonnen Fisch und bieten durch den Fischfang, die Aquakultur und damit zusammenhängende Aktivitäten über 60.000 Menschen ein Auskommen. Obwohl das Gebiet wegen solcher Vorteile Küstenstädten rund um die Welt als Vorbild gilt, üben Spekulanten zusehends Druck auf die zuständigen Behörden aus, die Sumpfgebiete für Wohnsiedlungen und die industrielle Nutzung zu erschließen.[34]

Stadtbauern verstehen sich darauf, das, was manche als Problem betrachten, in Lösungen zu verwandeln. „Trotz der von Abwässern ausgehenden Gesundheits- und Umweltrisiken ist seine Verwendung zur Bewässerung in der urbanen und periurbanen Landwirtschaft weit verbreitet", sagte Gayathri Devi vom IWMI. „Sollten Städte Maßnahmen zur Begrenzung der städtische Landwirtschaft ergreifen, wären diese Maßnahmen wohl nicht nur weitgehend ineffizient, sie würden aller Wahrscheinlichkeit nach auch erhebliche sozioökonomische Probleme für die Bauern und ihre Familien heraufbeschwören." Hyderabad etwa, die sechstgrößte Stadt Indiens, ist ein boomender Internet- und Biotechnologiestandort, der vielen als die Schnittstelle zwischen Nord- und Südindien gilt. Aber die rund 300.000 Bauern mit ihren Familien, die in der Stadt insgesamt 15.000 Hektar Land bestellen, sind für ihr Einkommen und ihre Ernährung auf ein alles andere als modernes Bewässerungssystem angewiesen, eines, das aus dem Fluss Musi gespeist wird, der ein Großteil des Jahres kaum mehr als unbehandeltes Abwasser führt.[35]

Technologisch fortschrittliche Städte könnten Farmen und Bauernhöfe in und um die Stadt herum als Verbündete sehen, die mit dazu beitragen, dass das in die Stadt kommende Wasser sauber und das aus ihr hinaus fließende Wasser nicht allzu verschmutzt ist. In der peruanischen Hauptstadt Lima wird aufbereitetes Abwasser zur Aufzucht von Buntbarschen verwendet, und wie mehrere Studien belegen, sind auf diese Weise gezogene Fische vom Preis her konkurrenzfähig und werden von den Verbrauchern akzeptiert. Die Baukosten für die in einer Lagune angesiedelte Abwasserreinigungsanlage hat die Stadt Lima übernommen, die lokalen Bauern, die ihre Felder mit dem behandelten Abwasser bewässern –

zu Kubikmeterpreisen, die in manchen Fällen um bis zu 50 Prozent unter denen für Grundwasser liegen -, die Hälfte der Grundstücks- und Betriebskosten.[36]

Mit der wachsenden Bedeutung der urbanen Landwirtschaft nimmt auch die Sorge der Menschen wegen der städtischen Umweltverschmutzung zu. In Hanoi, Vietnam, beschloss die Stadtverwaltung aus Angst vor den negativen Auswirkungen von Industrieabwässern, Müllhalden und undichten Abwasserkanälen auf die Qualität und den Geschmack der Erzeugnisse aus den umliegenden Fischfarmen – und zur Verbesserung des Überschwemmungsschutzes und des Naherholungsangebots –, große Feuchtgebiete und Seen innerhalb der Stadtgrenzen unter Schutz zu stellen. Laut einem jüngeren Bericht wird die Aquakultur „von den Behörden gefördert, weil sie davon ausgehen, dass die Einwohner von Hanoi die lokale Nahrungsmittelproduktion mit einer guten Umweltqualität gleichsetzen und auf diese Weise das Vertrauen der Verbraucher gestärkt wird".[37]

Für die Städte, die sich mit einem wachsenden Müllproblem herumschlagen müssen – sprich: praktisch alle Städte – stellt die Möglichkeit zum Recycling organischer Abfälle, die ansonsten auf den überquellenden Müllhalden landen würden, mit das überzeugendste Umweltargument für die lokale Landwirtschaft dar (siehe Kasten 3.2).[38]

Seit jeher halten Menschen in Städten Nutztiere als Nahrungsmittel- und Einkommensquelle – und als lebende Müllschlucker. Nutztiere verwerten Haushaltsmüll, landwirtschaftliche Rückstände, Gartenabfälle und andere organische Stoffe sehr effizient, und ihr Dung eignet sich bestens zur Bodendüngung. Entgegen der landläufigen Annahme, Schweine, Hühner, Kühe und andere Nutztiere würden in idyllischen ländlichen Regionen heranwachsen, nimmt weltweit der Anteil der in oder in der Umgebung von Städten gehaltenen Nutztiere beständig zu.

Über die Hälfte der globalen Fleischproduktion wird heute dank steigender Einkommen und der rapide voranschreitenden Urbanisierung in den Entwicklungsländern konsumiert. Und die Menschen, die in den Städten dieser Länder leben, verzehren nicht nur mehr tierische Produkte, sie stellen sie in zunehmenden Maß auch selbst her. In Bamako, Mali, beispielsweise gibt es 20.000 Haushalte, die Nutztiere halten. In Harare, Simbabwe, werden in einem Drittel aller Haushalte Hühner, Enten, Tauben, Kaninchen und Puten gezüchtet. Im tansanischen Daressalam betreiben 74 Prozent der Einwohner Viehhaltung, in Dhaka, Bangladesch, liegt dieser Anteil sogar bei 80 Prozent. Selbst in den Städten der Industrieländer gibt es Menschen, die Bienen, Würmer, Hühner und andere Tiere züchten (siehe Kasten 3.3.).[39]

Allerdings kann es auch zu viel des Guten geben. Infolge wenig durchdachter Flächennutzungspläne und Subventionen für die Massentierhaltung siedeln sich in vielen Ländern, darunter China, Bangladesch, Indien und vielen afrikanischen Ländern, in unmittelbarer Umgebung großer Ballungsgebiete immer mehr große

Hühner- und Schweinefarmen an. Dies bringt, warnt Michael Greger, ein Tierarzt, der für die amerikanische NGO Humane Society arbeitet, „das Schlimmste der beiden Welten zusammen – die übervölkerten Innenstädte der Entwicklungsländer mit der Massentierhaltung in industriellen Zuchtbetrieben".[40]

Kasten 3.2: Organische Abfälle nutzen

Die Bemühungen, organische Abfälle aus Städten in Kompost zu verwandeln, waren im Allgemeinen recht bescheiden und haben sich zumeist auf ein paar Bauern beschränkt, die Essensreste von Hotels oder Gemüsemärkten einsammeln, oder ein paar Einzelpersonen, die auf städtischen Mülldeponien nach organischen Abfällen „schürfen". So werden Schätzungen zufolge 25 Prozent des Düngemittelbedarfs der Bauern in der Umgebung der nigerianischen Stadt Kano aus städtischem Abfall gedeckt. Dass organischer Müll aus Städten nicht in größerem Umfang recycelt wird, liegt unter anderem daran, dass nicht genügend Leute daran interessiert sind, ihn einzusammeln, an den hohen Transportkosten und dem Umstand, dass in den meisten städtischen Müllsammelsystemen organische (Essensreste, Gartenabfälle und Papier) und anorganische Abfälle (Kunststoffe, Metall, Glas, giftige Chemikalien) gemeinsam gesammelt werden und sich die organischen Bestandteile hinterher nur schwer separieren lassen. Zudem sind in den meisten Ländern die Deponiekosten so niedrig, dass kaum ein Anreiz besteht, nach Alternativen zu suchen.

In Gegenden, wo organischer Müll getrennt gesammelt wird und landwirtschaftliche Anbaugebiete und Nutzgärten in der Nähe liegen, kann die Kompostierung organischer Abfälle insbesondere für arme Menschen in Städten ein lukratives Geschäft darstellen. Viele arme Bewohner der *Villa Miserias* von Rosario, Argentinien, verdienen ihren Lebensunterhalt damit, Müll zu sammeln, zu trennen und zu recyceln. Früher warfen sie die organischen Bestandteile des Mülls wieder fort, heute jedoch lernen sie im Rahmen eines von Eduardo Spiaggi von der Universität Rosario initiierten Projekts, wie man daraus Kompost herstellt. Wie die bisherigen Teilnehmer des Projekts – zu 65 bis 70 Prozent Frauen, die zudem auch in landwirtschaftlichen Anbaumethoden unterrichtet werden – berichten, haben sie seitdem mehr Nahrungsmittel zum persönlichen Verzehr und verdienen mit dem Verkauf von Ernteüberschüssen und Kompost ein kleines Zusatzeinkommen.

Restaurants, Hotels, Supermärkte und andere Unternehmen, in denen große Mengen an Essensabfällen anfallen, können mit der Kompostierung dieser Abfälle ihre Entsorgungskosten senken und zum Teil sogar Geld verdienen. Zahllose Projekte überall auf der Welt belegen, dass es möglich ist, organische Abfälle aus unterschiedlichsten Quellen – Supermärkten, Restaurants, Schulen, Krankenhäusern – zur Kompostierung zu sammeln und als Dünger in der Landwirtschaft zu verwenden. In Kalifornien haben die Supermarktketten Vons Companies Inc. und Ralph's Grocery Company, die zusammen über 585 Filialen betreiben, ihr Abfallaufkommen um 85 Prozent reduziert und verkaufen den aus ihrem Biomüll erzeugten Kompost fertig verpackt an ihre Kunden.

Quelle: Siehe Anmerkung 38.

Kasten 3.3: Bienen und Würmer: Die kleinsten Nutztiere einer Stadt

Bis Mitte Juli 2005 gingen Dutzende Menschen in Vancouver, Kanada, einer zwar süßen, aber gesetzeswidrigen Tätigkeit nach: der Imkerei. Dann konnte eine Gruppe engagierter Imker die städtische Gesundheitsbehörde davon überzeugen, die Vorschriften zu ändern und den Imkern ihre Tätigkeit offiziell zu erlauben. Auch in London ist die Bienenhaltung inzwischen ein legales Gewerbe, und es gibt heute mindestens 5000 registrierte Imker, die ihre Völker in Hinterhöfen und auf Dächern aufgestellt haben. Weniger gut geht es dagegen den Imkern in New York, wo per Gesetz die Haltung „wilder Tiere", und dazu zählen auch Honigbienen, untersagt ist – was die dortigen Bienenzüchter bislang aber nicht davon abgehalten hat, mit den besten Honig im gesamten Bundesstaat New York zu produzieren.

Natürlich werden viele Verbraucher Vorbehalte haben gegenüber Honig, der aus von Luftverschmutzung geplagten Städten stammt. Da es aber in den meisten Städten viele öffentliche Parks und private Gärten gibt (selbst Blumenkästen werden von Bienen angeflogen), ist der in städtischen Gebieten erzeugte Honig häufig ebenso gut – zum Teil sogar besser – wie Honig vom Land. Abgesehen davon, dass die Bienen Honig erzeugen, bestäuben sie die Pflanzen und tragen so zur Erhaltung der biologischen Vielfalt in den Städten bei.

Neben den urbanen Imkern, die ihre Schützlinge zumeist auf Dächern halten, gibt es auch immer mehr Städter, die ihre Nutztiere unter Spülbecken, im Hinterhof oder sogar auf städtischen Mülldeponien züchten. Die Vermikultur – die Kompostierung organischer Abfälle mit Hilfe von Würmern – stellt eine umweltfreundliche Alternative zu herkömmlichen Abfallentsorgungsverfahren dar. Die gängigen Wurmkompostbehälter nehmen kaum Platz in Anspruch und arbeiten sehr schnell. Im Normalfall essen Würmer pro Tag so viel, wie sie selbst wiegen – ein Kilogramm Würmer kann also pro Tag bis zu einem Kilogramm Essensabfälle verzehren.

Vermikultur kann auch kommerziell betrieben werden. Während es auf normalen Mülldeponien teils mehrere Jahre dauert, bis organische Abfälle – alles von Karotten über Brot bis hin zu Joghurt – zersetzt sind, wandeln die Würmer binnen zwei, drei Monaten bis zu 90 Prozent des Abfalls in Kompost um. Auch wenn der Umstieg auf eine getrennte Sammlung von organischem und anorganischem Abfall viele Städte vor eine große Herausforderung stellt, haben die, die das getan haben, sehr gute Erfahrungen gemacht. Die Canyon Conversions Company in La Joya (eine Stadt mit 150.000 Einwohnern in der Nähe von San Diego, Kalifornien) verarbeitet pro Jahr rund 400 Tonnen städtische Gartenabfälle mit rund 200 Tonnen Würmern.

In Rosario, der drittgrößten Stadt Argentiniens, düngen die Einwohner der Armensiedlung Empalme Graneros ihre Gartengrundstücke mit Wurmkompost, den sie aus Obst- und Gemüseabfällen gewinnen, und verkaufen die Würmer zudem als Köder an die lokalen Fischer – ein Zusatzeinkommen, dass in der Stadt mit der höchsten Arbeitslosigkeit in ganz Argentinien nicht zu verachten ist. Durch die Kompostierung der organischen Abfälle vermindern die Müllsammler von Empalme Graneros, die den Müll nach Kunststoff, Karton, Metalle und Glas sortieren, die Menge des deponierten organischen Abfalls und reduzieren damit die davon ausgehenden Gesundheitsgefahren.

Quelle: Siehe Anmerkung 39.

Kapitel 3: Landwirtschaft in Städten 149

Während es auch in Städten die Möglichkeit zur Nutztierhaltung geben muss, ist die industrielle Viehhaltung in Städten eine unmenschliche und umweltschädliche Methode der Fleischerzeugung. Diese Einsicht teilen auch die Autoren eines 2005 von der Weltbank veröffentlichten Berichts, die warnten, dass „die räumlich extrem enge Konzentration von Menschen und Nutztieren in den kommenden Jahrzehnten eine der größten Herausforderungen für den Schutz der Umwelt und der öffentlichen Gesundheit darstellt". Während viele Experten vor allem die Sorge umtreibt, dass von den Tieren Krankheiten wie beispielsweise die Vogelgrippe auf Menschen übertragen werden könnten, fragen sich viele Städte, wie sie die Unmengen tierischer Exkremente aus der Massentierhaltung sicher entsorgen können.[41]

Viele Teile der Welt, so die Zone entlang der chinesischen Ostküste, die Region um die thailändische Hauptstadt Bangkok und die Umgebung von São Paulo in Brasilien, leiden unter einer exzessiven Konzentration von Massentierhaltungsbetrieben und dem damit einhergehenden Problem der tierischen Ausscheidungen. In den Hafen- und Industriestädten mancher Provinzen entlang der chinesischen Ostküste werden pro Quadratkilometer bis zu 500 Nutzvieheinheiten gezählt, fünf Mal mehr, als das Umland eigentlich tragen kann.[42]

Bereits die Haltung kleiner Herden freilaufender Nutztiere kann in manchen Städten ein Müllproblem darstellen. Viele Bewohner von Kisumu, Kenia, halten sich Nutztiere als Nahrungsmittel- und Einkommensquelle. Woran es mangelt, ist Land zur Verwertung der Tierexkremente. Laut einer jüngeren Untersuchung werden drei Viertel des in Kisumu anfallenden Dungs weder als Dünger auf Feldern noch als Brennstoff zum Kochen oder zum Heizen verwendet. Und da es in der Stadt keine reguläre Müllabfuhr oder Stadtreinigung gibt, häuft sich der Dung immer weiter auf und verschmutzt den Boden und das Grundwasser.[43]

Inzwischen jedoch haben manche Bewohner der Stadt am Viktoriasee den Dung als Brennstoff und als Möglichkeit entdeckt, Geld zu verdienen. Unterstützt von Lagrotech Consultants und einer Entwicklungshilfeorganisation stellen sie aus dem Dung einen sicheren und effizienten Brennstoff her. Die - aus Wasser, Holzkohlenstaub, Stroh, Dung und anderen Stoffen hergestellten - Dungbriketts entwickeln bei der Verbrennung kaum Rauch (ein Gesundheitsvorteil, von dem insbesondere Frauen profitieren) und bieten den Menschen eine Alternative zu den teuren kommerziellen Brennstoffen. Die Halter von Nutztieren können durch den Verkauf überschüssiger Briketts ein zusätzliches Einkommen erwirtschaften.[44]

Ein Weg, die von der industriellen Tierhaltung ausgehenden Probleme zu vermeiden, besteht darin, Anreize gegen die Massentierhaltung in oder in der näheren Umgebung von Städten zu schaffen. In einem neueren Bericht empfiehlt die Welternährungsorganisation dafür eine Kombination von Bebauungs-

und Flächennutzungsplänen, ergänzt durch Steuern, Prämien und Infrastrukturentwicklungsmaßnahmen, die den Produzenten Anreize zur Ansiedlung in ländlichen Regionen bieten, wo der anfallende Dung als Dünger verwendet werden kann und die Gefahr von Krankheitsübertragungen geringer ist. Die systematische Suche nach den besten Standorten für die Nutztierhaltung hilft laut FAO dabei, das Nährstoffgleichgewicht zu kontrollieren – mit anderen Worten, Nutztiere sollten dort gehalten werden, wo es ausreichend Ackerland zur Verwertung der Tierexkremente gibt. In Thailand beispielsweise müssen Geflügelfarmen in einem Umkreis von 100 Kilometern um Bangkok sehr hohe Steuern entrichten, während Geflügelbauern jenseits dieser Zone von Steuern befreit sind. Dank dieser Maßnahme ist die Zahl von Geflügelfarmen vor den Toren der Stadt im Laufe der letzten zehn Jahre stark gesunken.[45]

Gartenstädte planen

In den 1880er Jahren gelangte der britische Stadtplaner Ebenezer Howard zu der Erkenntnis, dass die moderne Stadt sich selbst und alles um sie herum verzehre. Howard träumte von einer anderen Art Stadt, einer „Gartenstadt" mit Parks und Grünflächen, und schlug Tragfähigkeitsgrenzen für die Bevölkerungszahl und die Nutztierhaltung vor. Howards Stadt sollte über Gärten verfügen, aus denen ein Teil des Nahrungsmittelbedarfs gedeckt wurde, aber auch Nahrungsmittel aus den angrenzenden ländlichen Gebieten beziehen. Er erkannte, dass der „Zustrom der Menschen in die Städte" nicht nur eine Gefahr für die Städte selbst darstellte, sondern auch die ländlichen Gebiete „auszubluten" drohte. Was ihm vorschwebte, war weniger eine Vermengung der beiden in gleichförmigen Vorstädten, als vielmehr eine Symbiose. „Land und Stadt müssen miteinander verheiratet werden", schrieb Howard in *Garden Cities of Tomorrow*, „und aus dieser freudigen Vereinigung werden eine neue Hoffnung, ein neues Leben und eine neue Zivilisation hervorgehen".[46]

Trotz allem, was die urbane Landwirtschaft für das Stadtbild und die Stadtbewohner leistet, tun die meisten Politiker, Unternehmer und Stadtplaner die Nahrungsmittelproduktion immer noch als ein ländliches Thema ab.

Das Vermächtnis von Howards Vision einer Gartenstadt können in den Grüngürteln der während der Weltwirtschaftskrise in den Vereinigten Staaten geplanten Städte, in den nach dem Ersten Weltkrieg in Großbritannien entstandenen Trabantenstädten und den Parks betrachtet werden, die noch heute die Stadt Portland, Oregon, wie Ringe umschließen. In der Realität aber war die Vermählung

Kapitel 3: Landwirtschaft in Städten

von Stadt und Land in den seltensten Fällen eine „freudige". Das unkontrollierte Wachstum der modernen Städte, begünstigt von Autobahnen und Massentransportsystemen, die sich immer weiter von den Stadtzentren aus aufs Land erstrecken, ist nach wie vor eine der größten Bedrohungen des Acker- und Weidelandes, vom dem die Städte sich ernähren. Die moderne Stadt stellt, wie Howard ahnte, bereits von ihrem Grundprinzip eine inhärente Gefahr für die Landwirtschaft in ihrer unmittelbaren Umgebung dar. Statt dauerhaft bestelltes Ackerland in die Stadtplanung zu integrieren, begraben die Stadtplaner es unter Asphalt und Beton, ungeachtet der Tatsache, dass die steigende städtische Bevölkerung nach immer mehr Nahrungsmitteln verlangt. In den Vereinigten Staaten stammen 79 Prozent des Obstes, 69 Prozent des Gemüses und 52 Prozent der Milcherzeugnisse aus großstädtischen oder angrenzenden, rasch wachsenden Landkreisen, die – zusammen mit dieser Form der urbanen Landwirtschaft – immer schneller von den expandierenden Großstädten überwuchert werden.[47]

Trotz allem, was die urbane Landwirtschaft für das Stadtbild und die Stadtbewohner leistet, tun die meisten Politiker, Unternehmer und Stadtplaner die Nahrungsmittelproduktion immer noch als ein ländliches Thema ab, das nicht dieselbe Aufmerksamkeit verdient wie der Wohnungsbau, die Kriminalität oder der Verkehr. Diese verbohrte Denkweise erklärt, so eine Studie des Instituts für Geographie und Stadtplanung der Wayne State University in Michigan, zum Teil den unsystematischen Ansatz, der im Hinblick auf die urbanen Nahrungsmittelsysteme verfolgt wird. Rund um die Welt betrachten Stadtplaner Nutzgärten und Ackerland innerhalb von Städten als Anachronismen, die in einer „modernen" Stadt nichts verloren haben, und in vielen Städten ist es nicht erlaubt, Landwirtschaft zu betreiben. Politiker und Bürokraten wären gut beraten, die ernährungsphysiologischen, ökologischen, sozialen und wirtschaftlichen Vorteile zu bedenken, die eine Abkehr von dieser Denkweise mit sich bringen würde, und Maßnahmen zu ergreifen, die Städte ermutigten, sich selbst zu ernähren.[48]

Stadtplaner, die Platz für die urbane Landwirtschaft schaffen wollen, müssen sich über Dinge wie Bauernmärkte und Gemeinschaftsgärten hinaus mit weit fundamentaleren Fragen der Stadtplanung befassen. Ein weitläufiges schienengebundenes Nahverkehrsnetz, das den Bedarf an neuen Schnellstraßen reduziert, kommunale Kompostieranlagen, die hochwertigen Dünger produzieren, oder Schulkantinen, die lokal angebaute Produkte auf den Mittagstisch bringen – dies alles sind wichtige Faktoren, die mit darüber bestimmen, wie viel Stadt das umgebende Land auf Dauer ernähren kann.

Ob man die Allmenden im England des Mittelalters oder die heutigen Naturschutzgebiete betrachtet – die Bewahrung der ländlichen Region scheint ein essentieller Bestandteil aller Bemühungen zu sein, zu verhindern, dass Städte sich selbst zerstören. Außerdem bürden landwirtschaftliche Nutzflächen den öffentlichen

Haushalten geringere Lasten auf als Vorstadtsiedlungen: Untersuchungen aus den USA zeigen, dass Kommunen für jeden Steuerdollar, den neue Wohnprojekte in ihre Kasse spülen, in vielen Fällen das Mehrfache dessen für öffentliche Dienstleistungen ausgeben, als sie pro Dollar Steuereinnahmen aus Acker- und Weideflächen und offenem Land für entsprechende Dienstleistungen ausgeben. Wie die Befürworter des Schutzes landwirtschaftlicher Nutzflächen betonen, herrscht kein Mangel an kreativen Maßnahmen, die interessierte Kommunen ergreifen könnten. Woran es bislang mangelt, ist vielmehr der politische Wille, sich den mächtigen Interessengruppen der Bau- und Verkehrsindustrie in den Weg zu stellen.[49]

Die Frage, wo und mit welchem Angebot Lebensmittelgroßmärkte angesiedelt werden, spielt eine zentrale Rolle für die städtische Landwirtschaft. In Städten ohne entsprechende stadtplanerische Vorschriften ist die räumliche Verteilung von Großmärkten häufig willkürlich und wenig effizient, was schlussendlich dazu führt, dass mehr Nahrungsmittel verderben und die Lebensmittelkosten steigen. Von den fünf Großmärkten in der Fünfmillionenstadt Hanoi beispielsweise, so Edward Seidler von der Marketing Group der FAO, wurde gerade einmal einer geplant.

Angetrieben von dem raschen urbanen Bevölkerungswachstum werden in vielen Städten der Dritten Welt neue Wohnprojekte entwickelt und die Transportinfrastruktur ausgebaut. Sollten es die örtlichen Behörden dabei versäumen, Lebensmittelgeschäfte und -märkte mit in ihre Planungen einzubeziehen, werden auf lange Sicht zahllose Stadtbewohner tiefer in die Tasche greifen und längere Distanzen zurücklegen müssen, um sich mit Lebensmitteln zu versorgen.[50]

Seidler schlägt vor, dass die Städte lokale Lebensmittelmärkte einrichten, die gezielt auf die Bedürfnisse einkommensschwacher Verbraucher zugeschnitten sind, und zugleich Verkaufsstellen für Bauern anbieten, und zwar insbesondere diejenigen, die am Stadtrand Obst und Gemüse anbauen. „In Daressalam in Tansania und in Mbabane und Manzini, zwei Städten im Swasiland, haben die Behörden kleine Einzelhandelsmärkte zur Versorgung der in den Vorstädten lebenden Menschen eingerichtet", sagt Seidler. „Auf Barbados und in vielen Karibikländern haben die Städte in der Nähe von Bushaltestellen kleine Lebensmittelmärkte für die Straßenhändler gegründet, die ihre Waren zuvor auf Gehwegen feilboten und damit den Fußgängerverkehr behinderten."[51]

In Rosario, Argentinien, wo die städtische Landwirtschaft zunächst in Reaktion auf die schwere Finanzkrise des Landes aufblühte, bemüht sich die Stadtverwaltung inzwischen, sie zu einem integralen Bestandteil des urbanen Lebens zu machen. Dazu rief sie im Februar 2002 das Programa de Agricultura Urbana (PAU) ins Leben, ein genossenschaftlich organisiertes Unternehmen, dem Stadtbauern, Behördenvertreter, Landwirtschaftsexperten und mehrere Nichtregierungsorganisation angehören. PAU hilft den Stadtbauern dabei, Ackerflächen zu erschließen, zu bewahren, hochwertige landwirtschaftliche Produkte anzubauen und neue Verkaufsstellen und Vermarktungswege einzurichten. Die bisherige Bilanz kann sich sehen lassen: In den letzten Jahren sind in Rosario sieben Bauernmärkte und über 800 Gemeinschaftsgärten entstanden. Darüber hinaus hat die Genossenschaft in Zusammenarbeit mit den Bewohnern von Molino Blanco, einem Wohnprojekt für einkommensschwache Familien, einen großen Gartenpark mit Spazierwegen, Fußballfeldern und großen Parzellen geplant und errichtet, auf denen die Bewohner der Siedlung Nahrungsmittel anbauen können.[52]

„Die Stadtbauern sind nicht nur erfreut über die Möglichkeit, sich ein Einkommen verdienen und ihre Familien ernähren zu können", berichtet das PAU-Mitglied Raul Terille vom Centro de Estudios de Producciones Agroecologicas in Rosario, „sondern auch darüber, dass sie nach Jahren, in denen sie sich marginalisiert fühlten, einen wichtigen Beitrag für ihre Stadt leisten können und dafür endlich auch Anerkennung ernten."[53]

Von Cienfuegos auf Kuba über Piura in Peru bis hin zu Daressalam in Tansania machen sich Stadtverwaltungen inzwischen daran, mit Hilfe von Bauern, die sich vor Ort auskennen, und geographischen Informationssystemen eine Bestandsaufnahme der verfügbaren Brachflächen zu erstellen und zu analysieren, inwieweit die Flächen zur landwirtschaftlichen Nutzung geeignet sind. In manchen Fällen führt das dazu, dass bestimmte Gebiete permanent als landwirtschaftliche Nutzflächen ausgewiesen werden – eine wichtige Voraussetzung dafür, dass die Bauern langfristige Investitionen in das Land vornehmen.[54]

In der stark von Erosion betroffenen peruanischen Stadt Villa María del Trifuno, wo 83 Prozent der städtischen Bauern Frauen sind, die sonst keine andere Einkommensquelle haben, ließ die Stadtverwaltung das gesamte 70 Quadratkilometer große Stadtgebiet auf landwirtschaftlich nutzbare Fläche hin untersuchen. Parallel dazu wurde im Amt für Wirtschaftsförderung ein separates Büro für die städtische Landwirtschaft eingerichtet, wurden Gelder zur subventionierten Anschaffung von Saatgut, Dünger und anderen landwirtschaftlichen Produktionsmitteln bereitgestellt und die lokale Verarbeitung und Vermarktung der Erzeugnisse gefördert. Mit Hilfe des Programms konnten bislang 399 Familien- und Gemeinschaftsgärten auf vormals brachliegendem Land angelegt, mögliche neue Quellen für Bewässerungswasser untersucht, ein bis 2010 reichender Plan zum Ausbau der städtischen Landwirtschaft entwickelt und eine mit Vertretern der betroffenen Interessensgruppen besetzte Beratungsgruppe gegründet werden.[55]

Mit Hilfe einer systematischen Kartierung kann man nicht nur geeignete Anbauflächen aufspüren, sondern auch – wie die Stadtverwaltung von Philadelphia in den USA vor mehreren Jahren – die Nahrungsmittelverfügbarkeit in den einzelnen Stadtbezirken analysieren. Im Falle von Philadelphia kam heraus, dass in den einkommensschwachen Vierteln der Stadt ein mangelhaftes Angebot an gesunden Lebensmitteln mit hohen Raten an Krankheiten wie Krebs, Diabetes, Bluthochdruck und Herzkrankheiten einherging. Daraufhin wurde im Rahmen der Supermarktkampagne der gemeinnützigen Organisation Food Trust die Pennsylvania Fresh Food Financing Initiative ins Leben gerufen. Diese mit 80 Millionen Dollar ausgestattete öffentlich-private Partnerschaft fördert die Ansiedlung von Lebensmittelgeschäften in unterversorgten Gebieten des Bundesstaates. Derzeit untersuchen Wissenschaftler der Pennsylvania State University in einer vom amerikanischen National Health Institute finanzierten Studie die Auswirkungen dieser Initiative auf den Obst- und Gemüsekonsum und die öffentliche Gesundheit im Bundesstaat.[56]

Städte, die mehr Autarkie in der Nahrungsmittelversorgung anstreben, müssen bereit sein, auch neue Wege zu gehen. Eine der vielleicht interessantesten Innovationen in Sachen städtische Landwirtschaft thront über den Städten: Dachgärten. Earth Pledge ist eine Umweltorganisation, deren Ziel es ist, die Temperaturen in New York zu verringern und die Luftverschmutzung in der Stadt zu bekämpfen. Wer auf das begrünte Dach des mitten in Manhattan gelegenen Hauptquartiers von Earth Pledge steigt, kann dort einen ökologisch bewirtschafteten Küchengarten bewundern, in dem Kopfsalat, Tomaten, Auberginen, Paprika, Gurken, diverse Kräuter und sogar Süßkartoffeln wachsen – hoch über den schattigen Straßenschluchten und den dort unten wabernden Autoabgasen.[57]

Rund um die Welt sprießen auf den Dächern von Städten immer mehr Gärten: Das Rathaus von Chicago wird von einem begrünten Dach gekrönt, in Tokio müssen laut einer neuen Verordnung alle neuen Gebäude mit einer Grundfläche von über 1000 Quadratmetern mindestens 20 Prozent der Dachfläche bepflanzt werden, um Energie zu sparen und die Aufheizung der Stadt im Sommer zu bremsen (siehe auch Kapitel 5). In Mexiko hat das Institut für vereinfachte Hydrokultur eine kostengünstige Dachgartentechnologie entwickelt, die vielen landlosen Kleinbauern in den rasch wachsenden Städten der Welt helfen könnte, sich selbst zu ernähren und Geld aus dem Verkauf ihrer Überschüsse zu verdienen. In Marokko haben Studenten und Gemeinschaftsorganisationen auf Dächern aus mit Kompost und Vermikulit gefüllten Altreifen Gartenbeete angelegt, deren Erträge deutlich über denen konventioneller Nutzgärten liegen. Durch das Auffangen und die Wiederverwendung des durch die Beete sickernden Wassers konnten sie den Wasserverbrauch im Vergleich zu herkömmlichen Anbauverfahren um bis zu 90 Prozent verringern – ein für Länder, die häufig unter Dürre leiden, entscheidender Faktor.[58]

In einigen Städten sind so genannte Food Policy Councils entstanden, die die lokale Regierung bei Entscheidungen über die Ernährungspolitik beraten. Diese informellen Koalitionen aus lokalen Politikern, Sozialaktivisten, Umweltschützern, Befürwortern nachhaltiger Landwirtschaft und Community-Development-

Gruppen sorgen dafür, dass in ernährungspolitischen Entscheidungen eine breite Palette unterschiedlicher Interessen mit einfließt und Synergieeffekte genutzt werden können. So könnten sich beispielsweise Sozialaktivsten, ältere Bürger und Bauern gemeinsam bei den Behörden dafür einsetzen, an arme und ältere Bürger Lebensmittelkupons für Bauernmärkte auszugeben. Das würde auch diesen Bevölkerungsgruppen ermöglichen, gesunde Lebensmittel zu kaufen, und gleichzeitig den Bauernmärkten neue Kunden bescheren.[59]

Das Hartford Food System (HFS) beispielsweise setzt sich dafür ein, den Menschen in Connecticut besseren Zugang zu gesunden, nahrhaften und erschwinglichen Lebensmitteln zu verschaffen. Die Organisation unterstützt die Gründung von Bauernmärkten und vergibt an einkommensschwache Haushalte Lebensmittelkupons zur Einlösung in diesen Märkten, hat einen Lebensmittel-Lieferservice für ältere Menschen aufgebaut, die das Haus nicht mehr verlassen können, und den Connecticut Food Policy Council ins Leben gerufen, der den Bundesstaat bei seiner Ernährungspolitik berät. HFS führt Preisvergleiche in Supermärkten durch und betreibt ein gemeinschaftlich organisiertes Landwirtschaftsprojekt mit 400 Mitgliedern, das 40 Prozent seiner Erzeugnisse an arme Menschen verteilt. Darüber hinaus betreibt der Council Lobbyarbeit für einen effektiveren Landschaftsschutz.[60]

Solche lokalen Beratungsgremien können im Bereich der Politikgestaltung noch in einem weiteren Punkt von Vorteil sein. „Nur eine Gruppe, die vor Ort verwurzelt ist und die Gemeinschaft und die Feinheiten der lokalen Lebensmittelversorgung kennt, weiß, wie man das System am besten auf die Bedürfnisse der Menschen vor Ort einstellt", betont Mark Winne vom HFS. Maßnahmen, die in der abgehobenen Welt der Bürokratie entwickelt und beschlossen werden, sind für eine Stadt oder eine bestimmte Gruppe häufig ungeeignet oder ineffektiv. Um die wichtigsten Ursachen für den Hunger in Hartford zu bestimmen, führte HFS beispielsweise Interviews mit mehreren hundert Bürgern in einem einkommensschwachen Viertel der Stadt. Parallel dazu unterstützte HFS die Gründung mehrerer Bauernmärkte und den Bau eines Supermarktes in dem unterversorgten Stadtteil.[61]

Ohne öffentliche Partizipation können Maßnahmen, die die städtische Landwirtschaft fördern, unter Umständen das Gegenteil bewirken. In den 1980er Jahren startete die Regierung von Tansania ein Programm, mit dem die Menschen in den Städten zum Eigenanbau von Nahrungsmitteln motiviert werden sollten. Das Programm basierte auf den langjährigen Erfahrungen, die man während der Kolonialzeit mit Ackerbau und Viehhaltung in Daressalam und anderen Städten des Landes gemacht hatte. Allerdings hatte sich die Viehhaltung damals vor allem auf die weniger dicht bevölkerten Teile der Städte beschränkt, die sich hauptsächlich im Besitz wohlhabender Ausländer befanden. Nun jedoch wurden

Nutztiere auch in den am dichtesten besiedelten Teilen der Städte gehalten, was zu zahlreichen Beschwerden wegen des Lärms und der Exkremente führte.[62]

Aufgeschreckt von den Protesten erließ der Stadtrat von Daressalam striktere Lärm- und Hygienevorschriften. Obwohl sich zwischen 1985 und 2005 die Zahl der in der Stadt gehaltenen Nutztiere vervierfachte und damit deutlich schneller zunahm als die der menschlichen Einwohner, ging die Zahl der aktenkundigen Beschwerden zurück. Im selben Zeitraum verdoppelte sich die landwirtschaftlich genutzte Fläche in der Stadt, entstanden Hunderte neuer landwirtschaftlicher Arbeitsplätze und verbesserte sich die Verfügbarkeit lokal angebauter Nahrungsmittel deutlich. Frauen, die in den Hinterhöfen ihrer Häuser Kühe halten oder Gemüse anbauen, verdienen im Jahr zum Teil zwei bis drei Mal so viel wie ihre Männer und geben ein Vorbild für andere ab. „Nachdem die nationalen und lokalen Politiker die praktischen Vorteile der städtischen Landwirtschaft erst einmal erkannt hatten, waren sie von ihrem wirtschaftlichen Nutzen – insbesondere für arme Familien und Frauen – überzeugt", sagt George Matovu, Regionaldirektor der Municipal Development Partnership in Tansania.[63]

Ein Weg, dafür zu sorgen, dass Städte ihre Bewohner selbst ernähren können, besteht darin, die Zuwanderung aus ländlichen Regionen zu bremsen. Die Politik muss dafür sorgen, dass das Leben auf dem Land auch für arme Menschen eine gesunde und lebenswerte Option darstellt und sie nicht gezwungen sind, in die Städte abzuwandern. In den letzten 50 Jahren sind weltweit rund 800 Millionen auf der Suche nach höheren Einkommen und einem besseren Leben vom Land in die Stadt gezogen.[64]

Eine der vielleicht interessantesten Innovationen in Sachen urbane Landwirtschaft thront über den Städten: Dachgärten.

Verstärkte Investitionen in die ländliche Landwirtschaft können, so eine 2006 veröffentliche Studie der FAO, den Abwanderungsdruck vermindern. Laut FAO ist den Regierungen und Entscheidungsträgern kaum bewusst, dass die Landwirtschaft, gutes Management vorausgesetzt, nicht nur Nahrungsmittel erzeugt, sondern auch wirksame Beiträge zur Armutsreduzierung, Ernährungssicherheit, Verbrechenskontrolle und zum Umweltschutz leisten kann, und zwar sowohl in den Städten wie auf dem Land. Insbesondere durch den Ausbau des Straßennetzes und der ländlichen Infrastruktur sowie einen besseren Zugang zu Krediten und sozialen Diensten kann der Strom der Landflüchtlinge gebremst und der Druck auf die urbanen Zentren reduziert werden. Dieser Druck auf ein paar wenige Städte kann durch Mittelstädte gemildert werden, die die urbane Landwirtschaft fördern und damit neue Arbeitsmöglichkeiten im Landwirtschaftssektor und damit zusammenhängenden Branchen schaffen.[65]

Kostengünstige Optionen für den Anbau von Nahrungsmitteln in Städten sind heute vielleicht wichtiger denn je zuvor. Die Wanderungsströme, die Ebenezer Howard dazu veranlassten, neue Wege in der Stadtentwicklung und -planung zu verlangen, verblassen gegenüber den Umwälzungen, die sich heute in der Dritten Welt abspielen. „Auf lange Sicht wird die urbane Landwirtschaft insbesondere dann nachhaltig sein, wenn ihr Potenzial für die multifunktionale Landnutzung erkannt und voll ausgeschöpft wird", schreibt René van Veenhuizen im Vorwort des vom Resource Center on Urban Agriculture and Food Security verlegten Buches *Cities Farming for the Future*. „Die Nachhaltigkeit der urbanen Landwirtschaft hängt eng mit ihrem Beitrag zur Entwicklung einer nachhaltigen Stadt zusammen: einer sozial inklusiven, produktiven und ökologisch gesunden Stadt, in der Nahrungsmittelsicherheit herrscht."[66]

Anmerkungen

1. Resource Centers on Urban Agriculture and Food Security (RUAF), „Cities", unter <ruaf.org/node/486>, August 2006; Ghana nach Weltbank, *World Development Indicators Database*, 1. Juli 2005, unter siteresources.worldbank.org/DATASTATISTICS/Resources/GNIPC.pdf; Beijing nach Botschaft der Volksrepublik China in den Vereinigten Staaten von Amerika und Beijing Statistic Services, unter <www.china-embassy.org/chn/gyzg/t234138.htm>, 2. Februar 2006, ins Englische übersetzt von Zijun Li; Vancouver Board of Trade, Vancouver, BC, Kanada, E-Mail an Danielle Nierenberg, September 2006.
2. RUAF, op. cit. Anm. 1.
3. Ibid.
4. Ibid.
5. Ibid.
6. Michael Levenston, Geschäftsführer von City Farmer, Vancouver, Diskussion mit den Autoren, April 2006; City Farmer, „44% of Vancouver Households Grow Food Says City Farmer" (Vancouver 2002); International Development Research Centre (IDRC), *Shaping Livable Cities: Stories of Progress Around the World* (Ottawa 2006).
7. Jac Smit, Urban Agriculture Network, Bethesda, MD, Diskussion mit Brian Halweil, Februar 2004, zitiert in Brian Halweil, *Eat Here: Reclaiming Homegrown Pleasures in a Global Supermarket* (New York 2003).
8. Ibid.
9. U.N. Development Programme, *Urban Agriculture: Food, Jobs, and Sustainable Cities* (New York 1996), S. 26.
10. U.N. Food and Agriculture Organization (FAO), „Food Insecurity in an Urban Future", FAO Newsroom (Rom 2004); FAO, *State of World Food Insecurity 2005* (Rom 2005); Fred Pearce, „Cultivating the Urban Scene", in Paul Harrison und Fred Pearce, *Atlas of Population & Environment* (Washington DC 2000).
11. Kameshwari Pothukuchi und Jerome L. Kaufman, „Placing the Food System on the Urban Agenda: The Role of Municipal Institutions in Food Systems Planning", *Agriculture and Human Values*, Bd. 16 (1999), S. 213-24; FAO, „Feeding Asian Cities", Proceedings of the

Regional Seminar, Food Supply and Distribution to Cities Programme, Bangkok, Thailand, 27./30. November 2000.
12. „Technical Overview: The Challenge of Feeding Asian Cities", in FAO, op. cit. Anm. 11.
13. Olivio Argenti, *Feeding the Cities: Food Supply and Distribution*, 2020 Focus 3, Brief 5, (Washington DC 2000), International Food Policy Research Institute (IFPRI).
14. Maurizio Aragrande und Olivio Argenti, *Studying Food Supply and Distribution Systems to Developing Countries and Countries in Transition: Methodological and Operational Guide* (Rom 2001).
15. RUAF, *Cities Farming for the Future*, RUAF, International Institute of Rural Reconstruction und ETC Urban Agriculture, (Manila 2006), S. 3.
16. Diana Lee-Smith und Gordon Prain, *Understanding the Links Between Agriculture and Health*, Focus 13 (Washington DC 2006).
17. RUAF, op. cit. Anm. 15, S. 402.
18. Pothukuchi und Kaufman, op. cit. Anm. 11, S. 214; FAO, op. cit. Anm. 11, S. 11; FAO, *The State of Food and Agriculture 1998* (Rom 1998).
19. FAO, op. cit. Anm. 11, S. 11; Capital Area Food Bank, Washington, DC, unter <capitalareafoodbank.org/programsresources/fmp.cfm>.
20. Nelso Companioni et al., „The Growth of Urban Agriculture", in Fernando Funes et al., Hg., *Sustainable Agriculture and Resistance: Transforming Food Production in Cuba* (Oakland 2002), S. 221f.
21. Ibid, S. 223, 228f.
22. RUAF, op. cit. Anm. 15, S. 177.
23. The Food Project, Boston, unter <thefoodproject.org>; Kairo nach Jac Smit, Urban Agriculture Network, Washington, DC, Diskussion mit den Autoren, 20. Juli 2006.
24. Anne C. Bellow, „Health Benefits of Urban Agriculture, An Overview", *Community Food Security News*, Winter 2006, S. 6.
25. Wayne Roberts, Toronto Food Policy Council, Toronto, Kanada, Diskussion mit Brian Halweil, Juni 2002, zitiert in Halweil, op. cit. Anm. 7.
26. Stacia und Kristof Nordin, „Improving Permaculture Through Nutrition in Malawi", ProNutrition, unter <pronutrition.org/archive/200606/msg00013.php>, Juni 2006; Anne Bellows, Food Policy Institute, Rutgers University, Interview mit Dana Artz, Worldwatch Institute, Juni 2006.
27. Wayne Roberts, Toronto Food Policy Council, Diskussion mit Brian Halweil, 6. Juni 2002; Pothukuchi und Kaufman, op. cit. Anm. 11; Unveröffentlichte Studien nach Robert Sommer, Diskussion mit Brian Halweil, 23. Februar 2002.
28. Donna Armstrong, „A Survey of Community Gardens in Upstate New York: Implications for Health Promotion and Community Development", *Health and Place*, Bd. 6, Nr. 4 (2000), S. 319-27; Anne C. Bellows, Katherine Brown und Jac Smit, „Health Benefits of Urban Agriculture", Community Food Security Coalition, Venice, CA, ohne Datum.
29. Bellows, Brown und Smit, op. cit. Anm. 28.
30. International Water Management Institute (IWMI), *Confronting the Realities of Wastewater Use in Agriculture*, Water Policy Briefing, Ausgabe 9 (Colombo 2003). Kasten 3.1 nach: „Waste Not Want Not", *New Agriculturalist On-Line*, Ausgabe 28, 2002; S. Drechsel et al., *Informal Irrigation in Urban West Africa: An Overview*, Research Report Series (Colombo,

zur Veröffentlichung anstehend); IWMI-Global Water Partnership, *Recycling Realities: Managing Health Risks to Make Wastewater an Asset*, Water Policy Briefing, Ausgabe 17 (Colombo 2006); E. Obuobie et al., *Irrigated Urban Vegetable Production in Ghana: Characteristics, Benefits and Risks* (Accra 2006).

31. Tabelle 3.1: Kambodscha nach „Take It Personally", *The Earth Report Series 7*, Program 4, unter <handsontv.info/series7/programme_4.html>, 10. August 2006; Kuba nach Companioni et al., op. cit. Anm. 20, S. 227-29; Sierra Leone nach Thomas Winnebah und Raymond Alfredson, *Food Security Situation in Sierra Leone Since 1961*, Food Security Monograph Nr. 2 (United Nations World Food Programme Sierra Leone, Technical Support Unit, März 2006); Replant New Orleans, unter <replantneworleans.org>, 10. August 2006; Los Angeles nach Kate H. Brown und Andrew L. Jameton, „Public Health Implications of Urban Agriculture", *Journal of Public Health Policy*, Bd. 21, Nr. 1 (2000), S. 20-39; St. Petersburg nach Erio Ziglio et al., Hg., *Health Systems Confront Poverty* (Genf 2003), S. 137; „Analysis of Tropical Storm Stan in El Salvador", Centro de Intercambio y Solidaridad, 16. November 2005, ReliefWeb, unter <reliefweb.int/rw/RWB.NSF/db900SID/RMOI-6JL56Z?OpenDocument>, August 2006.

32. Pearce, op. cit. Anm. 10; Smit, op. cit. Anm. 23.

33. RUAF, op. cit. Anm. 15, S. 386.

34. Ibid.

35. Devi zitiert in IDRC, op. cit. Anm. 6.

36. RUAF, op. cit. Anm. 15, Kapitel 13, „Urban Aquatic Production."

37. Ibid., S. 396.

38. Problem der Entsorgung von Tierexkrementen in den Städten der Dritten Welt nach Gisèle Yasmeen, *Urban Agriculture in India: A Survey of Expertise, Capacities and Recent Experience*, Cities Feed People Report 32 (Ottawa 2001), S. 9. Kasten 3.2 nach: Christine Furedy, „Urban Waste and Rural Farmers: Enabling Low-Cost Organic Waste Reuse in Developing Countries", Vortrag gehalten auf der „R'2002: Recovery, Recycling, Reintegration", dem 6. Weltkongress für Integriertes Ressourcenmanagement, Genf, 12./15. Februar 2002; Eduardo Spiaggi, „Urban Agriculture and Local Sustainable Development in Rosario, Argentinien: Integration of Economic, Social, Technical and Environmental Variables", in Luc J. A. Mougeot, Hg., *AGROPOLIS: The Social, Political, and Environmental Dimensions of Urban Agriculture* (London 2005); „Supermarket Composting in California", *Bio-Cycle*, Juli 1997, S. 70-71.

39. FAO, *FAOSTAT Statistical Database*, unter <apps.fao.org>, aktualisiert am 20. Dezember 2005; Danielle Nierenberg, „Meat Consumption and Output Up", in Worldwatch Institute, *Vital Signs 2006-2007* (New York 2006), S. 24; RUAF, op. cit. Anm. 15, S. 352; Kasten 3.3 nach Spiaggi, op. cit. Anm. 38.

40. Michael Greger, *Bird Flu: A Virus of Our Own Hatching*, Entwurf, (Washington DC 2006), S. 106.

41. Weltbank, *Managing the Livestock Revolution: Policy and Technology to Address the Negative Impacts of a Fast-Growing Sector* (Washington 2005), S. 6.

42. Ibid.

43. „Cleaning Up Its Act: Recycling Livestock Waste", *New Agriculturalist On-Line*, unter <newagri.co.uk/06-2/focuson/focuson3.html>, 1. März 2006.

44. Ibid.

45. FAO, *Pollution from Industrialized Livestock Production*, Policy Brief 2, Livestock Information, Sector Analysis und Policy Branch, Animal Production and Health Division, (Rom, ohne Datum).
46. Ebenezer Howard, *Garden Cities of To-Morrow* (Cambridge 1965), S. 33-35.
47. A. A. Sorenson et al., *Farming on the Edge* (DeKalb 1997).
48. Pothukuchi und Kaufman, op. cit. Anm. 11; FAO, op. cit. Anm. 11.
49. American Farmland Trust, „Fact Sheet: Cost of Community Services Studies", Farmland Information Sheet (Washington DC 1986); FAO, op. cit. Anm. 11, S. 38f.
50. Seidler, zitiert in FAO, op. cit. Anm. 11, S. 45f.
51. Edward Seidler, Marketing Group, FAO, E-Mail an Brian Halweil, 11. Juli 2002.
52. IRDC, op. cit. Anm. 6.
53. Ibid.
54. „Introduction", in RUAF, op. cit. Anm. 15.
55. IRDC, op. cit. Anm. 6.
56. The Food Trust, *Food Geography: How Food Access Affects Diet and Health* (Philadelphia 2004).
57. Leslie Hoffman, Earth Pledge, New York, Diskussion mit Brian Halweil, 21. April 2004.
58. Lee Rood, „Praise Grows for Lush Roof in Chicago", *Des Moines Register*, 29. Juli 2002; Chang-Ran Kim, „Tokio Turns to Rooftop Gardens to Beat the Heat", *Reuters*, 8. August 2002; Marty Logan und Mark Foss, *Urban Agriculture Reaches New Heights Through Rooftop Gardening*, IDRC Reports (Ottawa 2004); Frederic Perron, „Jardins Suspendus", *La Presse* (Montreal), 8. März 2004.
59. Pothukuchi und Kaufman, op. cit. Anm. 11; Neil Hamilton, „Putting a Face on Our Food: How State and Local Food Policies Can Promote the New Agriculture", *Drake Journal of Agricultural Law*, November 2002.
60. Mark Winne, Hartford Food System, Diskussion mit Brian Halweil, 4. April 2002; Hartford Food System, unter <hartfordfood.org>, 1. September 2002.
61. Winne, op. cit. Anm. 60.
62. Smit, op. cit. Anm. 23.
63. Zitat Matovu nach „More Investment in Agriculture Will Reduce Migration, Improve Urban Life: UN Agency", *UN Daily News Digest*, 5. Juni 2006.
64. Ibid.
65. FAO-Studie nach ibid.
66. RUAF, op. cit. Anm. 15, S. 17.

Stadtporträt Freetown:
Urbane Landwirtschaft nach dem Bürgerkrieg

Freetown, die Hauptstadt von Sierra Leone, entstand aus einer landwirtschaftlichen Siedlung. Von Mitte des 18. bis Anfang des 19. Jahrhunderts machten hier, an einem der besten Naturhäfen Afrikas, europäische Forscher und Händler auf dem Seeweg von und nach Indien fest, um sich mit frischem Trinkwasser, Trauben, Äpfeln, Kopfsalat, Spinat, Kartoffeln, Ziegen, Schafen, Hühner und Enten zu verproviantieren. Freigelassene und befreite Sklaven aus England und Nordamerika sowie Sklaven, die von Sklavenschiffen gerettet worden waren, siedelten sich häufig in Freetown an.[1]

Unter der britischen Kolonialverwaltung von 1808 bis 1961 waren die Landwirtschaft und der Handel die wichtigsten Wirtschaftszweige. Nach dem Zweiten Weltkrieg bildete sich im Einzugsgebiet der Stadt ein System des privaten Grundbesitzes heraus, das sich stark von dem gemeinschaftlichen Grundbesitz im Hinterland unterschied. Bis zum Ende der britischen Herrschaft war der Großteil des landwirtschaftlich genutzten Landes in Freetown verkauft und in Bauland umgewandelt worden und unter Fabriken, Wohnhäusern und Geschäften verschwunden. Auch nach der Unabhängigkeit wuchs die Stadt rasch weiter, sowohl im Hinblick auf die bebaute Fläche – die Greater Freetown Area misst heute über 8100 Hektar – wie auch auf die Einwohnerzahl, die zwischen 1963 und 1985 von 128.000 auf 470.000 um fast das Vierfache in die Höhe schnellte. Ab Mitte der 1980er Jahre verschlechterte sich die wirtschaftliche Lage rapide, Nahrungsmittel wurden immer knapper. Es brauchte einen Krieg, bis die Landwirtschaft wieder nach Freetown zurückkehrte.[2]

Im März 1991 nahm die von einem ehemaligen Korporal geführte Revolutionary United Front (RUF) im Osten des Landes den Kampf gegen die Einparteienherrschaft des All People's Congress (APC) auf. 1992 stürzte das Militär Präsident Momoh vom APC und installierte den National Provisional Ruling Council, zur gleichen Zeit brachten die Rebellen immer größere Teile des Landes unter ihre Kontrolle. Nach einem neuerlichen Putsch wurden 1996 demokratische Wahlen abgehalten, aus denen die auch heute regierende Sierra Leone People's Party als Sieger hervorging, der es mit Unterstützung internationaler und UN-Truppen schließlich gelang, den blutigen Bürgerkrieg zu beenden.

Der Krieg kostete Zehntausenden Menschen das Leben und richtete gewaltige Zerstörungen an. Über zwei Millionen Menschen wurden vertrieben, die Landwirtschaft, der Bergbau und die Forstwirtschaft lagen danieder. Unzählige Menschen flohen vor dem Bürgerkrieg nach Freetown und heizten die Nachfrage nach Lebensmitteln noch weiter an.[3]

© Thomas R. A. Winnebah

Frauen in Freetown verkaufen aus Guinea importiertes Gemüse

Mit der zunehmenden Arbeitslosigkeit, die auch viele öffentliche Angestellte ereilte, kehrte die urbane Landwirtschaft in die Stadt zurück. Ehemals gut gestellte Ehefrauen fingen an, Blattgemüse anzubauen und Obst und Gemüse auf informellen Märkten in und um Freetown zu verkaufen. Auch junge Flüchtlinge vom Land und Frauen, die in die Stadt zurückkehrten, wandten sich dem lokalen Feldbau zu oder fuhren nach Conakry in Guinea, um von dort Gemüse und andere Lebensmittel nach Freetown zu importieren. Wer kein Geld für solche Unternehmungen hatte, agierte als Vermittler oder übernahm für die Großimporteure als Einzelhändler den Verkauf vor Ort. Wieder andere Frauen fanden ihre Nische in der Marketingkette der urbanen Landwirtschaft, indem sie Schnellgerichte für das wachsende Heer der Arbeitslosen und der allein oder getrennt lebenden Menschen in der Stadt zubereiteten.

Anfang 1995, während des Bürgerkriegs, wurde das Njala University College – die heutige Njala University – nach Freetown verlegt, wo die Wissenschaftler sich daran machten, die klimatischen, technischen, wirtschaftlichen und sozialen Aspekte der städtischen Landwirtschaft zu untersuchen. Ein Beispiel: Von April bis Mai reicht der Regen zur Bewässerung der Felder in der Stadt aus, in den übrigen Monaten müssen sie künstlich bewässert werden – wobei die Bauern zumeist mit alten, verbeulten und undichten Behältern arbeiten und durch die ständige Feuchtigkeit einem erhöhten Risiko von Arthritis und Lungenentzündung ausgesetzt sind.

Die besondere Sorge der Gesundheitsexperten gilt Kindern im schulpflichtigen Alter, die an den Wochenenden ihren Eltern bei der Anlage von Pflanzbeeten helfen, Wasser heranschleppen, Haushaltsabfälle entsorgen und die Ernte verkaufen müssen.[4]

Während der neunmonatigen Herrschaft der Militärjunta des Armed Forces Revolutionary Council von Mai 1997 an gewann die städtische Landwirtschaft noch mehr an Bedeutung. In Folge des gegen die Militärjunta verhängten internationalen Handelsembargos und der Blockade des Handels zwischen Freetown und dem Hinterland durch Rebellen, spitzte sich die Nahrungsmittelkrise dramatisch zu. Das Überleben der Menschen in der Stadt hing mehr denn je von dem ab, was auf den Feldern und Gärten in und um Freetown geerntet wurde.[5]

Stadtporträt Freetown 163

Die Volkszählung, die nach dem offiziellen Ende des Bürgerkriegs Ende 2002 durchgeführt wurde, ergab, dass inzwischen 773.000 Menschen in Freetown lebten - umgerechnet 16 Prozent der Gesamtbevölkerung des Landes. Um die Ernährung der aus allen Nähten platzenden Stadt sicherzustellen, unterstützt das sierra-leonische Ministerium für Landwirtschaft und Ernährungssicherheit (MAFS) seit 2005 städtische Bauerngenossenschaften und fördert Schulungen in den vom FAO-Sonderprogramm für Nahrungsmittelsicherheit eingerichteten Farmer Field Schools - Feldschulen für Bauern. Im Rahmen dieses Projekts wurden beispielsweise auf mehreren Parzellen Tröpfchenbewässerungsanlagen installiert.[6]

Im Juni 2006 gab das MAFS gemeinsam mit dem International Network of Resource Centers for Urban Agriculture and Food Security den Startschuss für das Freetown Urban and Peri-Urban Agriculture Project (FUPAP). Unter den bisherigen Absolventen des Projekts, die in so genannten Multistakeholder-Prozessen für die Maßnahmeplanung und Politikgestaltung im Bereich der urbanen Landwirtschaft ausgebildet werden, finden sich Mitarbeiter und Vertreter der Stadtverwaltung von Freetown, des Ministeriums für Ländereien und Landesplanung, des MAFS, der Njala University, der Nationalen Umwelt- und Forstkommission, des Nationalen Bauernverbandes, des Dezentralisierungssekretariats und einer Vielzahl von Nichtregierungsorganisationen.[7]

Die wachsende Bevölkerung hat insbesondere in den östlichen Bezirken die Wohnungsnot verschärft, und inzwischen ist man dazu übergegangen, auch in landwirtschaftlich genutzten Flusstälern Wohneinheiten zu errichten. Dadurch droht der Ackerbau immer weiter in die periurbane Zone abgedrängt zu werden. Andererseits strebt das neu gebildete, mit Vertretern aller Interessengruppen besetzte FUDAP-Team die vollständige Integration der Landwirtschaft in die Stadtplanung an, was auf einen besseren Schutz der landwirtschaftlichen Nutzflächen hoffen lässt.

Die Landwirtschaft - seit den Anfängen Freetowns die Grundlage des Lebens in der Stadt - wurde im Zuge der Verstädterung durch nichtlandwirtschaftliche Landnutzung an den Rand gedrängt, erlebte aber in dem zurückliegenden Bürgerkrieg eine Renaissance. Die gegenwärtigen Bemühungen, die urbane Landwirtschaft zu einer Priorität der Stadtplanung zu machen, deuten darauf hin, dass in Freetown so lange Landwirtschaft betrieben wird, wie es dort noch hungrige Mäuler zu stopfen gibt.

Thomas R. A. Winnebah, Njala University, Sierra Leone
Olufunke Cofie, International Water Management Institute, Ghana

Anmerkungen

1. Zur frühen Geschichte der Landwirtschaft in dem Gebiet siehe Donald Davies, *Historical Development of Agricultural Land Use in Greater Freetown* (Magisterarbeit in Ländlicher Entwicklung, eingereicht 2004), Department of Geography and Rural Development, Faculty of Environmental Sciences, Njala University College, University of Sierra Leone, Freetown; Christopher Fyfe, „The Foundation of Freetown", in Christopher Fyfe und Eldred Jones, Hg., *Freetown: a Symposium* (Freetown 1968), S. 1-8; und E. G. Ingham, *Sierra Leone after a Hundred Years* (London 1894). Zur Verbindung mit dem Sklavenhandel siehe Joe A. D. Alie, *A New History of Sierra Leone* (Malaysia 1990), und R. J. Olu-Wright, „The Physical Growth of Freetown", in Fyfe und Jones, op. cit. diese Anm., S. 24-37.
2. Gebiets- und Bevölkerungswachstum nach GOPA-Consultants, „Solid Waste Management Study, June", Freetown Infrastructure Rehabilitation Project, Sierra Leone 1995, sowie nach Statistics Sierra Leone, *Final Results 2004 Population and Housing Census Report* (Freetown 2006).
3. Regierung von Sierra Leone, *Poverty Reduction Strategy Paper: A National Programme for Food Security, Job Creation, and Good Governance (2005-2007)* (Freetown 2005).
4. Zur Gesundheitsfrage siehe Mohamed Mankay Sesay, *Occupational Health and Safety Hazards and Production in Small Scale Agriculture: A Case Study of Inland Valley Farmers in the Eastern Part of Greater Freetown, Western Area, Sierra Leone* (Abschlussarbeit zum Bachelor of Science, eingereicht 1998), Department of Geography and Rural Development, Faculty of Environmental Sciences, Njala University College, University of Sierra Leone, Freetown; zu technischen Studien siehe Josie Abraham Scott-Manga, *Agricultural Practices at Dumpsites: Case Study of Bormeh and Grandville Brook in Freetown* (Abschlussarbeit zum Bachelor of Arts, eingereicht 2000), Department of Geography and Rural Development, Faculty of Environmental Sciences, Njala University College, University of Sierra Leone, Freetown; Abrassac Abu Kamara, *Water Mangement Studies of Okra Under Drip Irrigation System* (Magisterarbeit in Boden- und Wasserbau, eingereicht 2006), Department of Agricultural Engineering, School of Technology, Njala University, Freetown.
5. Auswirkungen des Bürgerkriegs auf die Nahrungsmittelproduktion nach Thomas R. A. Winnebah, *Food Security Situation in Sierra Leone Since 1961*, Food Security Monograph Nr. 2, World Food Programme Sierra Leone, Technical Support Unit, Freetown, März 2003.
6. GOPA-Consultants, op. cit. Anm. 2; Statistics Sierra Leone, op. cit. Anm. 2.
7. Bericht zum Training Workshop on Multi-stakeholder Processes for Action Planning and Policy Formulation in Urban Agriculture, Freetown, Sierra Leone, 12./17. Juni 2006.

Peter Newman/Jeff Kenworthy

Kapitel 4: Wie man umweltfreundlichen Transportsystemen in der Stadt zum Durchbruch verhilft

Die Sitzung war beendet, der Antrag, die Bahngleise zu entfernen, genehmigt – und dennoch schien eine Erneuerung der Bahn fast so gut wie sicher. Der Verein „Friends of the Railway" (F.O.R.) im australischen Perth versuchte, die Linie Perth – Fremantle 1982 wieder zu eröffnen, nachdem die Regierung sie 1978 geschlossen hatte. Perth war eine moderne Stadt; das Auto war König. Die Regierung wollte aus der Bahnlinie eine Autobahn machen; Busse sollten die Züge ersetzen. Aber seit der Schließung der Bahnlinie war die Zahl der Fahrgäste in den Bussen sogar um 30 Prozent zurückgegangen, die vormaligen Zugpassagiere benutzten das Privatauto. Zudem trafen Australien 1979 die ersten Zeichen einer globalen Ölkrise, und ein Transportsystem, das ausschließlich auf Fahrzeugen mit Benzin- oder Dieselmotoren basierte, erschien zu diesem Zeitpunkt nicht als sinnvoll.[1]

Nach vier Jahren intensiver Lobbytätigkeit erhielt F.O.R. öffentliche Unterstützung. Die Gruppe hatte eine öffentliche Versammlung einberufen; die Regierungspartei hatte darauf reagiert, indem sie zwei Stunden vor Versammlungsbeginn mit Bussen 600 ihrer Anhänger herantransportierte und dafür sorgte, dass niemand sonst Einlass erhielt. Nachdem die Regierung ihr „einstimmiges" Votum durchgebracht hatte, berichteten die Medien erbarmungslos von einer „bankrotten Regierung".

Innerhalb eines Jahres war die Regierung abgewählt und die Bahnlinie wiederhergestellt. Nun hat Perth 180 Kilometer elektrische Eisenbahn mit 72 Stationen, die das gesamte Stadtgebiet bedient. Die Bahn ist vielfach der schnellste Weg, um in der Stadt voranzukommen, und das Fahrgastaufkommen wuchs von anfänglich 7 Millionen jährlich auf 47 Millionen im Jahr 2005, wobei es kräftig anstieg, seit die Benzinpreise in die Höhe schossen.

Noch wichtiger ist vielleicht, dass Land in der Nähe von Bahnstationen zum Wohnen und Arbeiten bevorzugt wird. Seit sich die Stadt bei der Baulanderschließung auf Gebiete im Umkreis der Bahnhöfe konzentriert, sind diese zu aktiven Zentren geworden. Perth ist Vorreiter bei einem bedarfsorientierten Verkehrssystem namens „Travel Smart", das die Menschen über Transportmöglichkeiten aufklärt. Dadurch wurden mehr als 15 Prozent der Autofahrten durch öffentliche Transportmittel oder das Fahrrad ersetzt. Heute ist das Stadtgebiet von zahlreichen Fahrradwegen durchzogen, einschließlich eines so genannten „Veloway" entlang von Bahnlinien. Die Subventionen für den öffentlichen Verkehr und das Fahrrad übertreffen inzwischen jene des Straßenbaus und schließen ein Versuchsprojekt mit wasserstoffgetriebenen Bussen mit ein.

Obwohl nach wie vor mächtig, ist das Auto in Perth nicht mehr der König, der es einmal war. Die vorausblickenden Politiker der Stadt können sich heute in dem Ruhm sonnen, Perth für eine Zukunft gerüstet zu haben, in der Erdöl knapp und damit immer teurer wird. Die Kampagne der F.O.R. sowie Hunderte weitere in Städten in aller Welt zeigen, dass Regierungen auch andere Transportsysteme als das Auto fördern können. Damit dies geschehen kann, müssen die Menschen jedoch erkennen, was das für ihre jeweilige Stadt bedeutet. Und um eine solche Vision zu realisieren, muss unvermeidlich die Politik herangezogen werden.

Den städtischen Verkehr wie in Perth umweltfreundlicher zu gestalten bedeutet, Wege zu finden, das Zufußgehen, Radfahren und andere nichtmotorisierte Verkehrsarten, etwa Rikschas, sowie Busse, Leichtschienenbahnen (moderne Straßenbahnen) und den Bahnverkehr gegenüber dem Auto konkurrenzfähig zu machen. Es bedeutet aber auch, den Transportbedarf von vornherein durch Veränderungen der Flächennutzung zu reduzieren, indem man zum Beispiel Wohn- und Arbeitsplätze näher zusammenlegt. Dieses Kapitel befasst sich mit den hierfür notwendigen Grundprinzipien und den Methoden, die Städte zu solchen Maßnahmen bewegen können, sowie mit einigen Fällen, in denen dies bereits getan wird.

Transport und Flächennutzung in Städten

Jede Großstadt hat zwar ihr eigenes Transportsystem, doch die Zahl der Automobile ist in den vergangenen 30 Jahren weltweit explosionsartig angestiegen. Gab es 1970 auf der Erde 200 Millionen Autos, so ist diese Zahl bis 2006 auf 850 Millionen angewachsen – und sie dürfte sich bis 2030 verdoppeln. Massiv vermarktet, äußerst erfolgreich in seinen politischen Kampagnen und heute das Erfolgssymbol jedes ehrgeizigen Menschen von Boston über Belgrad bis Beijing, scheint das Automobil unaufhaltbar zu sein.[2]

Überall füllen sich die Städte mit Autos – die Folgen sind Verkehrsstaus, Unfälle und schlechte Luft. Bislang hat man darauf mit vermehrtem Straßenbau reagiert; das jedoch verdrängt öffentliche Transportsysteme sowie das Radfahren und das Zufußgehen, und es führt dazu, dass sich Städte an Autobahnen entlang immer weiter ausdehnen. Die Fahrdistanzen werden größer, und die Fahrzeiten begünstigen das Auto. Dies hat in einer endlosen Spirale immer noch mehr Autos, Straßen und ungehemmte Ausbreitung der Städte zur Folge.

Autos sind nützlich, und der Wunsch, eines zu besitzen, ist so groß, dass jede Stadt damit irgendwie fertig werden muss. Doch der Besitz von Autos ist womöglich gar nicht das Problem, da das Ausmaß, in dem Autos eine Stadt dominieren, äußerst unterschiedlich ist. Städte werden synergistisch gestaltet, wobei ihre Gesellschaften, ihre Kultur und ihre Transportprioritäten zusammenwirken.

In diesem Beitrag werden Daten über urbane Gebiete aus der Millenium Data Base verwendet. Sie wurden für die International Union of Public Transport gesammelt, werden verwaltet vom Institute for Sustainability and Technology Policy der Murdoch University in Australien und stellen den umfassendsten Datenbestand zum städtischen Verkehr und zur Flächennutzung in Städten dar. Mit Hilfe der Daten von 84 Städten aus dem Jahre 1995 (dem jüngsten zur Verfügung stehenden Jahr) wird eine globale Perspektive erstellt (siehe www.sustainability.murdoch. edu.au); und anhand von 15 für die Lage in Industrie- und Entwicklungsländern typischen Städten werden die hauptsächlichen Unterschiede aufgezeigt. Die diskutierten Indikatoren schließen Transportenergie, Nutzung öffentlicher Verkehrsmittel, Bevölkerungsdichte, nicht motorisierten Transport (NMT), Geschwindigkeitsvergleiche zwischen öffentlichem und privatem Verkehr sowie die Länge von Autobahnen mit ein.[3]

Abbildung 4.1 zeigt den unterschiedlichen Kraftstoffverbrauch von Privatautos in den 15 Städten. Es überrascht nicht, dass Nordamerika beim Verbrauch von Fahrzeugen und Kraftstoff weltweit führt; dennoch bestehen auch hier beträchtliche Unterschiede etwa zwischen Atlanta mit 2962 und New York mit 1237 Litern Benzin pro Jahr und Person. An nächster Stelle stehen die Großstädte Australiens, Kanadas und Neuseelands mit 700 bis 1200 Litern pro Kopf. Für die europäischen Städte beläuft sich diese Zahl auf etwa 450 Liter, in Osteuropa nur auf 100 bis 240 Liter. Auch in den wohlhabenden Städten Asiens sind diese Werte mit durchschnittlich 275 Litern pro Person sehr niedrig. Am unteren Ende dieser Skala liegen die Städte der Entwicklungsländer mit 70 bis 300 Litern Kraftstoff pro Kopf. Ho-Chi-Minh-Stadt ist mit seinen 27 Litern in dieser Aufstellung kaum erfassbar.[4]

Die Städte unterscheiden sich zwar hinsichtlich ihrer Kapazität, Autos aufzunehmen und Straßen dafür zur Verfügung stellen zu können, jedoch besteht eine überraschend geringe Korrelation zwischen Kraftstoffverbrauch und Wohlstand einer Stadt. Städte wie Tokio und Hongkong zum Beispiel sind sehr wohlhabend, doch ihre Bewohner verbrauchen zehn- bzw. 25mal weniger Kraftstoff als die Menschen in Atlanta. Die europäischen Städte gehören allgemein zu den reichsten der Welt, doch die Menschen dort verbrauchen sechsmal weniger Kraftstoff als die Bewohner von Atlanta. Offenbar investieren Städte entweder in den Autoverkehr oder in die Möglichkeit, sich anders fortzubewegen, etwa mit öffentlichen Verkehrsmitteln.[5]

Abbildung 4.2 zeigt den Anteil des motorisierten Verkehrs am öffentlichen Verkehr in den 15 ausgewählten Städten. Diese weisen sogar noch größere Unterschiede auf. Die Städte in den Vereinigten Staaten verfügen über einen verschwindend geringen öffentlichen Nahverkehr, wenngleich in New York neun Prozent des motorisierten Verkehrs auf das öffentliche Transportwesen entfallen. Die australischen, kanadischen und neuseeländischen Städte sind nur wenig besser; sie variieren von fünf Prozent in Perth bis zu 14 Prozent in Toronto. In den meisten europäischen Städten beträgt der Anteil des öffentlichen Verkehrs über 20, bei nur wenigen unter zehn Prozent. Die Städte Osteuropas hingegen liegen alle um die 50 Prozent, und die reichen Städte Asiens verfügen über einen sehr hohen Anteil an öffentlichem Verkehr, wobei Hongkong mit 73 Prozent führend ist. Die Zahlen für die Städte in den Entwicklungsländern variieren beträchtlich: So beträgt der Anteil des öffentlichen Verkehrs in Mumbai (Bombay) 84, in Ho-Chi-Minh-Stadt aber nur acht und in Riad sogar nur ein Prozent. Auch hier gibt es offenbar keinen Zusammenhang mit dem Pro-Kopf-Einkommen; vielmehr scheinen manche Städte in den öffentlichen Verkehr zu investieren, andere hingegen nicht.[6]

Der dritte bedeutende Indikator ist der nicht motorisierte Transport – hauptsächlich Zufußgehen und Radfahren, aber auch der Einsatz von Rikschas. Abbildung 4.3 zeigt, dass in den Städten mit starkem Privat- und wenig öffentlichem Nahverkehr im Allgemeinen wenig gelaufen und Rad gefahren wird: In den Städten Nordamerikas, Australiens und Neuseelands liegt dieser Anteil bei durchschnittlich acht bis 16 Prozent (Atlanta nur drei Prozent), während er in den europäischen, lateinamerikanischen und asiatischen Städten etwa 30 Prozent beträgt (wobei Shanghai 78 und Ho-Chi-Minh-Stadt 44 Prozent aufweisen). Die Unterschiede erklären sich aus der Dichte dieser Städte; in kompakt gebauten Städten sind die Distanzen kurz genug, um zu Fuß zu gehen. Auch politische Prioritäten zugunsten des Nahverkehrs sind von Bedeutung; daher erklärt sich etwa der relativ niedrige Wert für Bangkok. In Kopenhagen und Amsterdam hingegen ist der Anteil des Fahrrads mit über 30 Prozent hoch, was auf das außerordentlich gut ausgebaute Radwegenetz zurückzuführen ist. In den chinesischen Städten hat das Rad weiterhin den größten Anteil am städtischen Transport; allerdings wird dieser Umstand zunehmend durch eine rasante Motorisierung angefochten (siehe Kasten 4.1).[7]

Der vierte wichtige Indikator ist die Bevölkerungsdichte in „Menschen pro Hektar erschlossener urbaner Fläche" (siehe Abbildung 4.4). Im Allgemeinen ist in Städten mit höherer Bevölkerungsdichte der Anteil an Fußgängern, Radfahrern und öffentlichen Verkehrsmitteln am größten, während in solchen mit geringer Bevölkerungsdichte der PKW-Verkehr vorherrscht. Dies lässt sich gut bei einem umfangreicheren Vergleich von Städten erkennen (siehe Abbildung 4.5). Die Städte Curitiba und Krakau haben zwar eine etwas niedrigere Bevölkerungsdichte, als man bei ihrer geringen Autonutzung erwartet, und die Bevölkerungsdichte Bangkoks ist höher, als man bei der asiatischen Stadt mit der größten PKW-Nutzung erwartet; doch von solchen Ausnahmen abgesehen, erscheint der Zusammenhang zwischen urbaner Gestaltung und Transportwesen sehr klar.

Manche vertreten zwar die Ansicht, Transportstrukturen würden hauptsächlich von anderen Faktoren wie etwa Einkommen und Benzinpreisen bestimmt, doch Abbildung 4.6 zeigt für Sydney, dass quer durch die Stadtteile mit ihrer unterschiedlichen Bevölkerungsdichte bei der Transportenergie große Schwankungen bestehen. So ist die Aktivitätsdichte sehr hoch im Zentrum (City of Sydney), wo der Kraftstoffverbrauch ähnlich dem in Shanghai oder Krakau ist, während er in den inneren Vorstädten jenem von München und in den äußeren dem von Houston, Texas, entspricht. Das zeigt ferner, dass diese Strukturen nicht vom Einkommen bestimmt werden, denn in Sydney – wie in allen australischen Städten – nimmt der Wohlstand konstant vom Zentrum nach außen ab.[8]

Aus diesen Daten zu Transportwesen und Flächennutzung wird ersichtlich, dass Städte mit geringer Bevölkerungsdichte und dem Problem der Flächenausbreitung mit dem damit verbundenen Angewiesensein auf das Auto konfrontiert sind, während solche mit hoher Bevölkerungsdichte damit zu kämpfen haben, dass Autos die Straßen verstopfen.

In Städten, die um das Auto „herumgebaut" wurden, wird dieses in manchen Fällen zehnmal häufiger benutzt als in anderen Städten; häufig bietet ihre Flächennutzung auch nur wenige Alternativen. Viele dieser urbanen Gebiete sind durch eine geringe Flächennutzungsstruktur gekennzeichnet, die so sehr vom Auto abhängig ist, dass dadurch die abwärts gerichtete Spirale für umweltfreundlichere Verkehrsmittel noch verstärkt wird. Sie haben nicht nur Verkehrsprobleme auf den Autobahnen, von denen sie durchzogen werden, sondern auch in ihren Zentren mit Parkplatzmangel und Verkehrskonflikten zu kämpfen. Zudem verfügen sie nicht über andere realisierbare Optionen für Beförderungssysteme. Es hat den Anschein, als könne man dort nur mit dem Auto in vertretbaren Zeitspannen an das jeweilige Ziel gelangen. Das ist hauptsächlich der Fall in Städten der USA, Australiens, Neuseelands und Kanadas, zunehmend jedoch auch in Randbereichen europäischer Städte und in so genannten „Transitstädten", die sich uneingeschränkt ausbreiten dürfen.[9]

Städte mit einer besseren Flächennutzung fördern im Allgemeinen stärker öffentliche Verkehrsmittel, Fußgänger und Radfahrer. Aber sie haben auf ihren Straßen auch weniger Raum für Fahrzeuge. Deshalb füllen in vielen dieser Städte Autos, Motorroller und dreirädrige Taxis die Straßen – die traditionelle Domäne des öffentlichen Lebens einer Stadt –, was zu schlechterer Luft, Lärmbelästigung und Verkehrsstaus führt. Schlimmer noch ist, dass in dem Maße, in dem man öffentlichen Raum zur Nutzung durch Privatfahrzeuge umfunktioniert, Busse verlangsamt werden und der Raum zum Gehen, Radfahren und für andere nicht motorisierte Fortbewegungsarten wie etwa Rikschas reduziert wird. Das Resultat ist, dass auch in dichter bebauten Städten die Nutzung umweltfreundlicher Verkehrsmittel mehr und mehr zurückgeht und Autos sogar bei starkem Verkehr

Abbildung 4.1: Energieverbrauch von Privatfahrzeugen in 15 Städten, 1995

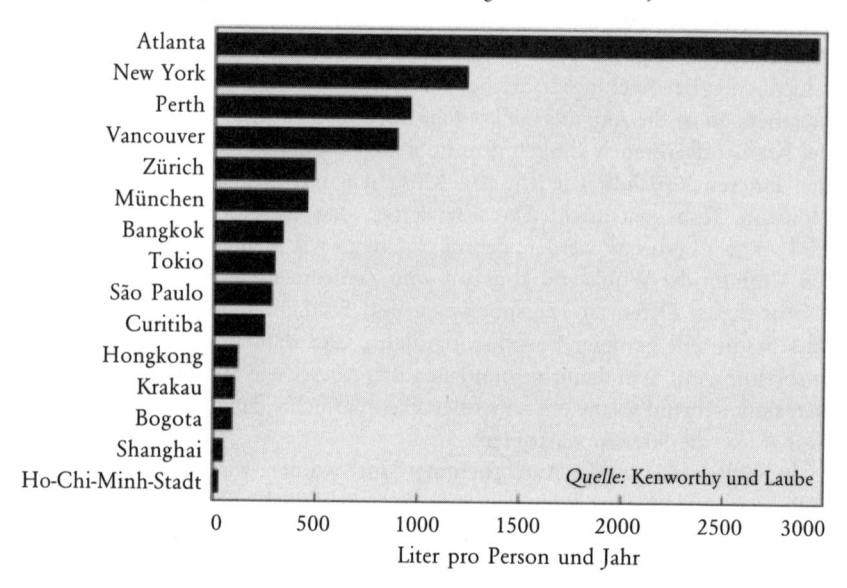

Quelle: Kenworthy und Laube

Liter pro Person und Jahr

Abbildung 4.2: Anteil der motorisierten Fahrgast-Kilometer am öffentlichen Verkehr in 15 Städten, 1995

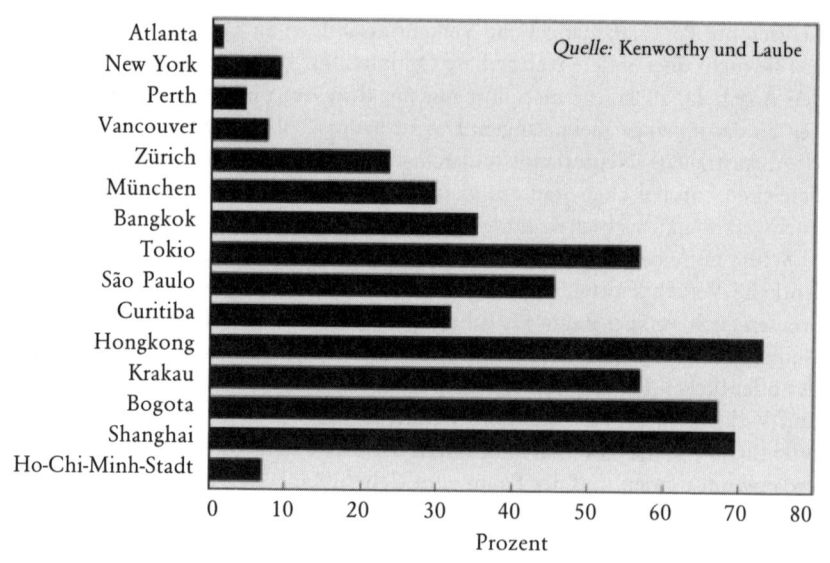

Quelle: Kenworthy und Laube

Prozent

Kapitel 4: Wie man umweltfreundlichen Transportsystemen ...

Abbildung 4.3: Anteil der täglichen nicht motorisierten Fahrten in 15 Städten, 1995

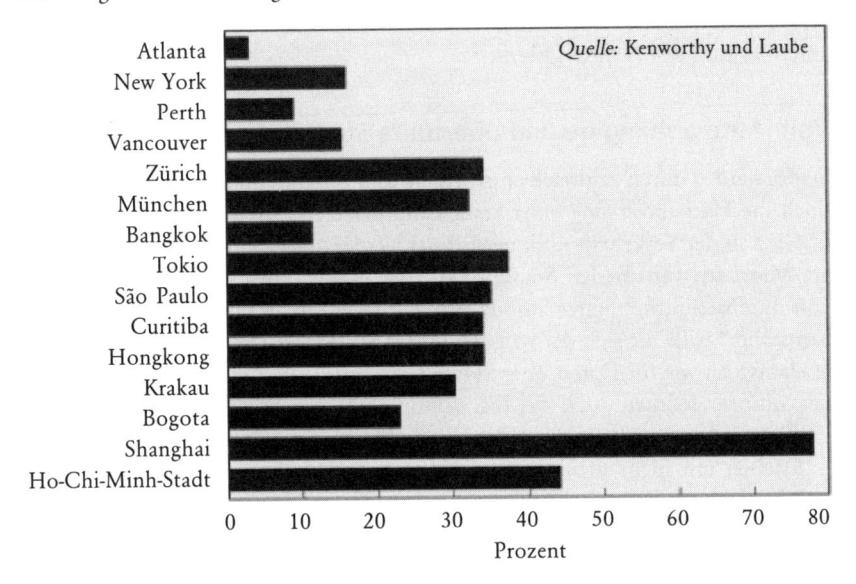

Quelle: Kenworthy und Laube

Abbildung 4.4: Bevölkerungsdichte in 15 Städten, 1995

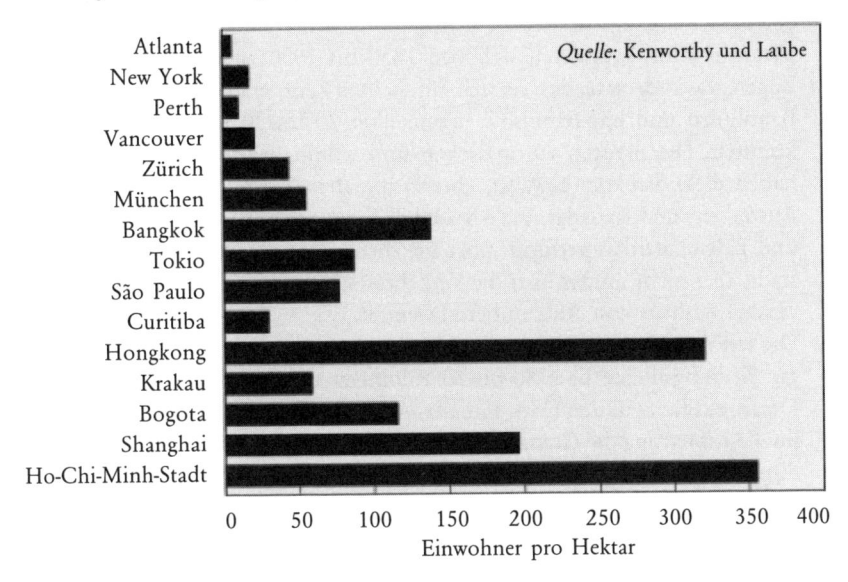

Quelle: Kenworthy und Laube

zum schnellsten und sichersten Fortbewegungsmittel werden. Diese Entwicklung zeigt sich zunehmend und immer rascher in vielen Städten Asiens, Afrikas, Lateinamerikas und des Nahen Ostens.[10]

Vom Auto abhängige und überfüllte Städte

Städte werden durch zahlreiche historische und geographische Merkmale geprägt, doch die Flächennutzung einer Stadt kann jederzeit durch Änderungen der Prioritäten in der Verkehrspolitik beeinflusst werden. Der italienische Physiker Cesare Marchetti vertritt den Standpunkt, dass es ein universales Reisezeit-Budget von durchschnittlich einer Stunde pro Tag und Person gibt. Diese „Marchetti-Konstante" trifft für jede der weltweit in der Millenium Data Base erfassten Städte ebenso zu wie für Daten über Städte Großbritanniens in den letzten 600 Jahren, und sie definiert auch das Erscheinungsbild von Städten:[11]

- „Fußgängerstädte" waren und bleiben dicht besiedelte, unterschiedlich genutzte Flächen mit nicht mehr als fünf Kilometern Durchmesser. Sie stellten 8000 Jahre lang die hauptsächliche urbane Lebensform dar, doch bedeutende Teile von Orten wie beispielsweise Ho-Chi-Minh-Stadt, Mumbai und Hongkong haben auch heute noch den Charakter einer solchen Stadt. Auch Krakau ist größtenteils eine Fußgängerstadt. In reichen Städten wie New York, London, Vancouver und Sydney sind die Zentren vom Charakter her hauptsächlich ebenfalls Fußgängerstädte.

- „Transitstädte" gründeten sich von 1850 bis 1950 auf Straßenbahnen und Zügen, was bedeutete, dass sie sich mit dichten Zentren und Korridoren entlang Bahnlinien und um Bahnhöfe herum über 20 bis 30 Kilometer ausdehnen konnten. Die meisten europäischen und wohlhabenden asiatischen Städte haben diese Struktur bewahrt, ebenso die alten Kerne in Städten der USA, Australiens und Kanadas. Viele Städte in Entwicklungsländern Asiens, Afrikas und Lateinamerikas verfügen über die dichte Korridorstruktur einer Transitstadt, aber nicht immer über die Verkehrssysteme, um sie zu unterhalten, und werden deshalb von Autos überschwemmt.

- Die seit den 1950er Jahren entstandenen „Autostädte" können sich bei geringer Siedlungsdichte über 50 bis 80 Kilometer in alle Richtungen ausbreiten. Derartige Städte in den USA, Kanada, Australien und Neuseeland erreichen in ihrer Ausbreitung die Grenzen der Marchetti-Konstante einer jeweils halbstündigen Fahrt hin und zurück und sollen deshalb zurückentwickelt werden.

In einigen Städten, etwa in wachsenden Mega-Cities oder solchen, die sich rapide ausbreiten, kann das Reisezeit-Budget für einen zunehmenden Anteil der Bevölkerung überschritten werden. Die Menschen werden sich dann unweigerlich der Situation anpassen, indem sie etwa näher an ihre Arbeitsstelle ziehen oder eine

Kapitel 4: Wie man umweltfreundlichen Transportsystemen ...

Kasten 4.1: Ist die Motorisierung der chinesischen Städte eine Bedrohung für die Welt?

Manche Kommentatoren befürchten, dass die Welt nicht in der Lage sein wird, mit dem Wachstum der chinesischen Städte fertig zu werden, da die Menschen dort sehr große Mengen Autos kaufen. Doch die 200 Millionen Chinesen, die in den vergangenen zehn Jahren in Städte gezogen sind, verbrauchen pro Person etwa 50 Liter Kraftstoff für den Transport – das heißt, insgesamt verbrauchen diese 200 Millionen in einem Jahr weniger als die 4,1 Millionen Einwohner von Atlanta.

Falls sich die Chinesen natürlich für den Bau von Autobahnen entscheiden und ihre Städte ausdehnen wie Atlanta, werden sie am Ende das Auto so viel benutzen wie die Menschen dort. Doch trotz vor einiger Zeit begonnener Versuche der Regierung, Autobahnen zu bauen, kann es so weit mit an Sicherheit grenzender Wahrscheinlichkeit nicht kommen. Die chinesischen Städte bestehen aus Hochhäusern und erreichen eine Siedlungsdichte von 150 bis 200 Personen pro Hektar. Raum für Autobahnen wird in solchen Städten zu einem einschränkenden Faktor, und die derzeitige Bauphase scheint in Städten wie Shanghai an dieses Limit zu stoßen. Atlanta hingegen ist mit sechs Personen pro Hektar die Stadt mit der niedrigsten Siedlungsdichte der Welt. Dort werden ständig mehr Autobahnen gebaut, um die Fortbewegung sicherzustellen, und es gibt noch immer viel Raum für solche Straßen.

Quelle: Siehe Anmerkung 7.

---

bessere Transportmöglichkeit finden. Diese Suche nach besseren Optionen kann zur Basis sozialer Bewegungen werden, die sich für umweltfreundlichere Verkehrsmittel einsetzen.

Es gibt viele Gründe, die Abhängigkeit vom Auto zu überwinden und eine hohe Automobildichte einzudämmen (siehe Tabelle 4.1). Alles in allem lässt sich vielleicht am besten an der fehlenden Störfallstabilität einer Stadt erkennen, wenn das Auto zu dominieren beginnt. Eine Stadt darf nicht nur über eine Möglichkeit der Fortbewegung und Flächennutzung verfügen, sondern benötigt deren mehrere. Der in Paris lebende amerikanische Verkehrsplaner Eric Britton nennt dies die „Neue Mobilitätsagenda". Damit meint er, die ausschließliche Option „Auto" müsse durchbrochen und stattdessen ein breites Spektrum an Verkehrsmitteln angeboten werden. Dies kann die Störfallstabilität einer Stadt erhöhen, vor allem angesichts von Krisen wie dem Klimawandel und dem baldigen Absinken der globalen Erdölförderung („Peak Oil").[12]

Wenn sich die Prognosen bezüglich der globalen Erdölförderung als richtig erweisen, wird Kraftstoff ein Hauptproblem für autoabhängige Städte werden. Für Städte ohne umweltfreundliche Transportsysteme kann die Ära zu Ende gehender Ölreserven schwieriger werden als für solche, die Schritte gegen die

Abbildung 4.5: Urbane Dichte und Energieverbrauch des Privatverkehrs in 58 Städten mit höherem Einkommensniveau, 1995

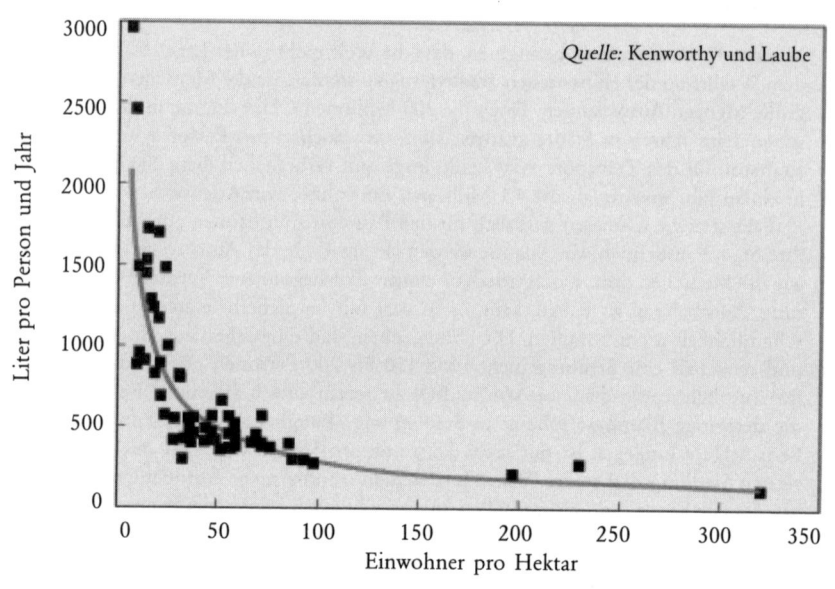

Quelle: Kenworthy und Laube

Abbildung 4.6: Urbane Dichte und Energieverbrauch des Privatverkehrs im Großraum Sydney, 2002

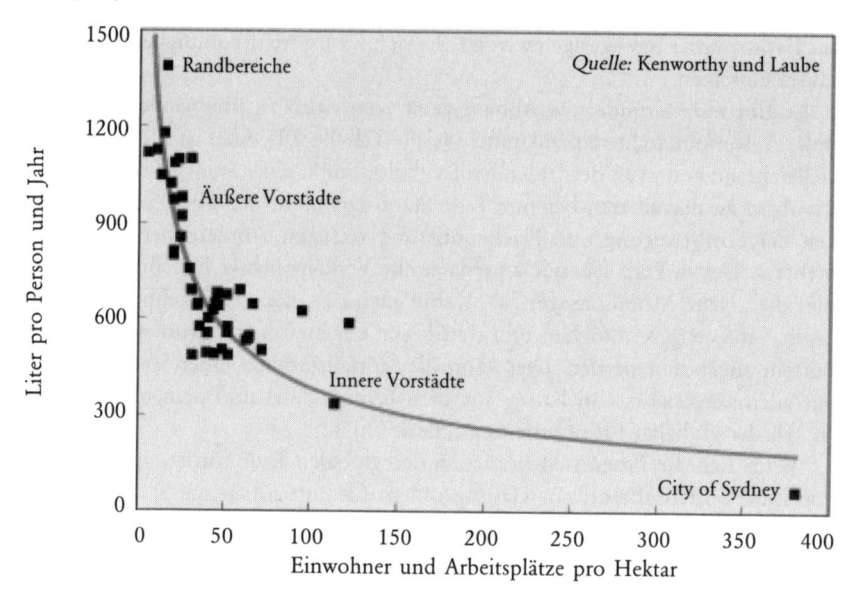

Quelle: Kenworthy und Laube

Abhängigkeit vom Auto unternommen haben. Jedoch ist Kraftstoff nur einer der in Tabelle 4.1 aufgelisteten Punkte. Zu viele Autos in einer Stadt werden immer ein Problem darstellen, unabhängig davon, wie sie angetrieben werden. Aber selbst Kraftstoffprobleme bei Fahrzeugen lassen sich nicht einfach durch eine Verbesserung der Energieausnutzung bewältigen. Tabelle 4.2 zeigt die Energieausnutzung unterschiedlicher Verkehrssysteme am Beispiel von 32 Städten.[13]

Der städtische Autoverkehr verbraucht im Durchschnitt fast doppelt so viel Energie wie der städtische Busverkehr: 3,7mal mehr als Leichtschienen- oder Straßenbahnsysteme und 6,6mal mehr als elektrische Stadt- bzw. Nahverkehrszüge. Für Leichtschienen- und Straßenbahnen ist charakteristisch, dass sie wesentlich öfter halten und anfahren als Eisenbahnen, weil die Abstände zwischen den Haltestellen erheblich kürzer sind. Deshalb fällt ihre Energieeffizienz etwas schlechter aus als die der Eisenbahn, obwohl ihre durchschnittliche Passagierzahl ähnlich ist. Ein Dieselzug hat in der Regel eine nur wenig bessere Verbrauchsleistung als ein Stadtbus. Die durchschnittliche Auslastung von Zügen ist bei allen Typen in etwa gleich – im Allgemeinen ist sie mehr als doppelt so hoch wie bei Bussen und etwa 20mal höher als beim Privatauto. Insgesamt unterstreichen diese Daten noch einmal, wie wichtig es ist, in Städten ein solides Netz aus elektrischen Bahnen zu entwickeln, wenn die Energieerhaltung verbessert werden soll. Städte ohne solche Systeme sind jene mit einem sehr hohen Benzinverbrauch.

Häufig wird das theoretische Potenzial der unterschiedlichen Verkehrsmittel betrachtet, um festzustellen, ob tatsächliche Erhöhungen der Fahrgastzahlen möglich sind. Bei Bussen variiert diese Zahl stark, doch lässt sie sich nicht leicht verbessern, wenn eine Linie zum Beispiel durch weit verstreute Vororte führt. Das Hauptziel ist hier das Fahrgastaufkommen in Privatautos, die vier Personen befördern könnten anstatt der durchschnittlichen 1,52. Dieser Durchschnittswert – er reicht von niedrigen 1,20 in Genf bis zum Höchstwert von 2,5 in Manila – ist jedoch so universell, dass es unrealistisch erscheint, eine wesentlich höhere Auslastung zu erwarten. Fahrgemeinschaften stellen diesbezüglich keine große Entwicklungschance dar, da sie den Teilnehmern nur einen begrenzten Fahrplan bieten. Der öffentliche Verkehr jedoch hat eine wesentlich höhere Auslastung – sie reicht von 1,8 (bei den Jitneys genannten kleinen Linienbussen Manilas) bis zu 239,4 in Mumbai (wobei häufig viele Menschen auf dem Dach mitfahren). Bei der Auslastung öffentlicher Verkehrsmittel besteht also ein echtes Potenzial für Veränderungen.[14]

Die andere Möglichkeit einer Steigerung von Verbrauchsleistungen besteht in der technischen Weiterentwicklung der Fahrzeuge. Seit der ersten Ölkrise Anfang der 1970er Jahre richtet sich die Aufmerksamkeit darauf, technisch effizientere Kraftfahrzeuge zu bauen. Viele sehen diesen Weg nach wie vor als den wichtigsten. So vertritt etwa Jeremy Leggett, ein Insider der Ölindustrie und Gründer

Tabelle 4.1: Probleme in Städten im Zusammenhang mit dem Auto

Umweltprobleme	Wirtschaftliche Probleme	Gesellschaftliche Probleme
Photochemischer Smog	Kosten durch Unfälle und Umweltverschmutzung	Abhängigkeit vom Erdöl
Giftige Emissionen in die Luft	Kosten durch Verkehrsstaus	Verringerung von Straßenleben und Gemeinschaftsgefühl
Hoher Beitrag zum Treibhauseffekt	Hohe Infrastrukturkosten in neuen, sich ausbreitenden Vororten	
Verlust an Wald- und ländlichen Flächen		Verlust an öffentlicher Sicherheit
Größere Regenwasserprobleme aufgrund sehr harter Oberflächen	Verlust an landwirtschaftlichen Produktionsflächen	Zugangsprobleme für Menschen ohne Auto und Behinderte
Verkehrsprobleme: Lärm, Wohngebiete werden durch Straßen zerschnitten	Verlust an urbanen Flächen durch Asphaltierung	Aggressives Verhalten im Straßenverkehr
	Fettleibigkeit und andere gesundheitliche Probleme	

des Unternehmens Solarcentury, die Ansicht, dass die Abhängigkeit der USA vom Erdöl aus dem Nahen Osten auf Null reduziert werden könnte, wenn die Energieausnutzung der Fahrzeuge nur um 2,7 Meilen pro Gallone – das entspricht etwa 1,15 km pro Liter – verbessert würde. Er geht davon aus, dass die Fahrleistung bei einem geringeren Kraftstoffverbrauch pro Kilometer nicht erhöht wird; tatsächlich ist jedoch in den Vereinigten Staaten in den vergangenen Jahrzehnten die Zahl der gefahrenen Kilometer pro Kopf stetig angestiegen.[15]

Die Fahrzeugmotoren sind in den letzten Jahrzehnten zwar effizienter geworden, doch in den USA und Australien wurde dies durch einen zunehmenden Anteil an schweren sportlichen Allradfahrzeugen (SUVs) an der Gesamtzahl der Fahrzeuge wettgemacht. So verbesserte sich in den USA die Verbrauchsleistung der Fahrzeuge von 1975 bis 1987, fiel jedoch bis 2006 wieder von 26,2 auf 21,4 Meilen pro Gallone, und in Australien liegt die Verbrauchsleistung heute unter den Werten der 1960er Jahre. Im Gegensatz dazu steigen in Europa und China die Anforderungen zur Energieeinsparung von Fahrzeugen, was sich auf die Fahrzeugindustrie weltweit auswirken dürfte. Bei der Kraftstoffeinsparung von Fahrzeugen sind enorme technische Fortschritte verfügbar; sie müssen lediglich auf breiter Basis umgesetzt werden.[16]

Die weltweiten Daten zur Luftqualität in Städten verweisen auch auf diesem Gebiet auf anhaltende Probleme. Weiterentwicklungen bei Fahrzeugen und in der Brennstofftechnologie haben zwar in den meisten Städten der Industrienationen die Luftverschmutzung trotz zunehmenden Verkehrs konstant halten oder sogar reduzieren können. Anders ist die Lage jedoch in den Städten der meisten Entwicklungsländer, wo dieses Problem wegen der hohen Wohndichte noch gravierender ist – die Luftverschmutzung bedroht hier das Leben von Mil-

Tabelle 4.2: Durchschnittliche Verbrauchsleistung und Auslastung von Verkehrsmitteln in 32 Städten, 1990

Verkehrsmittel	Durchschnittliche Verbrauchsleistung	Ermittelte durchschnittliche Auslastung
	(Megajoule/ Fahrgast-km)	(Fahrgastzahlen)
Auto	2,91	1,52
Bus	1,56	13,83
Eisenbahn (elektr.)	0,44	30,96
Eisenbahn (Diesel)	1,44	27,97
Leichtschienenbahn/ Straßenbahn	0,79	29,73

Quelle: Siehe Anmerkung 13.

Anmerkung: Die Auslastung bei Zügen ist auf der Basis der durchschnittlichen Auslastung pro Waggon angegeben, nicht pro Zug. Die durchschnittliche Auslastung bei Autos bezieht sich auf 24 Stunden.

lionen. In Städten wie Mexico City, Delhi, Mumbai, Kalkutta und Dhaka haben dreirädrige Taxis mit Zweitaktmotor den größten Anteil am Verkehr (in Mexico City zum Beispiel machen Minitaxis 55 Prozent des Verkehrsaufkommens aus). Diese sind billig im Unterhalt, aber sie verursachen eine Luftverschmutzung, die manchmal um das Drei- bis Fünffache über dem von der Weltgesundheitsorganisation empfohlenen Grenzwert liegt.[17]

Eine in Delhi erstellte Studie besagt, dass dort jedes Jahr 10.000 Menschen durch die Luftverschmutzung zu Tode kommen. Anil Agarwal und Sunita Narain vom dort ansässigen Centre for Science and Environment brachten dieses Thema erstmals Anfang der 1980er Jahre zur Diskussion; 1985 verklagte der Umweltanwalt M. C. Mehta die indische Regierung wegen Untätigkeit in dieser Sache. 1998 ordnete das Oberste Gericht Indiens nach reiflicher Überlegung an, dass bis 2001 alle Busse in Delhi mit Erdgas betrieben werden sollten. 2006 sind auf den Straßen der Stadt über 80.000 Fahrzeuge mit diesem Kraftstoff unterwegs, alle Busse und Minitaxis mit eingeschlossen. Die Luftverschmutzung verringerte sich um 39 Prozent. Nun folgen andere indische Städte diesem Beispiel, und auch Beijing (Peking) hat sich dieses Ziel gesetzt.[18]

Um ein anderes Dilemma in von Autos überfüllten Städten anzugehen, nämlich Verkehrsstaus, bauen Stadtverwaltungen häufig Autobahnen. Gewöhnlich werden diese als Problemlösung vorgeschlagen. Den Verkehr zu beschleunigen spart Zeit (zumindest für eine Weile), und man glaubt, dadurch auch Kraftstoff und Emissionen einzusparen, weil es weniger zu spritverbrauchendem Stop-and-go-Verkehr kommt. Verkehrsplaner bedienen sich diesbezüglichen Kosten-Nutzen-Analysen, um die großen Kosten für den Bau von Autobahnen zu rechtfertigen. Doch die Daten stützen diese Argumente nicht.

Stehen Verkehrsstaus in Zusammenhang mit höherem Benzinverbrauch in Städten? Nein, vielmehr verbrauchen Städte mit höherer Verkehrsdichte weniger Kraftstoff (siehe Abbildung 4.7), während jene mit den wenigsten Staus am meisten verbrauchen. Da Privatfahrzeuge in weniger verstopften Städten effizienter vorankommen, werden sie wesentlich häufiger und für längere Strecken eingesetzt; gleichzeitig benutzen die Menschen in diesen Städten nicht so häufig kraftstoffsparende Verkehrsmittel.[19]

Wenn die Kapazität an Straßen zunimmt, dann steigt auch das Verkehrsaufkommen, um den geschaffenen Raum auszufüllen. Das Texas Transportation Institute hat in einer Studie über die vergangenen 30 Jahre festgestellt, dass es in US-amerikanischen Städten, die massiv in Straßen investierten, nicht zu weniger Verkehrsstaus kommt als in solchen, die diesbezüglich nicht investierten. Es ist also durchaus möglich, dass eine Politik, die Straßenbau zur Reduzierung von Verkehrsproblemen befürwortet, die gegenteilige Wirkung erzielt und den Verkehr sogar verstärken kann.[20]

Der Bau von Autobahnen innerhalb von Städten wird weltweit sehr unterschiedlich gehandhabt. Im Allgemeinen weisen Daten über das Maß an Autobahnen in Städten darauf hin, dass „Autos kommen werden, wenn man Straßen baut" (siehe Tabelle 4.3). Die Städte Westeuropas und die wohlhabenden asia-

Abbildung 4.7: Durchschnittliche Geschwindigkeit im Straßenverkehr und Energieverbrauch des Privatverkehrs in 58 Städten mit höherem Einkommen, 1995

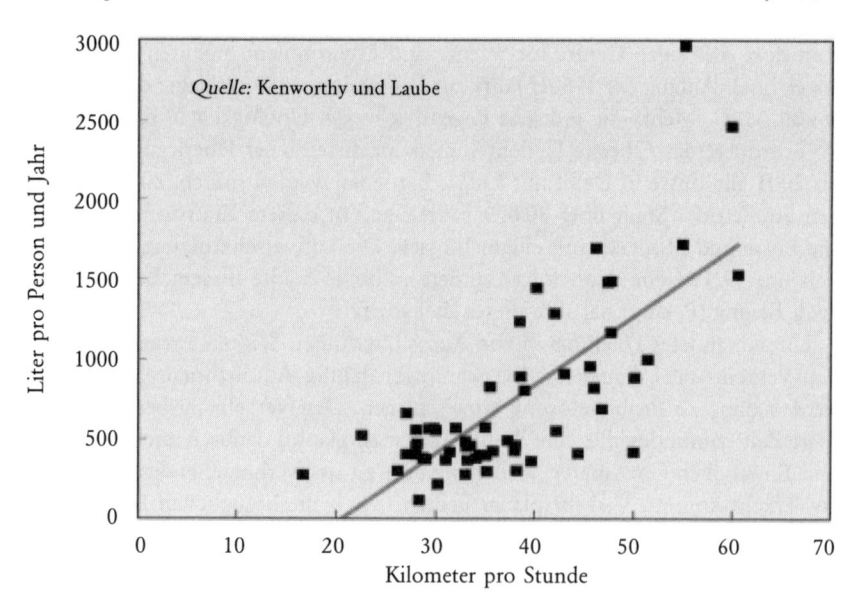

Kapitel 4: Wie man umweltfreundlichen Transportsystemen ...

tischen Städte legen auf solche Verkehrswege nicht sehr viel Gewicht. Diese Städte gehören zu den reichsten der Welt. Die lateinamerikanischen und chinesischen Städte verfügen über 50mal weniger Autobahn pro Kopf als die Städte der USA. Wenn man die Kosten für einen Meter Autobahn zum Wohlstand einer Stadt in Relation setzt, dann sind bedauerlicherweise die Städte, die im Verhältnis zu ihrem Reichtum am meisten in Autobahnen investieren, jene in Afrika und dem Nahen Osten – ein Hinweis auf sehr planlose Prioritäten bei der Entwicklungshilfe.[21]

Eine Begrenzung des Autoverkehrs zur Vermeidung von Verkehrsstaus ist eine zukunftsfähigere Lösung als der Bau von Autobahnen. Dies wird im Großraum London praktiziert. Bürgermeister Ken Livingstone hat getan, was viele für unmöglich hielten – er führte eine „Stausteuer" („congestion charge") ein, die sich als populär erwies. Schon seit Jahren schlagen Verkehrsökonomen vor, dass Städte das Autofahren besteuern sollten, um Staus zu reduzieren und für die externen Kosten des Autoverkehrs wie Luftverschmutzung und Unfälle aufzukommen. Obgleich Singapur und Oslo solche Systeme bereits etabliert hatten, war London die größte Stadt, die diesen Versuch wagte.

Um die Londoner Innenstadt wurde ein Ring von Sensoren gelegt, an denen die Autofahrer entweder automatisch bezahlen oder Nichtzahlern Geldstrafen auferlegt werden, wenn sie in die City hineinfahren. Die so erzielten Einnahmen werden zur Verbesserung des öffentlichen Verkehrs verwendet. Dadurch konnte das Verkehrsaufkommen um 15 Prozent verringert und der Busbetrieb erheblich verbessert werden, da die Busse nun ihre Fahrpläne genauer einhalten und zudem mehr Busse fahren. Wer weiter mit dem eigenen Wagen fährt, freut sich darüber, dass pro Tag 60.000

Tabelle 4.3: Autobahnen in 84 Städten, zusammengefasst nach Ländern oder Regionen, 1995

Städte in Region oder Land	Autobahn pro Bevölkerung (Meter pro 1000 Einwohner)	Autobahn pro Wohlstand der Stadt (Meter pro $ 1000 Bruttosozialprodukt)
Vereinigte Staaten	156	4970
Australien und Neuseeland	129	6520
Kanada	122	5850
Westeuropa	82	2560
Asien, hohe Einkommen	20	650
Osteuropa	31	5260
Naher Osten	53	11880
Lateinamerika	3	620
Afrika	18	6410
Asien, geringe Einkommen	15	3990
China	3	1170

Quelle: Seine Anmerkung 21.

Autos weniger in die City of London fahren; 50 bis 60 Prozent derer, die vorher mit dem eigenen Auto fuhren, benutzen nun den öffentlichen Nahverkehr. Stockholm führt jetzt eine Stausteuer ein, nachdem in einer sechsmonatigen Probezeit eine Verkehrsreduzierung von 25 Prozent im morgendlichen und 40 Prozent im abendlichen Stoßverkehr festgestellt wurde. Etwa die Hälfte der Pendler stiegen auf den öffentlichen Verkehr um, der dadurch 4,5 Prozent Zuwachs bekam.[22]

Einige staugeplagte Städte haben beschlossen, keine Autobahnen zu bauen – und wurden dadurch zu Weltführern in Sachen umweltfreundliche Verkehrssysteme.

Einige andere staugeplagte Städte haben beschlossen, keine Autobahnen zu bauen – und wurden dadurch zu Weltführern in Sachen umweltfreundliche Verkehrssysteme. Kopenhagen, Zürich, Portland sowie Vancouver und Toronto in Kanada sahen sich mit beträchtlichen Kontroversen konfrontiert, als anfänglich der Bau von Autobahnen vorgeschlagen wurde. Die Stadtverwaltungen entschieden sich stattdessen für „grünere" Optionen – Leichtschienenbahnen, Fahrradwege, Verkehrsberuhigung und miteinander verbundene urbane Dörfer. In all diesen Städten setzten sich Bürgergruppen für eine weniger am Auto orientierte Stadt ein, und es gab politische Prozesse, die ein solches Engagement zuließen und förderten.[23]

Viele andere Städte versuchen inzwischen, Autobahnen abzureißen, die zentrale urbane Flächen zerstört haben. San Francisco beseitigte nach dem Erdbeben 1989 den Embarcadero Freeway entlang der Küste. Drei Wahlgänge waren notwendig, um einen öffentlichen Konsens zu erreichen, dann wurde anstelle der Autobahn ein von Bäumen gesäumter Boulevard mit Raum für Fußgänger und Radfahrer gebaut. Wie in den meisten Fällen, in denen Verkehrskapazität reduziert wird, ist es auch in San Francisco nicht schwer gefallen, adäquate Transportmöglichkeiten sicherzustellen. Schon seit Jahren zeigen Studien zur Verkehrsberuhigung, dass sich Städte anpassen – die Menschen wechseln zu anderen Verkehrssystemen und unterlassen unnötige Autofahrten, und die Städte selbst schaffen veränderte Flächennutzungen, die mit der neuen Verkehrskapazität kompatibler sind. Dieser Veränderung der Verkehrsphilosophie folgt eine Regeneration der Flächennutzungen.[24]

Die südkoreanische Hauptstadt Seoul hat eine große Autobahn aus ihrem Zentrum verbannt, die über einen Fluss gebaut worden war. Die Autobahn war wegen der Folgen für das Umland wie auch für den Fluss selbst zum Streitpunkt geworden. Das Programm des neuen Bürgermeisters sah vor, die Autobahn abzureißen, den Fluss zu renaturieren, eine historische Brücke zu restaurieren, die Uferbereiche als öffentlichen Park wiederherzustellen, benachbarte Gebäude zu renovieren, das U-Bahnnetz zu erweitern und als Ersatz für den wegfallenden

Verkehr ein Schnellbussystem einzuführen. Dieses Projekt hat für Seoul einen überaus symbolischen Charakter, da der Fluss eine spirituelle Lebensquelle für die Stadt darstellt. Inzwischen planen auch andere Großstädte in Asien, insbesondere in Japan, ähnliche Projekte, und auch im dänischen Aarhus wurde eine über einem Fluss verlaufende Hauptverkehrsstraße entfernt und an den Ufern ein sehr schöner Naherholungsbereich geschaffen.[25]

Solche Projekte zeigen, dass wir „Transportsysteme als öffentlichen Raum betrachten" sollten, wie es David Burwell vom Project for Public Spaces ausdrückt. Aus dieser Perspektive gesehen, geraten Autobahnen zu sehr unfreundlichen Lösungen, da sie keine wertvollen öffentlichen Räume darstellen. Doch Boulevards mit Raum für Autos, Radfahrer, Fußgänger und einer Bus- oder Straßenbahnlinie – alles gut gestaltet und mit Flächennutzungen, die für alle attraktiv sind –, das sind Orte, an denen man zusammenkommt und die eine „grüne" Stadt zu einer guten Stadt machen. Der Fluss in Aarhus lockt heute Menschen und Investitionen an, die früher von der stark befahrenen Straße abgehalten wurden. Das Demos Institute, das im Bereich öffentlicher Verkehr forscht, hat in einer Studie gezeigt, wie öffentliche Verkehrssysteme dazu beitragen, gute öffentliche Räume zu schaffen, die wiederum das Wesen einer Stadt mitbestimmen.[26]

Die Verkehrsplaner sind sich dieses neuen Paradigmas zunehmend bewusst. Andy Wiley-Schwartz von der US-amerikanischen Gruppe Project for Public Spaces meint, die Straßenbauer würden „erkennen, dass sie auch im Bereich Gemeinschaftsentwicklung arbeiten und nicht nur im Bereich Verbesserung der Infrastruktur". Er spricht in diesem Zusammenhang vom „slow road movement". Eine ähnliche Bewegung in Dänemark, angeführt von dem Stadtplaner Jan Gehl, hebt hervor, dass es von großer Bedeutung ist, alle öffentlichen Plätze, insbesondere Straßen, zu Orten zu machen, die sich am Menschen orientieren und wo Fußgänger und Radfahrer Vorrang haben.[27]

Sowohl vom Auto abhängige als auch mit Autos überfüllte Städte brauchen also eine Kombination von Verkehrsmitteln und Flächennutzungsoptionen, die umweltfreundlichere Verkehrsarten begünstigen – das heißt, diese müssen im Vergleich zum Auto Zeit sparen. Als erstes muss das öffentliche Transportsystem schneller sein als der Privatverkehr auf den wichtigsten Verkehrsadern. In Städten mit einem relativ schnellen öffentlichen Verkehrssystem erfährt dieses auch den entsprechenden Zuspruch. Der Grund hierfür ist simpel: Der öffentliche Verkehr in diesen Städten spart Zeit.[28]

Zweitens müssen mehr Menschen dort leben und arbeiten, wo sie umweltfreundlichere Verkehrsmittel haben. Die Wohndichte in Innenstädten und regionalen Zentren muss erhöht werden, damit die Menschen, wie immer sie sich entscheiden, weniger Wege zurücklegen müssen. Öffentlicher Verkehr braucht eine Dichte von über 35 Personen und Arbeitsstätten pro Hektar urbaner Fläche (besser noch 50 Personen); auch das Radfahren beginnt erst bei über 35 Personen pro Hektar effektiv zu werden, während Zufußgehen eine Dichte von mehr als 100 Personen und Arbeitsstätten pro Hektar erfordert.[29]

Drittens müssen Serviceniveau und Verbindungen im öffentlichen Verkehr Zeiteinsparungen ermöglichen. Die Abfahrtszeiten dürfen auch nachts und an Wochenenden Intervalle von 15 Minuten nicht überschreiten. Eine Stadt mit unzureichendem öffentlichem Verkehrssystem kann in eine Reihe von Transitstädten umstrukturiert werden, in denen lokale Buslinien mit einem schnelleren, über die Hauptverkehrsadern hinwegreichenden Service verbunden werden. Diese lokalen Buslinien können dann die Korridore überqueren, indem sie koordiniert aus vielen Richtungen an Stationen „andocken". Vancouver und Sydney haben auf diese Weise ihren öffentlichen Nahverkehr restrukturiert; Denver plant ein Bahnprojekt, welches das Nahverkehrssystem der Stadt umgestalten wird.[30]

Neugestaltung von Städten mit öffentlichen Verkehrsmitteln

Um die mit der Flächenausdehnung einer Stadt gekoppelte Abhängigkeit vom Auto rückgängig zu machen, ist es fast unmöglich, eine ganze Stadt so neu zu gestalten, dass der öffentliche Verkehr schneller ist als der Privatverkehr. Es ist jedoch möglich, ersteren auf den Hauptverkehrsadern schneller zu machen. Die europäischen und asiatischen Städte mit den besten Geschwindigkeitsverhältnissen zwischen öffentlichem und privatem Verkehr haben dies mit Bahnen erreicht. Bahnsysteme sind in allen 84 Städten der Millenium Data Base um zehn bis 20 Stundenkilometer schneller als Bussysteme, die nur selten über 20 bis 25 Kilometer pro Stunde hinaus kommen. Busse können in mit Autos überfüllten Städten schneller sein, doch in vom Auto abhängigen Städten mit geringerer Dichte ist es wichtig, die größere Geschwindigkeit der Bahn zu nutzen, um gegenüber dem Autoverkehr im Vorteil zu sein. Dies ist einer der wichtigsten Gründe, weshalb in über 100 Städten der USA Eisenbahnen gebaut werden.[31]

Zusammen mit einer zweckmäßigen Flächennutzung können Eisenbahnen zu einer höheren Dichte um Bahnhöfe beziehungsweise Stationen führen. Das 1976 in Washington in Dienst gestellte Metrorail-System ist auf ein Streckennetz von 168 Kilometern mit 86 Stationen angewachsen und hat sich zu einem Schüsselfaktor in der Gestaltung der Strukturen von Wohn- und Beschäftigungsmöglichkeiten entwickelt. Dieser „Transit-Oriented Development" (TOD) genannte Prozess wird zunehmend zur Richtschnur für Städteplaner und Politiker, da er nicht nur den Autoverkehr reduziert, sondern auch Geld im Bereich Infrastruktur einspart und mit dazu beiträgt, Gemeinschafts- und Geschäftszentren zu schaffen.[32]

Zentren oder TODs, also eine am Nahverkehr orientierte Entwicklung, müssen bei jedem öffentlichen Transportsystem mit eingeplant werden, so dass als

Gegengewicht zu Autostädten Transitstädte entstehen. In diesen Zentren – vor allem in bedeutenden regionalen Zentren – muss dem Gehen und Radfahren Priorität eingeräumt werden, so dass kurze Strecken schneller bewältigt werden können. Die Fußgängerstadt ist in der heutigen Gesellschaft ebenso funktionell wie zu allen anderen Zeiten in der Geschichte. Innerhalb einer Autostadt kann eine Kombination aus Transit- und Fußgängerstädten gebaut werden, um die Störfallstabilität der ersteren zu verbessern. Die meisten australischen und kanadischen Städte werden anhand dieses Konzepts weiter entwickelt, ebenso Portland, Chicago und Denver in den Vereinigten Staaten.[33]

In Denver entfallen weniger als ein Prozent der Fahrten auf den öffentlichen Verkehr; dennoch wird die Stadt entlang von sechs neuen Bahnlinien restrukturiert. Angeregt durch die Nachbarstadt Boulder mit ihrem guten öffentlichen Verkehrssystem und einem fahrradfreundlichen Zentrum begannen in Denver Mitte der 1980er Jahre Gruppen wie Transit Alliance eine Kampagne zur Umgestaltung des öffentlichen Verkehrs und der Flächennutzung. Führende Persönlichkeiten aus Politik und Wirtschaft sowie Nichtregierungsorganisationen und Nachbarschaftsgruppen schlossen sich zusammen. 2004 billigten die Wähler einen Antrag, 4,7 Milliarden Dollar in 192 Kilometer Gleisstrecke mit 70 Stationen und 30 Kilometer Schnellbusstrecke zu investieren, sowie einen Plan, sich in der Stadtentwicklung auf den öffentlichen Verkehr zu konzentrieren.[34]

Ein umweltfreundliches Mobilitätssystem hat auch das kanadische Vancouver verändert. In den 1970er und 1980er Jahren ging die Einwohnerzahl im Zentrum wie in vielen anderen nordamerikanischen Städten zurück. Als Reaktion auf diese Entwicklung begann der Stadtrat, qualitativ hochwertige urbane Räume zu schaffen, das Zufußgehen und Radfahren zu fördern, ein zuverlässiges elektrisches Bahnsystem (den Sky Train) und Elektrobusse zu etablieren sowie Gebäude mit hoher Wohndichte und mindestens 15 Prozent Sozial- und Genossenschaftswohnungen zu bauen. In den letzten 20 Jahren ist die Bevölkerung wieder um 135.000 Menschen gewachsen, und die Mobilitätsstrukturen haben sich verändert. Die Zahl der Autofahrten in der Stadt sank von 1991 bis 1994 um 31.000 pro Tag (rund 31 Prozent aller Fahrten), während die per Rad und zu Fuß zurückgelegten Strecken um 107.000 pro Tag zunahmen – das entspricht einer Steigerung von 15 auf 22 Prozent der Gesamtstrecken. 2006 wurden gar 30 Prozent aller innerstädtischen Distanzen per Rad oder zu Fuß zurückgelegt.[35]

Familien ziehen in die Stadt, und Schulen, Kindergärten und Gemeinschaftszentren sind nun gut besucht, während die Zahl der Autos in der Stadt unter den Stand von vor fünf Jahren gefallen ist – was auf der Welt einmalig sein dürfte, vor allem bei einer Stadt, die gleichzeitig wirtschaftlich boomt. Vancouver verlangt bei jeder Baumaßnahme, dass fünf Prozent der Kosten für öffentlichen Raum und Sozialeinrichtungen aufgewendet werden. Dies kommt dem Fußgängerverkehr und lokalen kommunalen Einrichtungen zugute. Zudem hat Vancouver um die Sky-Train-Stationen viele Flächen neu gestaltet.[36]

Paris verfügt wie viele andere europäische Städte über ein gutes Verkehrssystem und ein fußgängerfreundliches Zentrum, hat jedoch in den vergangenen Jahrzehnten immer mehr Raum an das Auto abgetreten. Nun führt die Stadt in einem Versuch, öffentliche Räume wieder zurückzugewinnen, eine Reihe von Maßnahmen durch, um die Zahl der Autos in der Stadt zu reduzieren. Dazu gehören etwa 320 Kilometer Fahrradwege, die Umwandlung von Einbahn-Schnellstraßen für Autos in zweibahnige Fahrradstraßen mit zusätzlichen Bäumen und die Entfernung von 55.000 Parkplätzen an Straßen pro Jahr. Ferner sind eine neue Leichtschienenbahn, die ein Dutzend U-Bahn- und Expressbahnzüge vernetzen und Querverbindungen bereitstellen soll, sowie 40 Kilometer Buslinien geplant, auf denen die Fahrzeuge doppelt so schnell wie sonst fahren können und deren Haltestellen mit Echtzeitanzeigen ausgestattet sind. Laut Bürgermeister Delanoë werden diese Maßnahmen von 80 Prozent der Einwohner begrüßt.[37]

Schnellbusse füllen die Lücke zwischen der Bahn und herkömmlichen Bussen (siehe Kasten 4.2). Zu ihren speziellen Merkmalen gehören eigene Fahrspuren, im Voraus entrichteter Fahrpreis, ebenerdiger Einstieg, kurze Serviceintervalle, große Kapazität, Vorfahrtsrecht und intelligente Kontrollsysteme. Da sie auf bereits existierenden Straßen eingesetzt werden können, sind Schnellbusse billiger als Bahnen. Die ersten Städte mit einem groß angelegten Schnellbussystem waren Ottawa, Curitiba und Bogotá.[38]

Jede Stadt, die ein umweltfreundliches Verkehrssystem will, muss dem öffentlichen Verkehr und der nicht motorisierten Fortbewegung Vorrang einräumen gegenüber dem Straßenbau.

Die Stärke von Schnellbussen liegt darin, dass sie, wie Züge, schneller sind als der Straßenverkehr. In vielen Städten der Entwicklungsländer verstopfen inzwischen Tausende von Minibussen die Straßen. Einige Schnellbussysteme mit besonders hoher Geschwindigkeit können 20.000 Personen pro Stunde befördern, während Busse im Normalverkehr nur selten 8000 Personen schaffen. Schnellbusse sind also eine umweltfreundlichere Option, die zudem schneller ist als der Privatverkehr oder Minibusse. Busse schaffen zwar Emissionen und Lärmprobleme und sind deshalb weniger geeignet, an wichtigen Haltestellen eine dichtere Besiedlung anzuziehen; allerdings kann man hier mit Emissionsregelungen (vor allem durch eine Bevorzugung von Erdgas) und lärmgeschützten Gebäuden gegensteuern.[39]

Die Städte Paris, Los Angeles, Pittsburgh, Miami, Boston, Brisbane, Mexico City, Jakarta, Beijing, Kunming und Chengdu installieren nun alle Schnellbussysteme. Die Internationale Energieagentur beschreibt diesen Trend in den chinesischen Städten wie folgt: „Wenn die chinesischen Städte ihre Verkehrssysteme weiter in dem Tempo, das sie in den letzten Jahren erreicht haben, ausbauen, werden diese der Stadtentwicklung dienen, die andernorts auftretenden Verkehrsprobleme durch kleinere Fahrzeuge werden vermieden, und die chinesischen Städte werden einen großen Schritt in Richtung Zukunftsfähigkeit tun."[40]

Die Umgestaltung vieler vom Auto überfüllter Städte in Entwicklungsländern kann durch gut platzierte Schnellbus- oder Bahnsysteme erreicht werden, da in jeden dieser Korridore ohnehin schon viel Aktivität eingebaut ist. Ob Schnellbusse oder Bahnen verwendet werden sollen, hängt ab von den Fahrgastzahlen und dem im innerstädtischen Bereich zur Verfügung stehenden Raum. In Mumbai, wo täglich fünf Millionen Menschen mit dem Zug ankommen, ist der Raum so begrenzt, dass nur ein Bahnsystem funktionieren kann. In Städten mit hoher Dichte sind bereits Knoten zum Ausbau des öffentlichen Verkehrs vorhanden; nötig sind nur noch die Verkehrsmittel. Bangkok hat mit dem Bau eines Schnellbahnsystems durch und über seine verstopften Straßen begonnen, das auf durchschnittlich 14 Kilometer pro Stunde kommt, und dazu Busse mit durchschnittlich neun Stundenkilometern.[41]

All diese zögerlichen Schritte zu umweltfreundlicherem öffentlichem Verkehr erhielten 2006 Auftrieb durch steigende Ölpreise. Der American Public Transportation Association (APTA) zufolge stieg die Nutzung öffentlicher Verkehrsmittel im ersten Quartal 2006 gegenüber dem Vorjahreszeitraum um mehr als vier Prozent. Die Fahrgastzahlen der Leichtschienenbahnen wuchsen um 11,2 Prozent an, und Busse transportierten 4,5 Prozent mehr Passagiere. Vor allem in kleineren Städten hat die Nutzung von Bussen einen erstaunlichen Zuwachs erlebt, wie APTA-Präsident William Millar bemerkt. In Tulsa zum Beispiel ist die Nutzung von Bussen in nur einem Jahr um 28 Prozent angestiegen. Viele Busse werden mit Erdgas oder Pflanzenöl betrieben, um Geld zu sparen und umweltbewusste Fahrgäste anzuziehen. Was überall in den Vereinigten Staaten wirklich boomt, sind jedoch Leichtschienenbahnen. Phoenix, Charlotte und das kalifornische Oceanside bauen solche Systeme völlig neu auf; Denver, Dallas, St. Louis und viele andere Städte beeilen sich, bestehende Systeme auszubauen, manchmal entlang alter Eisenbahntrassen.[42]

Zufußgehen und Radfahren erleichtern

Wenn man den nichtmotorisierten Verkehr – Fahrräder, Rikschas, Zufußgehen – vorantreiben will, muss man ihm ebenso viel Priorität einräumen wie den öffentlichen Verkehrsmitteln. Die große Zahl der Menschen, die zu Fuß gehen oder Rad fahren oder dies tun würden, wenn sichere Routen existierten, bietet Städten mehr als genug Rechtfertigung, hierfür ganze Straßen und Teile davon einzuplanen.

Kasten 4.2: Schnellbusse – Geschichte einer Entwicklung

Seit 1974 das Schnellbussystem in der brasilianischen Stadt Curitiba eingerichtet wurde, wissen die Städtebauer, dass es möglich ist, die Geschwindigkeit, die Kapazität und den Komfort von U-Bahnen mit nur einem Teil von deren Kosten zu erreichen. Curitiba konnte in den Spitzenverkehrszeiten stündlich etwa 12.000 Passagiere pro Richtung (pphpd = „passengers per hour per direction") schneller als 20 Kilometer pro Stunde befördern. Zwar haben die meisten Stadtbahn- oder U-Bahn-Systeme Kapazitäten über 20.000 pphpd und Geschwindigkeiten um 30 km/h, doch kam das Bussystem von Curitiba diesen Werten näher als jedes andere.

Die Stadt baute schöne, röhrenförmige Stationen mit Plattformen, die ein ebenerdiges Einsteigen in die Busse erlaubten. Da man bezahlte, bevor man die Röhre betrat, konnten die Passagiere rasch an allen vier Türen der Fahrzeuge einsteigen. Durch Vorfahrtsregelungen und Ampeln, die den Busfahrspuren Priorität einräumten, konnten die Busse den Verkehr umgehen. Von direkten Routen wurden die Busse auf ein System aus Haupt- und Nebenstrecken umgeleitet und dadurch ihre Zahl (also ihre „Dichte") auf den Straßen verringert. Die Geschäfte freuten sich über den verminderten Verkehr, über weniger Luftverschmutzung und raschen Zugang für die Fahrgäste.

Mit dem Schnellbussystem stieg in Curitiba der Anteil der Fahrten mit öffentlichen Transportmitteln an, blieb mehr als zwei Jahrzehnte lang über 70 Prozent und widerlegte damit die „eiserne Regel", dass die Nutzung öffentlicher Verkehrsmittel mit dem wirtschaftlichen Fortschritt zurückgeht. Aufgrund der niedrigen Kosten des Systems konnte dieses mit dem Anwachsen der Stadt Schritt halten. Als die Expansion des Schnellbussystems Anfang der 1990er Jahre zum Stillstand kam, begann der Anteil des öffentlichen Verkehrs geringer zu werden. Heute liegt er bei etwa 54 Prozent – immer noch hoch für eine Stadt, bei der auf 1000 Einwohner etwa 400 Autos kommen.

Über 20 Jahre lang konnten sich Schnellbussysteme außerhalb von Curitiba nicht etablieren. Andere brasilianische Städte wie São Paulo, Belo Horizonte und Porto Alegre bauten Buspuren, die jenen von Curitiba äußerlich ähnlich waren, jedoch nicht über deren Schlüsselelemente verfügten: nach dem Bezahlen zugängliche, mit dem Busboden auf einer Ebene befindliche Plattformen, restrukturierte Routen und Priorität für die Busse im Zentrumsverkehr. Als Experten der Frage nachgingen, weshalb keine andere Stadt den Erfolg von Curitiba wiederholen konnte, stellten sie fest, dass der Bürgermeister der Stadt, Jaime Lerner, während der Diktatur vom Militär bei der zwangsweisen Reformierung von Busunternehmen unterstützt worden war. Die städtische Verkehrsgesellschaft kassierte die Fahrgelder und bezahlte die Busunternehmen nach Kilometern. Die Busunternehmer in anderen lateinamerikanischen Städten blockierten solche Veränderungen.

1998 baute Quito das erste Bussystem, das sich wirklich an Curitiba orientierte und auf waghalsigen Routen durch die engen Straßen der historischen Altstadt verläuft. Geschwindigkeit und Kapazität sind etwas geringer als beim Vorbild, weil das Zentrum Quitos erheblich dichter ist. 2006 wurde die Busspur vorübergehend für den gemischten Verkehr geöffnet, was jedoch mit beträchtlichen Einbußen für das System verbunden war und eines der Risiken von Schnellbussystemen zeigte.

Bogotás Schnellbussystem TransMilenio wurde von brasilianischen und kolumbianischen Ingenieuren gebaut, die die Systeme von Curitiba und São Paulo eingehend studiert hatten. In Curitiba ist der größte Engpass die Haltestelle. Während der Stoßverkehrszeiten stehen die Busse Schlange, um Passagiere aussteigen zu lassen. Die Innovation bei TransMilenio ist eine Überholspur und mehrere Haltebuchten pro Station. So können bei bis zu drei Bussen gleichzeitig Passagiere aus- und einsteigen. Zudem ließ sich durch die Überholspur noch ein Expressbus-Service einrichten. So erreichte TransMilenio eine Operationskapazität von 35.000 pphpd und Geschwindigkeiten um 28 km/h. Mit überfüllten Bussen transportiert das System 53.000 Passagiere pro Stunde und Richtung und erreicht damit die Kapazität vieler U-Bahnen. Durch neu gestaltete Straßen, Radwege, Gehsteige und andere öffentliche Räume sank die Zahl der Verkehrsunfälle auf den Hauptverkehrsadern, die Zahl der Radfahrer und Fußgänger nahm zu, die Luftverschmutzung wurde reduziert und die Lebensqualität verbessert.

Die rasche Ausbreitung von Schnellbussystemen seit Ende der 1990er Jahre ist zu einem großen Teil Enrique Peñalosa, dem damaligen charismatischen Bürgermeister von Bogotá, zuzuschreiben. Ferner begannen Entwicklungsagenturen und Nichtregierungsorganisationen (NGOs) Probleme im Zusammenhang mit der zunehmenden Motorisierung zu erkennen, die von der Luftverschmutzung bis zum Klimawandel reichten. Auch wurden viele private Busunternehmer, die sich Schnellbussystemen widersetzt hatten, zunehmend durch den rapiden Anstieg von Privatfahrzeugen und Minibussen gefährdet; erst als sie in Bogotá und Curitiba Busunternehmer besuchten, die Gewinne erzielen, begannen sie, Schnellbussysteme zu unterstützen.

Jakarta eröffnete das erste an Curitiba orientierte Schnellbussystem Asiens im Januar 2004. Drei Korridore von TransJakarta sind fertiggestellt, drei weitere im Bau. Kapazität (5000 pphpd) und Geschwindigkeit (18 km/h) sind nicht so gut wie in Curitiba, könnten jedoch durch Korrekturen – zum Beispiel durch den Einbau mehrerer Türen in jedem Bus und jeder Station – mehr als verdoppelt werden.

Im Dezember 2004 folgte Beijing diesem Beispiel mit Unterstützung der Energy Foundation. Auch Südkoreas Hauptstadt Seoul baute ein umfassendes System, das Bussen zwar Priorität einräumt, jedoch nicht über alle Merkmale eines Schnellbussystems verfügt. Mexico City startete 2005 mit Metrobus unter Beteiligung der Weltbank und mit Unterstützung von EMBARQ im World Resources Institute. Ferner wurden in Hangzhou, Guayaquil und einem halben Dutzend weiterer Städte neue Systeme eingerichtet. Darüber hinaus sind derzeit Schnellbussysteme in Dutzenden von Städten sowohl in Entwicklungs- als auch Industrieländern in Planung beziehungsweise im Bau. Zu den besten Beispielen in letzteren zählen jene in Ottawa, Brisbane und Rouen.

Dennoch bleiben bei der Verbreitung von Schnellbussystemen Hindernisse. Zum Beispiel haben Städte in den Vereinigten Staaten ihren Busverkehr aufgrund vieler marginaler Verbesserungen zu Schnellbussystemen deklariert, obwohl ihnen die meisten Merkmale fehlen, die Curitiba und Bogotá zum Erfolg verhalfen. In Städten wie etwa Hyderabad haben sich U-Bahn- und Leichtschienenbahn-Lobbys gegen die Einführung von Schnellbussen organisiert. Solche Konkurrenz kann zwar auch gesund sein, doch könnten integrierte Metro- und Schnellbussysteme in vielen asiatischen Megastädten mit weniger Aufwand ein wesentlich dichteres, schnelleres Netzwerk anbieten als ein ausschließliches U-Bahnsystem.

Walter Hook, Institute for Transportation and Development Policy

Quelle: Siehe Anmerkung 38.

Städte müssen ein Netzwerk aus „grünen Straßen" schaffen, die für den motorisierten Verkehr gesperrt sind. Dies geschieht bereits in Dänemark und den Niederlanden, wo viele Städte über eine fahrradfreundliche Infrastruktur verfügen. Ganze Straßen werden für das Rad reserviert, und die Zahl der Radfahrer steigt. In Kopenhagen etwa fuhren 2003 bereits 36 Prozent der Einwohner mit dem Rad zur Arbeit (27 Prozent fuhren mit dem Auto, 33 Prozent mit öffentlichen Verkehrsmitteln, und fünf Prozent gingen zu Fuß). In vielen Städten Chinas begannen die Bürgermeister trotz der langen Radfahrtradition, zugunsten des Autoverkehrs Rechte von Radfahrern und Fußgängern zu beschneiden. Nun hat die Staatsregierung jedoch Maßnahmen gegen das Radfahren verboten, und die umweltfreundlichen Straßen dieser Städte müssen wiederhergestellt werden. Die Spannungen zwischen Rad- und Autofahrern dürften wie in allen Städten aber auch hier bestehen bleiben.[43]

Umweltfreundliche Straßen waren auch ein Ziel von Indonesiens Kampong Improvement Program, einer Initiative zur Verbesserung von Slums. In mehreren Städten, so auch in Surubaya, blieben enge Straßen innerhalb von Kampongs, malaiischen Dorfsiedlungen, für den Autoverkehr gesperrt und das traditionelle gesellschaftliche Leben somit erhalten. Durch das Verbot motorisierter Fahrzeuge trug die Regierung dazu bei, die wieder auflebenden Kampongs vor dem Aufkauf – und der sozialen Zerstörung – durch Außenstehende zu schützen. Innerhalb der Kampongs sind als Transportmittel nur das Fahrrad und das Becak zugelassen, die traditionelle indonesische Fahrradriksha.[44]

Jede Stadt, die ein umweltfreundlicheres Verkehrssystem will, muss dem öffentlichen Verkehr und der nicht motorisierten Fortbewegung Vorrang einräumen gegenüber dem Straßenbau. Das ist für ein umweltfreundliches urbanes Transportsystem von fundamentaler Bedeutung. Letztlich läuft alles auf die Prioritäten bei der Stadtplanung hinaus (siehe Kasten 4.3). Zwei ehemalige Gouverneure der USA, der Demokrat Parris Glendening und die Republikanerin Christine Todd Whitman, stimmen überein: „Wenn man Autostädte plant, bekommt man mehr Autos. Wenn man Städte für Menschen plant, bekommt man begehbare, bewohnbare Städte."[45]

Die Wirtschaftlichkeit urbaner Verkehrsmittel

Viele der im 19. Jahrhundert mit der Eisenbahn gewachsenen Städte in Europa und Teilen der Vereinigten Staaten, Australiens und Lateinamerikas behalten ihr Aussehen einer Transitstadt bei. Da öffentliche Verkehrssysteme mit dem Städtewachstum Schritt halten müssen, ist es erforderlich, dass neue Verkehrsmittel und Linien vom Auto abhängige Vororte vor der Autolawine erreichen. Zur Finanzierung des öffentlichen Verkehrs müssen die Städte innovative Lösungen

> *Kasten 4.3: São Paulo – Domizil für Radfahrer*
>
> Sich in São Paulo für das Radfahren zu entscheiden, das fällt in der im Verkehr erstickenden Metropole mit 19 Millionen Einwohnern nicht eben leicht. Motorisierte Fahrzeuge sind für 90 Prozent des Smogs von São Paulo verantwortlich, der oft wie ein dunkler Schleier über der Stadt hängt und zu erheblichen Atemproblemen beiträgt. Viele der reichsten Einwohner meiden deshalb die Straßen; die riesige Helikopterflotte der Stadt wird nur von jener in New York City übertroffen.
>
> Aber ein bislang einmaliger Fahrrad-Parkplatz in São Paulos Vorort Mauá veranlasst die Stadtväter, die Rolle des Fahrrads neu zu überdenken. Radfahrer, die zum Bahnhof von Mauá fahren wollten, hatten dort keinen Platz, um ihre Räder abzustellen – bis der Bahnhofsvorsteher Adilson Alcantâra im Jahr 2001 ASCOBIKE (Verband der Radfahrer) schuf. Die Mitglieder parken für eine monatliche Gebühr von fünf US-Dollar ihre Räder und bekommen sie dafür regelmäßig gewartet. Die anfangs 700 Plätze waren bald vergeben, der Verband ist auf 1800 Mitglieder angewachsen und plant, sich weiter zu vergrößern.
>
> Laura Ceneviva vom Umweltamt von São Paulo und Vorsitzende der Fahrrad-Arbeitsgruppe der Stadt sagt: „Die Benutzer bezahlen eine geringe Gebühr für einen guten Service, und zudem werden Arbeitsplätze geschaffen. Es gibt keinen Grund, weshalb wir diesen erfolgreichen und effektiven Service nicht in ganz São Paulo anbieten sollten."
>
> *Jonas Hagen, Berater für zukunftsfähigen urbanen Verkehr*
>
> *Quelle:* Siehe Anmerkung 45.

finden wie etwa die Stausteuer in London oder die Landverkäufe um Bahnhöfe in Kopenhagen zur Finanzierung einer neuen Leichtschienenbahn.

Vom Auto abhängige Städte ohne adäquate öffentliche Verkehrsmittel müssen neue Systeme bauen, da der zunehmende Verkehr und die Ausbreitung der Städte die Abhängigkeit vom Auto noch beschleunigen. In den letzten Jahrzehnten führte dies zum Bau neuer Bahnsysteme. Wie schon erwähnt, können Bahnen eine schnellere Option sein als das Auto (häufig mit Durchschnittsgeschwindigkeiten über 50 km/h) und die Entwicklung fußgängerfreundlicher Stadtzentren erleichtern. Allerdings wurden von Seiten der Geldgeber oft Busse favorisiert, da diese sich in die erste Priorität, den Straßenbau, integrieren lassen.[46]

Politische Intervention hat zu einer Wiederbelebung von Bahnen geführt, wenn die Betroffenen bei der Finanzierung ein Mitspracherecht hatten. In den USA war der Finanzierungsprozess für Verkehrsmittel zum Beispiel von seinem Beginn 1956 bis in die 1990er Jahre an Autobahnen orientiert. Doch 1991 setzte das Surface Transportation Policy Project, ein Zusammenschluss von über 100 NGOs, den Intermodal Surface Transportation Efficiency Act durch. Dieses Gesetz verlangt, dass die jeweilige Stadt selbst bestimmt, welche Verkehrsmittel subventioniert werden. Seither hat die Finanzierung umweltfreundlicher Verkehrsmittel zugenommen, und das Gesetz wurde bereits zweimal mit großer Unterstützung des Kongresses erneut autorisiert.[47]

Von Autos überfüllte Städte können sich Hongkong und Tokio zum Vorbild nehmen, wo der öffentliche Verkehr fast ausschließlich durch die Umnutzung von Land finanziert wird. In ärmeren Städten ist die Verwendung von Fördermitteln für Massenverkehrsmittel eindeutig gerechtfertigt, weil der öffentliche Verkehr dazu beiträgt, die Wirtschaft durch bessere Planung und Effizienz in der Stadt umzugestalten.[48]

Städte mit einem guten öffentlichen Verkehrssystem verbrauchen fünf bis acht Prozent des Bruttoinlandsprodukts ihrer Region für das Transportwesen, während diese Zahl in „Autostädten" eher bei 12 bis 15 Prozent liegt (und in Brisbane 18 Prozent erreicht). Der Grund hierfür scheinen die Kosten des Autoverkehrs und der für Autos benötigte Raum zu sein. Autofahren kostet mehr als die Benutzung öffentlicher Verkehrsmittel (etwa 85 US-Cents pro Fahrgastkilometer versus 50-60 US-Cents), auch wenn immer wieder geglaubt wird, es sei billiger, weil Wertminderung und Versicherung nicht mit einkalkuliert werden. Daten aus US-amerikanischen Städten belegen, dass die Transportkosten von den 1960er Jahren bis 2005 von zehn auf 19 Prozent der Haushaltsausgaben gestiegen sind (vor dem Anstieg der Benzinpreise 2006); dabei weisen die Städte mit der größten Abhängigkeit vom Auto die höchsten Prozentsätze auf und solche mit gutem öffentlichem Verkehrssystem die niedrigsten.[49]

Die größte ökonomische Auswirkung auf Städte ist der Raum, den das Auto für Straßen und Parkplätze in Anspruch nimmt. Eine Autobahn „befördert" 2500 Personen pro Stunde, eine Busspur 5000 bis 8000, eine Leichtschienenbahn oder ein Schnellbussystem können 10-20.000 und eine Eisenbahn 50.000 Personen pro Stunde transportieren – also 20mal so viele wie eine Autobahn. Kein Wunder also, dass Autobahnen so rasch voll werden. Außerdem brauchen die meisten autoabhängigen Städte fünf bis acht Parkplätze für jedes Auto. All dieser Raum kostet Geld und ist schlicht und einfach unproduktive Fläche.[50]

Zwei Überlegungen zu Sydney illustrieren die Unwirtschaftlichkeit und Raumvernichtung durch die Abhängigkeit vom Auto. Würde das Bahnsystem im Zentrum von Sydney eingestellt, so wären in der Stadt weitere 65 Autobahnspuren und 1042 Parkhochhäuser erforderlich. Zudem würden sich in der Folge die Geschäfte weit zerstreuen, wie es in den meisten autodominierten Stadtzentren der Fall ist. Dies ist in der heutigen globalen Wirtschaft auch ein wichtiger ökonomischer Gesichtspunkt, da die neuen interaktiven Arbeitsplätze vorzugsweise in Stadtzentren zu finden sind, wo hohe Konzentrationen von Menschen zusammenkommen können. Eine weitere relevante Überlegung: Wenn die nächste Million neuer Einwohner in Sydney in Stadtgebieten angesiedelt würde, die an öffentliche Verkehrsmittel angebunden wären, so dass jeder Haushalt ein Auto weniger bräuchte, würde die Stadt durch Raumeinsparung etwa 18 Milliarden Dollar an Kapitalopportunitätskosten und drei bis vier Milliarden an jährlichen Fahrtkosten einsparen. Hier sind die verringerten externen Kosten durch reduzierte Luftverschmutzung oder die Einsparungen im Gesundheitswesen aufgrund von weniger Fettleibigkeit und Depression durch übermäßigen Einsatz des Autos noch nicht mit eingerechnet. Ein umweltfreundliches Verkehrssystem ist einfach gesünder und wirtschaftlicher.[51]

Die Wirtschaftlichkeit einer umweltfreundlichen Gestaltung von Mobilitätssystemen wird vom Center for Transit-Oriented Development in Oakland, Kalifornien, bewertet. Es stellte anhand einer detaillierten, mehrere US-Bundesstaaten übergreifenden Untersuchung fest, dass die Menschen in 14,6 Millionen Haushalten nicht weiter als eine halbe Meile von einem TOD – einer Anbindung an öffentliche Verkehrsmittel – entfernt wohnen möchten, also an einer am öffentlichen Verkehr orientierten Stadtentwicklung interessiert sind. Das sind mehr als doppelt so viele, als jetzt tatsächlich so wohnen. Der Markt für TODs basiert auf der Tatsache, dass jene, die jetzt in solchen Zentren schon leben (es wurde festgestellt, dass es sich hierbei um kleinere Haushalte handelte, wenngleich sie über dasselbe Alter und dasselbe Einkommen verfügten wie die nicht dort Wohnenden), 20 oder mehr Prozent ihres Haushaltseinkommens sparen, weil sie nicht so viele Autos brauchen. Die Menschen in TODs besaßen 0,9 Autos pro Haushalt, verglichen mit 1,6 bei den anderen, was auf 4000 bis 5000 US-Dollar zusätzliche Ausgaben pro Jahr hinausläuft. Eine ähnliche Kalkulation in Australien erbrachte, dass sich dadurch im Verlauf eines Lebens etwa 750.000 Dollar einsparen ließen.[52]

Die wirtschaftlichen Vorteile eines umweltfreundlicheren urbanen Verkehrs werden allmählich sogar von einigen Teilen der normalerweise autoorientierten konservativen Seite der Politik erkannt. So verlautbarte die Washingtoner Lobbygruppe Free Congress Foundation: „Konservative tendieren zu der Annahme, dass öffentliche Verkehrsmittel keinen wichtigen konservativen Zielen dienen. Das ist jedoch unrichtig. Eines der wichtigsten konservativen Ziele ist ökonomisches Wachstum. In einer Stadt nach der anderen haben neue Bahnstrecken zu höheren Grundstückswerten, mehr Kunden für die regionale Wirtschaft und zu Aufschwung geführt."[53]

Gefragt: Politische Führung und eine Vision umweltfreundlicher Optionen

Städte sind Organismen, die als ein ganzes Regionalsystem und als eine Reihe lokaler Teile funktionieren. Sie brauchen auf der regionalen ebenso wie auf der lokalen Ebene ein leistungsfähiges Management zur Schaffung umweltfreundlicher Verkehrssysteme, um ihre Stabilität zu verbessern und zukunftsfähiger zu werden.

Visionäre Masterpläne und regionale politische Strukturen befähigten Regierungen, die Autobahnen der Autostadt zu bauen. Heute brauchen die Städte neue Visionen und Pläne, um sowohl den politischen Antrieb und die nötigen politischen Strukturen zu bekommen sowie die Finanzierungsmöglichkeiten für umweltfreundlichere Mobilitätssysteme. Regionale Führungsstrukturen für solche Mobilitätssysteme existieren in den meisten Städten Kanadas und Australiens und, in geringerem Umfang, auch in den Vereinigten Staaten. Bogotá und Curitiba brauchten zum Bau ihrer die Stadt umgestaltenden Verkehrssysteme regionale Führungsstrukturen, Geld von der Stadt und Unterstützung von der Weltbank. Auch Mumbai und Kalkutta haben regionale Führungsstrukturen, die ihre riesigen Verkehrssysteme managen. Für Megastädte ohne ein solches System wird der regionale Verkehr Schwierigkeiten bereiten.[54]

Regionale Verkehrssysteme können jedoch nicht funktionieren, wenn sie nicht von lokalen Strukturen gestützt werden. Lokalverwaltungen, Anwohner und die Geschäftswelt müssen ihre eigenen umweltfreundlichen Mobilitätspläne präsentieren, da jeder Teil einer Stadt andere ökonomische Funktionen hat. Die Städte mit den besten Nahverkehrssystemen – Zürich, München, Hongkong, Singapur und Tokio – haben zudem aktive lokale Verkehrsplanungsprozesse.[55]

Umfragen ergeben immer wieder, dass die Menschen in ihren Städten umweltfreundlicheren Verkehrssystemen Vorrang geben möchten. In Perth stimmten 78 Prozent der Einwohner für mehr öffentlichen Nahverkehr und bessere Möglichkeiten, zu Fuß zu gehen und das Rad zu benutzen. Danach wurden sie gefragt, ob sie dafür seien, dass Gelder anstatt in den Straßenbau in diese umweltfreundlicheren Verkehrswege investiert werden sollten, und 87 Prozent bejahten diesen Gedanken. Im brasilianischen Porto Alegre wurden die Bürger gebeten, Prioritäten für Ausgaben zu setzen; die große Mehrheit der Wohnbezirke gab einem umweltfreundlicheren Verkehr Vorrang vor neuen Straßen. In Milwaukee sprachen sich bei einer Umfrage 70 bis 85 Prozent für Bus- und Bahnprojekte aus, während „mehr Straßenkapazität" mit 59 Prozent die geringste Unterstützung fand. Als bevorzugte Art und Weise, solche Verbesserungen zu finanzieren, wurde eine Benzinsteuer genannt. Auch das Transportation Priorities Project in Oregon zeigte bezüglich öffentlichen Verkehrs und Autobahnen eine ähnliche Stimmungslage.[56]

In der Vergangenheit wurden Mobilitätsprojekte in der Regel nicht von der Öffentlichkeit entschieden, sondern von Fachleuten. Aber zumindest in den Vereinigten Staaten geben die Wähler die eindeutige Botschaft aus, dass sie sich bessere Optionen wünschen und auch bereit sind, dafür zu bezahlen. Zwischen 2000 und 2005 stimmten die Wähler in 33 Bundesstaaten über 70 Prozent der

Transportmaßnahmen ab, was zu über 70 Milliarden Dollar an Investitionen führte – ein großer Teil davon für öffentliche Verkehrsmaßnahmen.[57]

Sogar in Atlanta – der Stadt mit der geringsten Einwohnerzahl pro Hektar und der höchsten Autonutzung pro Person – gibt es Anzeichen, die hoffen lassen. So wurde ein 2,8 Milliarden Dollar teurer Verkehrsgürtel vorgeschlagen, der ungenutzte Bahntrassen mit dem bestehenden öffentlichen Nahverkehr der Stadt verbinden und fußgängerfreundliche Gemeinden schaffen wird, die durch umweltfreundliche öffentliche Verkehrsmittel vernetzt werden. Das Projekt hat das Ansehen der Stadt gehoben und eine Interessenkoalition entstehen lassen. „Es ist sehr wichtig, dass Städte und Gemeinden eine große Vision verfolgen", meint Peter Calthorpe, ein Stadtplaner aus San Francisco. „Städte brauchen diese kühnen Schritte und Elemente, damit das Leben in ihnen aufregend wird. Genau das ist es, was eine Stadt von einem Vorort unterscheidet. Vororte sind lediglich die Summe einer Menge kleiner Ideen."[58]

Eine Ermittlung der Ansichten der Öffentlichkeit darüber, wie eine Stadt künftig funktionieren soll, kann beratende demokratische Methoden mit einschließen, zum Beispiel „Town Meetings", wie sie in New York City nach dem Anschlag vom 11. September 2001 stattfanden. In Perth wurden 1100 Menschen zusammengebracht, um städtebauliche Maßnahmen zu planen; das Ergebnis war ein starkes Eintreten für umweltfreundliche Verkehrsmaßnahmen in einer grüneren Stadt. In Großbritannien wird mittels einer prognostischen Methode ermittelt, wie Städte künftig aussehen können. Dabei ergab sich, dass Optionen für einen umweltfreundlicheren Verkehr am meisten gewünscht wurden.[59]

Wie in diesem Kapitel beschrieben, müssen folgende Punkte erfüllt sein, um dieses Ziel zu erreichen:
- ein Verkehrssystem, das auf allen Hauptstrecken schneller ist als der Privatverkehr;
- lebensfähige Zentren entlang dieser Korridore, die dicht genug sind, um ein gutes Verkehrssystem zu nutzen;
- fußgängerfreundliche Areale und fahrradtaugliche Einrichtungen, die leicht mit nicht motorisierten Verkehrsmitteln erreichbar sind, vor allem in diesen Zentren;
- Service und Verbindungen, die im Normalfall kurze Wartezeiten garantieren;
- der allmähliche Abbau von Autobahnen, die stufenweise Einführung von Staustuern, die Verwendung der dadurch frei werdenden Mittel zur Finanzierung des öffentlichen Verkehrs, fußgänger- und radfahrerfreundliche Maßnahmen sowie verkehrsberuhigte Boulevards; und
- die kontinuierliche Weiterentwicklung von Fahrzeugmotoren und Kraftstoffen, um sicherzustellen, dass Emissionen, Lärm und Kraftstoffverbrauch reduziert werden.

Städte brauchen Visionen, wenn sie von der Auto-Abhängigkeit befreit und „grüner" werden sollen. Und sie brauchen Politiker, die die diversen Hindernisse auf diesem Weg überwinden können.

Anmerkungen

1. Die „Perth Story", wie sie zu Beginn des Kapitels beschrieben wird, erzählt P. Newman in „Railways and Reurbanisation in Perth", in J. Williams und R. Stimson, Hg., *Case Studies in Planning Success* (New York: Elsevier, 2001).
2. Michael Renner, „Vehicle Production Continues to Expand", in Worldwatch Institute, *Vital Signs* (New York: W. W. Norton & Company, 2006), S. 64f.
3. Die Daten entstammen einer komparativen Studie von 100 Weltstädten für die International Union of Public Transport (UITP); sie wurde vom Institute for Sustainability and Technology Policy (ISTP) der Murdoch University durchgeführt, umfasste 27 Parameter und verwendete nur stark kontrollierte Prozesse, um einen exakten Datenvergleich zu gewährleisten. Die Studie lief fünf Jahre lang und stützt sich auf vorhergehende Datensammlungen seit 1980. Siehe J. Kenworthy und F. Laube, *The Millennium Cities Database for Sustainable Transport* (Brüssel: UITP/ISTP, 2001), und J. Kenworthy et al., *An International Sourcebook of Automobile Dependence in Cities, 1960-1990* (Boulder, CO: University Press of Colorado, 1999). Die Datensammlung von 2005 beginnt in Kürze. Vollständige Daten zu den Städten unter www.sustainability.murdoch.edu.au (16 Städte waren unvollständig, deshalb sind hauptsächlich die Daten für 84 Städte wiedergegeben).
4. Abb. 4.1 nach Kenworthy und Laube, op. cit. Anm. 3. Diese Daten gelten für städtische Regionen im Jahr 1995 und umfassen Benzin und Diesel für Privatfahrten. Man beachte, dass 1 Liter Benzin etwa einer Viertel US-Gallone entspricht.
5. Zum Fehlen starker Korrelationen zwischen dem Wohlstand einer Stadt und der Nutzung von Autos siehe Kenworthy und Laube, op. cit. Anm. 3.
6. Abb. 4.2 nach Kenworthy und Laube, op. cit. Anm. 3.
7. Abb. 4.3 nach ibid.; Kasten 4.1 nach Lester R. Brown, *Plan B 2.0* (New York: W. W. Norton & Company, 2006), S. 10, und nach J. Kenworthy und C. Townsend, „An International Comparative Perspective on Motorisation in Urban China: Problems and Prospects", *IATSS Research*, Bd. 26, Nr. 2 (2002), S. 99-109.
8. Abb. 4.4 und 4.5 nach Kenworthy und Laube, op. cit. Anm. 3; für Studien zur Bedeutung anderer Faktoren als urbane Gestaltung siehe O. Mindali, A. Raveh und I. Saloman, „Urban Density and Energy Consumption: A New Look at Old Statistics", *Transportation Research Record*, Part A 38 (2004), S. 143-62, und R. E. Brindle, „Lies, Damned Lies and 'Automobile Dependence' – Some Hyperbolic Reflections", *Australian Transport Research Forum 94* (1994), S. 117-131; Abb. 4.6 nach P. Newman und J. Kenworthy, „Urban Design to Reduce Automobile Dependence", *Opolis*, Bd. 2, Nr. 1 (2006), S. 35-52.
9. Zur zehnmal so häufigen Autobenutzung in einigen Städten siehe Abb. 4.1 und 4.5.
10. Siehe beispielsweise D. Simon, *Transport and Development in the Third World* (New York: Routledge, 1996); Jorge E. Hardoy, Diana Mitlin und David Satterthwaite, *Environmental Problems in an Urbanizing World: Finding Solutions for Cities in Africa, Asia and Latin America* (London: Earthscan, 2001); P. A. Barter, J. R. Kenworthy und F. Laube, „Lessons

from Asia on Sustainable Urban Transport" in N. Low und B. Gleeson, Hg., *Making Urban Transport Sustainable* (Basingstoke, U.K.: Palgrave-Macmillan, 2003), S. 252-70.

11. C. Marchetti, „Anthropological Invariants in Travel Behavior", *Technical Forecasting & Social Change*, September 1994, S. 75-88; P. Newman und J. Kenworthy, *Sustainability and Cities: Overcoming Automobile Dependence* (Washington, DC: Island Press, 1999); Standing Advisory Committee for Trunk Road Assessment, *Trunk Roads and the Generation of Traffic* (London: Department for Transport, 1994).

12. Britton nach www.newmobility.org; mehr zur Störfallstabilität von Städten siehe Jane Jacobs, *Cities and the Wealth of Nations* (Harmondsworth, U.K.: Penguin, 1984), und L. Sandercock, *Mongrel Cities: Cosmopolis2* (London: Continuum, 2003).

13. K. S. Deffeyes, *Beyond Oil: The View from Hubbert's Peak* (New York: Hill and Wang, 2005); Tabelle 4.2 nach Newman und Kenworthy, op. cit. Anm. 11, S. 74-77, weitere Diskussion in P. Newman und J. Kenworthy, „Transportation Energy in Global Cities: Sustainable Transportation Comes in from the Cold?" *Natural Resources Forum*, Bd. 25 (2001), S. 91-107.

14. Kenworthy und Laube, op. cit. Anm. 3.

15. Jeremy Leggett, *Half Gone: Oil, Gas, Hot Air and the Global Energy Crisis* (London: Portobello Books, 2006); Trends beim Fahren aus Kenworthy und Laube, op. cit. Anm. 3.

16. US-Daten nach U.S. Environmental Protection Agency, *Light Duty Automotive Technology and Fuel Economy Trends, 1975-2006* (Ann Arbor, MI: 2006); Daten für Australien nach P. Laird et al., *Back on Track: Rethinking Australian and New Zealand Transport Policy* (Sydney: University of Sydney, 2001); technologische Fortschritte nach Amory B. Lovins und David R. Cramer, „Hypercars, Hydrogen and the Automotive Transition", *International Journal of Vehicle Design*, Bd. 35, Nr. 1/2 (2004), S. 50-85.

17. Dreirad-Taxis nach Kenworthy und Laube, op. cit. Anm. 3; Daten für Mexico City nach International Mayors Forum, *Sustainable Urban Energy Development*, Kunming, China, 10./11. November 2004; Überschreitung empfohlener Grenzwerte nach U.N. Population Fund, *The State of the World Population* (New York 2001), und nach Clean Air Initiative for Asian Cities, unter www.cleanairnet.org/caiasia.

18. Clean Air Initiative for Asian Cities, op. cit. Anm. 17; A. Rosencranz und M. Jackson, *The Delhi Pollution Case*, 2002, unter indlaw.com; S. Jain, „Smog City to Clean City: How Did Delhi Do It?" *Mumbai Newsline*, 26. Mai 2004.

19. Abb. 4.7 nach Kenworthy und Laube, op. cit. Anm. 3; dieses Argument ist erweitert in P. Newman und J. Kenworthy, „The Transport Energy Trade-off: Fuel Efficient Traffic vs Fuel Efficient Cities", *Transportation Research Record*, Bd. 22A, Nr. 3 (1988), S. 163-74.

20. Surface Transportation Policy Project (STPP), *An Analysis of the Relationship Between Highway Expansion and Congestion in Metropolitan Areas: Lessons from the 15 Year Texas Transportation Institute Study* (Washington 1998).

21. Tabelle 4.3 aus Kenworthy und Laube, op. cit. Anm. 3.

22. Zur Londoner Stausteuer im Detail siehe European Transport Conference, Strassburg, 18./20. September 2006: siehe zum Beispiel S. Kearns, „Congestion Charging Trials in London", J. Eliasson und M. Beser, „The Stockholm Congestion Charging System", und J. Baker und S. Kohli, „Challenges in the Development and Appraisal of Road User Charging Schemes".

23. Siehe Newman und Kenworthy, op. cit. Anm. 11, S. 191-231.

24. R. Gordon, „Boulevard of Dreams", 8. September 2005, unter www.sfgate.com.

25. Siehe www.metro.seoul.kr/kor2000/chungaehome/en/seoul/2sub; Institute for Transport and Development, „Seoul to Raze Elevated Highway, Giving Way to Revitalized Center",

Sustainable Transport E-Update, Mai 2003; L. Gemsoe, „Turning the Downside Up: Creating Value for People", Profitable Places Conference, Sheffield Hallam University, Sheffield, U.K., 19./20. September 2006.

26. David Burwell, „Way to Go! Three Simple Rules to Make Transportation a Positive Force in the Public Realm", Making Places Bulletin (Project for Public Spaces), Juni 2005; Aarhus aus Gemsoe, op. cit. Anm. 25; Melissa Mean und Charlie Tims, People Make Places: Growing the Public Life of Cities (London: Demos, 2005).

27. Andy Wiley-Schwartz, „A Revolutionary Change in Transportation Planning: The Slow Road Movement", New York Times, 10. Juli 2006; Jan Gehl et al., New City Life (Kopenhagen: Danish Architectural Press, 2006).

28. Kenworthy und Laube, op. cit. Anm. 3.

29. Daten analysiert in Newman und Kenworthy, op. cit. Anm. 8; siehe auch N. Mercat, „Evaluating Exposure to the Risk of Accident in the Grenoble Conurbation", European Transport Conference, Strassburg, 18./20. September 2006, insbesondere die Zahl der Radfahrer betreffend.

30. Greater Vancouver Regional District, Livable Region Strategic Plan (Vancouver 1996); New South Wales Government, City of Cities: A Plan for Sydney's Future (Sydney: Department of Planning, 2005); Denver Region Council of Governments, Metro Vision 2030 Plan (Denver 2005).

31. Kenworthy und Laube, op. cit. Anm. 3; US-Daten nach Janette Sadik-Khan, Center for Transit-Oriented Development, ReconnectingAmerica.org, E-Mail an die und Gespräch mit den Autoren.

32. C. Hass Klau, Bus or Light Rail: Making the Right Choice, 2. Auflage (Brighton, U.K.: Environmental and Transport Planning, 2004); Brian Goodknight und Peter Buryk, „Along the Tracks: A Tale of Transit and Development", The Next American City, Frühjahr 2006; R. Cervero et al., Transit-Oriented Development in America: Experiences, Challenges and Prospects (Washington, DC: Transportation Research Board, National Research Council, 2004); J. Renne und J. S. Wells, „Transit-Oriented Development: Developing a Strategy to Measure Success", TRB Research Results Digest 294 (Washington, DC: Transportation Research Board, 2005).

33. P. Newman, „Transport Greenhouse Gas and Australian Suburbs: What Planners Can Do", Australian Planner, Bd. 43, Nr. 2 (2006), S. 6f.; P. Calthorpe, The Next American Metropolis: Ecology, Community and the American Dream (Cambridge, MA: Harvard University Press, 1993).

34. Für Informationen zu Denver siehe www.greenprintdenver.org/landuse/index.php und Denver Regional Council of Governments, 2030 Metro Vision Regional Transportation Plan (Denver 2004).

35. City of Vancouver, Downtown Transportation Plan—Progress Report, City of Vancouver (Vancouver 2006).

36. City of Vancouver, Transportation Plan (Vancouver, BC 1997); Newman und Kenworthy, op. cit. Anm. 11, S. 174-77, 217-23.

37. J. Michaelson, „Lessons from Paris", Making Places Bulletin (Project for Public Spaces), Juni 2005.

38. Kasten 4.2: Daten zu Curitibas BRT nach Urbanizacao de Curitiba, SA, und zu Bogotá TransMilenio nach TransMilenio SA, beide Gespräche mit Walter Hook vom Institute for

Transportation and Development Policy (ITDP); Geschichte der beiden Systeme nach Arturo Ardila-Gómez, *Transit Planning in Curitiba and Bogotá: Roles in Interaction, Risk, and Change*, Dissertation am Massachusetts Institute of Technology, 2004; Busunternehmer stellen sich gegen Wandel und Quito nach Cesar Arias, ehemaliger Stadtplanungsdirektor, Stadt Quito, Gespräch mit Walter Hook, ITDP; Lebensqualität in Bogotá und Transitgeschwindigkeiten sowie Kapazitäten nach Lloyd Wright und Lewis Fulton, „Climate Change Mitigation and Transport in Developing Nations", *Transport Reviews*, November 2005, S. 691–717; Daten zum Verkehr in Jakarta nach PT TransJakarta; Kritik an TransJakarta nach *Making TransJakarta a World Class BRT System* (New York: ITDP, 2005); neue Systeme in anderen Städten aus Interviews mit ITDP-Mitarbeitern.

39. V. Vuchic, *Transportation for Livable Cities* (New Brunswick, NJ: Center for Urban Policy Research, Rutgers University, 1999); V. Vuchic, *Urban Transit: Planning, Operations and Economics* (Indianapolis, IN: Wiley Press, 2005).

40. International Mayors Forum, op. cit. Anm. 17; L. Fulton und L. Schipper, *Bus Systems for the Future: Achieving Sustainable Transport Worldwide* (Paris: Internationale Energie-Agentur und Organisation für wirtschaftliche Zusammenarbeit und Entwicklung, 2002).

41. Barter, Kenworthy und Laube, op. cit. Anm. 10.

42. American Public Transportation Association und Millar nach „Light Rail and Buses Beckon. But Will Americans Really Abandon Their Cars?" *The Economist*, 31. August 2006.

43. Kobenhavns Kommune, *Copenhagen City Green Accounts and Environmental Report: Indicators for Traffic* (Kopenhagen 2002); Roads and Parks Department, *Bicycle Accounts 2004* (Kopenhagen: City of Copenhagen, 2005); J. Watts, „China Backs Bikes to Kick Car Habit", *Guardian* (London), 15. Juni 2006; Spannungen zwischen Autofahrern und Radfahrern nach John Whitelegg und Nick Williams, „Non-motorised Transport and Sustainable Development: Evidence from Calcutta", *Local Environment*, Februar 2000, S. 7–18.

44. Charles Surjadi und Haryatiningsih Darrundono, *Review of Kampung Improvement Program Evaluation in Jakarta*, Final Report for Water and Sanitation Program by the Regional Water and Sanitation Group for East Asia and the Pacific (Jakarta: U.N. Development Programme/World Bank, 1998).

45. Glendening und Whitman zitiert in „Stalling Sprawl: CT Must Take Leadership Role in Shaping Development", *Hartford Courant*, 17. Juli 2006. Kasten 4.3: Bevölkerungsdaten nach Instituto Brasilera de Geografia e Estatística, unter ww.ibge.gov.br, Stand 7. August 2006; Beitrag von Fahrzeugen zum Smog nach „Brazil: Environmental Issues", *Energy Information Administration*, U.S. Department of Energy, August 2003, unter www.eia.doe.gov/cabs/brazenv.html; Nelson Gouveia und Tony Fletcher, „Respiratory Diseases in Children and Outdoor Air Pollution in São Paulo, Brazil: A Time Series Analysis", *Occupational and Environmental Medicine*, Juli 2000, S. 477–83; Helikopterflotte nach Adhemar Altieri, „Letter: Sao Paulo's Balancing Act", 18. August 2004, unter news.bbc.co.uk/2/hi/programmes/3570402.stm, Stand 7. August 2006; Laura Ceneviva, Gespräch mit Jonas Hagen, 6. August 2006.

46. Kenworthy und Laube, op. cit. Anm. 3; L. Schipper, C. Marie-Lilliu und R. Gorham, *Flexing the Link Between Transport and Greenhouse Gas Emissions: A Path for the World Bank* (Paris: Internationale Energie-Agentur, 2000); Weltbank, *Sustainable Transport: Priorities for Policy Reform* (Washington, DC 1996).

47. Zur Geschichte dieses Gesetzes siehe D. Camph, *Transportation, the ISTEA and American Cities* (Washington, DC: STPP, 1996); zur erneuten Autorisierung siehe STPP, *Transfer Bulletin*, unter www.transact.org.

48. Newman und Kenworthy, op. cit. Anm. 11, S. 191-97; A. Eichi et al., *A History of Japanese Railways, 1872-1999* (Tokyo: East Japanese Railway Culture Foundation, 2000).
49. Daten zum Wohlstand von Städten und Transportwesen nach Newman and Kenworthy, op. cit. Anm. 11; Daten zu Transportkosten nach House of Representatives, *Sustainable Cities* (Canberra: Parliament of Australia, 2005), und nach G. Glazebrook, „Taking the Con Out of Convenience: The True Cost of Transport Modes in Sydney", *Journal of Urban Policy and Planning*, in Kürze erscheinend; Vuchic, *Transportation for Livable Cities*, op. cit. Anm. 39; STPP und Center for Neighborhood Technology, *Driven to Spend: Pumping Dollars Out of Our Households and Communities* (Washington 2005).
50. Vuchic, *Urban Transit*, op. cit. Anm. 39; Daten zum Parken kalkuliert von J. Kenworthy, *Transport Energy in Australian Cities*, Honours Thesis (Perth, Australia: Murdoch University, 1979).
51. Kalkulationen der Autoren, zum Teil publiziert in Peter Vintila, John Phillimore und Peter Newman, Hg.), *Markets, Morals and Manifestos* (Perth, Australia: Institute for Science and Technology Policy, Murdoch University, 1992); siehe auch H. Frumkin, L. Frank und R. Jackson, *Urban Sprawl and Public Health: Designing, Planning and Building for Healthy Communities* (Washington, DC: Island Press, 2004).
52. Center for Transit-Oriented Development, *Hidden in Plain Sight: Capturing the Demand for Housing Near Transit* (Oakland 2004).
53. Free Congress Foundation, *Conservatives for Mass Transit* (Washington 2003).
54. House of Representatives, op. cit. Anm. 49.
55. Newman und Kenworthy, op. cit. Anm. 11, S. 191-204.
56. Daten für Perth vom Department of Transport, Perth, Australia, Gespräch mit den Autoren; Porto Alegre aus D. Recondo, „Local Participatory Democracy in Latin America", *New Frontiers of Social Policy*, Arusha Conference, 12./15. Dezember 2005; Milwaukee nach „Public Opinion and Transportation Priorities in Southeastern Wisconsin", *Regional Report* (Public Policy Forum), Juni 2006; Oregon nach InterACT, *Findings of the Transportation Priorities Project* (Vancouver 2003).
57. Center for Transportation Excellence, *Transportation Finance at the Ballot Box* (Washington 2006).
58. Details zum Verkehrsgürtel und Calthorpe-Zitat in Shaila Dewan, „The Greening of Downtown Atlanta", *New York Times*, 6. September 2006.
59. Daten vom Center for Transit-Oriented Development unter www.reconnectingamerica.org/html/TOD; J. Hartz-Karp und P. Newman, „The Participative Route to Sustainability", in S. Paulin, Hg., *Communities Doing It for Themselves: Creating Space for Sustainability* (Perth: University of Western Australia Press, 2006); A. Curry et al., *Intelligent Infrastructure Futures, The Scenarios-Towards 2055* (London: Foresight Directorate, Office of Science and Technology, U.K. Government, 2006).

Stadtporträt Melbourne:
Wie man die CO_2-Emissionen einer Stadt reduziert

Melbournes Queen Victoria Market, ein Einkaufskomplex aus dem 19. Jahrhundert, hat eine moderne Fassade: 1300 Solarpaneele – die größte urbane, an das öffentliche Versorgungsnetz angeschlossene Solarinstallation in Australien. Immer wieder als eine der lebenswertesten Städte ausgezeichnet, hat der Stadtkern Melbournes heute 60.000 Einwohner, wird tagsüber von 660.000 Menschen bevölkert und bildet das Herz einer Metropole mit 3,6 Millionen Menschen. Melbourne ist heute zudem eine der umweltfreundlichsten Städte Australiens.[1]

Das Melbourne City Council unterstützt Partnerschaften zwischen Geschäftswelt und Stadtverwaltung, die das ökonomische Wachstum fördern und gleichzeitig die Qualität der Umwelt verbessern. Die Stadt plant, neue, exportorientierte Betriebe anzusiedeln und Arbeitsplätze zu schaffen mit dem Ziel eines 60prozentigen Wachstums im Bereich Umweltmanagement. Dementsprechend hat der Stadtrat wegweisende Strategien bezüglich Co_2-Emissionen, Wasserverbrauch und Entsorgung entwickelt.[2]

Das ehrgeizige Ziel „Zero Net Emissions by 2020" zur Reduzierung der Kohlenstoffemissionen wird durch umfassende Maßnahmen und Programme gestützt. Während viele behaupten, der Kampf gegen den Klimawandel erfordere kostspieliges Handeln, zeigt Melbourne, dass die Geschäftswelt mit Energieeinsparungen Betriebskosten senken und die Wettbewerbsfähigkeit steigern kann.[3]

Der Stadtrat, der seine eigenen Co_2-Emissionen bereits um 26 Prozent verringern konnte, hat beschlossen, sein für 2010 gestecktes Ziel einer 30prozentigen Absenkung auf 50 Prozent zu erhöhen. Sein neuer Bürokomplex „Council House 2" ist der erste in Australien, der die maximale „Green Star"-Beurteilung von sechs erreicht. Oberbürgermeister John So möchte mit dem Gebäude einen Maßstab im nachhaltigen Bauen setzen: „Wir hoffen, dass Council House 2 die Bauweise von Gebäuden in Melbourne, in Australien und weltweit verändert."[4]

Mit Solarenergie betriebene Lüftungsklappen an der Fassade des Gebäudes richten sich nach der Sonne aus, und nachts lassen automatische Fenster frische Luft zur Kühlung ein. Windturbinen, Solarzellen und eine gasbetriebene Kraft-Wärme-Kopplungsanlage liefern Energie. Eine Wasserrückgewinnungsanlage klärt Wasser aus einer Abwasseranlage so weit, dass es für Toilettenspülungen und zum Betreiben der Kühltürme benutzt werden kann. Das neue Gebäude verbraucht 87 Prozent weniger Energie als das alte und 72 Prozent weniger Wasser, liefert den darin arbeitenden Menschen aber 100 Prozent frische Luft.[5]

Innovationen dieser Art werden in der ganzen Stadt eingeführt, denn das neue Planungsprogramm von Melbourne sieht vor, dass alle neuen Bürogebäude die

© David Hannah/City of Melbourne

Das Council House 2 in Melbourne

Energieausnutzung verbessern, die Emissionen reduzieren, passives Solardesign, Solarenergie oder Wärmepumpentechnik nutzen, Regenwasser sammeln und wiederverwenden, sich für Abfallrecycling einsetzen und Solaranlagen auf benachbarten Gebäuden nicht beeinträchtigen.

Die Eigentümer bestehender Gebäude werden ermutigt, ihren Energie- und Wasserverbrauch mit Hilfe eines so genannten GreenSaver-Programms zu senken, das für Überprüfungen des Energie- und Wasserverbrauchs sowie für Produkte wie wassersparende Duschköpfe, Energiesparlampen und Maßnahmen gegen Zugluft Zuschüsse gewährt. Das vierteljährlich tagende Melbourne Forum veranstaltet Diskussionen zum Thema Energiespargebäude mit Maklern, Bauunternehmern und Architekten, um die Einführung von Prinzipien der Nachhaltigkeit voranzutreiben. Das städtische „Savings in the City"-Programm unterstützt Hotels bei der Reduzierung von Treibhausgasemissionen und der Folgen von Wasserverbrauch und -verschwendung.[6]

Weitere Initiativen des Stadtrats sind der Erwerb umweltfreundlich erzeugter Energie für Straßenbeleuchtung und städtische Gebäude sowie der Zusammenschluss benachbarter Stadt- bzw. Bezirksräte in einer Gruppe, die in großem Maßstab umweltfreundliche Energie kauft. Ferner setzt sich die Stadt für einen freiwilligen Kohlenstoffmarkt ein, um der Geschäftswelt Flexibilität beim Emissionsmanagement zu geben, und bemüht sich, der Chicago Climate Exchange (CCX) beizutreten.

Durch Pflanzung von Bäumen in der Stadt und eine Pilotinvestition in Anpflanzungen zum Umweltschutz auf dem Land, um Emissionen des Rathauses auszugleichen, wird die Kohlenstoff-Sequestrierung unterstützt. Melbournes städtischer Fuhrpark hat einen Vertrag mit Greenfleet, einer nicht profitorientierten Organisation, die pro Auto 17 Bäume pflanzt. Als Bürgermeister So 2005 den Weltemissionstag in San Francisco besuchte, wurden die Emissionen dieser Reise durch das Anpflanzen von Bäumen kompensiert.[7]

Die Stadt hat ferner den Sustainable Melbourne Fund in Höhe von fünf Millionen Dollar aufgelegt, der mit der Investa Property Group arbeitet, Australiens größtem Eigentümer gewerblicher Immobilien, um ein so genanntes Greenhouse

Guarantee Program zu finanzieren, das Mietern Energieeinsparungen ermöglicht. Außerdem investiert der Fonds in eine wassersparende Infrastruktur: Unternehmen, Universitäten und andere Institutionen können prüfen lassen, wie Einsparungen zu erzielen sind. Der Fonds finanziert den Kauf und die Installation wassersparender Technologie. In der Folge hat der Empfänger eine niedrigere Wasserrechnung, zahlt an den Fonds jedoch die Differenz zwischen alter und neuer Rechnung, bis die Investition plus Zinsen zurückgezahlt ist.[8]

Die Melbourne Commonwealth Games von 2006 setzten neue Meilensteine bei der Reduzierung der Umweltfolgen eines Ereignisses von Weltklasse. Staat und Stadt pflanzten zusammen eine Million Bäume zum Ausgleich der Emissionen, die durch den Transport der Athleten nach Melbourne freigesetzt wurden, und stellten den Athleten für die Dauer der Spiele kostenlose öffentliche Verkehrsmittel sowie umweltfreundliche Unterkünfte zur Verfügung.[9]

Jüngst wurde Melbournes Führungsrolle durch die Mitgliedschaft in der Large Cities Climate Leadership Group demonstriert, die von der Klimainitiative der Clinton Foundation unterstützt wird. Bürgermeister So verband den Gesamtplan mit der praktischen „Übereinkunft, für Mitgliedsstädte eine Käufervereinigung zu schaffen, um bessere Preise für nachhaltige Produkte zu erreichen".[10]

Melbournes Anstrengungen im Kampf gegen den Klimawandel werden von Stadträten jeglicher politischer Couleur getragen. Die beiden wichtigsten in der Stadt ansässigen Banken sind aktive Mitglieder der Finanzierungsinitiative des UN-Umweltprogramms, und die National Australia Bank hob ihren mit einem Umweltpreis ausgezeichneten Hauptsitz in ihrem *2005 Corporate Social Responsibility Report* hervor. Auch die Staatsregierung und das privatwirtschaftliche Property Council waren maßgeblich an diesen Anstrengungen beteiligt.[11]

Gewählte Stadträte, leitende Angestellte sowie Privat- und Geschäftsleute haben sich zusammengetan, um erreichbare, aber auch ehrgeizige Ziele zu setzen – und diese dann noch höher gesteckt und ausgeweitet. Das Ziel ist „eine Stadt mit Verantwortung für die Umwelt, die versucht, natürliche Werte aktiv zu mehren durch die Entscheidungen, die sie trifft, die Richtung, die sie einschlägt, und die Vorteile und Auswirkungen dieser Maßnahmen im Hinblick auf die Natur".[1]

Tom Roper, Ehemaliger Minister der Regierung
des Bundesstaates Victoria, Australien

Anmerkungen

1. Queen Victoria Market nach der Website von Melbourne unter www.melbourne.vic.gov.au.
2. Geoff Lawler, Director, Sustainability and Innovation, „Towards a Thriving and Sustainable City", Präsentation vor der Seattle Trade Alliance, Mai 2006.
3. City of Melbourne, *Zero Net Emissions by 2020 - A Roadmap for a Climate Neutral City* (Melbourne 2003); fünf Meilensteine nach „How It Works", *Cities for Climate Protection*, unter iclei.org/index.php?id=810.
4. Zitat nach Ben Heywood, *Melbourne Age*, 14. August 2006.
5. Ibid.
6. Website von Melbourne, op. cit. Anm. 1.
7. Greenfleet nach www.greenfleet.org.au; Kompensierung der Reiseemissionen des Bürgermeisters nach Sara Gipton, Geschäftsführerin von Greenfleet, Gespräch mit dem Autor.
8. Website von Melbourne, op. cit. Anm. 1.
9. T. Roper, „Greening Major Public Events", *Global Urban Development*, März 2006.
10. Zitat So aus *WME Weekly, Environment Business Media*, 3. August 2006.
11. Breite Unterstützung zeigte sich bei der ursprünglichen Entscheidung im Juli 1998 nach einer gemeinsamen Präsentation vor dem Stadtrat durch Ian Carruthers (Australian Greenhouse Office), der den Minister für Umweltschutz und den Autor vertrat; National Australia Bank, *Corporate Social Responsibility Report 2005* (Melbourne 2005), S. 53.
12. City of Melbourne, *City Plan 2010* (Melbourne 2005), S. 60, 65.

Janet L. Sawin/Kristen Hughes

Kapitel 5: Energie für Städte

Nachts sind die Städte der Erde aus dem Weltraum als Sterne oder Lichterketten in einem Meer der Dunkelheit zu sehen. Viele scheinen zu vibrieren oder Energie abzustrahlen. Die Menschen fühlen sich ja auch zum Beispiel zu den „Lights on Broadway" hingezogen. Doch eine nähere Betrachtung offenbart schließlich ein komplexes Netz aus Straßen, gigantischen Gebäuden, Fahrzeugen und zunehmender Bevölkerung – und alle brauchen Energie. Um diesen Bedarf zu decken, beziehen die Städte Energie aus ihrem Umland. Dafür bieten sie räumliche Vorteile, allerdings mit Konsequenzen für Gesundheit, Sicherheit und Umwelt.

Eine Darstellung des Energieverbrauchs der Städte von heute zeigt immense Unterschiede in diesem Verbrauch und den sich daraus ergebenden ökologischen Folgen – Unterschiede, die den ungeheuren finanziellen Reichtum widerspiegeln, der die am stärksten industrialisierten urbanen Gebiete von den ärmeren Städten trennt, die derzeit ein rapides wirtschaftliches Wachstum erleben. Tatsächlich haben Millionen von Menschen in den großen Städten der Welt oder in deren Umland keinen Zugang zu einer modernen Energieversorgung.

Gerade jetzt, wo die sich industrialisierenden armen Nationen versuchen, ihre Ökonomien jenen der reichen Länder anzunähern, zeigen Atmosphäre und Ökosysteme der Erde die Grenzen unseres stetig steigenden Ressourcenverbrauchs auf. Nicht zuletzt in Erkenntnis dieser Tatsache arbeiten weltweit Hunderte von Städten daran, ihre Auswirkungen auf die Ökologie zu verringern.[1]

Die „Re-Vision" urbanen Lebens reflektiert unseren kritischen Moment in der Geschichte, in dem zahlreiche Risiken zusammentreffen und die gegenwärtige Gesamtentwicklung als nicht mehr tragbar erscheinen lassen. In den vergangenen 150 Jahren haben sich die Städte zunehmend auf schmutzige und entlegene Energiequellen verlassen. Dadurch stieg zum einen die Gefahr von Versorgungsproblemen, zum anderen ging der Gedanke des Umweltschutzes in den Städten verloren. In den kommenden Jahrzehnten wird der größte Teil der zunehmenden Energieversorgung darin bestehen, den – direkten und indirekten – Bedarf der Städte zu decken. Diese werden bei ihrer künftigen Energieplanung zukünftig eine aktive Rolle übernehmen müssen.

So werden die Städte die Hauptlast vieler Herausforderungen tragen, die mit unseren heutigen, nicht zukunftsfähigen Energiesystemen zu tun haben – von der Luft- und Wasserverschmutzung bis zum Klimawandel –, insbesondere da die steigenden Bevölkerungszahlen die Ressourcen immer mehr belasten. Mit der fortschreitenden Expansion der Städte werden auch deren enorme Anteile an den wesentlichen Problemen der Gesellschaft und der Umwelt steigen. Eben deshalb haben die Städte auch das Potenzial für weitgreifende positive Veränderungen. Dieses Kapitel zeigt, dass die Städte durch Stadtplanung, Bauplanung und die sorgsame Wahl von Produkten, Energiequellen und -technologien zu einer Verringerung der Probleme beitragen können. Zahlreiche Städte überall auf der Welt verbessern schon heute ihre Energieausnutzung und erzeugen mehr Energie nachhaltig und vor Ort. Viele dieser Bemühungen könnten andernorts übernommen werden – und so die Auswirkungen auf die Umwelt reduzieren und die Lebensqualität sowohl in der Stadt als auch auf dem Land verbessern.

Die Erfordernisse und Zwänge urbanen Energiebedarfs

Der Übergang von menschlicher Muskelkraft zu Zugtieren und dann zu primitiven Maschinen, die erneuerbare Energieflüsse von Wind und Wasser nutzten, nahm Jahrtausende in Anspruch. Im Vergleich dazu ging die Industrielle Revolution im Nu vonstatten: Innerhalb weniger Generationen verwandelten sich Städte von dicht besiedelten Flächen mit engen Straßen und kleinen, niedrigen Gebäuden in Ansammlungen von Hochhäusern und ausufernden Vororten. Im Lauf der Zeit tauschten die Stadtbewohner Pferde gegen Straßenbahnen und schließlich gegen private Automobile aus. Waren städtische Bevölkerungen vor dem Aufkommen der Dampfmaschine nur selten sehr groß, so begannen sie gewaltig zu wachsen, als immense Massen von Arbeitsuchenden in die Städte zogen und sauberere Straßen die Sterberaten dort sinken ließen. Auch der Energieverbrauch schnellte in die Höhe, und der Beginn der Ära fossiler Brennstoffe, die Energie für Aufzüge, elektrisches Licht und Motorfahrzeuge lieferten, ließ die Städte werden, was sie heute sind.[2]

Aufgrund der höheren Wohndichte und des Pendlerraums ist der direkte Energieverbrauch pro Person in den Städten der Industrieländer häufig niedriger als in ländlichen Gebieten. In Japan etwa verbrauchen die Bewohner der Städte weniger Energie pro Kopf als die Landbevölkerung. In älteren, vor der massenhaften Verbreitung des Autos entstandenen Städten ist der Pro-Kopf-Energieverbrauch geringer als in ausgedehnten modernen Städten. Die hohe Wohndichte Manhattans zum Beispiel gleicht die Verluste durch die gewaltigen, häufig alten und ineffizienten Gebäude mehr als aus und macht New York damit zu einem der ressourcen- und energiesparendsten Orte der Vereinigten Staaten.[3]

Das Gegenteil ist häufig der Fall in den Entwicklungsländern, wo große Teile der Landbevölkerung keinen Zugang zu moderner Energieversorgung haben. So verbraucht das eine Drittel der indischen Bevölkerung, das in den Städten lebt, 87 Prozent der Elektrizität des Landes. In China verbrauchen die Städter 40 Prozent mehr Energie als die Landbewohner. (Tatsächlich verbraucht die ländliche Bevölkerung Chinas insgesamt mehr Primärenergie, hauptsächlich in Form von Biomasse, doch der Großteil davon geht durch ineffiziente Verbrennung verloren.)[4]

Kapitel 5: Energie für Städte

Städte brauchen Energie zur Bereitstellung von Infrastruktur, für Beleuchtung, Beheizung und Kühlung von Gebäuden, zum Kochen, zur Herstellung von Produkten und für den Transport von Menschen. Die Infrastruktur selbst, einschließlich Straßen, Gebäuden, Brücken und anderer urbaner Charakteristika, repräsentiert große Mengen gebundener Energie: die in diese Bauwerke während ihrer Lebenszeit investierte Energie von den verwendeten Rohmaterialien bis zum Abriss (siehe Kasten 5.1). Stadtbewohner verbrauchen zudem viel Energie indirekt mit der Nahrung und anderen Gütern, die in die Städte gebracht werden müssen.[5]

Der größte Teil, wenn nicht gar die gesamte in den Städten verbrauchte Energie muss erst dorthin transportiert werden. Das bringt bedeutende Kosten und Herausforderungen mit sich. Gasleitungen zum Beispiel stellen in urbanen Gebieten eine ernsthafte Bedrohung von Sicherheit und Umwelt dar, denn gerade dort können Lecks oder Explosionen zu zahllosen Verletzten oder Toten führen. Strom wird häufig mit ineffizienten oder unzuverlässigen Transmissions- und Distributionssystemen (T&D) von großen, zentralen Kraftwerken angeliefert. Wegen des zentralisierten Verteilungsnetzes betreffen Stromausfälle oft ganze Regionen. Der Blackout im Jahr 2003 in den nordöstlichen Bundesstaaten der USA und in Kanada zum Beispiel, der ursprünglich durch einen umgestürzten Baum ausgelöst wurde, betraf 50 Millionen Menschen und kostete die Region 4,5 bis 10 Milliarden US-Dollar. Einen Monat später traf ein Baum eine Hochspannungsleitung in Italien; 57 Millionen Menschen waren daraufhin ohne Elektrizität.[6]

Übertragungsengpässe kommen vor allem in großen Agglomerationen vor, wo durch eine begrenzte Anzahl von Leitungen riesige Energiemengen über große Distanzen geschickt werden müssen. Der Anteil der dabei verlustig gehenden Elektrizität variiert von vier bis sieben Prozent in den Industrienationen bis zu über 50 Prozent in manchen Entwicklungsländern, wo häufig Stromleitungen illegal angezapft werden. In New Delhi laufen die Stromleitungen durch ein Gewirr von Haken und Drähten, weil Slumbewohner, kleine Fabriken, Hindutempel und sogar reiche Geschäftsleute 36 Prozent der Elektrizität der Stadt abzweigen.[7]

Derzeit besteht eine der größten Herausforderungen darin, alle Bewohner von Städten mit Energie zu versorgen. Fast ein Fünftel der 1,6 Milliarden Menschen weltweit, die keinen Zugang zu Strom und anderer moderner Energieversorgung haben, lebt in Städten. Da der Zugang zu Energie als Anschluss an ein Stromnetz definiert wird, kann die tatsächliche Zahl der Menschen ohne einen Zugang zu Energie de facto noch höher liegen. In Afrika lebt etwa ein Drittel der Bevölkerung in urbanen Gebieten, aber mindestens ein Viertel der Stadtbewohner dort hat keinen Zugang zu Elektrizität.[8]

Zu viele Menschen auf der Welt müssen täglich darum kämpfen, sich Energiequellen leisten zu können oder welche zu finden – meistens Holz, Holzkohle, Dung oder andere Biomasse. Die durch die Verbrennung dieser minderwertigen

Energieträger entstehende Luftverschmutzung innerhalb der Behausungen kostet jährlich Millionen Menschen das Leben. Ferner hat die große Abhängigkeit von Biomasse zur Zerstörung von Wäldern im Umkreis von Städten sowie zu regionaler Luftverschmutzung und Bodenerosion geführt. In Indien, Sri Lanka

---

Kasten 5.1: Die Umweltfolgen des Bauens verringern

Die Bauindustrie zeichnet für mehr als ein Drittel der weltweiten Kohlendioxidemissionen (CO_2) verantwortlich und produziert fast 40 Prozent des gesamten vom Menschen erzeugten Abfalls. Dieser Abfall enthält enorme Mengen Energie. Beton zum Beispiel (bestehend aus Sand, Kies etc. und Zement) enthält etwa 817.600 Btus (British thermal unit) pro Tonne. Eine Tonne Stahl enthält 30 Millionen Btus – etwa die Hälfte des jährlichen Energieverbrauchs eines typischen Hauses in San Francisco.

Zwar enthält Stahl mehr Energie pro Tonne, aber Beton stellt den größten Teil des Bauabfalls dar. Obwohl Zement nur 12 Prozent einer durchschnittlichen Betonmischung ausmacht, enthält er 92 Prozent der in Beton eingeschlossenen Energie. 1997 wurde durch die Erzeugung von 1,5 Milliarden Tonnen Zement weltweit mehr CO_2 in die Atmosphäre entlassen, als Japan in diesem Jahr freisetzte. Die Auswirkungen der Bauindustrie könnten erheblich reduziert werden durch vermehrten Einsatz von Flugasche – ein feines Pulver, das bei der Kohleverbrennung als Nebenprodukt anfällt und schädlich ist, wenn man es einatmet. Eine Erhöhung des allgemein akzeptierten Anteils von 15 Prozent Flugasche in Zement auf machbare 65 Prozent könnte Emissionen vermeiden, die dem gesamten jährlichen Anteil Deutschlands am Klimawandel entsprechen. Mitte 2006 entdeckten Forscher eine Möglichkeit, leichtere, härtere Ziegel und Bauzuschlagstoffe vollständig aus Flugasche zu produzieren. Es dürfte auch möglich sein, Zement komplett durch Flugasche zu ersetzen. Eine verstärkte Verwendung von Flugasche kann die Notwendigkeit, Zement und Schotter herzustellen, reduzieren, und gleichzeitig würde damit eine toxische Substanz sequestriert.

Der Einsatz lokaler und traditioneller Materialien wie Stein, Holz, Ton und pflanzliche Stoffe zum Bauen kann Kosten reduzieren, Arbeitsplätze vor Ort schaffen, Komfort und Gesundheit der Bewohner verbessern und gleichzeitig die in den Baumaterialien enthaltene Energie minimieren. Auch der Energieaufwand für die Produktion ist häufig geringer, und der Transportbedarf – er macht bei Beton 12 Prozent der in ihm enthaltenen Energie aus – wird wesentlich reduziert.

Manche Menschen tun bereits den nächsten Schritt und entscheiden sich dafür, Bau-„Abfall" wiederzuverwenden. Beim Abbruch von Bostons Central Artery, einem Stück Autobahn, das im Zuge des berüchtigten „Big Dig Project" der Stadt ersetzt wurde, fielen 20.000 Tonnen Beton und über 38.000 Tonnen Stahl als Abfall an, der größtenteils auf Müllkippen landete. Doch der an „Big Dig" beteiligte Ingenieur Paul Pedini hatte eine andere Idee: Er baute sich aus weggeworfenen Betonteilen und Stahlträgern ein Haus.

Stephanie Kung

Quelle: Siehe Anmerkung 5.

Kapitel 5: Energie für Städte

und Thailand hat das Holzsammeln der armen Stadtbevölkerung zu starker Entwaldung um Orte und entlang von Straßen geführt. Um die sudanesische Hauptstadt Khartum ist der Wald in einem Radius von 400 Kilometern abgeholzt.[9]

Für die Menschen mit Zugang zu moderner Energieversorgung ist der wichtigste Brennstoff, der nicht für Transportzwecke verwendet wird, Kohle. Sie machte 2003 fast ein Viertel des gesamten globalen Energieverbrauchs aus; die Internationale Energieagentur (IEA) geht davon aus, dass der Kohleverbrauch noch mindestens bis 2030 ansteigen wird. Energie aus Kohle und anderen konventionellen Quellen ist jedoch mit hohen Kosten verbunden, unter anderem wegen der Verschmutzung von Boden und Wasser bei der Förderung sowie der Luft bei der Verbrennung; nicht zu vergessen die damit einhergehenden gesundheitlichen Probleme. Allein in China bezahlen im Durchschnitt 100 Bergleute wöchentlich die Verwendung von Kohle mit ihrem Leben; ferner führt sie zu gravierender Luftverschmutzung in den Städten Chinas und zu Schäden durch sauren Regen in mehr als einem Drittel des Landes.[10]

Eine große Abhängigkeit von fossilen Brennstoffen, vor allem in Städten, ist zudem die Hauptursache des globalen Klimawandels. Rund die Hälfte der Weltbevölkerung lebt inzwischen in Städten, und diese sind für die große Mehrheit der Treibhausgasemissionen aus menschlicher Aktivität verantwortlich.[11]

Ohne nachteilige Folgen den Bedarf reduzieren

Ein großer Teil der in die Städte geschafften Energie wird durch und in Gebäuden verbraucht – beim Bau und beim Betrieb ebenso wie für den Komfort ihrer Bewohner. Weltweit sind Gebäude für mehr als 40 Prozent des Energieverbrauchs verantwortlich. Wenn man die für Materialien, Transporte und den Bau erforderliche Energie mit einbezieht, verschlingen Gebäude sogar mehr als die Hälfte der jährlich in den Vereinigten Staaten verbrauchten Energie.[12]

Die zunehmende Bevölkerung der Städte benötigt weltweit immer mehr Gebäude in urbanen Gebieten. Shanghai hatte 2005 mehr Fläche, die bebaut wurde, als in sämtlichen Bürogebäuden von New York City vorhanden ist. China erstellt jeden Monat urbane Infrastruktur in der Größenordnung einer Stadt wie Houston, Texas, nur um mit den Menschenmassen Schritt halten zu können, die vom Land in die Stadt ziehen.[13]

Nahezu 20 Prozent der global erzeugten Elektrizität wird für Beleuchtung verbraucht, ein großer Teil davon, während die Sonne scheint.

Das Aufkommen billiger und sofort verfügbarer Energie ließ moderne Gebäude gegen die Natur anstatt mit ihr funktionieren. Inzwischen besteht jedoch weltweit eine kleine, aber rapide anwachsende Initiative, Gebäude umweltfreundlich zu machen – zum Beispiel durch die Senkung ihres Energiebedarfs, die Reduzierung der in ihnen enthaltenen Energie und die Verwendung von Energiequellen vor Ort. „Grüne" Gebäude verbinden in sich Bauweisen und Technologien, die häufig als neu und innovativ betrachtet werden; tatsächlich sind viele dieser Ideen jedoch seit Jahrhunderten bekannt. Architekten, Stadtplaner und andere entdecken heute wieder traditionelle Wege, Räume zu beleuchten, zu beheizen und zu kühlen, und passen sie modernen Verwendungszwecken an.

Nahezu 20 Prozent der global erzeugten Elektrizität wird für Beleuchtung verbraucht, ein großer Teil davon, während die Sonne scheint. Der Energieverbrauch könnte also schon mit simplen Methoden wie Tageslichtbeleuchtung, Spiegeln, reflektierenden Farben und Lichtlenkungselementen – horizontalen „Flossen" an Fenstern, die Schatten spenden, Blendeffekte reduzieren und Tageslicht tief ins Rauminnere lenken – drastisch gesenkt werden. Es ist inzwischen technisch möglich, Glas zu produzieren, das Licht durchlässt, während es unerwünschte Wärme reflektiert. Diese Technologien und Materialien gleichen nicht nur einen Teil der Lichtnetzbelastung aus, sondern sie senken auch die signifikanten, mit der Beleuchtung einhergehenden Wärmeerträge und reduzieren damit den Klimatisierungsbedarf.[14]

Neben der Senkung des Bedarfs an künstlichem Licht durch Veränderungen der Bauweise kann der Verbrauch mit Energiesparlampen und modernen Technologien – etwa Bewegungsmeldern, die Leuchten, Elektrogeräte oder Maschinen abschalten, wenn sie nicht gebraucht werden – weiter verringert werden. Konventionelle Glühbirnen wandeln nur etwa 10 Prozent der Energie in Licht um, den Rest in Wärme. Kompakte Leuchtstofflampen und LEDs hingegen verbrauchen zur Erzeugung der gleichen Lichtmenge weit weniger Energie und produzieren wesentlich weniger Wärme. Diese Alternativen sind teurer in der Anschaffung, doch langfristig sparen sie Energie und Kosten ein.[15]

Auch das Heizen von Wasser und umbautem Raum erfordert große Energiemengen. Bessere Isolierung, zweckdienliche Gebäudeausrichtung, die Reduzierung der Gebäudegröße und der Einsatz von Solarwärme und anderen Technologien kann den Energiebedarf und damit verbundene Kosten drastisch senken. Einer der kosteneffektivsten Wege der armen Stadtbevölkerung in Entwicklungsländern zur Steigerung der Raumwärme ist, unter den Dächern Decken einzuziehen, um Wärmeverluste zu reduzieren; in Südafrika betragen die Energieeinsparungen durch solche Programme mehr als 50 Prozent.[16]

„Abwärme", die man in konventionellen großen Kraftwerken oder kleinen Systemen wie Mikroturbinen oder Brennstoffzellen abziehen lässt, kann zum Heizen, Kühlen oder zur zusätzlichen Energiegewinnung aufgefangen werden. Solche kombinierten Kraft-Wärme-Systeme verbessern die Gesamteffizienz drastisch. Im Verdesian, einem neuen Gebäude im Battery Park in New York City, wird mit der Abwärme einer Erdgas-Mikroturbine Warmwasser erzeugt, was die gesamte Energieeffizienz auf 80 Prozent oder mehr steigert, verglichen mit den 25 bis 35 Prozent eines typischen mit fossilen Brennstoffen betriebenen Kraftwerks.[17]

Auch die Mittel und Wege, wie solche Wärme verteilt wird, können die Effizienz erhöhen. Eine Fußbodenheizung ist zum Beispiel in der Regel energiesparender als herkömmliche Alternativen, und die heutigen Systeme können mit fossilen wie erneuerbaren Brennstoffen betrieben werden. Anfang des 20. Jahrhunderts wiederentdeckt und heute in vielen Teilen Europas und der USA gang und gäbe, wurden Flächenheizungen bereits von den Römern erfunden, die Terrakottarohre unter Steinböden verlegten und so Villen mit den Abgasen von Holzfeuern beheizten. Eine modernere Technik wird im Gebäude der Hewlett Foundation im kalifornischen Menlo Park verwendet: Durch einen erhöhten Boden zirkuliert Luft, die je nach Bedarf den Angestellten zur Heizung oder Kühlung dient anstatt dem Raum über ihnen.[18]

In heißen Monaten wird Raumkühlung immer wichtiger, um Städte funktionstüchtig zu halten. Die Beton- und Asphaltdschungel, die an die Stelle einer natürlichen Lebensumwelt treten, absorbieren Wärme, treiben die Temperaturen in den Städten in die Höhe und schaffen den bekannten „Hitzeinsel-Effekt". In Chinas größten Städten verbrauchen Klimaanlagen im Sommer 40 Prozent des öffentlichen Energiebedarfs; sie stellen die Hauptursache der Energieknappheit dar, die 2003 einsetzte. Und in Tokio, stellte eine Modellstudie fest, lässt die Abwärme von Klimaanlagen im Sommer die Temperatur in der Stadt um einen Grad ansteigen, womit der Hitzeinsel-Effekt nur noch verschlimmert wird. Eine ähnliche Studie aus Houston, Texas, belegt, dass die gesamten Abwärmeemissionen tagsüber zu einer Temperatursteigerung bis zu einem halben und nachts sogar bis zu 2,5 Grad Celsius führen.[19]

Mindestens 2000 Jahre lang haben die Menschen im Mittelmeerraum Gebäude mit einer Reihe von Methoden passiv gekühlt. Dazu zählen die Durchlüftung über die Oberfläche eines Teichs, offene Gebäude, schattenspendende Bäume, die sorgfältige Platzierung und Größe von Fenstern sowie dicke Wände und massive Böden als Isolierung gegen die Sommerhitze. Einige dieser Methoden werden heute wieder eingesetzt, zusammen mit solchen, die vor zwei Jahrtausenden noch nicht verfügbar waren.[20]

Natürliche Ventilation – der Einsatz von Außenluft zur Raumkühlung – kann den Bedarf an Klimaanlagen reduzieren. Studien belegen, dass eine effektive, an lokale Bedingungen angepasste Nachtlüftung die Kühllast in Bürogebäuden um 55 Prozent oder mehr verringern könnte. Die US-Bundesumweltschutzbehörde (Environmental Protection Agency, EPA) schätzt, dass eine sorgfältige Platzierung von Bäumen die zum Kühlen erforderliche Energie je nach dem gespendeten Schatten zwischen sieben und 40 Prozent vermindern kann.[21]

Eine weitere Methode, den Energiebedarf zum Kühlen zu reduzieren, ist, die Dächer von Gebäuden mit reflektierenden Oberflächen auszustatten – zum Beispiel weißer Farbe oder Metallschindeln als abstrahlende Isolierung. Eine von der EPA finanzierte Studie, die sowohl die Vorteile als auch die Nachteile solcher „kühlen Dächer" in Betracht zog, stellte in elf Städten der USA signifikante Nettoeinsparungen beim Energieverbrauch fest.[22]

Begrünte Dächer und Mauern reduzieren im Sommer die Hitzeentwicklung und isolieren im Winter gegen Kälte. Die Temperaturen auf konventionellen Dächern können um 50 Grad Celsius höher sein als jene in der Umgebung; auf einem begrünten Dach hingegen kann die Temperatur an einem heißen Tag sogar niedriger sein als in der Umgebung. Eine Studie an einem achtstöckigen Wohnhaus in Madrid zeigte, dass eine Dachbegrünung den jährlichen Energieverbrauch um ein Prozent und die Spitzenkühllast in den oberen Etagen um 25 Prozent senkte. Mit ausreichend „kühlen" oder begrünten Dächern in einer Stadt sind substanzielle Reduzierungen des Hitzeinsel-Effekts möglich. Zusätzlich entsteht auch noch weniger städtischer Smog. Außerdem filtern und binden begrünte Dächer bei Unwettern Wasser und verringern dadurch Ablaufprobleme, und sie schaffen ein Habitat für Vögel sowie Erholungsraum für die Menschen.[23]

Jeder dieser Punkte führt für sich bereits zu signifikanten Einsparungen. Intelligentes Design und Maßnahmen zur Verbesserung der Energieeffizienz können zusammen den Energieverbrauch im Vergleich zu einem konventionellen Gebäude auf die Hälfte oder weniger reduzieren. Manche Experten glauben, dass auf diese Weise Einsparungen bis zu 80 Prozent möglich sind. Mit der Abnahme der Spitzenbelastungen für Beleuchtung, Heizung und Kühlung sinkt auch die Größe der dafür erforderlichen Boiler, Ventilatoren und anderer Geräte und Maschinen, was wiederum zu Einsparungen bei Energie und Baukosten führt. Das im Jahr 2000 eröffnete Accord 21 Building war das erste international zertifizierte umweltfreundliche Projekt in China. Es verbraucht 70 Prozent weniger Energie als herkömmliche Gebäude, sodass immer wieder erstaunte Inspektoren zurückkommen, um festzustellen, dass die Energiemessgeräte tatsächlich tadellos funktionieren.[24]

Es gibt gute wirtschaftliche Gründe, energiesparendere Gebäude zu errichten: Die Menschen darin sind im Allgemeinen gesünder und verfügen über mehr Komfort, die Arbeit in ihnen ist produktiver, es finden weniger Mieterwechsel statt, und im Falle von Schulen sind die Leistungen der Schüler besser. Der Hauptsitz der *Internationale Nederlanden Bank* in Amsterdam verbraucht nur etwa zehn Prozent der Energie des Vorgängergebäudes, und die Arbeitsausfälle bei den Angestellten gingen um 15 Prozent zurück, was sich auf eine jährliche

Kapitel 5: Energie für Städte   211

Ersparnis von 3,4 Millionen US-Dollar summiert. In den Vereinigten Staaten liegt der durchschnittliche Mehrpreis für ein umweltfreundliches Gebäude bei zwei bis fünf Prozent. Studien zufolge übersteigen die damit einhergehenden finanziellen Vorteile über 20 Jahre die ursprüngliche Investition jedoch um mehr als das Zehnfache. Außerdem sinken die Kosten für solche Bauten mit zunehmender Erfahrung in Planung und Bau.[25]

Wiewohl die Grenzkosten zur Senkung des Energieverbrauchs bei der Errichtung eines Gebäudes am geringsten sind, kann auch eine Nachrüstung sehr kosteneffizient sein. Simple Strategien wie der Einsatz von Tageslicht, energiesparende Beleuchtung und Verglasung können sich bereits innerhalb eines Jahres rechnen. Über 300 Nachrüstungsprojekte – von Isolierung bis zu Verbesserungen der Wassersysteme –, die in den letzten Jahren in China durchgeführt wurden, hatten eine Tilgungszeit von durchschnittlich 1,3 Jahren.[26]

Solche Fortschritte können auch für die Armen der Welt wichtige Vorteile mit sich bringen. In den Industrieländern kann eine Maximierung der Energieeinsparung durch entsprechende Bauweise und kosteneffektive Endverbrauchstechnologien sicherstellen, dass arme Menschen nicht durch Erhöhungen der Energiekosten aus ihren Heimen vertrieben werden. In den Entwicklungsländern können Fortschritte bei der Absenkung des Energieverbrauchs erhebliche Verbesserungen der Lebensqualität bewirken, indem sie die Energieversorgung für die Armen erschwinglicher machen. LEDs zum Beispiel liefern ein Licht, das ungefähr 200mal zweckdienlicher ist als das von Kerosinlampen. Für 55 US-Dollar pro Stück könnten solarbetriebene Lampen mit LEDs die Nächte der Armen erhellen. In Tembisa, einer Hüttensiedlung im südafrikanischen Johannesburg, wurde anhand einer Studie festgestellt, dass fast 10.000 Haushalte jährlich mehr als 60 US-Dollar für Paraffin und Kerzen ausgeben. Mit einem Mikrokredit (siehe Kapitel 7) könnten sich diese Familien eine sauberere und bessere Beleuchtung leisten, die von der Sonne umsonst mit Energie versorgt wird.[27]

Im antiken Griechenland wurden viele Städte gitterförmig angelegt, damit jedes Haus im Winter die Wärme und das Licht der Sonne nutzen konnte. Die alten Römer gingen sogar so weit, „Sonnenrechtsgesetze" zu erlassen, die Bauherren verboten, den Zugang zur Wintersonne zu blockieren. Begrünte Dächer gab es schon vor Tausenden von Jahren; die berühmtesten waren die um 500 vor Christus erbauten Hängenden Gärten von Babylon. Die Lehren aus diesen uralten Methoden, kombiniert mit modernen Technologien und Materialien, geben den heutigen Städten effiziente Möglichkeiten an die Hand, um bei der Einsparung von Energie erhebliche Verbesserungen zu erzielen.[28]

Städte vor Ort mit Energie versorgen

Als Thomas Edison Ende des 19. Jahrhunderts seine ersten elektrischen Systeme installierte, stellte er sich eine Industrie mit Dutzenden von Unternehmen vor, die Energie unmittelbar am Verbrauchsort erzeugten. Ein solches System wäre besonders für dicht besiedelte urbane Gebiete geeignet. Anfangs entwickelte sich die Industrie auch diesem Gedanken entsprechend, zahlreiche Unternehmen erzeugten Energie an ihrem Standort und fingen die Abwärme auf. Doch bis Mitte der 1930er Jahre waren in den meisten Industrieländern monopolisierte Industrien entstanden, die hauptsächlich auf wirtschaftliche Vorteile durch immer größere Kraftwerke und dazugehörige Übertragungs- und Verteilungssysteme abzielten. Erst in den 1980er Jahren wurden Grenzen der Wirtschaftlichkeit erreicht – die zusammen mit einer Reihe ökonomischer und umweltbedingter Herausforderungen viele Experten erkennen ließen, dass bei der Energieerzeugung größer nicht immer auch besser ist.[29]

Kleine, lokale Anlagen zur Energieerzeugung, das Prinzip der so genannten Distributiven Generation (DG), könnten die Städte auch heute wieder in die Lage versetzen, einen Großteil ihres Energiebedarfs selbst zu produzieren. Noch ist die DG beim Preis pro Energieeinheit teurer als konventionelle, zentralisierte Energiegewinnung, doch die Kosten sinken stetig, und die mit ihr verbundenen Vorteile sind erheblich. DG reduziert den Bedarf an teurer Infrastruktur zur Übertragung und Verteilung (T&D) und senkt gleichzeitig Netzverluste. Durch Umgehung des T&D-Systems verbessert DG auch die Betriebssicherheit und verringert die Anfälligkeit für Unfälle oder Sabotage. Da die DG auf Modulbauweise basiert und schnell installiert ist, können solche Anlagen expandieren – gleichsam mit einer Stadt wachsen – und so den Bedarf an neuen zentralen Kraftwerken hinauszögern oder ganz eliminieren. Das ist vor allem in Entwicklungsländern von Bedeutung, wo die Landflucht die Zahl der Stadtbewohner und den urbanen Energieverbrauch rapide in die Höhe treibt. Zudem gewährleisten distributive Systeme eine Kontrolle vor Ort und das Eigentum an Energiequellen und fördern dadurch die wirtschaftliche Entwicklung auf kommunaler Ebene (siehe Kapitel 7).

Ineffiziente Dieselgeneratoren oder Gasturbinen machen heute noch den größten Teil der DG aus. Doch es zeichnen sich bereits mehrere neue Optionen mit einer Vielzahl technischer Verbesserungen ab. Fortgeschrittene Technologien wie etwa Hochleistungs-Mikroturbinen und Brennstoffzellen versprechen verlässliche und effiziente Alternativen. Brennstoffzellen erfordern kaum Wartung und können in überfüllten urbanen Zentren installiert werden, denn sie sind sauber, leise und sehr flexibel. Mehrere Technologien für Brennstoffzellen befinden sich in der Entwicklung, und viele erzeugen bereits Energie für moderne Bürogebäude

Kapitel 5: Energie für Städte 213

und Hotels. Wenn sie weiterentwickelt werden, können solche Anlagen genug Energie produzieren, um einen Großteil der Elektrizität und Wärme für eine ganze Stadt zu liefern.[30]

> *Überall, wo die Sonne scheint, können Gebäude, Hütten ebenso wie Wolkenkratzer, zu kleinen Kraft- oder Heizwerken werden.*

Heute sind Brennstoffzellen oder Mikroturbinen noch hauptsächlich auf Erdgas angewiesen, das in die Städte geschafft werden muss. Doch Alternativen bestehen bereits: In der finnischen Stadt Vaasa wird schon bald Methan aus einer nahe gelegenen Erddeponie eine Brennstoffzelle antreiben und Wärme und Strom für 50 Familien liefern. Eines Tages wird es Brennstoffzellen geben, die mit Wasserstoff aus erneuerbaren Quellen arbeiten.[31]

Erneuerbare Energiequellen können aber nicht nur Turbinen antreiben, sondern auch Energie zum Kochen, für Beleuchtung, Heizung, Kühlung und sogar für den Transport liefern. Schon heute decken erneuerbare Energien weltweit den Bedarf von Millionen Menschen, und Märkte für entsprechende Technologien verzeichnen ein exponentielles Wachstum. Wind- und Solarenergie sind die am schnellsten wachsenden Stromquellen, und biogene Kraftstoffe sind die weltweit am stärksten zunehmenden Kraftstoffe; beide Bereiche haben zweistellige Zuwachsraten.[32]

Überall, wo die Sonne scheint, können Gebäude, Hütten ebenso wie Wolkenkratzer, zu kleinen Kraft- oder Heizwerken werden. Mit Photovoltaik (PV) kann man Elektrizität direkt aus Sonnenlicht erzeugen, häufig zu Zeiten, in denen der Verbrauch am größten und der Strom am teuersten ist. Die PV-Technik ist inzwischen so weit gediehen, dass sie im wahrsten Sinne des Wortes in Gebäude integriert werden kann – in Dachziegel und Schindeln, Außenwände und Glasfenster – und nicht nur Elektrizität liefert, sondern auch Schatten und Isolierung. An Fassaden können Solarzellen billiger sein als Granit oder Marmor. In Gebäude integrierte Photovoltaik (building-integrated PV – BIPV) wird bereits häufig in Europa eingesetzt und verbreitet sich auch andernorts. Die IEA schätzt, dass BIPV-Anlagen fast ein Fünftel des jährlichen Elektrizitätsbedarfs in Finnland, mehr als 40 Prozent in Australien und etwa die Hälfte in den Vereinigten Staaten decken können.[33]

Thermische Solaranlagen, die mit der Sonnenwärme Wasser und Wohnraum beheizen, krönen die Dächer von Freiburg bis Jerusalem und machen sich schon nach wenigen Jahren durch Brennstoffeinsparungen bezahlt. Shanghai und andere Städte Chinas entwickeln sich aufgrund der Notwendigkeit, den Kohle- und Erdölverbrauch zu verringern, zu Horten der Solarenergie. In der Herstellung und Nutzung thermischer Solaranlagen ist das Land heute weltweit führend. Sonnenenergie und -wärme bieten auch in anderen Städten der Entwicklungsländer enorme Potenziale zur Erzeugung von Strom, Raumheizung und Warmwasser für Familien und Gemeinschaften in inoffiziellen Siedlungen, die noch keinen Zugang zu einem Stromnetz oder einer anderen modernen Energieversorgung haben - und das für wesentlich weniger Geld, als ein Ausbau des Stromnetzes kosten würde.[34]

Ein neues Areal mit 1000 Wohnungen im schwedischen Malmö deckt seinen Elektrizitätsbedarf zu 100 Prozent durch Solarenergie und Windkraft.

Städte können auch das Isolationsvermögen des Bodens unter ihnen nutzen. Wärmepumpen verwenden die nahezu konstanten Temperaturen der Erde oder des Grundwassers als Wärmequelle im Winter oder zur Wärmeabsenkung im Sommer, um Wasser und umbauten Raum zu beheizen oder zu kühlen. In Fort Polk, Louisiana, ersetzte das US-Militär in über 4000 Wohneinheiten individuelle Raumheizungen, Kühl- und Warmwassersysteme durch geothermische Wärmepumpen; damit entfielen fast ein Drittel des Stromverbrauchs und das gesamte Gas, das zuvor zum Heizen und Kühlen gebraucht wurde. Beim weltweit größten Wohnbauprojekt, in dem diese Technik Verwendung findet, dem Linked Hybrid Project in Beijing, werden fast 140.000 Quadratmeter Wohnfläche mit Wärmepumpen beheizt und gekühlt.[35]

Es gibt Hinweise darauf, dass bereits im antiken Pompeji heißes geothermisches Wasser zur Beheizung von Gebäuden benutzt wurde. Heute wird diese Methode für Fernwärmesysteme in Städten in Frankreich, Island, den Vereinigten Staaten, der Türkei und andernorts eingesetzt. Das größte derartige System in der Europäischen Union hat Paris.[36]

Wenngleich in Städten nur wenig Land für Energiepflanzen verfügbar ist, haben auch sie eine enorme potenzielle Ressource für Energie aus Biomasse: ihren Abfall. New York City zum Beispiel produziert täglich 12.000 Tonnen Müll, der bis nach Ohio abtransportiert werden muss und die Stadt jährlich über eine Milliarde Dollar für die Müllentsorgung kostet. In den Städten der Industrie- wie der Entwicklungsländer nimmt die Erzeugung städtischen Mülls pro Person mit der Bevölkerung und sich veränderndem Lebensstil zu. In einigen Städten in Entwicklungsländern wird der Müll hauptsächlich aufgrund von Geldmangel und fehlenden Deponien nicht abtransportiert, sondern verbrannt oder einfach auf der Straße liegengelassen. Die Folgen sind heftige Rauchentwicklung, Wasserverschmutzung und Krankheiten.[37]

Doch mit städtischem Abfall kann man alles Mögliche produzieren: von Brennmaterial zum Kochen über Elektrizität für Bürogebäude und Privatwohnungen bis zu Biokraftstoffen für moderne Fahrzeuge. Wo Abfall auf Erddeponien geschafft wird, kann man Methan gewinnen, damit Strom erzeugen und gleichzeitig die Freisetzung dieses Treibhausgases – das immerhin 21mal stärker ist als Kohlendioxid – in die Atmosphäre reduzieren. Viele Städte der USA sowie São Paulo in Brasilien und Riga in Lettland erzeugen auf diese Weise Elektrizität; die mexikanische Stadt Monterrey deckt so fast zwei Drittel ihres Bedarfs an Energie für Beleuchtung.[38]

Müll kann ferner in anaeroben Autoklaven [A.d.Ü.: Gefäße zum Erhitzen unter Druck unter Ausschluss von Sauerstoff] behandelt werden, die fast jedes organische Material von Papier und Gartenabfällen bis zu Abwasser in kompostierbare Feststoffe, Flüssigdünger und einen gasförmigen Brennstoff aufspalten, mit dem Herde, Öfen oder elektrische Turbinen betrieben werden können. Die meisten Armen in den Entwicklungsländern geben mindestens 20 Prozent ihres Monatseinkommens für Brennmaterial zum Kochen aus. Doch billige Autoklaven in Haushaltsgröße können Dung oder Feuerholz ersetzen, damit den Druck auf Wälder reduzieren und für viele Menschen eine rauchfreie, gesündere Umgebung schaffen. Eine Studie in Tansania erbrachte, dass die Nutzung von Biogas täglich fünf Stunden Arbeit im Haushalt einsparen und Frauen und Kindern mehr Zeit für produktivere Aktivitäten geben könnte.[39]

Viele Städte in Industrieländern – unter anderem Frankfurt, Wien und Zürich – setzen in größerem Umfang Müll zur Energiegewinnung in Gas um. Nachdem in San Francisco festgestellt wurde, dass Hundekot fast vier Prozent des Mülls der Einwohner ausmacht, startete die Stadt Anfang 2006 ein Pilotprojekt, um daraus Energie zu erzeugen. Oslo hat die vielleicht weltweit größte Heizanlage mit Hilfe von ungeklärtem Abwasser: Einer Senkgrube wird Wärme entzogen und in ein Netz von Wasserrohren transferiert, das Tausende von Heizkörpern und Wasserhähnen in der ganzen Stadt speist. Und die schwedische Stadt Helsingborg betreibt ihre Busse mit Biogas, das aus organischem Abfall gewonnen wird. Neue Technologien konvertieren sogar anorganische Stoffe – von Krankenhaus- und Industrieabfällen bis zu Autoreifen – in Elektrizität und Treibstoffe.[40]

Einige Städte können durch Wind und Wasser mit dringend benötigter Energie versorgt werden, wenngleich die Möglichkeiten hierzu in urbanen Gebieten begrenzt sind. Vor allem die Windkraft sieht sich mit Beschränkungen wegen mangelnder Standorte und befürchteter Landschaftsverschandelung konfrontiert, doch hat dies ihren Einsatz nicht immer verhindert. Tokio hat zum Beispiel an seiner Küste Turbinen mit einer Leistung von 2,5 Megawatt installiert. Die Middelgrunden-Windfarm an der Küste bei Kopenhagen liefert gar vier Prozent des Strombedarfs der Stadt und ist das größte kooperativ betriebene Windkraftprojekt der Welt.[41]

New York und San Francisco haben Projekte beantragt, die das Meer zur Energieerzeugung nutzen. Und einige Städte zapfen im wörtlichen Sinn lokale

Wasserquellen zum Kühlen an: Paris pumpt Wasser aus der Seine und betreibt damit Klimaanlagen, und Toronto nutzt das eisige Wasser aus den Tiefen des Ontariosees zur Kühlung. Dieses System hat genügend Kapazität, um 3,2 Millionen Quadratmeter Büroraum zu kühlen, das entspricht dem Raum von 100 Bürotürmen.[42]

Auch wenn in absehbarer Zukunft nur wenige Städte ihren gesamten Energiebedarf mit distributiven erneuerbaren Energien decken können, gelingt dies einigen urbanen Gebieten schon heute. Ein neues Areal mit 1000 Wohnungen im schwedischen Malmö deckt seinen Elektrizitätsbedarf zu 100 Prozent durch Solarenergie und Windkraft, bezieht seine Heizwärme aus Meeres- und Gesteinsschichten und von der Sonne und betreibt seine Fahrzeuge mit Biogas aus eigenem Müll und Abwasser. Die in Planung befindliche chinesische Ökostadt auf der Insel Dongtan wird für ihre bis 2040 erwartete Bevölkerung von 500.000 Menschen auf ähnliche Ressourcen zurückgreifen.[43]

Verbesserungen der Energieeinsparung beim Bauen, durch eine zweckmäßige Gebäudeausrichtung und geeignete Materialien sowie durch effizientere Technologien im Endverbrauch erleichtern den Einsatz erneuerbarer Energien aus zwei Gründen. Erstens lässt sich der Bedarf einer Stadt leichter decken, wenn die Größenordnungen überschaubarer werden; zweitens kann eine Stadt durch Senkung ihres Energiebedarfs die höheren Kosten pro Energieeinheit, die heute mit vielen Technologien für erneuerbare Energien verbunden sind, besser auffangen.[44]

Solche Technologien sind zwar kapitalintensiv, doch mit geringen bis gar keinen Kosten für Brennstoff verbunden. Damit verringern sie die Risiken durch schwankende Preise für fossile Brennstoffe. Sie wirken sich zudem weit weniger auf Luft, Boden und Wasser aus – und als Resultat dessen auf die menschliche Gesundheit – als herkömmliche Brennstoffe und Technologien. Und sie liefern verlässliche und sichere Energie. Eine Analyse des Blackouts im Nordosten der Vereinigten Staaten im Jahre 2003 ergab, dass einige Hundert Megawatt an Strom aus strategisch in und um die wichtigsten betroffenen Städte platzierten PV-Anlagen das Risiko der Stromausfälle drastisch reduziert hätte.[45]

Erneuerbare Energien gestatten ferner eine lokale Verfügungsgewalt über die Bereitstellung, und sie schaffen wertvolle Steuereinnahmen und lokale Arbeitsplätze – einer Untersuchung des Entwicklungsprogramms der UNO von 1997 zufolge ist dies eines der dringendsten Anliegen von Stadtoberhäuptern. In Deutschland entfallen schätzungsweise 170.000 neue Arbeitsplätze auf Unternehmen im Bereich erneuerbarer Energietechnik. In China arbeiten etwa 250.000 Menschen im Sektor Solarheizung, und in Indien hat die Biogastechnik über 200.000 Arbeitsplätze geschaffen. Ferner können erneuerbare Energien an Orten eingesetzt werden, die von vielen konventionellen Technologien nicht erreicht werden – in den Heimen und Gemeinschaften der Ärmsten der Welt.[46]

Kapitel 5: Energie für Städte 217

Kasten 5.2: „Special Events" umweltfreundlich gestalten

Jedes Jahr finden weltweit an die 9000 Ereignisse statt, die Städten eine erstklassige Gelegenheit bieten, den Klimawandel sehr öffentlichkeitswirksam anzusprechen. Das Olympische Dorf zum Beispiel, das 2000 für die Spiele in Sydney errichtet wurde, war damals das größte mit Solarenergie betriebene Wohngebiet der Welt.

Im Rahmen von Beijings erfolgreicher Bewerbung für die Olympiade 2008 arbeiten die Verantwortlichen an der Verbesserung der Luftqualität der Stadt. Mit Hilfe des US-amerikanischen Energieministeriums versucht die Stadt, den Kohleverbrauch zu reduzieren und den Einsatz von Solarenergie für Stromerzeugung und Heizung zu forcieren.

In Deutschland umfasste eine Reihe umweltfreundlicher Zielsetzungen bei der Fußballweltmeisterschaft 2006 unter anderem eine 20prozentige Verringerung des Energieverbrauchs in den Stadien und die Energieerzeugung aus erneuerbaren Quellen. Diese Bemühungen reflektieren den Wunsch von Städten, lukrative „Special Events" mit Prestige anzuziehen und gleichzeitig Belastungen der lokalen Infrastruktur und der Ressourcen wie auch der globalen Güter zu vermeiden.

Quelle: Siehe Anmerkung 47.

Städte als Vorreiter

Zwar stehen die Städte hinsichtlich Energieerzeugung und -nutzung vor gewaltigen Herausforderungen, doch viele von ihnen unternehmen bereits kühne Schritte in diese Richtung, die von alltäglichen kommunalen Arbeitsprozessen bis zu besonderen Ereignissen reichen (siehe Kasten 5.2). Sie demonstrieren damit auf praktischer Ebene, welche Maßnahmen sich in Anbetracht vielerlei Umstände (wirtschaftlicher Wohlstand, die Verfügbarkeit natürlicher Ressourcen, kulturelles und politisches Erbe) als am wirkungsvollsten erweisen. Ferner zeigen sie die wichtige Rolle, die Städte bei der Reduzierung der Treibhausgas-Emissionen und der Verhütung des Klimawandels einnehmen können.[47]

Seit die Grünen im Barcelona die Stadtratswahlen gewonnen haben, unterstützen sie mit weitreichenden Maßnahmen erneuerbare Energien und verringern die Abhängigkeit von Atomkraft. Ihr Hauptaugenmerk liegt dabei auf der Entwicklung des Solarenergie-Potenzials der Stadt – das deren Gesamtenergiebedarf um das Zehnfache übersteigt. Von 1995 bis 1999 fanden Demonstrationsprojekte und Konsultationen mit Interessenvertretern statt, um Maßnahmen und eine realistische Zeitachse für die Mitarbeit der Industrie zu entwickeln.[48]

2000 ordnete der Stadtrat von Barcelona an, in neuen und in grundlegend renovierten Gebäuden 60 Prozent des Warmwassers mit Solarenergie zu erzeugen. Weniger als vier Jahre später hatte sich die Solarkapazität der Stadt fast verzwölffacht; bis April 2004 hatten die solaren Warmwassersysteme das Äquivalent von fast 16 Megawattstunden Energie pro Jahr eingespart und damit die CO_2-Emissionen um jährlich 2,8 Tonnen reduziert. Seither hat Barcelona diese Vorschrift auf noch mehr Gebäude ausgeweitet. Bis Anfang 2006 erließen mehr als 70 weitere spanische Städte und Gemeinden Verordnungen zur solaren Warmwasserbereitung; als Folge dessen hat die spanische Regierung eine ähnliche Politik in Angriff genommen.[49]

Andere Städte, in denen die Behörden für mehr Vertrauen in lokale umweltfreundliche Energie werben, arbeiten gern mit Quotensystemen. Diese fordern, mehr der genutzten Energie aus erneuerbaren Ressourcen zu erzeugen und es den Kräften des Marktes zu überlassen, die wirtschaftlichsten Projekte zu ermitteln. Solche Methoden werden häufig als erneuerbare Portfolio-Standards bezeichnet und sind auf öffentliche oder private Energieversorgungsbetriebe gleichermaßen anwendbar. Der öffentliche Versorgungsbetrieb Sacramento Municipal Utility District (SMUD) in Kalifornien, der sich schon seit langem umweltfreundlicher Energiegewinnung verpflichtet hat, zielt darauf ab, bis 2011 23 Prozent des von ihm bereitgestellten Stroms aus erneuerbaren Quellen zu gewinnen. Um ortsansässige gewerbliche und industrielle Kunden zu PV-Installationen zu ermutigen, bietet SMUD zudem für jedes installierte Watt finanzielle Anreize.[50]

Städte, die von privaten Versorgungsbetrieben beliefert werden, über die sie wenig Kontrolle haben, müssen häufig andere Strategien verfolgen. In den Jahren 1995 und 1999 litt Chicago unter Hitzewellen, die Stromausfälle und Hunderte Tote mit sich brachten. Der private Energieversorger ComEd musste wegen der Stromausfälle 100 Millionen Dollar an die Stadt zahlen, und diese finanzierte damit nachhaltigere lokale Energiequellen, um die Wahrscheinlichkeit und die Folgen künftiger Blackouts zu reduzieren. 2001 schloss die Stadt einen neuen Energieliefervertrag mit ComEd, in dem sie verlangte, dass bis 2006 20 Prozent des Stroms für die Stadtverwaltung aus erneuerbaren Quellen stammen (dies wurde allerdings später auf 2010 geändert).[51]

Mit dieser und anderen Initiativen hat Chicago eine Kampagne gestartet, „die umweltfreundlichste Stadt in Amerika" zu werden. Seit 2004 benötigen neue oder grundlegend renovierte öffentliche Gebäude die Zertifizierung des Leadership in Energy and Environmental Design (LEED), die vom U.S. Green Building Council definiert wurde. Durch Modernisierungen städtischer Gebäude im Umfang von 1,4 Millionen Quadratmetern könnte die Stadt jährlich sechs Millionen Dollar an Energiekosten einsparen.[52]

Chicagos Vision trägt nicht nur ökonomische Früchte, sondern sie verändert auch die urbane Umwelt. Auf dem Rathaus und auf über 232.000 Quadratmetern Fläche von Wohn- und Geschäftsgebäuden sind begrünte Dächer entstanden. An die 250.000 im letzten Jahrzehnt gepflanzte Bäume bieten Schatten und verschönern Wohngebiete. Mit anderen Worten, eine Stadt, die lange für ihr industrielles Erbe bekannt war, bereitet sich darauf vor, die nächste Welle globaler wirtschaftlicher Chancen zu nutzen – die explizit mit „grüner" und „sauberer" Entwicklung verbunden ist.[53]

Eine weitere Option für Städte mit privaten Energieversorgern zeigt sich in der wachsenden Tendenz von Regierungen, Zusammenschlüsse von Gemeinden bei der Deckung ihres Energiebedarfs zu unterstützen. In den Vereinigten Staaten zum Beispiel sind mittlerweile Städte und Gemeinden in Kalifornien, Massachusetts, New Jersey, Ohio und Rhode Island autorisiert, dies für Regionalverwaltungen, Privathaushalte und Unternehmen zu tun. Als Gegenleistung können die Orte unter einer Reihe von Energieoptionen wählen. Ein solcher Verbund kann es Städten ermöglichen, als Bedingung für Energielieferverträge strengere Regelungen bezüglich Energieeffizienz und erneuerbarer Energien zu erlassen, als es nationale oder bundesstaatliche Normen vorgeben.[54]

Über das Anliegen einer kommunalen Verfügungsgewalt und des Besitzes lokaler Versorgungseinrichtungen hinaus wollen einige Städte umweltfreundliche, vor Ort erzeugte Energie, um mit den Anforderungen einer sich industrialisierenden Gesellschaft Schritt halten zu können. Die südkoreanische Stadt Daegu verfolgt seit 2000 eine zunehmend umfassende Stadtplanung, die erneuerbare Energien mit der lokalen wirtschaftlichen Entwicklung koppelt. Aufgrund der großen Abhängigkeit des Landes von Energieimporten trug die Entwertung der südkoreanischen Währung während der asiatischen Wirtschaftskrise von 1997/98 zu einer Verdopplung der Energiepreise bei. Vor dem Hintergrund einer hohen Bevölkerungsdichte und einer rapiden Verstädterung lenkte dies die Aufmerksamkeit der Stadt auf die Notwendigkeit, ihr Energiemodell zu überdenken.[55]

Daegu hat sich zum Ziel gesetzt, bis 2010 fünf Prozent des gesamten Energiebedarfs der Stadt aus lokalen und erneuerbaren Quellen zu beziehen, und darüber hinaus langfristige Ziele bis 2050 ins Auge gefasst. Zusätzlich arbeitet das Center for Solar City Daegu, ein Gemeinschaftsprojekt der Stadt und der Kyungpook National University, an der Verbreitung umweltfreundlicher Technologien. Um Eigenheimbesitzer bei der Anschaffung von Solaranlagen zu unterstützen, finanzieren Stadt und Staat bis zu 80 Prozent der Installationskosten, und die politische Führung von Daegu sorgt für eine starke Bürgerbeteiligung.[56]

Die Dringlichkeit, Gefahren für die Umwelt zu begegnen und den allgemeinen Zugang zur Energieversorgung zu erweitern, bestimmt die Vorgehensweise von Mexico City – einer Metropole mit 20 Millionen Einwohnern –, wo eine Dunstglocke permanent den Blick auf das umgebende Bergpanorama verwehrt. 1998 erklärte das World Resources Institute Mexico City wegen seiner schlechten Luftqualität zur „gefährlichsten Stadt der Welt für Kinder". Nach wie vor zählt die Stadt weltweit zu den urbanen Gebieten mit der stärksten Umweltverschmutzung.[57]

Im Jahre 2002 begann Mexico City diese Situation endlich anzugehen und eine Reihe politischer Maßnahmen zum Klimaschutz einzuleiten, die unter dem Namen „Proaire" zusammengefasst wurden. Durch die Installierung moderner Glühbirnen in 30.000 neuen und 45.000 bestehenden Wohneinheiten werden Verbesserungen in der Energieeinsparung erreicht. In etwa 50.000 Wohnungen sollen Solarheizungen eingebaut werden. Zu den Geldgebern für Proaire zählen lokale Strom- und Wasserversorger, die Weltbank, Unternehmensstiftungen, die Chicago Climate Exchange und Nonprofitorganisationen.[58]

Kapstadt versucht seit 2003, Energie einzusparen und erneuerbare Energien zu fördern, um armen Wohngebieten die Stromversorgung zu ermöglichen und die Folgen einer nationalen Energieverknappung zu vermindern, die voraussichtlich 2007 eintreten wird. Die Stadtverwaltung will bis 2020 zehn Prozent ihrer Energie aus erneuerbaren Quellen beziehen und hat in öffentlichen Einrichtungen mit Verbrauchsprüfungen und Modernisierungen zur Energieeinsparung begonnen. Im Stadtteil Kuyasa wurden im Rahmen eines Pilotprojekts unter dem Clean Development Mechanism (CDM) des Kyoto-Protokolls, das darauf abzielt, die Treibhausgas-Emissionen in Entwicklungsländern zu reduzieren, Decken isoliert und Einwohnern Solar-Warmwasserbereiter und Energiesparlampen zur Verfügung gestellt. Für die Treibhausgas-Reduzierungen wurde Kuyasa 2005 vom CDM für herausragende Standards in nachhaltigem Bauen ausgezeichnet.[59]

Zahlreiche weitere Städte übernehmen Ziele und Programme zur Förderung nachhaltiger Energiesysteme (siehe Tabelle 5.1). Und viele Städte haben sich zu größeren Netzwerken zusammengeschlossen, um die Nutzung umweltfreundlicher Energie für den Klimaschutz und für urbane Lebensqualität voranzutreiben. In vielfacher Hinsicht reflektiert ihre Zusammenarbeit das Bemühen, anstelle nationaler Regierungen und der internationalen Gemeinschaft zu handeln, die bislang weitgehend gescheitert sind, den verstärkten Einsatz umweltfreundlicher Energie voranzutreiben.[60]

Beispiele für solche Netzwerke sind unter anderem das U.S. Mayors' Climate Protection Agreement, das Städte ermutigt, die US-Regierung zu einer nationalen Klimapolitik zu bewegen, und die Cities for Climate Protection Campaign des ICLEI-Local Governments for Sustainability (Lokale Regierungen für Nachhaltigkeit; ICLEI = International Council on Local Environmental Initiatives), die sich bei ihren 650 partizipierenden lokalen Regierungen für die Planung und Umsetzung klimaorientierter Politik einsetzt. Durch solche Partnerschaften können sich die Funktionäre der Städte über die besten Vorgehensweisen verständigen und ihre Verwaltungen ermutigen. Einige Regierungen machen nun einen Schritt vorwärts, um diesen Bemühungen den Rücken zu stärken. So hat die australische Regierung ein nationales, unabhängiges ICLEI-Büro finanziert, in dem

Kapitel 5: Energie für Städte

Tabelle 5.1: Energieziele von Städten

Stadt	Ziel
Beijing, China	Reduzierung der Energieintensität der Wirtschaftsleistung der Stadt von 2004 bis 2010 um 32 Prozent
Berlin, BRD	Reduzierung des Energieverbrauchs öffentlicher Gebäude um 30 Prozent bis 2010; Einbau solarer Warmwasserbereitung in jährlich 75 Prozent der neuen Gebäude
Kopenhagen, DK	Energieüberprüfungen Pflicht für Gebäude mit über 1500 m²; alle neuen Gebäude müssen an die Fernheizung angeschlossen werden (Verbot von Elektroheizungen)
Freiburg, BRD	bis 2010 müssen 10 Prozent des öffentlich und privat verbrauchten Stroms aus erneuerbaren Energien stammen
Leicester, GB	bis 2025 Reduzierung des Energieverbrauchs städtischer Gebäude um 50 Prozent des Niveaus von 1990
Melbourne, AUS	Steigerung des städtischen Einsatzes erneuerbarer Energie um 50 Prozent des Niveaus von 1996 und des privaten Verbrauchs um 22 Prozent bis 2010
Oxford, GB	10 Prozent der Haushalte mit solarer Warmwasserbereitung oder PV bis 2010
Portland, USA	100 Prozent umweltfreundliche Energie für die Stadtverwaltung bis 2010; alle neuen städtischen Gebäude müssen die LEED-Gold-Zertifizierung erfüllen
Tokio, Japan	mindestens 5 Prozent erneuerbare Energien in großen städtischen Einrichtungen seit 2004; Antrag, dass bis 2020 20 Prozent der gesamten Energie aus erneuerbaren Quellen stammt

Quelle: Siehe Anmerkung 60.

die Räte von 216 Städten und Gemeinden involviert sind, die 87 Prozent der australischen Bevölkerung repräsentieren.[61]

Die International Solar Cities Initiative – sie wurde gegründet, um dem Klimawandel mit effektiven Aktionen in Städten zu beggenen – hat sich explizit zum Ziel gesetzt, so genannte „Pfadfinder"-Städte zu bedeutenden Reduzierungen der Treibhausgas-Emissionen hinzuführen. Dieses Ziel wurde aufgestellt, indem man ermittelte, wie viel Treibhausgas jeder Mensch auf der Erde jährlich emittieren darf, ohne dass die Absorptionsfähigkeit der Atmosphäre und Biosphäre überbeansprucht wird. Das Ziel für 2050 sind etwa 3,3 Tonnen CO_2-Äquivalent pro Person. Das entspricht ungefähr der Menge, die ein Mensch in China oder Argentinien heute emittiert.[62]

Den Weg weisen

Die Städte haben viele Möglichkeiten, den Wandel zu beeinflussen. Das hängt nicht nur mit den überschaubareren Größenordnungen lokaler Bevölkerungen und lokalen Energieverbrauchs zusammen, sondern auch mit der Rolle der Städte als nationale und regionale Sitze politischer Macht. Ferner repräsentieren Städte häufig Zentren politischer und technischer Innovation, wo die Wähler den Sitzen der Macht näher sind und dadurch über mehr Einfluss auf die politischen Entscheidungsträger verfügen. Und da mächtige Industrien auf lokaler Ebene nicht dieselbe Interessenvertretung ausüben können wie auf nationalem oder regionalem Niveau, können Städte mehr Chancengleichheit für alle bieten. Unter solchen Umständen ist es für Befürworter umweltfreundlicher Energien und verwandter Alternativen womöglich leichter, bahnbrechende Veränderungen in den Städten herbeizuführen.

Wenn man davon ausgeht, dass die Nutzbarmachung lokaler erneuerbarer Energien signifikante Vorteile bringt, was steht dann der Veränderung noch im Weg? Eines der größten Hindernisse, um lokale Initiativen zu ergreifen, sind begrenzte Ressourcen. Wie bereits erwähnt, gibt es viele Möglichkeiten, den Energieverbrauch zu minimieren und mehr und mehr „saubere" Energie zu verwenden, doch brauchen die Städte dazu finanzielle, technische und administrative Unterstützung. Dieses Problem wiegt zwar schwerer in den Entwicklungsländern, aber prinzipiell gilt es auch für die Industriestaaten.

Viele Nachhaltigkeitsziele können mit Maßnahmen erreicht werden, die für die Steuerzahler keine Mehrbelastung darstellen.

In den ärmsten urbanen Gebieten der Welt verdienen Investitionsschwerpunkte besondere Aufmerksamkeit. Um eine ausgewogenere nachhaltige wirtschaftliche Entwicklung zu erhalten, die gleichzeitig die Bedürfnisse der Bevölkerung deckt, können Nichtregierungsorganisationen (NGOs) und kommunale Gruppen Regierungen ermutigen, den Zugang zu sauberer Energie mit einem Rückgang der Armut zu verknüpfen. Auch die Finanzierung bilateraler und multilateraler Hilfsprogramme muss rascher von fossilen zu erneuerbaren Energien fortschreiten. Initiativen unter dem CDM und verwandten globalen Programmen könnten häufiger für Energieprojekte genutzt werden, die Treibhausgas-Emissionen reduzieren.[63]

Die zweite fundamentale Herausforderung stellt die nationale und internationale Politik dar. Konventionelle Brennstoffe und Technologien haben Jahrzehnte lang den Löwenanteil der globalen Investitionen in Energieinfrastruktur erhalten. Der Weltrat für Erneuerbare Energien stellte 2002 fest, dass die 300 Milliarden US-Dollar an Subventionen, die jedes Jahr in die Atomkraft und in fossile Brennstoffe investiert werden, die Summe, die in den vergangenen zwanzig Jahren für

Kapitel 5: Energie für Städte

die Förderung erneuerbarer Energien ausgegeben wurde, um das Vierfache übersteigt. Dieser Trend zeigt sich zum Beispiel nur zu deutlich bei der US-Regierung unter George W. Bush, die sich für die nächste Generation nuklearer und „sauberer" Kohle-Technologien einsetzt; ferner in den Bemühungen, in Indien und China die Atomkraft voranzutreiben, sowie in Subventionen, die einige Entwicklungsländer dafür verwenden, Brennstoffe wie Kerosin und Diesel zu fördern, die die Konkurrenzfähigkeit erneuerbarer Energien verringern. Um diesen Tendenzen entgegenzuwirken, ist ein politisches Eintreten mit klaren Zielvorgaben für den Einsatz erneuerbarer Energie und für entsprechende technische Forschung und Entwicklung vonnöten.[64]

Eine dritte Barriere sind Marktzwänge, die Kosten und Nutzen für Umwelt und Gesellschaft bei den Energiepreisen ignorieren. Als Folge daraus bleibt die Entwicklung umweltfreundlicher Energie im Nachteil, so lange es nicht möglich ist, auch jenseits der unmittelbar profitabelsten Nischen wie Windkraft als Puffer gegen unbeständige Erdgaspreise bessere Preise zu erzielen. Das zeigt sich besonders deutlich in Gebieten, in denen die Stromwirtschaft im Verlauf des letzten Jahrzehnts privatisiert wurde und Regierungen häufig den Stromlieferanten feste Ziele für erneuerbare Energien vorschreiben mussten, um den kontinuierlichen Fortschritt umweltfreundlicher Energie sicherzustellen. Solche Maßnahmen unterstreichen die wichtige Rolle der Politik bei der Korrektur von Preisen und Marktstrukturen, die die wahren Kosten konventioneller Brennstoffe nicht erkennen lassen.[65]

Die Wirkung von Marktzwängen zeigt sich auch bei den Prioritäten der meisten Stromversorger, die, um die Bedürfnisse ihrer Kunden zu erfüllen, eher auf eine Vergrößerung ihrer Liefervolumen setzen als auf Umweltschutz und Energieerhaltung. „Negawatts" – Strom, der nie erzeugt oder verkauft wurde – wären ein echter Energieservice, wenn mehr Regierungen Vorschriften einführen würden, die die Versorgungsbetriebe zum Umweltschutz anhielten.[66]

Preise und Kosten plagen auch die Bauwirtschaft. Wenn auch in Städten wie Chicago Baufirmen heute Schwierigkeiten haben, die erforderlichen (Haupt-)Mieter zu finden, wenn ein neues Gebäude nicht bestimmte Umweltnormen von vornherein erfüllt, ist dies in anderen Städten kaum der Fall. Die Energiekosten stellen oft nur einen geringen Anteil der Gesamt- oder Haushaltskosten dar, und Kostenvorteile durch Energieeinsparung sind aus der konventionellen Buchführung nicht immer ersichtlich. Die Folge ist, dass entsprechende Preissignale keine Veränderung vorantreiben können.[67]

Eine weitere grundlegende Herausforderung besteht darin, die verbreitete Skepsis abzubauen, selbst viele kleine, lokale Systeme für erneuerbare Energien, kombiniert mit Umweltschutz und Effizienzsteigerungen, könnten niemals genug Leistung erbringen, um den Bedarf einer Großstadt zu decken. Dass sich dieses Denken allmählich zu verändern beginnt, zeigt sich in den zunehmenden Anstrengungen für die Zukunftsfähigkeit der Städte und zum Beispiel auch in den jüngsten Bemühungen des ehemaligen US-Präsidenten Bill Clinton, in einigen der größten Städte der Welt für den Klimaschutz einzutreten.[68]

Allerdings bleibt noch viel zu tun. Nur ein Beispiel: Trotz einiger Versuche der Politik, eine umweltfreundliche Bauweise zu fördern oder zu fordern, verschwendet das typische US-amerikanische Eigenheim nach wie vor sehr viel Energie - es verbraucht 30 bis 70 Prozent mehr als ein „modernes" umweltfreundliches Haus. Diese Kluft verweist auf die Notwendigkeit eines gesteigerten Bewusstseins für die langfristigen ökologischen und ökonomischen Vorteile, die durch ambitionierte Regelungen erreicht werden können. Es ist ein Paradigmenwechsel notwendig, der radikale Verbesserungen der Energieeffizienz mit sich bringt. Der verbleibende Bedarf wird dann hauptsächlich durch erneuerbare Energien gedeckt.[69]

Die zuständigen Akteure und Institutionen - von den beteiligten Regierungsebenen bis zum Finanzsektor - müssen neue Wege finden, wie sie die Lebenszykluskosten und die Vorteile erneuerbarer Energien und Bauweisen evaluieren und ortsabhängige Bedingungen und lokales Wissen mit einbeziehen können. Dies bedeutet, jene Behörden mit einzubinden, die über die größten Regelungsbefugnisse und Überwachungsinstrumente verfügen.[70]

Viele Nachhaltigkeitsziele lassen sich mit Methoden erreichen, die keine Mehrbelastungen für die Steuerzahler bedeuten, wie etwa in Chicago, wo umweltfreundliche Gebäude beschleunigte Genehmigungsverfahren erhalten. Stadtplaner können den „neuen Urbanismus" - der mit einschließt, für Menschen zu bauen anstatt für Autos - mit verwandten Planungsansätzen für Wohngebiete mit gemischter Nutzung (Wohnen und Arbeiten) verbinden. Dies kann den Energieverbrauch und die Flächenausbreitung einer Stadt verringern, gleichzeitig das Leben in der Stadt zukunftsfähiger machen und die Lebensqualität insgesamt verbessern.[71]

Neben Kampagnen zur Bildung und Schärfung des öffentlichen Bewusstseins muss politischer Druck gegen jene Kräfte ausgeübt werden, die den Status quo erhalten wollen. Positive Veränderungen im Energiesektor, vor allem in den ärmsten Städten der Erde, erfordern Handeln nicht nur von den städtischen Behörden, sondern auch von den regionalen und nationalen Regierungen wie auch von NGOs sowie Hilfs- und Kreditinstitutionen (siehe Tabelle 5.2).[72]

Es ist dringend notwendig, über lokale freiwillige Partnerschaften hinaus starke, regierungsübergreifende und die gesamte Gesellschaft betreffende Engagements für Veränderung zu erreichen. Eine breitere Einbindung der Bürgergesellschaft ist von entscheidender Bedeutung und hat in vielen neueren Bewegungen für mehr nachhaltigen Energieverbrauch in Städten bereits eine maßgebliche Rolle gespielt. Bürgergruppen können mehr tun, indem sie nationale und internationale Veränderungen bei Investitionsschwerpunkten fordern und mit privaten Finanzinstitutionen

Kapitel 5: Energie für Städte

Tabelle 5.2: *Wege zur lokalen Energieversorgung von Städten*

Problem	Strategie
Fehlende Kontrolle des Energiesektors	Die Stadtverwaltung kann sich Ziele für den eigenen Verbrauch umweltfreundlicher Energie setzen, Güter und Dienstleistungen erwerben, die mit umweltfreundlicher lokaler Energie erzeugt wurden, die betreffende Nachfrage steigern und mit Energieversorgern Abkommen über den Kauf solcher Energien schließen.
	Die Stadtverwaltung kann Energieeffizienz und Umweltschutz in öffentlichen und privaten Gebäuden durch Verbrauchsprüfungen und den Einsatz spezifischer Technologien und Bauweisen sowie durch Stadtplanung und Genehmigungsverfahren anvisieren.
	Bürger können Kooperativen zur Erschließung lokaler Energiequellen oder zum Kauf umweltfreundlicher Energie bilden.
Fehlender allgemeiner Zugang zu Energieversorgung (vor allem in Städten mit geringem Einkommensniveau verbreitet)	Die Stadtverwaltungen können Preisreformen unterstützen und neue Bäume anpflanzen, um eine breitere Verfügbarkeit von Brennholz und anderen Biomasse-Ressourcen zu gewährleisten.
	Legalisierte Sekundärenergie-Vereinbarungen können Stadtbewohnern Zugang zu Energiequellen verschaffen, die anderen Personen „gehören", und dadurch ansonsten unerschwingliche Vorauskosten vermeiden oder reduzieren. Um eine ungefährliche Energielieferung zu gewährleisten, kann der öffentliche Versorgungsbetrieb grundlegende technische Standards erstellen, während der tatsächliche Stromlieferant die Preise festlegt.
	Reduzierte Stromtarife (für Verbraucher mit geringem Einkommen und geringem Verbrauch) können Vorauskosten (wie zum Beispiel Gebühren für den Netzanschluss) auf künftig zu leistende Zahlungen verteilen.
Fehlende Mittel oder Expertise für Projekte	Lokale Akteure (öffentlich oder privat) können mit Energieversorgern kooperieren oder, in Städten mit geringem bis mittlerem Einkommen, Projekte bündeln, um Mikrokredite oder multi- oder bilaterale Hilfe zum Mieten oder zum Kauf von Solarwarmwasserbereitern, PV-Anlagen und sicheren und effizienteren Öfen und Rauchabzügen zu erhalten.
Fehlendes Bewusstsein oder Verständnis für Vorteile von lokal und umweltfreundlich erzeugter Energie oder des Einsatzes entsprechender Technik	Die Stadtverwaltung kann u.a. mit lokalen Handelsorganisationen und Bürgergruppen an Informationskampagnen, Produktkennzeichnung, professioneller Ausbildung und Schulplänen arbeiten. NGOs und kommunale Gruppen können Demonstrationsprojekte sponsern.
Fehlendes Engagement der Versorgungsbetriebe bzw. Mangel an regionaler, nationaler oder internationaler Förderung von erneuerbarer Energie, Energieeffizienz, Umweltschutz und der Reduzierung von Treibhausgas-Emissionen	Die Stadtverwaltung oder Basisgruppen können über einzelne Schauplätze hinweg Lobbys koordinieren, die sich für veränderte politische Prioritäten (hin zu regionalen oder nationalen Zielen bzw. Verpflichtungen) einsetzen, die Regelungen für öffentliche und private Versorgungsunternehmen mit einschließen. Staaten und Städte können eigene Maßnahmen entwickeln und implementieren und sich in multistaatlichen oder multistädtischen Vereinbarungen zusammenschließen, um politisch handlungsfähig(er) zu werden.

Quelle: Siehe Anmerkung 72.

zusammenarbeiten, die umweltfreundliche Energie als eine profitable Strategie zur Minimierung der Geschäftsrisiken durch den Klimawandel begünstigen.[73]

Die Städte haben heute die einmalige Chance, die Art und Weise, wie sie Energie liefern und verwenden, zu verändern. Neue Ökostädte wie Dongtan in China können den Weg zeigen, während bereits bestehende Städte bekannte Technologien anwenden können - von der Adobebauweise bis zur passiven Solarheizung. Wenn diese Anstrengungen durch Umweltschutz, energiesparende Technologien und neue, dezentralisierte Energieversorgung ergänzt werden, können die Städte dazu beitragen, über den bevorstehenden Scheitelpunkt der Öl- und Gasproduktion hinwegzukommen und gleichzeitig die Auswirkungen des Klimawandels zu reduzieren. Die Energietransformation in den Städten kann der Weg zu Sicherheit und Vitalität urbanen Lebens in der Zukunft sein.

Anmerkungen

1. Reale Grenzen nach John Byrne et al., „An Equity- and Sustainability-Based Policy Response to Global Climate Change", *Energy Policy*, März 1998, S. 335-43.
2. Brücke in die Zukunft, „How Have Energy Systems Shaped Cities Through History? Human Food Cities; Wood and Hay Cities; Coal Cities", unter www.bridgingtothefuture.org, Stand 8. August 2006.
3. Tetsunari Iida, Institute for Sustainable Energy Policies, Tokio, E-Mail an Janet Sawin, 29. August 2006; New York am effizientesten nach GreenHomeNYC, „For Tenants", 2003, unter www.greenhomenyc.org/page/tenants.
4. Indien nach „Underpowering", *The Economist*, 22. September 2005; China nach Arno Rosemarin, United Nations Development Programme (UNDP), *China Human Development Report 2002: Making Green Development a Choice* (New York: Oxford University Press, 2002), S. 57.
5. Kasten 5.1: Emissionen und 40 Prozent aus U.N. Environment Programme (UNEP), International Environmental Technology Centre, *Energy and Cities: Sustainable Building and Construction* (Osaka 2003); in Beton enthaltene Energie nach Alex Wilson, „Cement and Concrete: Environmental Considerations", *Environmental Building News*, März 1993; in Stahl enthaltene Energie nach Center for Building Performance Research, University of Wellington, „Table of Embodied Energy Coefficients", 7. Juli 2004, unter www.vuw.ac.nz/cbpr/resources/index.aspx; Haus in San Francisco basierend auf 66,6 Millionen BTUs pro Haushalt in der Pazifikregion für Raum- und Wasserheizung, Kühlung, Kühlschränke, Beleuchtung und Elektrogeräte nach U.S. Department of Energy (DOE), Energy Information Administration (EIA), „Total Energy Consumption in U.S. Households by West Census Region, 2001", Update 18. November 2004, unter www.eia.doe.gov/emeu/recs/recs2001/ce_pdf/enduse/ce1-12c-westregion2001.pdf; in Zement enthaltene Energie nach Wilson, op. cit. diese Anm.; Emissionen der Zementindustrie nach Nadav Malin, „The Fly Ash Revolution: Making Better Concrete with Less Cement", *Environmental Building News*, Juni 1999; Emissionen in Japan nach Carbon Dioxide Information Analysis Center, zitiert in UNDP, „Human Development Reports 2005 – Indicators: Carbon Dioxide Emissions, Share of World Total", unter hdr.undp.org/statistics/data/indicators.cfm?x=212&y=1&z=1; 15 Prozent nach U.S. Environmental Protection Agency,

Kapitel 5: Energie für Städte 227

„Cement and Concrete", Update 15. August 2006, unter www.epa.gov/cpg/products/ cement.htm; potenzielle Einsparungen nach Malin, op. cit. diese Anm.; Deutschland nach World Resources Institute (WRI), *Climate Analysis Indicators Tool* (Washington 2003); leichtere, stärkere Ziegel nach „Superior Building Products", University of New South Wales, *New South Innovations* (Sydney: Juni 2006); Zement vollständig ersetzen nach Doug Cross, Jerry Stephens und Jason Vollmer, *Structural Applications of 100 Percent Fly Ash Concrete* (Billings, MT: Montana State University, 2005); Vorteile lokaler Materialien nach Ibrahim Togola, Mali Folkecenter, „Sustainable Building of Local Materials in Sahel Countries of West Africa" (Entwurf), geschickt an Janet Sawin, 4. August 2006; Anteil des Transports an enthaltener Energie nach Wilson, op. cit. diese Anm.; Abfall von „Big Dig" nach Raphael Lewis, „End Nears for Elevated Artery", *Boston Globe*, 14. April 2002; „Man Builds Home From Big Dig Scrap Materials", *Associated Press*, 30. Juli 2006.

6. Auswirkungen auf 50 Millionen Menschen und Blackout in Italien nach Alan Katz, „Maintaining Facility Power in the Age of the Blackout", *Electrical Construction and Maintenance*, 1. Juni 2004; Ursache und Kosten des Blackouts im August nach Electricity Consumers Resource Council, *The Economic Impacts of the August 2003 Blackouts* (Washington 2004).

7. Leitungsverluste nach Weltbank, *World Development Report 1997* (New York: Oxford University Press, 1997), nach M. S. Bhalla, „Transmission and Distribution Losses (Power)", in *Proceedings of the National Conference on Regulation in Infrastructure Services: Progress and Way Forward* (New Delhi: The Energy and Resources Institute, 2000), und nach Seth Dunn, *Micropower: The Next Electrical Era*, Worldwatch Paper 151 (Washington, DC: Worldwatch Institute, 2000), S. 46; New Delhi nach John Lancaster, „Sniffing Out the Freeloaders Who Stress the Grid", *Washington Post*, 12. Juni 2006.

8. Ein Fünftel nach Weltbank, *Energy Poverty Issues and G8 Actions*, Diskussionspapier (Washington, DC: 2. Februar 2006), S. 1; Zahl könnte höher sein nach „Power to the Poor", *The Economist*, 8. Februar 2001; Afrikaner nach Bereket Kebede und Ikhupuleng Dube, „Chapter 1: Introduction", in Bereket Kebede und Ikhupuleng Dube, Hg., *Energy Services for the Urban Poor in Africa: Issues and Policy Implications* (London: Zed Books in Assoziation mit African Energy Policy Research Network, 2004), S. 1.

9. Millionen Tote nach „Power to the Poor", op. cit. Anm. 8; Indien, Sri Lanka und Thailand nach Emily Matthews et al., *The Pilot Analysis of Global Ecosystems: Forest Ecosystems* (Washington, DC: WRI, 2000); Khartum nach Business in Africa, „Energy in Africa: Is There Energy for All?", 4. November 2005, S. 1.

10. Kohleverwendung nach „Chapter 5: World Coal Markets" in EIA, *International Energy Outlook 2006* (Washington, DC: DOE, 2006); geschätzter Kohlebedarf nach International Energy Agency (IEA), *Key World Energy Statistics 2006* (Paris 2006), S. 46; Folgen in China nach Bill McKibben, „The Great Leap: Scenes from China's Industrial Revolution", *Harper's Magazine*, Dezember 2005.

11. Städte verbrauchen 75 Prozent des fossilen Brennstoffs der Welt (und stoßen folglich etwa 75 Prozent energiebedingte Emissionen aus); siehe World Council for Renewable Energy (WCRE), „Renewable Energy and the City", Diskussionspapier für das World Renewable Energy Policy and Strategy Forum (Weltforum für Erneuerbare Energien), Berlin, 13./15. Juni 2005.

12. Gebäude mehr als 40 Prozent nach UNEP, International Environmental Technology Centre, *Energy and Cities: Sustainable Building and Construction* (Osaka 2003), S. 1; Gebäude in

den USA nach Greg Franta, „High-Performance Buildings Through Integrated Design", *RMI Solutions*, Sommer 2006, S. 6, und nach Greg Franta, Rocky Mountain Institute, E-Mail an Stephanie Kung, Worldwatch Institute, 20. September 2006.
13. Shanghai nach David Barboza, „China Builds Its Dreams, and Some Fear a Bubble", *New York Times*, 18. Oktober 2005; Chinas urbane Infrastruktur nach McKibben, op. cit. Anm. 10.
14. Beleuchtung nach IEA, „Light's Labour's Lost − Policies for Energy-Efficient Lighting", Pressemitteilung (Paris: 29. Juni 2006); Eric Corey Freed, „Ask the Green Architect: Mirrors for Lighting; Radiant Heating for Floors; Efficient Exit Signs", GreenBiz.com, undatiert; Jonathan Rider, *Light Shelves*, Advanced Buildings, Technologies and Practices (Ottawa, ON: Natural Resources Canada and Public Works and Government Services Canada); Glas nach Rick Cook, Partner, Cook + Fox Architects, Interview in „The Green Apple", *Design E²*, U.S. Public Broadcasting System Series, Sommer 2006.
15. Glühbirnen und kompakte Leuchtstofflampen nach DOE, Office of Energy Efficiency and Renewable Energy (EERE), „Technology Fact Sheet: Improved Lighting", GHG Management Workshop, 25./26. Februar 2003, S. 1-2; DOE, EERE, „Energy Efficient Lighting and Light Emitting Diodes", Informationsblatt (Richland, WA: Mai 2006); DOE, EERE, „LED Traffic Lights Save Energy in Idaho", *Conservation Update*, Mai/Juni 2004.
16. Decken in Südafrika nach Randall Spalding-Fecher et al., „The Economics of Energy Efficiency for the Poor − A South Africa Case Study", *Energy*, Dezember 2002, S. 1099-1117.
17. Kombinierte Kraft-Wärme-Systeme nach DOE, EERE, „Distributed Energy Resources: Combined Heat & Power Program for Buildings, Industry and District Energy", unter www.eere.energy.gov/de/pdfs/chp_buildings_industry_district.pdf, Stand 15. Juli 2006; Verdesian, 80 Prozent oder mehr und typische Kraftwerke mit fossilen Brennstoffen nach Robin Pogrebin, „Putting Environmentalism on the Urban Map", *New York Times*, 17. Mai 2006; typische Kraftwerkseffizienz ebenso nach DOE, Office of Fossil Energy, „DOE Launches Project to Improve Materials for Supercritical Coal Plants", Pressemitteilung (Pittsburgh, PA: 16. Oktober 2001).
18. Fußbodenheizung nach DOE, EERE, Office of Energy Efficiency and Renewable Energy, „Radiant Heating", Update 12. September 2005; Römer nach Freed, op. cit. Anm. 14; Hewlett-Gebäude nach The William and Flora Hewlett Foundation, „The Hewlett Foundation Building: Energy Efficiency", (Menlo Park, CA: Update 23. August 2005) und nach Stephanie Kung, Worldwatch Institute, persönliche Beobachtungen.
19. Kühlung in China nach National Renewable Energy Laboratory, *Renewable Energy in China: Development of the Geothermal Heat Pump Market in China* (Golden 2006); Tokio und Houston nach David J. Sailor und Chittaranjan Vasireddy, „Correcting Aggregate Energy Consumption Data to Account for Variability in Local Weather", *Environmental Modelling & Software*, Mai 2006, S. 733.
20. Susan Roaf und Mary Hancock, „Future-Proofing Buildings Against Climate Change Using Traditional Building Technologies in the Mediterranean Region", *EuroSun 98*, II.1.13, S. 1-7.
21. M. Santamouris, „Special Issue of the Solar Energy Program Devoted to Natural Ventilation in Urban Areas" (Leitartikel), *Solar Energy*, April 2006, S. 369-70; EPA, „Heat Island Effect − What Can Be Done − Trees & Vegetation", Informationsblatt (Washington, DC: 9. Juni 2006).
22. Einsparungen durch kühle Dächer nach Hashem Akbari, „Estimating Energy Saving Potentials of Heat Island Mitigation Measures", Heat Island Group, Lawrence Berkeley National Laboratory, Powerpoint-Präsentation, Update 16. Juni 1999.

23. EPA, op. cit. Anm. 21; Studie von Madrid und Hitzeinsel-Reduzierungen nach Susana Saiz et al., „Comparative Life Cycle Assessment of Standard and Green Roofs", *Environmental Science & Technology*, 1. Juli 2006, S. 4312–16; Hitzeinsel- und Smog-Reduzierungen aus Akbari, op. cit. Anm. 22.

24. Weniger als die Hälfte nach DOE, EERE, „Technology Fact Sheet: Resources for Whole Building Design", GHG Management Workshop, 25./26. Februar 2003, S. 11; Einsparungen bis zu 80 Prozent nach James Read, Associate Director, Arup Communications, „Deeper Shades of Green", *Design E²*, op. cit. Anm. 14; Einsparungen bei Energie- und Baukosten nach Franta, „High-Performance Buildings", op. cit. Anm. 12, S. 7; Accord 21 Building nach Robert Watson, Senior Scientist, Natural Resources Defense Council, „China: From Red to Green?" *Design E²*, op. cit. Anm. 14.

25. Gesündere Menschen, mehr Komfort und bessere Arbeitsleistungen nach Gregory H. Kats, „Green Building Costs and Financial Benefits", Massachusetts Technology Collaborative, 2003, S. 6, nach Judith Heerwagen, „Sustainable Design Can Be an Asset to the Bottom Line", *Environmental Design + Construction*, 15. Juli 2002, und nach DOE, op. cit. Anm. 24, S. 11; verringerter Mieterwechsel nach „Study: Environmentally Friendly Buildings Also Most Market Friendly", Greenbiz.com, 31. Oktober 2005; Heschong Mahone Group, „Daylighting in Schools: An Investigation Into the Relationship Between Daylighting and Human Performance", vorbereitet für California Board for Energy Efficiency (Fair Oaks, CA: 20. August 1999); Warren E. Hathaway et al., *A Study into the Effects of Light on Children of Elementary School Age — A Case Study of Daylight Robbery* (Edmonton, AB: Policy and Planning Branch, Planning and Information Services Division, Alberta Education, 1992); Bankgebäude nach Nicholas Lenssen und David Roodman, *A Building Revolution*, Worldwatch Paper 124 (Washington, DC: Worldwatch Institute, 1994), S. 45; mehr als das Zehnfache nach Kats, op. cit. diese Anm., S. 8; und nach U.S. Green Building Council, „Green Buildings by the Numbers", 2006, unter www.usgbc.org/DisplayPage.aspx?CMSPageID =1442; fallende Kosten nach Kats, op. cit. diese Anm., S. 3.

26. Tilgungszeit 1 Jahr nach Franta, „High-Performance Buildings", op. cit. Anm. 12, S. 7; Nachrüstungsprojekte nach Jiang Lin et al., *Developing an Energy Efficiency Service Industry in Shanghai* (Berkeley, CA: Lawrence Berkeley National Laboratory, 2004), S. 2, 17.

27. Anuj Chopra, „Low-cost Lamps Brighten the Future of Rural India", *Christian Science Monitor*, 3. Januar 2006.

28. John Perlin, „Solar Evolution: The History of Solar Energy", California Solar Center, 2005, unter www.californiasolarcenter.org/history_passive.html; Babylon nach The Garland Company, „History of Green Roofs", unter www.garlandco.com/green-roof-history.html, Stand 9. August 2006.

29. Edison und Entwicklung der Industrie nach Dunn, op. cit. Anm. 7, S. 6, 11, 13-14.

30. Für Mikroturbinen siehe zum Beispiel Wilson TurboPower, Inc., „The Wilson Microturbine", unter www.wilsonturbopower.com; Brennstoffzellen, die bereits Energie produzieren, nach Joel N. Swisher, *Cleaner Energy, Greener Profits: Fuel Cells as Cost-Effective Distributed Energy Resources* (Snowmass, CO: Rocky Mountain Institute, 2002), S. 12; Susan Nasr, „More Powerful Fuel Cells Get Closer to Market", *Technology Review*, 13. Juni 2006.

31. Energy & Enviro Finland, „Utilizing Biogas as a Fuel: Wärtsilä Fuel Cell Unit to Power the City of Vaasa", 15. Juni 2006.

32. Erneuerbare Energien aus REN21 Renewable Energy Policy Network, *Executive Summary: Renewables Global Status Report 2006 Update* (Washington, DC: Worldwatch Institute,

2006); Wind- und Solarenergie und Biokraftstoffe nach Worldwatch Institute, *Vital Signs 2006-2007* (New York: W. W. Norton & Company, 2006), S. 36-41.

33. Solarzellen an Fassaden billiger nach Steven Strong, „Solar Electric Buildings: PV as a Distributed Resource", *Renewable Energy World*, Juli/August 2002, S. 171; Europa nach „BIPV Technology", Wisconsin Public Service, University of Wisconsin, unter www.buildingsolar.com/technology.asp; Verwendung andernorts nach Natural Resources Canada, *Technologies and Applications– Photovoltaic: Integrating Photovoltaic Arrays in Buildings* (Ottawa, ON: Update 26. Juli 2006); Potenzial in Finnland, Australien und den Vereinigten Staaten (berichtigt um die Tatsache, dass es auf Daten bezüglich des Stromverbrauchs von 1998 und vorsichtigen Schätzungen bezüglich verfügbarer Dächer und Fassaden und solarer Ressourcen basierte) nach IEA, *Summary: Potential for Building Integrated Photovoltaics* (Paris 2002), S. 8.

34. UNDP, Equator Initiative, „Solar City – Germany", August 2000, unter www.tve.org/ho/doc.cfm?aid=657, Stand 23. September 2006; David Faiman, „Solar Energy in Israel", Ben-Gurion University of the Negev, Sde Boker, Israel, 26. November 2002; Brennstoffeinsparungen nach Environmental and Energy Study Institute, „Renewable Energy Fact Sheet: Solar Water Heating – Using the Sun's Energy to Heat Water" (Washington, DC: Mai 2006); Solarenergie in China nach REN21, *Renewables Global Status Report 2006 Update* (Paris und Washington, DC: REN21 Secretariat und Worldwatch Institute, 2006); Horte in China nach Zijun Li, „Solar Energy Booming in China", *China Watch*, 23. September 2005.

35. P. J. Hughes und J. A. Shonder, *The Evaluation of a 4000 Home Geothermal Heat Pump Retrofit at Fort Polk, Louisiana: Final Report* (Oak Ridge, TN: Oak Ridge National Laboratory, März 1998), S. 2; Linked Hybrid Project in Beijing nach Li Hu, Partner, Steven Holl Architects, in „China: From Red to Green?" *Design E^2*, op. cit. Anm. 14.

36. Pompeij und Länderliste nach Geothermal Education Office, „Geothermal Energy", Diashow, finanziert von DOE, undatiert; Paris nach European Renewable Energy Council, „Joint Declaration for a European Directive to Promote Renewable Heating and Cooling", Brüssel, undatiert, S. 8.

37. Transport des New Yorker Abfalls nach Ohio nach Timothy Gardner, „Hot Trash-to-Fuel Technology Gathering Steam", *Reuters*, 27. Februar 2004; Kosten für Müllablagerung 2002 nach Steven Cohen, „Putting Garbage to Good Use", *New York Times*, 15. August 2002; Abfallzunahme in Industrieländern nach Euiyoung Yoon und Sunghan Jo, „Municipal Solid Waste Management in Tokyo and Seoul", Proceedings of Workshop of IGES/APN Mega-City Project, Kitakyushu, Japan, 23./25. Januar 2002, S. 1; Abfall in Entwicklungsländern verbrannt oder auf der Straße liegengelassen und Folgen nach „Hazardous Waste: Special Reference to Municipal Solid Waste Management", in The Energy and Resources Institute, *India: State of the Environment 2001* (Delhi 2001), S. 133-41; 90 Prozent nicht gesammelt nach UNEP, „At a Glance: Waste", *Our Planet*, 1999.

38. Potenz von Methan nach EPA, „Global Warming – Emissions", unter yosemite.epa.gov/OAR/globalwarming.nsf/content/Emissions.html; US-Städte nach Daniela Chen, „Converting Trash Gas into Energy Gold", CNN.com, 17. Juli 2006; São Paulo und Riga nach Carl R. Bartone, Horacio Terraza und Francisco Grajales-Cravioto, „Opportunities for LFGTE Projects in LAC Utilizing International Carbon Financing", Weltbank, Präsentation auf der LMOP 8th Annual Conference, Baltimore, MD, 10./11. Januar 2005; Cheryl Smith, „Monterrey Plans to Turn Rotting Garbage into Electricity", *Christian Science Monitor*, 21. März 2002.

39. Einkommen, das für Brennstoff zum Kochen verwendet wird nach Christopher Flavin und Molly Hull Aeck, *Energy for Development: The Potential Role of Renewable Energy in*

Kapitel 5: Energie für Städte

Meeting the Millennium Development Goals (Washington, DC: Worldwatch Institute, 2005), S. 17; Innocent Rutamu, „Low Cost Biodigesters for Zero Grazing Smallholder Diary Farmers in Tanzania", *Livestock Research for Rural Development*, Juli 1999.

40. Europäische Städte und San Francisco nach „San Francisco to Test Turning Dog Waste into Power", *Reuters*, 23. Februar 2006; Alister Doyle, „Oslo's Sewage Heats Its Homes", *Reuters*, 10. April 2006; Helsingborg nach Michael D. Lemonick, „Cleaner Air Over Scandinavia", *Time*, 3. April 2006, S. 47; Strom aus Krankenhaus- und Industrieabfällen nach Timothy Gardner, „Hot Trash-to-Fuel Technology Gathering Steam", *Reuters*, 27. Februar 2006; „$84 Million for the First Tires-to-Ethanol Facility", RenewableEnergyAccess.com, 23. März 2006.

41. „Tokyo Embraces Renewable Energy", *Environment News Service*, 6. April 2006; „Boston's First Wind Turbine Serves as Example", RenewableEnergyAccess.com, 18. Mai 2005; Middelgrunden Wind Turbine Cooperative, „The Middelgrunden Offshore Wind Farm – A Popular Initiative", undatiert, unter www.middelgrunden.dk/MG_UK/project_info/mg_pjece.htm.

42. New York und San Francisco nach Jeff Johnson, „Power From Moving Water", *Chemical and Engineering News*, 4. Oktober 2004, und nach Adam Aston, „Here Comes Lunar Power", *Business Week*, 6. März 2006; Paris nach Doyle, op. cit. Anm. 40; „Deep Lake Water Cooling: Chilled Water for Cooling Toronto's Buildings", unter www.enwave.com/enwave/view.asp?/dlwc/energy, Stand 6. August 2006.

43. Environment Department, City of Malmö, „100 Percent Locally Renewable Energy in the Western Harbour of Malmö in Sweden", *ICLEI in Europe: Cities in Action—Good Practice Examples*, unter www.iclei-europe.org; Dongtan nach Fred Pearce, „Eco-cities Special: A Shanghai Surprise", *New Scientist*, 21. Juni 2006; erwartete Bevölkerung nach Jean-Pierre Langellier und Brice Pedroletti, „China to Build First Eco-city", *The Guardian Weekly*, 2006.

44. Janet L. Sawin, „National Policy Instruments: Policy Lessons for the Advancement & Diffusion of Renewable Energy Technologies Around the World", Hintergrundpapier, vorbereitet für das Sekretariat der Internationalen Konferenz für Erneuerbare Energien, Bonn, Januar 2004, S. 24.

45. Blackout nach Richard Perez et al., „Solution to the Summer Blackouts? How Dispersed Solar Power-Generating Systems Can Help Prevent the Next Major Outage", *Solar Today*, Juli/August 2005, und nach Richard Perez, Atmospheric Sciences Research Center, State University of New York, Albany, E-Mail an Janet Sawin, 3. Oktober 2006.

46. UNDP-Erhebung nach Molly O'Meara, *Reinventing Cities for People and the Planet*, Worldwatch Paper 147 (Washington, DC 1999), S. 57; Deutschland nach Preben Maegaard, „Wind, Not Nuclear! – Why Does the UK Not Take This Opportunity?" WCRE, Juli 2006; Chinas Solarindustrie nach REN21 Renewable Energy Policy Network, *Renewables 2005 Global Status Report* (Washington, DC: Worldwatch Institute, 2005), S. 24f.; Indiens Biogasindustrie nach Institute of Science in Society, „Biogas Bonanza for Third World Development", Pressemitteilung (London: 20. Juni 2005).

47. Kasten 5.2: Eventstatistik und Olympiade nach The Hon. Tom Roper, „The Environmental Challenge of Major Events", präsentiert beim 8. Weltkongress Metropolis, Berlin, 2005, S. 1f., 6, und nach Tom Roper, „Producing Environmentally Sustainable Olympic Games and Greening Major Public Events", *Global Urban Development Magazine*, März 2006; zusätzliche Daten zu Beijing nach Environment News Service, „Beijing Enlists U.S. Help to Green the 2008 Olympic Games", 18. April 2005, S. 1; Daten zur Weltmeisterschaft nach Fédération Internationale de Football Association (FIFA), „Green Goal™: Environmental Protection Targets", Zürich, 2005; erneuerbare Energiequellen nach FIFA, „Sunny Days Ahead in Kaiserslautern", Zürich, 26. Mai 2006.

48. Forum Barcelona, „Imma Mayol: The Closure of Nuclear Power Stations in Catalonia is One of the Prime Objectives to Be Carried Out in the Next 15 Years, in Terms of Defining a New Energy Model", 2004; Ajuntament de Barcelona, *Plan for Energy Improvement in Barcelona* (Barcelona 2002); Wahlen, Sonne und Energieäquivalent, Demonstration und Zeitachse nach Pamela Stirzaker, „Spain's Chain Reaction: Municipal Obligations Spur on Solar Thermal Growth", *Renewable Energy World*, September/Oktober 2004, S. 2f., und nach Josep Puig i Boix, „The Barcelona Solar Ordinance: A Case Study About How the Impossible Became Reality", präsentiert bei der International Sustainable Energy Organization Special Session, World Summit for Sustainable Development, Johannesburg, Südafrika, 28. August 2002.

49. Toni Pujol, Barcelona Energy Agency, „The Barcelona Solar Thermal Ordinance: Evaluation and Results", präsentiert bei der 9th Annual Conference of Energie-Cités, Martigny (CH), 22./23. April 2004; erweiterte Anforderungen nach REN21, op. cit. Anm. 34, S. 10; über 70 Städte und Staatsregierungen nach European Solar Thermal Industry Federation, „Spain Approves National Solar Thermal Obligation", unter www.estif.org, Stand 7. Juli 2006, und nach REN21, op. cit. Anm. 34.

50. Sacramento Municipal Utility District (SMUD), „EBSS Solicitations – Solicitation Detail", unter www.bids.smud.org/sDsp/sDsp004.asp?solicitation_id=2195, Stand 19. September 2006; SMUD, „Solar for Your Home: PV Pioneers", unter www.smud.org/green/solar/index.html, Stand 21. September 2006; nach SMUD, „Solar Power for Your Business", unter www.smud.org/green/solar/compv.html, Stand 21. September 2006.

51. Hitzewelle und Zahlung von ComEd nach Ken Regelson, *Sustainable Cities: Best Practices for Renewable Energy & Energy Efficiency* (Denver, CO: Sierra Club – Rocky Mountain Chapter, 2005), S. 10–15; 20 Prozent-Vereinbarung nach City of Chicago, Office of the Mayor and Department of Environment, *Energy Plan* (Chicago, IL: 2001); aus Budget- und Vertragsgründen verschoben auf 2010 nach Mike Johnson, Project Coordinator, City of Chicago Department of Energy, Environment and Air Quality, Gespräch mit Kristen Hughes, 4. Oktober 2006, und nach SustainLane, „#4 Chicago: The Wind at its Back", unter www.sustainlane.com/article/846, Stand 7. Oktober 2006.

52. „Umweltfreundlichste Stadt" nach City of Chicago, „A Message From the Mayor", unter www.cityofchicago.org/Transportation/bikemap, Stand 26. September 2006; Regelson, op. cit. Anm. 51.

53. Kevin McCarthy, „Chicago Approves Big Grants for Green Roof Retrofits", Construction.com, 19. Juli 2006; Bäume nach J. Slama, „Chicago Will Be America's Greenest City", *Conscious Choice*, April 2002.

54. David Engle, „With the Power at Hand: Examining the Merits of Distributed Energy", *Planning Magazine* (American Planning Association), Juli 2006; Verbund von Städten und Auswirkungen nach Donald Aitken, Donald Aitken Associates, E-Mail an Kristen Hughes, 4. September 2006.

55. Jong-dall Kim, Dong-hi Han und Jung-gyu Na, „The Solar City Daegu 2050 Project: Visions for a Sustainable City", *Bulletin of Science, Technology & Society*, April 2006, S. 99f.; Finanzkrise nach EIA, „South Korea: Environmental Issues", unter www.eia.doe.gov/emeu/cabs/skoren.html, Stand 9. August 2006.

56. Ziel bis 2010 nach REN21, op. cit. Anm. 46, S. 28; Plan bis 2050 nach Eric Martinot, „Solar City Case Study: Daegu, Korea", *Renewable Energy Information on Markets, Policy, Investment, and Future Pathways*, 2004, S. 1; Kim, Han und Na, op. cit. Anm. 55, S. 98f.

57. Bevölkerung nach Dejan Sudjic, „Making Cities Work: Mexico City", *BBC News*, 21. Juni 2006; Dunst nach Michelle Hibler, „Taking Control of Air Pollution in Mexico City", *IDRC Reports*, 12. August 2003; Titel „gefährlichste Stadt" nach „New Center a Breath of Fresh Air for Mexico City", *Environment News Service*, 3. Juni 2002; Umweltverschmutzung nach wie vor stark nach EIA, „Mexico: Environmental Issues", unter www.eia.doe.gov/emeu/cabs/mexenv.html, Stand 8. August 2006.

58. Proaire-Kampagne und Zahlen für Installierung nach The Climate Group, *Less Is More: 14 Pioneers in Reducing Greenhouse Gas Emissions* (Woking 2004), S. 29; unterstützende Organisationen nach The Climate Group, „Mexico City-Municipal Government", unter www.theclimategroup.org/index.php?pid=427, Stand 5. August 2006.

59. The Climate Group, *Cape Town – Municipal Government* (Woking, Surrey, U.K.: undatiert), S. 1–3; Goldstandard nach Renewable Energy and Energy Efficiency Partnership (REEEP), „CDM Housing Project to Become Replicable Energy Savings Model for South Africa", unter www.reeep.org/index.cfm?articleid=1198&ros=1, Stand 6. September 2006.

60. Tabelle 5.1 aus „China's Capital Launches Plan to Save Sparse Energy for Sustainable Development", *People's Daily Online*, 7. Juni 2005; Berlin, Kopenhagen, Melbourne und Tokio nach The Climate Group, *Low Carbon Leader: Cities Oct. 2005* (Woking 2005); Freiburg, Oxford und Portland nach Eric Martinot, „Index of Solar Cities", unter www.martinot.info/solarcities, Stand 19. Juli 2006; Leicester nach ICLEI, „Profiting From Energy Efficiency: 7.0 Best Municipal Practices for Energy Efficiency", unter www. iclei.org/index.php?id=1677&0, Stand 11. Juli 2006; City of Portland, Resolution angenommen am 27. April 2005, unter www.portlandonline.com/osd/index.cfm?a=112681&c=41701, Stand 7. August 2006; Toronto Environmental Alliance, *Getting Green Power On-line in Toronto* (Toronto 2005); Tokyo Metropolitan Government Bureau of Environment, „Tokyo Renewable Energy Strategy", 3. April 2006, unter www.isep.or.jp/e/Eng_project/TokyoREstrategy060526.pdf, Stand 20. Juli 2006.

61. U.S. Mayors' Agreement und ICLEI nach Wilson Rickerson und Kristen Hughes, „The Policy Framework for Greenhouse Gas Reductions in New York City", präsentiert beim 2006 International Solar Cities Congress, Oxford, U.K., 4. April 2006; ICLEI, „About CCP", unter www.iclei.org/index/php?id=811, Stand 19. September 2006; Office of the Mayor, *U.S. Mayors Climate Protection Agreement* (Seattle, WA: 2005); Australien ICLEI nach Tom Roper, Projektleiter, Global Sustainable Energy Islands Initiative, Gespräch mit Kristen Hughes, 17. August 2006, und nach Cities for Climate Protection® Australia, „About CCP Australia", unter www.iclei.org/index.php?id=about, Stand 19. September 2006.

62. Ziele für Pfadfinder-Städte aus International Solar Cities Initiative, „International Solar Cities Congress 2006", unter www.solarcities.org.uk, Stand 19. Juli 2006; 3,3 Tonnen aus Byrne et al., op. cit. Anm. 1; Argentinien und China nach United Nations Statistics Division, „Millennium Development Goals Indicators: Data Availability by Country", unter millenniumindicators.un.org/unsd/mdg/default.aspx, Stand 19. September 2006.

63. Investitionsschwerpunkte nach WCRE and Asia Pacific & Renewable Energy Foundation Limited, *Asia Pacific Renewable Energy and Sustainable Development Agenda 2004* (Bonn 2004), S. 4–6; Initiativen in globalen Programmen nach Practical Action, *Power to the People: Sustainable Energy Solutions for the World's Poor* (Rugby 2002), S. 8.

64. Subventionen nach WCRE, *Action Plan for the Global Proliferation of Renewable Energy* (Bonn 2002), S. 8, und nach WCRE, „First World Renewable Energy Policy and Strategy Forum Successfully Carried Out", Pressemitteilung (Bonn: 18. Juni 2002); The White House,

Department of Energy-Overview: The Budget for Fiscal Year 2005 (Washington 2005); Indien und China nach Jon Gertner, „Atomic Balm?" New York Times, 16. Juli 2005; Führungsrolle nach WCRE and Asia Pacific & Renewable Energy Foundation Limited, op. cit. Anm. 63; Janet Sawin, „Eine neue Energiezukunft gestalten", in Worldwatch Institute, Hg., Zur Lage der Welt 2003 (Münster: Verlag Westfälisches Dampfboot, 2003), S. 177-220.
65. Lori Bird et al., „Policies and Market Factors Driving Wind Power Development in the United States", Energy Policy, Juli 2005, S. 1405; Stromprivatisierung nach Kirsty Hamilton, „Finance and Investment: A Challenge of Scale", Renewable Energy World, September/Oktober 2002.
66. Negawatts nach Amory Lovins, „The Negawatt Revolution − Solving the CO_2 Problem", präsentiert bei der Green Energy Conference, Montreal, 14./17. September 1989.
67. Hauptmieter nach David Roeder, „Eco-Friendly Builders Starting to Grow", Chicago Sun Times, 20. Februar 2006; Energiekosten geringer Anteil der Ausgaben nach Board of Governors of the Federal Reserve System, Monetary Policy Report to the Congress (Washington, DC: 19. Juli 2006), S. 20; Einsparungen nicht reflektiert in konventioneller Buchführung nach Massachusetts Public Interest Research Group, „Testimony on Senate Bill 360: 'An Act To Promote An Energy Efficient Massachusetts,' Cost-Effective Solutions to Protect Consumers, Reduce Pollution, and Boost Our Economy", vorgelegt 27. März 2001.
68. Juliet Eilperin, „22 Cities Join Clinton Anti-Warming Effort", Washington Post, 2. August 2006.
69. DOE, „Energy Savers: Homeowners", unter www.energysavers.gov/homeowners.html, Stand 6. September 2006, und „Building Energy Efficient New Homes", unter www.eere.energy.gov/buildings/info/homes/newconstruction.html, Stand 6. September 2006.
70. Ortsabhängige Bedingungen und lokales Wissen nach UNEP, op. cit. Anm. 12, S. 1, 3, 8f.; Kapazität von Institutionen nach Tom Roper, „5 Star Housing - Victoria, Australia: Performance Based Building Regulation Delivers Major Sustainability Outcomes", präsentiert vor Greenbuild 2005, Atlanta, GA, 9.-11. November 2005, S. 1, 5-7.
71. Chicago nach Tom Roper, Projektleiter, Global Sustainable Energy Islands Initiative, E-Mail an Kristen Hughes, 21. August 2006, und nach Chicago Department of Construction and Permits, Green Permit Program (Chicago: Datum unbekannt), S. 3; „New Urbanism: Creating Livable Sustainable Communities", unter www.newurbanism.org, Stand 5. September 2006.
72. Tabelle 5.2: Kooperativen aus Paul Gipe, Community Wind: The Third Way (Toronto: Ontario Sustainable Energy Association, 2004); Brennholzpreise und Neuanpflanzung nach Practical Action, Energy: Working with Communities to Provide Appropriate Solutions (Rugby 2006), S. 5; Sekundärenergie-Vereinbarungen und Tarife für die Versorgungswege nach Kebede und Dube, op. cit. Anm. 8, S. 1, 4, 6-8; Energieversorger nach Lin et al., op. cit. Anm. 26, S. 2; Mikrokredite nach Abhishek Lal und Betty Meyer, „An Overview of Microfinance and Environmental Management", Global Development Research Center, unter www.gdrc.org/icm/environ/abhishek.html, Stand 19. April 2006, S. 9; Bündeln nach Hamilton, op. cit. Anm. 65, S. 5f.; Solarwarmwasserbereiter nach REEEP, „Innovative Financing for Solar Water Heating Increases Affordability", Pressemitteilung (Wien: April 2006); Bedeutung von Größen des Privatsektors und Einbindung von Versorgungsunternehmen nach Roper, op. cit. Anm. 71; Demonstrationsprojekte und Bewusstsein nach Practical Action, op. cit. Anm. 63, S. 3f.; Staat und Städte politisch handlungsfähiger nach Aitken, op. cit. Anm. 54.
73. Partnerschaften und Engagements nach Practical Action, op. cit. Anm. 63, S. 1; Bedeutung von Verbündeten aus dem privaten Sektor aus Innovest Strategic Value Advisors, Climate Change & The Financial Services Industry: Module 1 - Threats and Opportunities, vorbereitet für die UNEP Finance Initiatives Climate Change Working Group (Toronto 2002).

Stadtporträt Rizhao:
Stadt der Solarenergie

Die Gebäude von Rizhao, einer Küstenstadt von fast drei Millionen Einwohnern auf der nordchinesischen Halbinsel Shandong, haben ein gemeinsames, einzigartiges Aussehen: Die meisten Dächer und Mauern sind mit kleinen Paneelen bedeckt – Sonnenkollektoren.[1]

In Rizhao City, was zu deutsch „Stadt des Sonnenscheins" bedeutet, benutzen 99 Prozent der Haushalte in den zentralen Stadtbezirken solare Warmwasserbereiter, und die meisten Verkehrsampeln, Straßenlampen und Parkleuchten werden mit Solarzellen betrieben. In den Vororten und umliegenden Dörfern verfügen mehr als 30 Prozent der Haushalte über solare Warmwasserbereiter, und über 6000 Haushalte kochen mit Sonnenenergie. Mehr als 60.000 Treibhäuser werden mit Solarenergie beheizt, was die Gemeinkosten für die Bauern in den umliegenden Gebieten reduziert. Insgesamt hat die Stadt über eine halbe Million Quadratmeter Kollektorfläche, das ist das Äquivalent von etwa 0,5 Megawatt elektrischen Warmwasserbereitern.[2]

Die Kouguan Town Primary School ist eine der zufriedenen Nutzer von Solarenergie in Rizhao. Seit 1999 Sonnenkollektoren an den Wänden installiert wurden, heizt die gesamte Schule im Winter mit Solarenergie, und die Warmwasserbereitung erfolgt ganzjährig damit.[3]

Noch interessanter wird diese Geschichte durch die Tatsache, dass Rizhao eine „ganz normale" chinesische Stadt mit einem Pro-Kopf-Einkommen knapp unter dem der meisten anderen Städte der Region ist. Was hier erreicht wurde, gelang aus dem Zusammenwirken dreier Schlüsselfaktoren: einer Regierungspolitik, die sich für Solarenergie einsetzt und entsprechende Forschung und Entwicklung finanziell unterstützt; einer Solarindustrie vor Ort, die diese Gelegenheit ergriff und ihre Produkte verbesserte; und dem starken politischen Willen der politischen Führung der Stadt, die Technik einzusetzen.

Wie es auch in anderen Industrieländern der Fall ist, die die Solarenergie fördern, stellte die Provinz Shandong Subventionen zur Verfügung. Doch statt der Endverbraucher unterstützte die Regierung die Forschung und Entwicklung der lokalen Industriebetriebe. Bürgermeister Li Zhaoqian erklärte: „Es ist nicht realistisch, Endverbraucher zu subventionieren, da wir dazu nicht über ausreichende finanzielle Kapazitäten verfügen." Stattdessen investierte die Provinzialregierung in die Industrie; diese konnte dadurch technische Innovationen schaffen, die die Leistung ihrer Produkte erhöhten und die Kosten pro Einheit verringerten.[4]

Die Kosten eines solaren Warmwasserbereiters wurden auf das Niveau eines entsprechenden Elektrogeräts gesenkt: etwa 190 US-Dollar, das entspricht etwa vier bis fünf Prozent des durchschnittlichen Jahreseinkommens eines Haushalts in der Stadt und acht bis zehn Prozent eines Haushalts auf dem Land. Darüber hinaus waren die Paneele einfach an der Außenwand eines Gebäudes zu montieren. Ein solarer Warmwasserbereiter kostet über 15 Jahre etwa 15.000 Yüan weniger als ein herkömmliches Elektrogerät, was einer jährlichen Ersparnis von 120 US-Dollar gleichkommt.[5]

© Rizhao City Government

Die Entscheidung für solare Warmwasserbereiter wurde durch eine Reihe von Regelungen und öffentlicher Bildungspolitik vorangetrieben. Die Stadt schreibt vor, alle neuen Gebäude mit Sonnenkollektoren auszustatten, und beaufsichtigt die Baumaßnahmen, um eine fachgerechte Installation zu garantieren. Um das ökologische Bewusstsein zu fördern, wurden offene Seminare angeboten und entsprechende Werbung im Fernsehen ausgestrahlt. Verwaltungsgebäude und die Häuser von Stadtvätern waren die ersten, an denen Paneele installiert wurden. Einige Verwaltungsorgane und Unternehmen bezahlten ihren Angestellten die Installation; die Nutzer zahlen nur für Reparaturen und

Mit Solarenergie betriebene Straßenlampe in Rizhao

Austausch. Nach nunmehr 15 Jahren ist in Rizhao allgemein bekannt, dass sich Solarwärme auszahlt, und, so Wang Shuguang, ein Angehöriger der Stadtverwaltung: „Man muss die Leute nicht mehr dazu überreden."[6]

Ohne die klare Vision und das innovative Denken seiner Politiker wäre Rizhao jedoch nicht die Stadt, die sie heute ist. Wenngleich das Programm von seinem Vorgänger begonnen wurde, hat Bürgermeister Li Zhaoqian großes Interesse an der Fortführung. Bevor er Bürgermeister wurde, war Dr. Li Vizepräsident und Professor an der Technischen Universität von Shandong und stellvertretender Generaldirektor der Kommission für Wirtschaft und Handel der Provinz Shandong. Schon in dieser Funktion unterstützte er die Industrie bei der Verbesserung der Produktion und der Wirtschaftlichkeit von Solartechnik.[7]

Der verbreitete Einsatz von Sonnenenergie reduzierte den Kohleverbrauch und trug zur Verbesserung der Umwelt von Rizhao bei, das nun fortlaufend unter den zehn Städten Chinas mit der besten Luftqualität rangiert. Im Jahr 2006 erklärte die chinesische Umweltschutzbehörde Rizhao zu einem Vorbild in Sachen Umweltschutz.[8]

Die Stadtväter von Rizhao glauben, dass eine verbesserte Umwelt auf lange Sicht auch zu einer besseren gesellschaftlichen, wirtschaftlichen und kulturellen Entwicklung der Stadt beitragen wird, und sie betrachten die Solarenergie als

Stadtporträt Rizhao

einen Startpunkt, um diese Entwicklung in Gang zu setzen. Einige neuere Statistiken zeigen, dass Rizhao auf dem richtigen Weg ist. Die Stadt zieht eine rapide wachsende Zahl ausländischer Direktinvestitionen an; städtischen Funktionären zufolge ist einer der Schlüsselfaktoren dafür die saubere Umwelt.[9]

Eine gesunde Umwelt bringt zudem mehr Menschen nach Rizhao. Die Tourismusindustrie der Stadt ist im Aufschwung. In den letzten beiden Jahren stieg die Zahl der Besucher um 48 bzw. 30 Prozent. Seit 2002 war die Stadt erfolgreicher Gastgeber einer Reihe heimischer wie internationaler Wassersportereignisse, unter anderem der Grade W 470 World Championship der International Sailing Federation.[10]

Rizhaos Vorteile hinsichtlich der Umwelt verändern auch das kulturelle Profil der Stadt, weil sie Universitäten und Professoren von hohem Ansehen anziehen. Die Universität von Peking (Beijing) etwa, die renommierteste des Landes, baut einen Wohngebäudekomplex in Rizhao. Über 300 Professoren haben ihren Zweitwohn- oder ihren Ruhesitz in der Stadt und arbeiten und wohnen zumindest einen Teil des Jahres in diesem neuen Komplex. Auch die Qufu Normal University und das Shandong Institute of Athletics haben in Rizhao Niederlassungen gegründet, und auch sie gaben als einen der Gründe dafür die Umweltqualität der Stadt an.[11]

Xuemei Bai, Commonwealth Scientific and Industrial Research Organisation, Australien

Anmerkungen

1. Bevölkerung nach Rizhao City Government, *2005 Rizhao Economic and Social Development Statistic Bulletin*, unter www.rizhao.gov.cn/rztj/show.asp?ListName=YDTJ&ID=15, Stand 10. Juni 2006.
2. Verbrauchsdaten nach Rizhao City Construction Committee, interne Statistiken.
3. Li Zhaoqian, Präsentation beim World Urban Forum III, Vancouver, 19./23. Juni 2006; Wang Shuguang, E-Mail an den Autor, 15. Oktober 2006.
4. Li Zhaoqian, Gespräch mit dem Autor, 17. Juni 2006.
5. Kosten aus Li, op. cit. Anm. 3; Durchschnittseinkommen nach Rizhao City Government, op. cit. Anm. 1.
6. Installationen zuerst an Verwaltungsgebäuden und Häusern von Stadtvätern nach Li, op. cit. Anm. 3; kostenfreie Installation für einige Angestellte nach Li, op. cit. Anm. 4; Wang Shuguang, E-Mails an den und Gespräche mit dem Autor, August und Oktober 2006.
7. Li, op. cit. Anm. 4.
8. State Environmental Protection Agency, *2005 Annual Report of Urban Environmental Management and Comprehensive Pollution Control* (Beijing 2006).
9. Wang, op. cit. Anm. 6.
10. Touristenzahlen nach Rizhao City Government, op. cit. Anm. 1; Rizhao City Government, *2004 Rizhao Economic and Social Development Statistic Bulletin*, unter www.rizhao.gov.cn/rztj/show.asp?ListName=YDTJ&ID=5, Stand 10. Juni 2006.
11. „Über 300 Professoren haben Häuser in der Stadt", *Beijing Youth Daily (Beijing Qingnian Bao)*, 11. August 2006; Qufu nach Wang Shuguang, Gespräch mit dem Autor, 11. Oktober 2006.

Zoë Chafe

Kapitel 6: Wie man die Risiken von Naturkatastrophen in Städten verringert

In einer Winternacht vor etwa 2000 Jahren wurden die Bewohner einer prachtvollen griechischen Stadt durch ein starkes Erdbeben geweckt. Kurz danach schmolz der Boden unter den Häusern, die Stadt sackte unter den Meeresspiegel ab und jeder und alles in ihr wurde von einem Tsunami verschlungen. Man schrieb das Jahr 373 vor unserer Zeitrechnung; die klassische griechische Zivilisation befand sich auf ihrem Höhepunkt, und diese Stadt – Helike, bekannt für ihren Poseidonstempel, ein Tribut an den Gott der Erdstöße und des Meeres – verschwand über Nacht. 2000 Jahre lang überlebte das Vermächtnis von Helike nur durch Platons Legende von Atlantis, die durch Helikes Untergang inspiriert worden war.[1]

Im vergangenen Jahrzehnt fanden Archäologen Überreste des Erdbebens: Mauerstücke, Münzen und Töpferware. Man kann sich ihre Überraschung vorstellen, als sie zugleich eine nahegelegene Stadt entdeckten, viertausend Jahre alt, die etwa 2000 Jahre vor Helike und in beinahe genau derselben Lage ein ähnliches Schicksal erlitten hatte.[2]

Das Vermächtnis Helikes und seiner historischen Nachbarstadt erinnern uns daran, dass natürliche Gefahren Teil unseres Lebens sind und immer sein werden. Aber unser Verständnis für das Risiko von Katastrophen und unsere Maßnahmen gegen das Risiko können sich ändern. Wenn wir die einzelnen Elemente der Katastrophe – natürliche Gefahren, Anfälligkeit, Risiko und Risikomanagement – getrennt voneinander untersuchen, werden die Mittel, mit denen wir uns und unsere Städte schützen können, deutlicher.

Große Naturkatastrophen wie das Erdbeben von Helike oder der Tsunami im Indischen Ozean im Jahre 2004 ziehen die Aufmerksamkeit der Medien auf sich, regen neue Maßnahmen an und bleiben in unserem Gedächtnis fest verankert. Aber das Leiden, das durch immer wiederkehrende kleinere Katastrophen hervorgerufen wird (örtliche Überflutungen, Wasserverschmutzung und Erdrutsche), fällt oft nicht ins Rampenlicht. Wenn Städte einerseits die Orte von Katastrophen sind, können sie andererseits auch der Platz sein, um die Gründe zu ändern, deretwegen Menschen so verwundbar sind.

Welche Gefahren haben besondere Auswirkungen auf Städte, und was können wir tun, um uns gegen die Welle von Katastrophen zu wappnen, die uns bevorzustehen scheint? Da die Bevölkerungszahlen steigen und unsere Umwelt sich weiter verändert, sollten diese Fragen die Leitlinien der Planung und Entwicklung in unserer zunehmend städtischen Welt sein.

Steigender Tribut durch Katastrophen

Obwohl Naturkatastrophen oft als seltene und unerwartete Tragödien dargestellt werden, sieht die Realität so aus, dass sie zunehmend häufiger auftreten, mehr Menschen betreffen und höhere wirtschaftliche Schäden verursachen. Die Zahl, von der jährlich die Rede ist, fluktuiert, und lückenhafte Berichte erschweren eine auf Zahlen basierende Analyse, aber ganz unzweifelhaft gibt es bei der Zahl der Katastrophen, von denen jährlich berichtet wird, einen Trend nach oben. Im Jahre 2005 berichtete das Center for Research on the Epidemiology of Disasters (CRED) von 430 Naturkatastrophen, die weltweit 89.713 Menschen töteten und 162 Millionen weitere betrafen. Zum Vergleich: CRED berichtete während der 1980er Jahre von durchschnittlich 173 Naturkatastrophen jährlich und von 236 im darauf folgenden Jahrzehnt. Die Definition einer Naturkatastrophe variiert je nach den Quellen der Berichte, aber für CRED fällt darunter jedes Ereignis, das 10 oder mehr Menschen tötet, hundert oder mehr Menschen betrifft oder die Erklärung des Ausnahmezustands oder das Ersuchen um internationale Hilfe erfordert. Leider gibt es keine verlässliche Quelle, die weltweit das Auftreten von Naturkatastrophen allein in urbanen Zusammenhängen erfasst.[3]

Begünstigt durch das Bevölkerungswachstum, die schnelle Urbanisierung, die Zerstörung der Umwelt und den Klimawandel, ist die Zahl der Menschen, die durch Naturkatastrophen betroffen wurden, in den letzten 20 Jahren deutlich gestiegen. In den späten 1980er Jahren waren jährlich etwa 177 Millionen Menschen von Naturkatastrophen betroffen – zu jener Zeit entsprach das etwa der Gesamteinwohnerzahl von Indonesien oder der 13 größten Städte der Welt (siehe Abb. 6.1) Seit 2001 ist der jährliche Durchschnitt auf 270 Millionen Menschen angewachsen – ein Anstieg von mehr als 50 Prozent! Heute ist die durchschnittliche Zahl der betroffenen Menschen etwa mit der Einwohnerzahl der 18 größten Städte der Erde gleichzusetzen. (CRED erfaßt in der Gesamtzahl alle Verletzten, obdachlos Gewordenen und jene, die als Folge einer Katastrophe Soforthilfe brauchen, um überleben zu können.)[4]

Naturkatastrophen haben überproportionale Auswirkungen auf Länder mit einem niedrigen Einkommensniveau. In den letzten 25 Jahren lebten von den Menschen, die durch Naturkatastrophen verletzt oder anderweitig betroffen waren, frappierende 98 Prozent in den 112 Ländern, die von der Weltbank als solche mit niedrigem oder mittlerem Einkommensniveau klassifiziert werden. Diese Länder stehen für etwa 75 Prozent der Weltbevölkerung und für 62 Prozent der Städtebewohner weltweit. Sie waren auch die Heimat von 90 Prozent der Menschen, die in demselben Zeitraum ihr Leben bei Naturkatastrophen verloren. Das bedeutet, dass weniger als 10 Prozent der Menschen, die bei Naturkatastrophen starben, in den 96 reichsten Ländern der Erde lebten.[5]

Abbildung 6.1: Menschen, die Opfer von Naturkatastrophen wurden

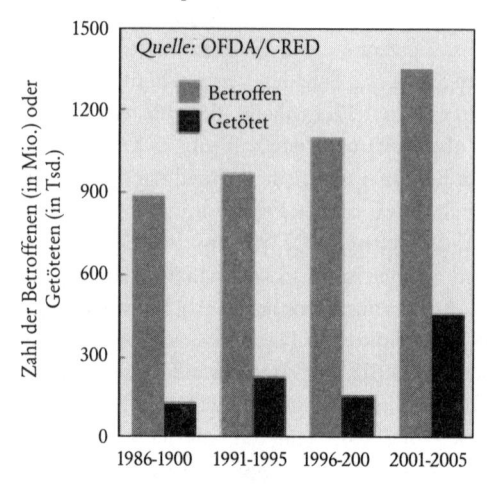

Zahl der Betroffenen (in Mio.) oder Getöteten (in Tsd.)

Quelle: OFDA/CRED

■ Betroffen
■ Getötet

1986-1900 1991-1995 1996-200 2001-2005

Die Urbanisierung schreitet in den ärmeren Ländern sehr schnell voran. 1980 lebten knapp unter 50 Prozent der Städtebewohner in den 112 ärmsten Ländern. 2005 hatte sich diese Zahl signifikant verändert: 62 Prozent der Städtebewohner wohnten in den 112 ärmsten Ländern der Erde und 38 Prozent in den reicheren Ländern. Der Trend zur wachsenden Verstädterung in ärmeren Ländern lässt sich auf die Anfälligkeit für Katastrophen übertragen: 1950 lebten 50 Prozent der städtischen Bevölkerung, die einem Erdbebenrisiko ausgesetzt waren, in sich entwickelnden Ländern. 2000 hatte dieses Verhältnis die 85-Prozent-Marke überschritten.[6]

Gefährdung und Anfälligkeit der Städte

Hier ist eine Auswahl von Bildern aus modernen Städten, die wir nicht sehen möchten: eine Mutter, die ihr Kind vor dem Sturzregen schützt und dabei den Strömen aus offenen Abwasserkanälen ausweicht, während sie nach Hause zu kommen versucht; Teenager, die oben auf einem zerstörten Haus stehen und auf die Halden aus Ziegelsteinen und zerquetschtem Metall sehen, die vor dem Erdbeben einmal ihr Stadtviertel trugen; eine Familie die hilflos zusieht, wie die Flammen ganze Reihen von Notunterkünften verschlingen, darunter ihre eigene. Aber durch ein Zusammenspiel von schlechter Politik, ökonomischer Armut, unangemessener Stadtplanung und ebenso unangemessenem Häuserbau sind diese Katastrophenbilder das logische Ende für viele Städtebewohner.

Naturkatastrophen sind keine Ereignisse aus heiterem Himmel, wie sie oft in den Medien dargestellt werden. Sie sind das Ergebnis eines sich ständig verändernden Verhältnisses zwischen natürlichen Ereignissen (Gefahren), gesellschaftlichen und physikalischen Bedingungen (Anfälligkeiten) und den Systemen des Risikomanagements, die es gibt – oder zu oft eben nicht gibt –, um uns zu schützen (siehe Kästen 6.1 und 6.2). Mit wenigen Ausnahmen werden Menschen nicht durch starken Wind oder schwere Erdstöße getötet. Sie werden viel eher durch die Folgen getötet, die diese Naturereignisse für ihre Häuser, ihre Schulen, ihre

Büros und ihre Umwelt haben. Die Anstrengungen, die als Reaktion darauf unternommen werden, können Leben und Besitz retten, umgekehrt aber kann ein Mangel an vorausgehender Planung und angemessener Kommunikation erst das auslösende Element einer verheerenden Katastrophe sein.[7]

Risiken werden geschaffen durch ein komplexes Zusammenspiel zwischen unserer gebauten und unserer natürlichen Umwelt. Wir achten oft darauf, ob wir gesunde und nahrhafte Nahrung zu uns nehmen, ob das Wasser sauber ist, das wir trinken, oder ob das Viertel, in dem wir leben, sicher ist. Aber selten denken wir darüber nach, ob unsere unmittelbare Umwelt oder die Häuser unserer Nachbarn in gutem Zustand sind – und dies gehört zu den Faktoren, die uns einem Katastrophenrisiko aussetzen können. Da sie sich mit vielen Alltagsproblemen herumschlagen müssen, ist es für arme Familien oft wichtiger, die unmittelbaren Bedürfnisse zu befriedigen, anstatt das Katastrophenrisiko zu senken.[8]

Die hohe Bevölkerungsdichte verstärkt in den Städten dieses Risiko. Knapp 3 von 100 Erdbewohnern leben in einer der 10 größten Städte der Welt. „Slum"-Populationen wachsen jährlich um 25 Millionen Menschen und kommen zu der geschätzten 1 Milliarde dazu, die weltweit in informellen Siedlungen lebt. Wie

---

Kasten 6.1: Zur Definition von Katastrophen

Katastrophe: Eine seltenes oder außergewöhnliches Ereignis, das anfällige Gemeinden oder Gebiete trifft. Sie verursacht erheblichen Schaden, Zerstörung und möglicherweise Verluste. Die betroffenen Gemeinden können nicht weiter normal funktionieren und brauchen Hilfe von außen.

Naturereignis: Ein geophysisches, atmosphärisches oder hydrologisches Ereignis, dass das Potenzial in sich trägt, Schäden oder Verluste zu verursachen: Tod oder Verletzungen, Schäden an Besitz, soziale und wirtschaftliche Schwächung oder Schädigung der Umwelt.

Risiko: Die Wahrscheinlichkeit, dass ein Naturereignis an einem bestimmten Ort eintritt, sowie seine voraussichtlichen Folgen für Menschen und Sachen.

Katastrophenrisikomanagement: Eine Reihe von Aktivitäten, die dem Risiko begegnen sollen. Dazu gehören Vorsorge, Vorbeugung und Bereitschaft (Maßnahmen, die das Katastrophenrisiko verringern, vor allem, bevor die Katastrophe eintritt), Hilfe (Maßnahmen, die unmittelbar nach Eintritt der Katastrophe ergriffen werden); Rehabilitation (Wiederaufnahme normaler Aktivität innerhalb von zwei Jahren nach der Katastrophe) und Wiederaufbau (langfristige Arbeit zur Wiederherstellung von Infrastruktur und Dienstleistungen).

Anfälligkeit, Verwundbarkeit: Die Möglichkeit, Schaden oder Verluste zu erleiden. Erhöhte Empfindlichkeit für die Folgen von Naturereignissen aus physikalischen, sozialen, wirtschaftlichen und umweltbedingten Gründen.

Quelle: Siehe Anmerkung 7.

> **Kasten 6.2: Naturereignisse, Anfälligkeit und Risikomanagement**
>
> *Beispiele für Naturereignisse:*
> Erdbeben   Wellengang, Sturmflut   Wirbelsturm
> Überschwemmung   Erdrutsch
> Vulkanausbruch   Waldbrand, Buschfeuer
>
> *Beispiele für die Faktoren, die die Anfälligkeit steigern:*
> Schlechte Entwicklungsplanung   Unerträglich hohe Gesundheitskosten
> Entwaldung und Erosion   Kein Zugang zu Informationen
> Unsichere Häuser und Gebäude
> Mangel an Versicherungs- und Bankleistungen
> Kein Zugang zu Hilfsleistungen im Notfall
>
> *Beispiele für Risikomanagement:*
> Vorschriften für Bauweisen und ihre Durchsetzung
> Verbesserter Kanalisationsanschluss
> Versicherungsangebote für alle Einkommensgruppen
> Ausbildungskurse für Frauen
> Aufbau starker Netzwerke auf Gemeindeebene
> Bereitstellung von Notfallausrüstungen und Schaffung von Katastrophenplänen
> Weitergabe der Katastrophenwarnung an alle Betroffenen
>
> *Quelle:* Siehe Anmerkung 7.

Mark Pelling vom King's College in London es formuliert: „Die Urbanisierung beeinflusst Katastrophen ebenso weitgehend, wie Katastrophen die Urbanisierung beeinflussen können." Die schnelle Urbanisierung verändert das Katastrophenrisiko ständig. Ein Teil des Bevölkerungswachstums in den Städten ist heute der Migration geschuldet, die in sich eine Quelle von Anfälligkeit sein kann. Wenn Menschen in Städte ziehen, gehen sie oft ihrer traditionellen ländlichen Familien- und Nachbarschaftsnetzwerke verlustig, auf die sie sich während und nach einer Katastrophe stützen konnten.[9]

Ein anderer wichtiger Faktor ist die geographische Lage. Acht der zehn bevölkerungsreichsten Städte der Erde liegen auf oder nahe an Erdspalten, und sechs dieser zehn sind anfällig für Sturmfluten (siehe Tabelle 6.1). Einige findet man an größeren Vulkanen. Bevölkerungsreiche Städte liegen an vielen Küsten und sind dem Anstieg des Meeresniveaus ausgesetzt, der Folge des Klimawandels ist. Eine Menge Städte finden sich in gefährlichen Gebieten, aufgrund ihrer historischen Bedeutung oder ihrer Ausdehnung in neuerer Zeit. Einige Städte haben koloniale Ursprünge und liegen dort, wo sie sind, eher aus wirtschaftlichen Gründen – sie sind leicht zugänglich – als aus solchen der Sicherheit. Dieselben Städte schleppen oft eine Erbschaft kolonialer Bauweisen und Planungssysteme mit sich, die ihrer Lage nicht angemessen sind. Beispielsweise wurden die ersten Häuser in

Kapitel 6: Wie man die Risiken von Naturkatastrophen ...   243

Tabelle 6.1: Die zehn bevölkerungsreichsten Städte 2005 und die mit ihnen verbundenen Katastrophenrisiken

Stadt	Einwohner	Katastrophenrisiko					
		Erdbeben	Vulkan	Stürme	Tornado	Überschwemmung	Sturmflut
	(Mio.)						
Tokio	35,2	x		x	x	x	x
Mexico City	19,4	x	x	x			
New York	18,7	x		x			x
São Paulo	18,3			x		x	
Mumbai	18,2	x		x		x	x
Delhi	15,0	x		x		x	
Shanghai	14,5	x		x		x	x
Kalkutta	14,3	x		x	x	x	x
Jakarta	13,2	x				x	
Buenos Aires	12,6			x		x	x

Quelle: Siehe Anmerkung 10.

Mexico City nach den Standards von New York City gebaut – einer weit entfernten Stadt mit einem völlig anderen Boden.[10]

Selbst dort, wo es Bauvorschriften und Planungssysteme gibt, tendiert das städtische Wachstum eher zur Wildwüchsigkeit und schreitet mehr nach den unmittelbaren Notwendigkeiten voran als nach Entwürfen und Vorschriften auf dem Papier. Slums sind oft voller dicht stehender Behausungen, die aus leicht brennbarem Material gebaut wurden und die Viertel anfällig machen für Lauffeuer. Außerdem kochen viele Familien an offenen Kochstellen und kümmern sich gewöhnlich nicht um Brandschutz. Die Tendenz zur Umweltverschmutzung erhöht nur noch das Schadenspotenzial. In beinahe jeder großen Stadt der sich entwickelnden Welt mit industrieller Produktion sind Häuser und Wohnungen in unsicherer Lage um große Industrieanlagen, Pipelines, Schmutzwasserkanäle und Giftmüllentsorgungsanlagen gruppiert.[11]

Nach einer Katastrophe sind städtische Siedler aufgrund des Mangels an anderen Arbeits- oder Wohnmöglichkeiten oft gezwungen, trotz des Risikos weiterer Katastrophen in gefährlichen Stadtgebieten zu bleiben. Viele Bewohner von Kampung Melayu zum Beispiel, einem Slum bei Jakarta, der regelmäßig überschwemmt wird, haben Landbesitz in anderen Teilen Indonesiens, kehren aber aus wirtschaftlichen Notwendigkeiten in ihr schweres Leben am Rand der Stadt zurück, obwohl sie wissen, dass die Katastrophe sich mit an Sicherheit grenzender Wahrscheinlichkeit wiederholen wird.[12]

Gefährliche Umwelt

Das Bild von Städten verbindet man oft mit ihrer Skyline - zum Beispiel jene ultimative Feier aus Skulptur und Architektur, die auf den Umrissen von Rio de Janeiro zu sehen ist, oder die einheitliche Aufteilung in Blöcke, die die eroberte Natur zelebrieren, wie in New York. Weil jede von ihnen den Herzschlag und die Kultur einer bestimmten Stadt repräsentiert, ist es schockierend, eine Skyline in sich zusammenfallen zu sehen. Doch das ist schon geschehen und wird weiterhin geschehen: Erdbeben haben San Francisco 1906 verwüstet, Tokio 1923, Valdivia in Chile 1960, Managua in Nicaragua 1972, Mexico City 1985 und Bam im Iran 2003. Ein Blick hinter die Fassade der Skyline zeigt, warum Städte besonders anfällig sind für solche Katastrophen.[13]

Jedes Naturereignis variiert im Ausmaß wie in seinen Auswirklungen (siehe Tabelle 6.2). Erdbeben gibt es beispielsweise in sehr unterschiedlichen Stärken, sie schlagen zu jeder beliebigen Tageszeit zu und zeitigen Wirkungen, die Geologen oder Stadtplaner noch immer vor ein Rätsel stellen. Selbst Katastrophen, die sich eher vorhersagen lassen, wie etwa Hurrikans, sind noch nicht wirklich theoretisch verstanden. Sie können sehr schnell an Stärke gewinnen oder verlieren, ihren erwarteten Verlauf verlassen und Stadtzentren ganz knapp verfehlen oder sie treffen. Im Jahr 1991 hielt der tropische Zyklon 05 B, einer der tödlichsten Zyklone, die Indien je getroffen haben, auf seinem Weg über der Stadt Bhubaneswar

Tabelle 6.2: Ausgewählte städtische Katastrophen, 1906-2006

Jahr	Stadt	Katastrophe	Todesfälle	Wirtschaftlicher Schaden
			(geschätzt)	(Milliarden $, 2005)
2005	New Orleans	Hurrikan	1800	125,0
2005	Mumbai	Überschwemmung	400	0,4
2003	Bam (Iran)	Erdbeben	26300	1,1
2003	Paris	Hitzewelle	14800	4,7
2001	Bhuj (Indien)	Erdbeben	19700	5,5
2000	Johannesburg	Überschwemmung	100	0,2
1999	Istanbul/Izmit	Erdbeben	15000	14,1
1995	Kobe (Japan)	Erdbeben	6400	128,2
1985	Mexico City	Erdbeben	9500	7,3
1976	Tangshan (China)	Erdbeben	242000	19,2
1970	Dhaka (Bangladesh)	Überschwemmung	1400	10,1
1923	Tokio	Erdbeben	143000	31,8
1906	San Francisco	Erdbeben	3000	10,9

Quelle: Siehe Anmerkung 14.

inne und tauchte die Gegend 30 Stunden lang in sturzflutartigen Regen. Und 2005 verlor der Hurrikan Katrina an Kraft, bevor er sich landwärts dem Osten von New Orleans zuwandte, obwohl er in dieser flach gelegenen Stadt noch immer verheerenden Schaden anrichtete.[14]

Klar ist dagegen, dass Naturereignisse in Verbindung mit einer hohen Anfälligkeit der Städte routinemäßig in größere Katastrophen umschlagen. Der Tsunami, der im Dezember 2004 Indonesien traf, reichte drei Kilometer landeinwärts in die Provinz Aceh und verwüstete die Stadt Banda Aceh (siehe Kasten 6.3). Lava kroch direkt durch die Stadt Goma in der Demokratischen Republik Kongo, als dort 2002 ein Vulkan ausbrach, und machte 300.000 Menschen obdachlos. Und Erdrutsche, die durch heftige sommerliche Regenfälle ausgelöst werden, verwüsten immer wieder die Viertel an den steilen Hügeln von Rio de Janeiro.[15]

Ohne es zu wollen, vergrößern viele Städte in der Tat das Katastrophenrisiko. Die Konzentration der Wärme und der Schadstoffe aus Kraftwerken, industrieller Produktion und Autos trägt zu einem wissenschaftlich gut dokumentierten Phänomen bei, das „Wärmeinseleffekt" heißt und Hitzewellen und andere Erwärmungstendenzen noch verschlimmern kann. Meist über Megacities auftretend – den Städten mit mindestens 10 Millionen Einwohnern –, ist dieser Effekt dafür verantwortlich, dass eine Stadt bis zu 10 Grad Celsius heißer als die umliegenden Gebiete sein kann. In New York City, wo der Wärmeinseleffekt über ein Jahrhundert beobachtet wurde, liegen die durchschnittlichen Nachttemperaturen knapp 7 Grad über denen der umliegenden Vororte und ländlichen Gebiete. Außer, dass die Temperaturen unerträglich werden, können Wärmeinseln – besonders in den Sommermonaten – die Nachfrage nach Klimaanlagen steigern, zu mehr Luftverschmutzung führen und zu Erkrankungen und Todesfällen beitragen.[16]

Der Zustand von Gebäuden und die Art der Stadtanlage können ebenfalls der Grund für eine Katastrophenanfälligkeit sein. Antennen und elektronische Ausrüstungen auf Häusern können den Blitz anziehen; die Wirkung eines Blitzschlags kann kilometerweit reichen, wenn empfindliches Gerät getroffen worden ist. Tatsächlich ist nach Aussagen der Versicherungsgesellschaft Münchner Rück jede größere Stadt dem Risiko von Blitzschlägen ausgesetzt. Die Anlage der Straßen zu Füßen dieser Gebäude kann ebenfalls extreme Wetterereignisse begünstigen. Gerade Straßen mit hohen Gebäuden schaffen eine canyonähnliche Umgebung, die starke Turbulenzen und Windböen hervorruft. Sie können auch zu Hagel und schweren punktuellen Regenfällen führen. Wenn man vorausschaut, können solche Anfälligkeiten in Gebieten, die neu gebaut oder wiederaufgebaut werden, vermieden werden.[17]

Um schwerwiegenden Naturkatastrophen und ihren Folgen vorzubeugen, müssen bestimmte Ökosysteme gestärkt werden. Ohne Bäume, die die Luft reinigen und den Boden kräftigen, ohne freie Fläche, um Regenwasser aufzufangen und

Kasten 6.3: Banda Aceh und der Tsunami

Als ein unterseeisches Erdbeben im Indischen Ozean am 26. Dezember 2004 einen schweren Tsunami auslöste, wurde die indonesische Provinz Aceh auf Sumatra am stärksten getroffen. Von den schätzungsweise 230.000 Menschen, die in einem Dutzend Ländern rund um den Indischen Ozean gestorben sind, ließen fast 170.000 allein in Aceh ihr Leben. Die Hauptstadt der Provinz, Banda Aceh, litt schwer: 61.000 Menschen starben, das war beinahe ein Viertel der Bevölkerung von 265.000.

Tsunami-Wellen trugen die Trümmer in Banda Aceh wenigstens drei Kilometer landeinwärts, an anderen Orten noch weiter. Zwei Jahre danach ruft der betroffene Küstenstreifen noch immer Gedanken an Hiroshima 1945 wach - leblose Gemeinden, verbogene Gebäudeskelette, Straßen mit tiefen Rillen und Schlaglöchern. Nur ein wenig landeinwärts jedoch scheint das Leben ganz und gar normal abzulaufen: In Cafés herrscht geschäftiges Treiben, Teenager sind mit dem Verschicken von SMS beschäftigt, und Motorräder, *becaks* (Motorradtaxis), Minibusse und Autos erzeugen jeden Tag eine Verkehrskakophonie.

Meuraxa, eine Hafengegend, die bekannt war für ihr enges Gewirr von Straßen und Häusern, wurde beinahe ausradiert. Soweit das Auge reichte, war beinahe jedes Gebäude bis aufs Fundament weggespült worden oder zu Bruchstein zerfallen. Neben einer kurzen Brücke, die dieses Gebiet mit dem Festland verband, hatte jedoch eine Moschee den Wellen widerstanden. Innerhalb eines Jahres nach dem Tsunami waren auch die Schäden an der Moschee behoben: das Äußere weiß und grün gestrichen und die Koranverse an der Fassade in Gold hervorgehoben.

Warum war diese Moschee, neben anderen Gebäuden in Aceh, stark genug, um den Angriff der Wellen zu überstehen? Die Antwort heißt: massive Bauweise. Sie ist ein Spiegelbild der Bedeutung der Moschee. Der Islam kam im achten Jahrhundert nach Aceh und verbreitete sich später über den Rest des Landes aus, das heute Indonesien heißt.

Obwohl eine Handvoll Privathäuser ebenfalls dem Angriff der Wellen widerstanden – zweifellos solche von wohlhabenderen Familien –, hat die überwältigende Mehrzahl der Häuser an der Küste von Banda Aceh ihn nicht überlebt. In vielen Fällen haben profitgierige Bauunternehmer Backstein von minderer Qualität und andere minderwertige Materialien benutzt und so den Grundstein dafür gelegt, dass alles zusammenbrach. Schockierenderweise hat der Wiederaufbau nach dem Tsunami teilweise mit denselben Nachlässigkeiten zu kämpfen, so dass Acehs Anfälligkeit für Katastrophen bleibt. In einer Reihe von Fällen haben skrupellose Bauunternehmer wieder unsolide Schulen und Häuser gebaut.

Der Wiederaufbau ist zuerst langsam vorangegangen, nimmt nun aber etwas Fahrt auf – bis zum April 2006 sind etwa 47.000 neue Häuser in Aceh gebaut worden (141.000 waren zerstört), und wie verlautet, werden jeden Monat zusätzliche 3500 bis 5000 neue Wohnungen gebaut. Banda Aceh hat noch immer Jahre der Rehabilitation vor sich und sieht sich ernsthaften Herausforderungen gegenüber, um sicherzustellen, dass der Wiederaufbau nicht die Katastrophenanfälligkeit verlängert.

Michel Renner

Quelle: Siehe Anmerkung 15.

Lebensräume für Tiere zur Verfügung zu stellen, und ohne natürliche Küstenlebensräume, die sie vor Sturmfluten schützen, werden Städte zu ungemütlichen und gefährlichen Orten.

Ein Paradebeispiel für den zuletzt angeführten Punkt liefert Sri Lanka, wo der Abbau von Korallenriffen, die Begradigung der Dünen und das Schneiden der Mangroven das Ausmaß der Schäden und die Verluste an Menschenleben erhöhten, weil die Wellen des Tsunamis ungebremst an Land schlugen. Eine Studie über die Landnutzung rund um Galle, einer größeren Stadt in Sri Lanka, deren lebendige Märkte und deren Kricketstadion durch den Tsunami verwüstet wurden, zeigt, dass Gebiete, die durch intakte Mangrovenwälder und Korallenriffe geschützt waren, deutlich weniger Schaden erlitten als solche mit verminderter natürlicher Widerstandsfähigkeit.[18]

Der Umgang mit Verlusten

Wenn Gefahrenlagen und Anfälligkeiten in städtischen Gebieten zusammenkommen, können die Folgen extrem kostspielig sein. Die wirtschaftlichen Kosten unterscheiden städtische Katastrophen von ländlichen: Wegen der Konzentration von Menschen und Infrastruktur in Städten sind die ökonomischen Folgen von Katastrophen zwangsläufig groß. Das Erdbeben von Kobe, das Japan im Jahre 1995 traf, verursachte einen Schaden von 128,2 Milliarden Dollar (nach dem Wert von 2005) und war eine der kostspieligsten Naturkatastrophen, über die überhaupt Berichte und Zahlen vorliegen. Der Hurrikan Katrina von 2005 führte an der Golfküste zu rund 125 Milliarden Dollar Schaden.[19]

Wirbelstürme bringen gewöhnlich eine Menge Niederschläge mit sich, die zu Überflutungen und Erdrutschen führen können. Aber es sind oftmals die sekundären Folgen, die hohe Kosten verursachen. Als der Taifun Nari im September 2001 Taipeh traf, verursachten heftige Regenfälle die Überflutung von U-Bahnhöfen in der Stadt und schnitten eine wichtige Verkehrsader für Wochen ab. Diese Störung des Transportsystems war für einen Großteil der Schäden von insgesamt 500 Millionen Dollar verantwortlich. Dasselbe gilt für den tropischen Wirbelsturm Allison, der in Houston 2001 einen Schaden von 1,5 Milliarden Dollar verursachte, und zwar überwiegend durch Flutschäden in Krankenhäusern, von denen viele unterirdischen Lagerraum hatten.[20]

Mit seinen erheblichen Investitionen in die städtische Infrastruktur hat der private Sektor das quasi natürliche Interesse, die Verluste zu reduzieren, wo immer das möglich ist. Insbesondere die Versicherungswirtschaft ist hochinteressiert an der Katastrophenprävention und -behandlung. Außergewöhnliche Verluste nach sehr aktiven Hurrikan-Saisons in den letzten Jahren haben die Versicherungsgesellschaften dazu veranlasst, ihre Kosten gleichermaßen an private Hauseigentümer und an Geschäftspartner weiterzugeben. Die Tochtergesellschaften der Berkshire Hathaway zum Beispiel machten in der amerikanischen Hurrikan-Saison 2005 einen Verlust von 3,4 Milliarden Dollar.[21]

Einige Unternehmensgruppen konzentrieren sich verstärkt auf das Risikomanagement, die Dämpfung der Auswirkungen von Katastrophen eingeschlossen. Die American Insurance Group gab kürzlich eine Erklärung heraus, dass sie Projekte entwickeln wolle, um Treibhausgase von der Atmosphäre fernzuhalten – nach einem Verlust von 1,2 Milliarden Dollar durch Versicherungszahlungen nach den Hurrikans von 2005. Das Corporate Network for Disaster Response, 1990 auf den Philippinen gebildet, ist ein Netzwerk von 29 Unternehmensgruppen und -stiftungen, das zu Schadensminimierung und Katastrophenprävention arbeitet, Einschätzungen von Katastrophen durchführt, Hilfsleistungen ausliefert und Spendenaktionen nach Katastrophen ankurbelt.[22]

Aber Investitionen der Geschäftswelt in die Katastrophenprävention hängen oft von der Fähigkeit der Regierungen ab, wichtige Infrastrukturen (wie Strom und Wasser) funktionsfähig zu halten. Verluste aus Störungen der Energieversorgung nach Naturkatastrophen können nach einem Bericht des Lawrence Berkeley Laboratory mehr als 40 Prozent der Versicherungsschäden ausmachen. Wenn ein Unternehmen davon ausgeht, dass die Wahrscheinlichkeit des Ausfalls der Energie- und Wasserversorgung nach einem Hurrikan in einer Region hoch ist, wird es zögern, präventive Schutzmaßnahmen zu ergreifen, weil es ohne die lebenswichtigsten Dienstleistungen ohnehin nicht arbeiten kann.[23]

Klimawandel in der Stadt

Die Planung und das städtische Risikomanagement gegen Katastrophen erfordern aus zwei Gründen eine Diskussion über den Klimawandel: Erstens produzieren Städte große Mengen an Treibhausgasen, und zweitens werden sie vom Klimawandel spürbar betroffen sein.

Die überwältigende Mehrheit der weltweiten Kohlendioxidemissionen kann auf Städte zurückgeführt werden, selbst wenn Städte nur 0,4 Prozent der Erdoberfläche bedecken. Wir sehen schon erste Anzeichen dafür, dass der Klimawandel die Städte durch zunehmende Naturereignisse treffen wird: Seit 1880 hat sich, nach einem Bericht des Schweizer Bundesbüros für Meteorologie und Klimatologie, die Dauer von Hitzewellen in Westeuropa verdoppelt und die Zahl der ungewöhnlich heißen Tage verdreifacht. Und das U. N. Environment Programme schätzt, dass die verheerende Hitzewelle, die Europa im Jahr 2003 plagte, 60 Milliarden Dollar gekostet hat.[24]

Es gibt eine Reihe von Modellen, die die möglichen Folgen des Anstiegs des Meeresniveaus auf bestimmte Städte zeigen, von denen einige schon eingetreten sind. New Orleans verliert an der Küste jede Stunde Feuchtgebiete in der Größe von anderthalb Fußballfeldern. Boston wird vorhersehbar gegen Ende dieses Jahrhunderts vom Klimawandel spürbar betroffen sein. Nach einer Einschätzung der US-Umweltschutzbehörde aus dem Jahre 1997 geht man davon aus, dass das Meeresniveau sich um 28 Zentimeter pro Jahrhundert hebt und bis zum Jahr 2100 um weitere 56 Zentimeter angestiegen sein wird. In New York City könnte der Anstieg des Meeresspiegels die Wasserversorgung der Stadt betreffen, weil der Salzgehalt des Wassers steigt, das von einer Pumpstation im Hudson bezogen wird. Schlimmer noch, diese Pumpstation wird am dringlichsten während der Trockenperioden gebraucht, wenn das Problem des Salzgehalts am größten ist. Es könnte zwischen 224 Millionen und 328 Millionen Dollar kosten, dieses Problem zu lösen.[25]

Da in Sachen Klimawandel in den Vereinigten Staaten keine Führung an der Spitze des Staates existiert, sind manche Stadtverwaltungen entschlossen, die Reduzierung der Treibhausgase auf eigene Faust anzugehen.

Einige Länder führen schon Projekte durch, die die Effekte des Klimawandels betreffen. In den Niederlanden hat man Amphibienhäuser gebaut, die im Wasser dümpeln, wenn der Wasserspiegel steigt. In Venedig versucht man, mit den verstellbaren Barrieren des MOSE-Projekts (nach Modulo Sperimentale Elettromeccanico), die tideabhängige Überflutung des touristischen Zentrums der Stadt zu verhindern, die derzeit fünfzig Mal im Jahr eintritt – ein Phänomen, das sich mit dem Anstieg des Meeresspiegels verschlimmern würde. Allerdings gibt es Einwände von Umweltschützern, die annehmen, dass das Projekt einen negativen Effekt auf den Wasseraustausch mit dem Adriatischen Meer haben wird.[26]

Die meisten Menschen jedoch, die vom Anstieg des Meeresniveaus betroffen sein werden, leben weit weg von Venedig oder den Niederlanden. Bei einem Anstieg des Meeresspiegels um einen Meter zum Beispiel würde Bangladesh 17,5 Prozent seines Landes einbüßen, und 13 Millionen Menschen wären betroffen. Gleichzeitig müssten sich sowohl Ägypten wie Vietnam aus dem gleichen Grund auf 8 bis 10 Millionen Obdachlose einstellen. Von den 33 Städten, die bis 2015 voraussichtlich mindestens 8 Millionen Einwohner haben werden, sind gut 21 Küstenstädte, die auf jeden Fall mit den Folgen des gestiegenen Meeresniveaus zu kämpfen haben werden, wie schwerwiegend diese auch sein mögen.[27]

Es gibt Projekte, die die Auswirkungen der Städte auf das globale und lokale Klima verringern sollen. Der Erhalt und der Ausbau des Baumbestands und der Grünflächen sind zwei wichtige Schritte, um das Klima vor Ort abzukühlen und Treibhausgase zu schlucken. Allerdings unterscheiden sich die Städte der Welt sehr stark in der Größe der Grünfläche pro Kopf. Beispielsweise sind beinahe 42 Prozent Beijings heute Grünflächen – das sind mehr als in den meisten anderen Millionenstädten –, und man bemüht sich, diese Zahl bis 2008 noch auf 45 Prozent zu erhöhen.[28]

In Chicago hat Bürgermeister Richard Daley die Führung bei der Vermehrung der umweltfreundlichen Attribute der Stadt übernommen. Er leitet die Neupflanzung von 30.000 Bäumen jährlich und hat seit seinem Amtsantritt 1989 der Stadt so zu 500.000 neuen Bäumen verholfen. Trotz der Anstrengungen der Casey Trees Foundation und anderer engagierter Gruppen für städtische Wälder, ist das in Washington nicht der Fall. Wo einst Bäume ein Drittel der Stadtfläche einnahmen, sind es heute nur noch etwas mehr als ein Zehntel. Das ist zurückzuführen auf den Verlust von 64 Prozent des Baumbestands zwischen 1973 und 1997. Dadurch gab es mehr Regenwasserrückstände und mehr überforderte Abflusskanäle.[29]

Da in Sachen Klimawandel in den Vereinigten Staaten keine Führung an der Spitze des Staates existiert, zeigt die Popularität zweier relativ neuer Initiativen – die Clinton Climate Initiative und das US Mayors' Climate Protection Agreement –, dass manche Stadtverwaltungen entschlossen sind, die Reduzierung der Treibhausgase auf eigene Faust anzugehen. Ein „gestiegenes Dringlichkeitsbewusstsein" zum Klimawandel nutzend, führt die Clinton-Initiative eine Koalition von 24 größeren Städten an, die sich zu einem Gedankenaustausch darüber zusammengetan haben, wie die Emission von Treibhausgasen begrenzt werden kann. Die Initiative hat 40 Städte als Zielgruppe – jede davon mit mehr als 3 Millionen Einwohnern –, die für 15 bis 20 Prozent der gesamten Emissionen weltweit verantwortlich sind.[30]

Greg Nickels, der Bürgermeister von Seattle, startete das US Mayors' Climate Agreement an dem Tag, als das Kyoto-Protokoll zum Klimaschutz in Kraft trat – ohne die Unterschrift der Vereinigten Staaten. Getragen von der Überzeugung, dass große und kleine Städte im Land führend beim Herangehen an dieses Problem sein könnten – obwohl sich die Bundesregierung dagegen entschieden hatte, sich auf internationaler Ebene mit diesem Problem auseinanderzusetzen –, forderte Nickels die Bürgermeister zu der Verpflichtung auf, lokale Schritte zu unternehmen, um die im Kyoto-Protokoll formulierten Ziele zu erreichen oder gar zu übertreffen. Bis Anfang Oktober 2006, weniger als zwei Jahre nach dem Start des Programms, hatten 313 Bürgermeister unterzeichnet, die über 51 Millionen amerikanische Wähler repräsentieren.[31]

Die Schlüsselrolle der Regierung

Selbst mit den verfügbaren Modellrechnungen und Wetterstationen ist es in manchen Teilen der Welt schwierig, exakt vorherzusagen, wann ein außergewöhnliches, mit dem Wetter zusammenhängendes Naturereignis lebensbedrohlich wird. Schwere Regenfälle sind charakteristisch für die Monsunzeit in Mumbai, Indiens Finanzmetropole an der Küste. Aber zu einem bestimmten Zeitpunkt am 26. Juli 2005, einem Tag, an dem mehr als 60 Zentimeter Regenwasser die Stadt überschwemmten, führte der Sommersturm zur Katastrophe. Die Pendlerzüge, die Mumbai wie pulsierende Adern durchkreuzen, kamen zum Stillstand. Büroangestellte ertranken auf dem Heimweg in ihren Autos. Achtzehn Slumbewohner, die durch die Flut obdachlos geworden waren, wurden am nächsten Tag zu Tode getrampelt, nachdem Gerüchte über einen Tsunami oder eine Springflut zirkulierten und viele höhere Lagen aufsuchen wollten.[32]

Zwei Grundfehler der Stadtverwaltung von Mumbai setzten die Stadt und insbesondere die 92 Prozent ihrer Bewohner, die in Slums leben, während der heftigen Monsunregen der Gefahr von Überschwemmungen aus. Erstens verstopfte Abfall das veraltete Kanalsystem und damit auch die Leitungen, die das Wasser aus der Stadt leiten sollten. Zweitens wurde dieser Badewanneneffekt noch verstärkt durch Bauarbeiten bei den Mangrovensümpfen am Rand der Stadt, die den natürlichen Überflutungsschutz zerstörten, den diese Wälder einst geboten hatten. Mumbais Erfahrung kann als Warnung dienen. Wir müssen bestehende natürliche Aktivposten um die Städte herum schützen und stärken, während gleichzeitig eine Infrastruktur geschaffen werden muss, die den Bedürfnissen der wachsenden Bevölkerung gerecht wird.[33]

Viele Städte wachsen in der Masse und der geographischen Ausdehnung in einer Art und Weise, die Regierungen und Verwaltungen so nicht geplant oder erwartet hatten. Sie haben vor allem Bevölkerungen, die die Kapazität der bestehenden Infrastrukturnetzwerke überfordern. Dicht besiedelte Viertel können sich so als todbringend erweisen, weil ihre Anlage oft eine effektive Evakuierung in Notfällen behindert. Jane Pruess, eine Stadtplanerin, die Sri Lanka nach dem Tsunami 2004 besuchte, beobachtete, dass es höhere Sterblichkeitsraten in den dichtbesiedelten Stadtvierteln mit engen verwinkelten Gassen zu geben schien. Etwa 10.000 Menschen starben allein in einer Gemeinde in Sri Lanka, zum Teil wegen dichtstehender und schlechtgebauter Wohn- und Geschäftshäuser und sehr enger Gassen. Wenn die Dichte zunimmt, kann der Einzelne außerdem das Gefühl haben, keine Kontrolle mehr über das Risiko zu haben, weil das Unglück sehr schnell von einem Haus aufs nächste überspringen kann.[34]

Das Risiko kann auch steigen, wenn Wohnungen und wichtige Infrastruktur in ein ungesichertes Umland wandern. In London wurde zum Beispiel ein neues Geschäfts- und Handelszentrum in den früheren Docklands gebaut, einer Gegend, die eher sturmflutgefährdet ist als andere Teile der Stadt. In Santa Tecla in El Salvador hat die Entscheidung des Obersten Gerichtshofs einer Baugesellschaft erlaubt, neue Wohnungen auf einem gefährdeten Abhang zu bauen, der später während eines Erdbebens abrutschte und diejenigen tötete, die unterhalb des neuen Wohngebiets lebten.[35]

Tatsächlich könnten viele Menschen für die Folgen der Naturkatastrophen in Städten eine nachlässige Politik und eine mangelnde Aufsicht seitens der Behörden verantwortlich machen. Nach den verheerenden Überschwemmungen in Mumbai sagte Gerson D'Cunha, der Gründer der Bürgervereinigung Agni (Feuer): „Einen Teil der Tragödie hat schlechtes Wetter verursacht, aber es war schlechte Regierungspolitik, die das schlechte Wetter noch schlimmer gemacht hat." Mumbai ist einer der Fälle, in denen schnelles Wachstum der Stadt dazu führte, dass die für die Bewältigung der Katastrophe zuständige Behörde die Einwohner mit den wichtigsten Dienstleistungen nicht versorgen konnte – das ist bei schnell wachsenden Städten durchaus der Normalfall. In anderen Fällen wachsen Städte zusammen und fließen ineinander, ohne dass ihre für Katastrophenfälle zuständigen Behörden entsprechend integriert werden. Das führt zur Verwirrung und zur Unfähigkeit, die Hilfe zu koordinieren.[36]

Eine der Gruppen, die derart überforderte lokale Autoritäten unterstützen möchten, ist CITYNET, ein zwanzig Jahre altes Netzwerk, das in der asiatisch-pazifischen Region Initiativen für nachhaltige Verbesserungen in Städten unterstützt. Es unterhält eine Website, auf der seine 63 Mitgliedsstädte und 40 Mitgliedsorganisationen nach einer Katastrophe Hilfe anbieten bzw. um Hilfe bitten können – wie etwa beim Tsunami, der Colombo und Negombo in Sri Lanka betraf, und beim Erdbeben 2005 in Pakistan und Kaschmir, das auch Islamabad betraf. Nach dem Tsunami war CITYNET die erste internationale Organisation, die örtliche Verwaltungsbeamte entsandte, um bei der Planung und bei der Wasserreinigung in Banda Aceh zu helfen, wo ein Drittel der städtischen Angestellten während der Katastrophe umgekommen war. Und in Sri Lanka unterstützte CITYNET den Bau von zwei Gemeindezentren und verwendete dafür Mittel aus Spenden der Bürger von Yokohama, einer japanischen Mitgliedsstadt der Organisation.[37]

Ein anderer wichtiger Weg zur Unterstützung des Katastrophenmanagements in Städten ist eine Gesetzgebung, die zur Katastrophenbereitschaft und zu Maßnahmen zur Vorsorge verpflichtet. Als der Hurrikan Mitch im Jahr 1998 Zentralamerika verwüstete und mindestens 11.000 Menschen in 10 Ländern tötete, hat dies in der Region zur Schaffung einiger neuer Gesetze zum Katastrophenmanagement geführt.[38]

Kasten 6.4 zeigt einige der besten Beispiele, wie Katastrophenbereitschaft, Vorbeugemaßnahmen und Hilfe Leben retten und Besitz schützen können. Andere Erfahrungen machen die finanziellen Vorteile von Investitionen in die Vorbeugung besonders deutlich. Die philippinische Regierung hat eine Reihe von Präventivmaßnahmen gegen Überflutungen und Vulkanschlamm ergriffen, mit nützlichen Effekten, die die Kosten des Projekts dreieinhalb- bis dreißigmal übertrafen.

> Kasten 6.4: *Ausgewählte Beispiele für Projekte zur Katastrophenprävention*
>
> *Medellin, Kolumbien:* Nachdem ein verheerender Erdrutsch 1987 große Teile der Stadt begrub und 500 Menschen tötete, haben Einwohner und Verwaltungsbeamte das Colombian National System for Disaster Prevention and Response zur Expertise genutzt, um u.a. Strategien des Risikomanagements in die Bau- und Entwicklungsplanung mit einzubeziehen. Die Zahl der Erdrutsche ist von 533 im Jahr 1993 auf 191 im Jahr 1995 gesunken.
>
> *China:* Die Regierung hat in den letzten vier Jahrzehnten des 20. Jahrhunderts 3,15 Milliarden Dollar in Maßnahmen zur Eindämmung von Überschwemmungen investiert und so mögliche Flutschäden in Höhe von etwa 12 Milliarden Dollar vermieden. Obwohl die Bevölkerung des Landes sich beinahe verdreifacht hat, von 555 Millionen im Jahr 1950 auf 1,3 Milliarden im Jahr 2005, sind die Todesfälle durch Überschwemmungen von 4,4 Millionen Menschen in den 1930er und 1940er Jahren über 2 Millionen in den 1950ern und 1960ern auf 14.000 in den 1970ern und 1980ern zurückgegangen.
>
> *Seattle:* Das Seattle Project Impact, eine öffentlich-private Partnerschaft, die die Stadtregierung 1998 ins Leben gerufen hatte und die bis 2001 durch die Federal Emergency Management Agency finanziert wurde, rüstete Schulen baulich nach, klärte die Einwohner über Erdbebenrisiken auf und kartographierte die Erdbeben- und Erdrutschgefahren im Großraum Seattle. Als ein Erdbeben der Stärke 6,8 Seattle im Februar 2001 erschütterte, wurden in den baulich umgerüsteten Schulen keine Schüler verletzt, und es gab keine Schäden an den 300 Häusern, die ihre Bewohner nach den Leitlinien der Initiative baulich umgerüstet hatten.
>
> *Quelle:* Siehe Anmerkung 39.

Einige Untersuchungen haben außerdem die Kostenersparnisse kalkuliert, die hätten erzielt werden können, wenn Präventivmaßnahmen ergriffen worden wären. In Dominica (Insel der Kleinen Antillen) und in Jamaika zum Beispiel hätten die Länder durch vorbeugende Schutzmaßnahmen für Schulen und Häfen bei den Hurrikans 1979 und 1988 die hohen Verluste vermeiden können. Das U.S. Geological Survey schätzt gar, dass die weltweiten wirtschaftlichen Verluste durch Naturkatastrophen in den 1990er Jahren um 280 Milliarden Dollar hätten verringert werden können, wenn man nur 40 Milliarden Dollar in vorbeugende Maßnahmen investiert hätte.[39]

Einfache Lösungen

Lovly Josaphat lebt in der Cité Soleil, dem größten Slum in der Hauptstadt von Haiti, Port-au-Prince. Im Gespräch mit der Autorin Beverley Bell beschrieb Josaphat die Fülle der Probleme in den Slums. „Wenn es regnet, wird der Teil der Stadt, in dem ich lebe, überschwemmt, und das Wasser fließt in mein Haus. Es ist immer

Kasten 6.5: Bewältigungsstrategien in städtischen Slums

„Wir versuchen immer, alles besser zu machen, ganz allmählich, Schritt für Schritt, um die Sicherheit zu erhöhen." Diese Aussage eines Slumbewohners in San Salvador ist charakteristisch für die Strategien, die gegen Katastrophen und Risiken genutzt werden. Sie sind bisher hauptsächlich in ländlichen Gebieten untersucht worden, besonders bei Dürren, wo Katastrophen- und Entwicklungsfachleute den Wert dieser Strategien zu schätzen gelernt haben. Dagegen scheint relativ wenig Interesse an den Strategien in städtischen Regionen zu bestehen. Das ist bedauerlich, denn der Blickwinkel und die Aktivitäten armer Haushalte können in Bezug auf Katastrophen und Risiken wertvolle Aufschlüsse für die Neuordnung von Entwicklungshilfe geben. Interviews mit 331 Menschen aus 15 katastrophengefährdeten Slums in El Salvador zeigten eine große Vielfalt an Strategien zur Vorsorge: Slumbewohner bauen Schutzwälle aus alten Autoreifen; sie entfernen Sperren von Flüssen und Wasserstraßen; zeitweise schicken sie ihre Familien in den höchstgelegenen Raum ihrer Behausung; oder sie schaffen Kommunikationsstrukturen für ein Frühwarnsystem. Sie wenden auch emotionale Strategien an und stützen sich auf den christlichen Glauben oder akzeptieren einfach das hohe Risiko.

Aber diese Bewältigungsstrategien gehen über die bloße Vorsorge hinaus: Sie schließen eine Eigenversicherung ein – das heißt Sicherheitssysteme, die in „normalen" Zeiten geschaffen wurden, um Zugang zu Geldquellen oder anderer Hilfe im Falle einer Katastrophe zu haben. Ein Beispiel solcher Eigenversicherung ist der Kauf und Erhalt materieller Güter wie etwa Baumaterialien, die, wenn nicht gebraucht, leicht verkauft werden können. Andere Methoden der Eigenversicherung der Salvadorianer sind: viele Kinder zu haben, Geld „unter die Matratze" zu legen, Familienmitglieder zur Auswanderung in die Vereinigten Staaten zu ermuntern, sich religiösen Institutionen anzuschließen (die nach Katastrophen Hilfe anbieten) und Beiträge zu Notfallfonds auf Gemeindeebene zu leisten.

In den besuchten Slums scheinen solche Eigenversicherungen eine größere Rolle zu spielen als formelle und offizielle Versicherungen. Nur 26 der 331 befragten Personen waren dem salvadorianischen Sozialversicherungssystem angeschlossen. Es gibt ohnehin keine Versicherung von Eigentum. Obwohl die allgemeine Ansicht herrscht, dass Slumbewohner keine Versicherungstradition haben, zeigen einige Fälle das Gegenteil. Durch Abkommen mit Unternehmern können die Bewohner Arbeitsbescheinigungen erhalten, die es ihnen ermöglichen, ins Sozialversicherungssystem einzuzahlen, auch wenn sie nicht formell beschäftigt sind.

Das spannendste Ergebnis der Untersuchung war die Tatsache, dass die Haushalte durchschnittlich 9,2 Prozent (von 0 bis 75 Prozent) ihres Einkommens für die Vorsorge ausgaben (etwa 26 Dollar bei einem monatlichen Durchschnittseinkommen von 284 Dollar). Das kommt zu den Baumaterialien hinzu, die frei erhältlich sind, zur unbezahlten Arbeit von Familienmitgliedern, zu der erheblichen Zeit, die auf die Risikominimierung verwendet wird, und zu den negativen Folgen bestimmter Vorsorge (wie etwa hohen Zinsen, die an inoffizielle Geldverleiher gezahlt werden).

Die Kosten nach Katastrophen summieren sich ebenfalls: Ersatz von persönlicher Habe, die während Überschwemmungen oder Erdrutschen weggeschwemmt wurde, Wiederaufbauanstrengungen, zeitweiliger Einkommensverlust und der teilweise Verlust von Investitionen, die in den Ausbau von Häusern und Wohnungen und in Gemeindeinfrastruktur gesteckt wurden. Wenn die Entwicklung „ganz allmählich, Schritt für Schritt" in den Slums mit der Zahl der Katastrophen und ihren Folgen nicht Schritt halten kann, dann können die Ergebnisse wachsende Unsicherheit und „Armutsfallen" sein.

Die gegenwärtigen städtischen Bewältigungsstrategien sind für eine nachhaltige Siedlungsentwicklung wichtig, aber sie erscheinen weniger freiwillig, weniger effektiv und mehr individuell orientiert als in ländlichen Gebieten. Es ist wichtig, dass städtische Entwicklungsbemühungen die Möglichkeiten erweitern, Katastrophen und Risiken kurz- und langfristig zu meistern. Wo diese nicht existieren, müssen alternative Mechanismen angeboten werden.

Christine Wamsler, Universität Lund, Schweden

Quelle: Siehe Anmerkung 41.

Wasser am Boden, grünes, stinkendes Wasser, und es gibt keine Wege. Die Moskitos beißen uns. Mein vier Jahre alter Sohn hat Bronchitis, Malaria und jetzt sogar Typhus. Der Arzt sagt mir, er soll nur abgekochtes Wasser trinken, Nahrung ohne Fett zu sich nehmen und nicht im Wasser laufen. Aber das Wasser ist überall; er kann keinen Fuß nach draußen setzen, ohne im Wasser zu gehen. Der Arzt sagt, wenn ich nicht auf ihn aufpasse, werde ich ihn verlieren."[40]

Millionen Menschen leben heute unter ähnlichen Bedingungen wie denen, die Josaphat beschrieben hat. Die Armut macht es ihnen unmöglich, gesunde Nahrung oder Arzneimittel zu kaufen und Habe zu ersetzen, die bei Katastrophen verlorenging. Und deshalb müssen sie es irgendwie schaffen, mit den Risiken zu leben, denen sie ausgesetzt sind (siehe Kasten 6.5).[41]

Es gibt viele Beispiele von Menschen, die sich selber, ihren Nachbarn und selbst Fremden bei der Vorbreitung auf die alltäglichen wie auch die größeren Katastrophen helfen. Auf der ganzen Welt versammeln sich Menschen aus Stadtvierteln oder Gemeinden regelmäßig, um sich über die Katastrophenrisiken zu informieren, denen sie ausgesetzt sind, und um soziale Netzwerke zu formen, die sie in Zeiten einer Katastrophe auffangen können. Auf Tuti Island, im Zentrum von Sudans Hauptstadt Khartum, bilden die Einwohner sogenannte Komitees für Kommunikation, Gesundheit und Nahrung in jeder Überschwemmungssaison. Freiwillige Flusspatrouillen warnen die Einwohner bei steigenden Wasserständen und organisieren Such- und Rettungsmannschaften, wenn das nötig ist. In Santo Domingo, der Hauptstadt der Dominikanischen Republik, sind die Einwohner oft von Erdbeben und Hurrikans betroffen, ebenso aber von alltäglichen Gesundheitsgefahren durch nicht abtransportierten Müll. Sechs Organisationen bildeten daher eine Haushaltsgemeinschaft zur Müllsammlung und einten so verschiedene Einwohnergruppen gegen ein gemeinsames Problem.[42]

Innovative visuelle Techniken sind entwickelt worden, um in Gemeindeversammlungen Informationen über die Gefahrenlage effizient weiterzugeben. Die Kartographierung von Risiken etwa kann als einfaches Instrument genutzt werden, um auszurechnen, wie weit Gemeindemitglieder reisen müssen, um in Sicherheit zu sein. Traditionelle Geschichten werden zu Theaterstücken oder Liedern umgeformt und mit Informationen zum Katastrophenschutz verbunden. Eines dieser Projekte stützt sich auf eine vietnamesische Geschichte über einen Berggeist und einen Sturmgeist, in dem der Berggeist trotz des Sturms siegreich bleibt.[43]

Es gibt auch sehr einfache technische Anwendungen der Vorsorge. Dr. Ahmet Turer hat eine Methode zur Müllverringerung erfunden, die zugleich die Zahl der gefährdeten Häuser in der Türkei senkt. Dort leben rund 95 Prozent der Bevölkerung in erdbebengefährdeten Gebieten, aber nur die Hälfte der Gebäude in den vier größten Städten sind Steinhäuser. Turer hat eine Methode entwickelt, wie man alte Autoreifen zur Verstärkung von Mauerwerk nutzen kann, wozu man allein ein scharfes Messer braucht. Die Förderung des Baus sicherer Häuser und Unterkünfte kann einen doppelten Effekt haben: die Wohnungen für ihre Bewohner sicherer zu machen und gleichzeitig ein Vorbild für Baumethoden zu geben, das andere Menschen sehen und hoffentlich übernehmen werden.[44]

Drei bekannte Methoden der Hilfe zur Selbsthilfe sind Mikrofinanzierung, Mikrokredit und Mikroversicherung. Diese Finanzinstrumente ermöglichen es denen, die ein begrenztes Einkommen oder Vermögen haben, auf sichere Art Geld zu sparen oder Zugang zu Kapital zu bekommen (siehe Kap. 7). Bei der Form des Mikrokredits zahlt eine Gruppe von Mitgliedern einer Gemeinschaft bei regelmäßigen Zusammenkünften Beiträge auf ein gemeinsames Konto ein und entnimmt dann Anteile aus diesem Konto, um einen Betrieb zu eröffnen oder unerwartete Kosten zu decken. Ähnlich funktionieren Mikroversicherungen, indem sie das Risiko zusammenlegen.

In Ländern mit niedrigem und mittlerem Einkommensniveau ist die Mikroversicherung ein vielversprechender und relativ neuer Weg, um Verluste an Vieh, Getreide und persönlicher Habe bei einer Naturkatastrophe auszugleichen. Wenn schon vor einer Katastrophe Mikrokredit- und Mikroversicherungsprogramme durchgeführt wurden, können sie sehr wirkungsvoll das finanzielle Risiko senken und zu schneller finanzieller Erholung beitragen.[45]

Während diese Kombination oft mit ländlichen Gebieten in sich entwickelnden Ländern assoziiert wird, ist sie auf städtische Regionen und Industrieländer ebenso gut anwendbar. Der Gründer der Grameen Bank, Muhammad Yunus, legte in einem direkt nach der Katrina-Katastrophe in New Orleans geschriebenen Artikel dar, „dass wirtschaftliche Apartheid tiefgehende Ungerechtigkeit und Ressentiments" in dieser Region geschaffen hatte. Daher hatten schon vor dem

Hurrikan Gruppen in New Orleans geprüft, ob sie ein Mikrokreditprogramm starten sollten, und geplant, Trainingsprogramme für Unternehmensgründung an den örtlichen Highschools durchzuführen.[46]

In Bhuj, einer Stadt in Indien, die 2001 sehr schwer durch ein Erdbeben getroffen wurde, sind heute 12 Prozent der Bevölkerung direkt oder indirekt durch ein Mikroversicherungsprogramm versichert, das vom All India Disaster Mitigation Institute angeboten wird. Die meisten Versicherungsnehmer sind Kleinstunternehmer mit jährlichen Einkommen zwischen 520 und 650 Dollar, die Prämien von weniger als 2 Dollar jährlich zahlen. Es gibt jedoch Zweifel an der Funktionsfähigkeit dieser und anderer Mikroversicherungsprogramme, weil durch eine Katastrophe viele Mitglieder einer Gemeinde betroffen sein können, was bedeutet, dass sie gleichzeitig Kapital für die Bezahlung der medizinischen Leistungen und für den Neubeginn ihrer Existenz verlangen werden.[47]

Von der Information zur Aktion

Die Bilder von Katastrophenopfern, die wir sehen, sind immer im Anschluss an eine Katastrophe aufgenommen: Häuser und Straßen im Chaos, die Menschen verletzt und traumatisiert. Man vergisst leicht, dass diejenigen, die betroffen sind, nicht gewarnt wurden. Sie waren bei der Arbeit, in der Schule, kochten Essen, waren mit anderen zusammen, schliefen – gingen ihrem Alltagsleben nach. Manchmal, wenn die Katastrophe ein Wetterereignis ist, können Warnungen ausgesprochen, kann so Zeit geschaffen werden, um sich darauf vorzubereiten. Manchmal kommen die Warnungen über die Reichweite der jeweiligen Technologie nur per Mundpropaganda oder per Motorrad zu jenen, die sich in den gefährlichsten Lagen befinden. Aber oft gibt es einfach überhaupt keine Vorwarnung.

Das Ausmaß an Technologie, das für Warnungen zur Verfügung steht, ist je nach Land sehr unterschiedlich. China hat vor kurzem sein erstes digitales Erdbebenwarnsystem in Shanghai eingerichtet und hofft, eine Wiederholung der Verwüstung, die durch das Erdbeben von Tangshan 1976 angerichtet wurde, zu vermeiden. Damals wurde eine 7,8 auf der Richter-Skala gemessen, und es gab mindestens 242.000 Todesopfer. Aber viele Beamte in Ländern in Afrika, Asien und Lateinamerika führen ihren Kampf mit wenig mehr als mit veralteten und unbrauchbaren Landkarten.[48]

Es gibt mittlerweile einige Programme, um die Unterstützung durch Technologien zu optimieren, die weltweit genutzt werden können. Die International Charter on Space and Major Disasters, beschlossen 1999, ermöglicht es qualifiziertem Rettungs- und Sicherheitspersonal, aus dem Weltraum aufgenommene Bilder von Regionen abzufragen, die eine Katastrophe erlitten haben. Die Charta wurde 85mal genutzt, darunter bei den Überschwemmungen, die 60.000 Menschen in Dakar, Senegal, obdachlos machten, wie auch in Prag 2006, als dank der vorbeugenden Maßnahmen der Regierung die Überschwemmungen weniger Schaden anrichteten als in früheren Jahren. Zwar kann die Internationale Charta nicht für die Reduzierung des Katastrophenrisikos angerufen werden, aber Planer können davon ausgehen, wertvolle Ressourcen zur schnellen Reaktion auf Katastrophen besser nutzen zu können.[49]

In manchen Fällen liegen zwar Informationen vor, werden aber nicht rechtzeitig weitergegeben. Ein Beispiel, von dem alle Planer hoffen, es möge sich nicht wiederholen, kommt aus der Demokratischen Republik Kongo. Ein Vulkanforscher namens Dieudonne Wafula stellte 2002 fest, dass ein Ausbruch des Vulkans Nyiragongo über der Stadt Goma bevorstand. Er schickte eine Woche vor dem Ausbruch E-mails an internationale Experten und lieferte ihnen sachdienliche Informationen; außerdem nahm er Kontakt zu den örtlichen Behörden auf, von denen es alle versäumten, auf diese Informationen zu reagieren. Mehr als 100 Menschen wurden getötet und 300.000 obdachlos, als die Lava sich durch die Straßen ergoss und die Stadt in zwei Hälften teilte.[50]

Während viele Städte noch immer keine Katastrophenpläne haben, auch nicht für zeitweise Unterbringung und Evakuierung, treffen manche doch Vorsorge: Shanghai hat zum Beispiel begonnen, ein System öffentlicher Schutzbauten gegen Erdbeben zu errichten. Diese sind ebenerdig, stehen weit genug von hohen Gebäuden entfernt und haben Wasser- und Energieversorgung wie auch drahtlose Kommunikationsmöglichkeiten.[51]

Die Durchführung kann jedoch so wichtig sein wie die Planung selbst, und komplexe Operationen wie eine Evakuierung müssen sorgfältig angegangen werden. Als der Hurrikan Rita Houston bedrohte – weniger als einen Monat, nachdem Tausende Menschen in New Orleans unter stümperhaftem Krisenmanagement litten –, beteuerten regierungsoffizielle Stellen in Texas, dass sie ihre Evakuierungssysteme verbessert hätten. Aber da die Stadt davon abhing, dass die Mehrzahl der Einwohner ihre eigenen Fortbewegungsmittel zur Evakuierung nutzte, stellte sich heraus, dass die Schnellstraßen von Houston zur Gefahr wurden: Mitten in zahllosen Verkehrsstaus kämpften die Autofahrer zugleich gegen ernsthafte Benzinknappheit. Die Evakuierung wurde tödlich, als in einem Stau ein Bus Feuer fing und 23 ältere Patienten starben.[52]

Man sollte das mit der normalen Erfahrung eines Kubaners vergleichen, der die Annäherung eines Hurrikans erwartet. Drei Tage, bevor der Sturm voraussichtlich das Festland erreicht, geben die kubanischen Beobachter landesweite Warnungen heraus und beginnen, die staatlichen Schutzunterkünfte zu überprüfen. Besonders gefährdete Gebiete erhalten detaillierte Warnungen, und ihre Bewohner – die die Vorbereitung auf Hurrikans in der Schule lernen und in jeder Hurrikansaison Evakuierungsübungen machen – suchen innerhalb von 12 Stunden vor der erwar-

Kapitel 6: Wie man die Risiken von Naturkatastrophen ...

teten Ankunft des Sturms Schutzräume auf. Die Stadtviertel werden von Schutt und Trümmern befreit und Häuser zugenagelt, auf nationaler gesetzlicher Grundlage. Auf ähnliche Weise bilden in Jamaika Freiwillige das wichtige Bindeglied zwischen landesweiten Warnungen und lokalen Maßnahmen, indem sie von Telefonzellen aus anrufen, die Wasserstände kontrollieren und Fahrzeuge zur Verfügung stellen, um behinderte Nachbarn in Sicherheit zu bringen.[53]

Die Krisenvorbereitung von Regierungen allein wird die Anfälligkeit und das Risiko nicht ohne weiteres reduzieren, so wenig wie isolierte Bemühungen an der Basis. Die besten Beispiele nachhaltiger Vorsorge ergeben sich aus effektiven Partnerschaften und offener Kommunikation. Wie es der amerikanische Journalist Ted Koppel formulierte: „Wir müssen anfangen, ein Netzwerk zu bauen, das von der Bundesregierung auf die Ebene der Einzelstaaten reicht, von dort bis zu den Städten und Ortschaften, und von jeder Polizei-, Feuerwehr- und Sheriffstation zu jedem einzelnen Nachbarn." Und wo es ein solches Netzwerk nicht gibt, müssen wir eine Basisinitiative starten, die die Nachbarschaft eint, den privaten Sektor einbezieht und die Erfordernisse auf die Regierungsebene weitergibt.[54]

Bevor das nicht geschieht, besteht die Gefahr, dass die Vergangenheit sich wiederholt. Nur Stunden nach dem Erdbeben von 1906 in San Francisco schrieb die Oakland Tribune: „Es mag tausend Jahre dauern, bevor es hier erneut eine solche Zerstörung gibt, aber die Konsequenz der jetzigen Zerstörung kann nur die Mahnung sein, nicht die Fehler der Vergangenheit zu wiederholen." Beinahe 100 Jahre – und zahllose Katastrophen – später, nur wenige Tage nach dem Tsunami von 2004 am Indischen Ozean, betonte der stellvertretende UN-Generalsekretär Jan Egeland erneut die Notwendigkeit, aus den Fehlern der Vergangenheit zu lernen: „Die beste Art, die Toten zu ehren, ist es, die Lebenden zu schützen. Gute Absichten müssen in konkrete Handlungen umgesetzt werden."[55]

Beide Feststellungen sind Belege für die enorme Menge an Arbeit, die noch getan werden muss, um Städte vor künftigen Katastrophen zu schützen. Wie wir jedes Jahr sehen, gibt es weiterhin Naturkatastrophen, sowohl an Orten, an denen man damit gerechnet hat, wie auch an unerwarteten Stellen. Unsere Fähigkeit, solche Katastrophen und ihre Folgen zu registrieren und mitzuteilen, verschafft uns ein Bild der Verwüstungen, und diese Informationen müssen so weitergegeben werden, dass sie konkrete Schritte nach sich ziehen. Maxx Dilley, ein Geograph an der Disaster Reduction Unit am UN-Development Programme, weist darauf hin, dass Informationen über Gefahren gezielt an Planer und Krisenmanager weitergegeben werden müssen: „Was wir brauchen, sind planungsfreundliche allgemeine Überblicke, keine hochspezialisierten wissenschaftlichen Papiere."[56]

Da die Bevölkerungszahlen vieler Städte in der Welt weiterhin ansteigen, wird die Verletzbarkeit ihrer Infrastruktur und ihrer Einwohner im gleichen Maß steigen, wenn nicht bewusst Maßnahmen ergriffen werden, die den „Business as usal"-Ansatz zum Katastrophenmanagement verlassen.

Die Verminderung des Katastrophenrisikos in den Städten geht Hand in Hand mit den Zielen der Armutsverringerung und kann leicht verbunden werden mit den internationalen Bemühungen, für die wachsende Zahl der Städtebewohner einen besseren Lebensstandard zu erreichen. Eine der ersten Schritte zur Verbesserung der Lebensbedingungen in den Slums sollte zum Beispiel die angemessene Versorgung mit besserer Kanalisation und besseren Unterkünften sein, Verbesserungen, die kleinere Naturereignisse daran hindern würden, große städtische Katastrophen auszulösen.

Unter den zahllosen anderen Maßnahmen, die Regierungen, Organisationen, Unternehmen und Einzelpersonen als Prioritäten für die Verminderung des Katastrophenrisikos betrachten sollten, sind auch diese:
- Förderung einer „Kultur der Vorbeugung", in der die Vorbeugung, die Vorbereitung auf eine Katastrophe und die Schadensminderung in alle Planungs- und Budgetmaßnahmen einfließen.
- Konzentration auf die städtischen Armen in den sich entwickelnden Ländern – also auf diejenigen, die den größten Gefahren ausgesetzt sind. Konzentration auf Schritte, die zugleich auf Armutsminderung wie auf nachhaltige Entwicklung zielen.
- Schutz und Stärkung von Umweltgütern als Mittel der Vorsorge. Den Klimawandel und seine Auswirkungen auf Städte ernstnehmen, weil schon jetzt Millionen Menschen seinetwegen in Gefahr sind.
- Wenn eine Stadt, ein Viertel, ein Betrieb oder eine Familie es noch nicht getan haben: vorausschauend planen. Jedes Katastrophenmanagement und jede Planung, die *vor* dem Angriff durch eine Naturkatastrophe erfolgt, wird den Betroffenen eine wichtige Grundlage für die Erholung und den Wiederaufbau liefern. Im Januar 2005, weniger als einen Monat nach dem Tsunami, der Thailand, Indonesien und andere Länder in der Region verwüstet hatte, trafen in Kobe in der Präfektur Hyôgo in Japan mehr als 160 Regierungen und 40.000 Einzelpersonen zu einer Weltkonferenz zur Minderung von Naturkatastrophen zusammen. Am Ende des Treffens unterschrieben sie das *Hyôgo Framework for Action 2000-2015: Building the Resilience of Nations and Communities to Disasters.* Von den Regierungen, die unterschrieben haben, wird erwartet, dass sie aktiv für die Reduzierung des Risikos von Naturkatastrophen arbeiten und die Resultate ihrer Anstrengungen vor dem Gründungsausschuss darlegen, dem Sekretariat der International Strategy for Disaster Reduction.[57]

Das Hyôgo Framework stellt ganz deutlich die Verbindung zwischen Vorsorge und nachhaltiger Entwicklung her, wenn es feststellt, dass Katastrophen „ein wesentlicher Hemmschuh" der Entwicklungsziele sind, insbesondere in Afrika.

Viele Städte haben bei Entwicklungsprojekten und sozialen Programmen deutliche Rückschläge erlitten, als Katastrophen die Infrastruktur zerstörten oder Gelder umgewidmet werden mussten, um den Neuaufbau zu finanzieren. Auf diese Art und Weise können Naturkatastrophen Städte doppelt treffen – indem sie die Menschen und die städtischen Systeme schwächen, die ihnen dienen, und indem sie die Arbeit für eine bessere Zukunft zum Stillstand bringen oder gar zurückwerfen.[58]

Wenn ein Naturereignis eine städtische Region trifft, muss die Katastrophe nicht zwangsläufig folgen. In vielen Fällen sind das Wissen und die Informationen, die nötig sind, um Naturereignisse zu verstehen und die soziale wie umweltbedingte Anfälligkeit zu verringern, schon vorhanden. Beispielsweise gibt es einen neuen operationellen Handlungsrahmen, der Hilfsorganisationen dabei berät, wie man die Vorsorge am besten in Wohnungs- und Siedlungsprojekte einbindet. Er empfiehlt Methoden, wie man sichere Häuser baut, Einkommen durch lokale Vorsorge schafft, Wohnungen für die schwächsten Familien erschwinglich macht und finanzielle Instrumentarien bereitstellt, um die Hilfsagentur selbst am Leben zu erhalten.[59]

Wenn Städte an Umfang zunehmen, bringt es spürbare Vorteile für die Stadtverwaltung und für die Einwohner, wenn sie entsprechende Informationen in adäquate Projekte zur Vorbeugung und zum Engagement umsetzt. Die Regierungen, der private Sektor, die Gemeinden und jeder Einzelne haben die Möglichkeit – und in der Tat auch die Verantwortung –, sich für die Verringerung von Katastrophenrisiken einzusetzen. Mit solch einem Einsatz können Leben gerettet und kann Besitz geschützt werden.

Die Bemühungen, die Widerstandskraft gegen Katastrophen zu erhöhen, sollten zu Hause beginnen. Sie können aber nicht dort enden. Wirksames städtisches Risikomanagement hängt davon ab, das Bewusstsein für Risiken zu schärfen, von der richtigen Politik, der angemessenen technischen und kommunikativen Infrastruktur und von der Mitwirkungsmöglichkeit aller, die von den Risiken betroffen sind.

Anmerkungen

1. John Noble Wilford, „Scientists Unearth Urban Center More Ancient Than Plato", *New York Times*, 2. Dezember 2003; Helike Foundation, „Appendix B: Helike and Atlantis", unter www.helike.org/atlantis.shmtl.
2. Helike Foundation, „The Lost Cities of Ancient Helike", unter www.helike.org/index.shtml; John Noble Wilford, „Ruins May Be Ancient City Swallowed by Sea", *New York Times*, 17. Oktober 2000; „Helike – The Real Atlantis", BBC am 10. Januar 2002; Steven Soter, Forscher, American Museum of Natural History, E-Mail an den Autor am 5. Oktober 2006.
3. Berechnungen von Worldwatch basieren auf Zahlen aus „EM-DAT: The OFDA/CRED International Database", Université Catholique de Louvain, Brüssel, Belgien, unter www.em-dat.net,

Stand 16. September 2006. Dieses Kapitel fasst die folgenden Naturereignisse unter dem Oberbegriff „Naturkatastrophen" zusammen: Dürre, Erdbeben, extreme Temperaturen, Überschwemmungen, Erdrutsche, Vulkanausbrüche und Wirbelstürme. Man beachte: Wegen eines Methodenwechsels bei der Katastrophenerfassung im Jahr 2003 mögen die jüngeren Zahlen zur Häufigkeit der Katastrophen unnatürlich hoch erscheinen im Vergleich mit den historischen, siehe Center for Research on the Epidemiology of Disasters (CRED), „EM-DAT Criteria and Definition", unter www.em-dat.net/criteria.htm, Stand 16. September 2006.

4. Die Zahlen in Abb. 6.1 sind Berechnungen von Worldwatch und basieren auf „EM-DAT: The OFDA/CRED International Disaster Database", op. cit. Anm. 3, Stand 4. Oktober 2006; Bevölkerungszahlen der Städte und Länder nach United Nations Population Division, „File 14: The 30 Largest Urban Agglomerations Ranked by Population Size, 1950-2015", und „File 1: Total Population at Mid-Year by Major Area, Region and Country, 1950-2030 (thousands)", *World Urbanization Prospects 2005* (New York 2006); Definition „aller Betroffenen" nach CRED, EM-DAT Criteria and Definiton", op. cit. Anm. 3, Stand 4. Oktober 2006.

5. Berechnungen von Worldwatch, beruhend auf Zahlen aus „EM-DAT: The OFDA/CRED International Disaster Database", op. cit. Anm. 3, Stand 21. Juli 2006, und auf United Nations, „File 1: Total Population at Mid-Year", op. cit. Anm. 4.

6. United Nations, „File 2: Urban Population at Mid-Year by Major Area, Region and Country, 1950-2030 (thousands)", *World Urbanization Prospects 2005* (New York 2005); städtische Bevölkerung, die einem Erdbebenrisiko ausgesetzt ist, nach GeoHazards International/UN Center for Regional Development, *Global Earthquake Safety Initiative Pilot Project: Final Report* (Paolo Alto 2001), S. 1.

7. Physikalische Bedingungen als Todesursache nach Jaime Valdés, „Disaster Risk Reduction. A Call to Action", *@local.glob 3* (Delnet Journal), 2006. Kasten 6.1 nach folgenden Quellen: Charlotte Benson und John Twigg, „Measuring Mitigation: Methodologies for Assessing Natural Hazard Risks and the Net Benefits of Mitigation – A Scoping Study" (Genf: International Federation of Red Cross and Red Crescent Societies/ProVention Consortium, Dezember 2004); U.N. International Strategy for Risk Reduction, „Terminology; Basic Terms of Disaster Risk Reduction", unter www.unisdr.org/eng/library/lib-terminology-eng-p.htm, Stand 13. September 2006. Kasten 6.2 nach folgenden Quellen: Mark Pelling, *The Vulnerability of Cities: Natural Disasters and Social Resilience* (London, Earthscan, 2003), S. 57; Interagency Secretariat for the International Strategy for Disaster Reduction (UN/ISDR), *Women, Disaster Reduction, and Sustainable Development* (Genf: ohne Jahr), S. 4; Ian Davis und Yasamin Izadkhah, „Building Resilient Urban Communities", Open House International, März 2006, S. 11-21; James Morrissey und Anna Taylor, „Fire Risk in Informal Settlements: A South African Case Study", Open House International, März 2006, S. 98-104.

8. Independent Evaluation Group, *Hazards of Nature, Risks to Development: An IEG Evaluation of World Bank Assistance for Natural Disasters* (Washington, DC: World Bank, 2006), S. xx.

9. Berechnungen von Worldwatch zum Wachstum der „Slums" basieren auf UN-HABITAT, *State of the World's Cities 2006/7* (London: Earthscan, 2006), S. 16; Mike Davis, „Slum Ecology", *Orion Magazine*, März/April 2006; traditionelle Netzwerke nach Münchner Rück, *Megacities-Megarisks: Trends and Challenges for Insurance and Risk Management* (München 2004), S. 23; Mark Pelling, *The Vulnerability of Cities*, op. cit. Anm. 7, S. 7.

10. Christine Wamsler, „Managing Urban Risk: Perceptions of Housing and Planning as a Tool for Reducing Disaster Risk", *Global Built Environment Review*, vol. 4, no. 2 (2004), S. 15; Baustandards in Mexico City nach United Nations University, „Mexico City, Mexico. We're

Kapitel 6: Wie man die Risiken von Naturkatastrophen ... 263

Still Here", Video, unter www.unu.edu/env/urban/social-vulnerability. Tabelle 6.2 nach folgenden Quellen: Bevölkerung nach United Nations, „File 14: The 30 Largest Urban Agglomerations", op. cit. Anm. 4; Katastrophenrisiko nach „Megacities in Natural Hazards", Beilage in Münchner Rück, op. cit. Anm. 9.

11. Morrissey und Taylor, op. cit. Anm. 7; Davis, op. cit. Anm. 9.
12. Henny Vidiarina, „The Challenges and Lessons of Working with Communities in Urban Areas: The ACF Experience in Kampung Melayu", in *Partnerships for Disaster Reduction – Southeast Asia 3 Newsletter*, April 2006, S. 3f.
13. „New York: A Documentary Film, Episode 1: The Country and the City", Public Broadcasting System, 1999.
14. Terry McPherson und Wendell Stapler, „Tropical Cyclone 05B", *1999 Annual Tropical Cyclone Report* (Pearl Harbor, HI: US Naval Pacific Meteorology and Oceanography Center/Joint Typhoon Warning Center, 1999). Tabelle 6.2 nach folgenden Quellen: Todesfälle und wirtschaftliche Verluste – wo nicht anders vermerkt – nach Münchner Rück, op. cit. Anm. 9, S. 21; Hurrikan-Katrina-Todesfälle nach Gary Younge, „Gone with the Wind", *The Guardian* (London), 26. Juli 2006; wirtschaftliche Verluste bei Hurrikan Katrina nach Münchner Rück, „Zwei Naturereignisse prägen die Katastrophenbilanz 2005", Presseerklärung, (München, 29. Dezember 2005). Todesfälle in Mumbai nach Somini Sengupta, „Torrential Rain Reveals Booming Mumbais Frailties", *New York Times*, 3. August 2005; wirtschaftliche Verluste in Mumbai nach Radhika Menon, „A 'Disastrous' Year for Insurers", *Hindu Business Line*, 1. Januar 2006; Todesfälle in Bam nach IRIN News, „Iran: Tehran Lowers Bam Earthquake Toll", Presseerklärung (New York: U.N. Office for the Coordination of Humanitarian Affairs, 30. März 2004), wirtschaftliche Verluste in Bam nach International Federation of Red Cross and Red Crescent Societies, *World Disasters Report 2005* (Genf 2005); Todesfälle und wirtschaftliche Verluste in Bhuj nach Anil Kkumar Sinha, *The Gujarat Earthquake 2001* (Kobe, Japan: Asian Disaster Reduction Center, ohne Jahr); Todesfälle beim Erdbeben in Tangshan nach „EM-DAT: The OFDA/CRED International Database", op. cit. Anm. 3, Stand 8. September 2006; Zahlen zur Überschwemmung in Dhaka nach *1988 Register of Extreme Flood Events* (Dartmouth, MA: Dartmouth Flood Observatory, 1988); Preisbereinigung nach Robert Sahr, „Consumer Price Index Conversion Factors 1800 to estimated 2016 to Convert to Dollars of 2005", Oregon State University, überarbeitet 11. April 2006, unter orgeonstate.edu/cla/polisci/faculty/sahr/sahr.htm.
15. Tsunami-Reichweite nach Chuck Herring, „Images Help Rebuilding", *Planning*, August/September 2005; „Aid Arrives for Volcano Victims", *BBC News*, 22. Januar 2002; Todesfälle nach „Health Update: WHO Activities – Nyiragongo Eruption", Presseerklärung (Genf: Weltgesundheitsorganisation, 31. Januar 2002); Nelson F. Fernandes et al., „Topographic Controls of Landslides in Rio de Janeiro: Field Evidence and Modeling", *Catena*, 20. Januar 2004, S. 163-181. Kasten 6.3 nach folgenden Quellen: Tsunamiopfer nach U.N. Office of the Special Envoy for Tsunami Recovery, „The Human Toll", unter www.tsunamispecialenvoy.org/country/humantoll.asp; Bevölkerung und Todesopfer in Banda Aceh nach der Offiziellen Website der Regierung von Banda Aceh, unter www.bandaaceh.go.id/tsunamifx.htm, Stand 31. August 2006; Beobachtungen vor Ort durch Michael Renner in Aceh vom 15. bis 23. Dezember 2006; Neubau der Häuser nach World Bank, *Aceh Public Expenditure Analysis: Spending for Reconstruction and Poverty Reduction* (Washington, DC: September 2006).
16. Temperatur um 10 Grad Celsius höher nach Münchner Rück, op. cit. Anm. 9, S. 25; Cynthia Rosenzweig et al., „Mitigating New York City's Heat Island With Urban Forestry, Living

Roofs, and Light Surfaces", Präsentation auf dem 86. Jahrestreffen der American Meteorological Society am 31. Januar 2006, Atlanta, GA.

17. Münchner Rück, op. cit. Anm. 9, S. 25.
18. Landnutzung in Galle nach Ranjith Premalal de Silva, „Reciprocation by Nature", *Tsunami in Sri Lanka: Genesis, Impact and Response* (Colombo, Sri Lanka: Geo Informatics Society of Sri Lanka, 2006); Jane Preuss, „Why ‚Tsunami' Means ‚Wake Up Call'. What Planners Can Learn from Sri Lanka", *Planning*, August/September 2005.
19. Wirtschaftliche Schäden in Kobe nach Münchner Rück, op. cit. Anm. 9, S. 21; wirtschaftliche Schäden durch Hurrikan Katrina nach Münchner Rück, op. cit. Anm. 14; Preisbereinigung nach Sahr, op. cit. Anm. 14.
20. Münchner Rück, op. cit. Anm. 9, S. 23.
21. Dan Roberts, „Buffet Raises Climate Cover Insurance", *Financial Times*, 6. März 2006.
22. „AIG Adopts First Policy on Global Climate Change", *Reuters*, 17. Mai 2006; Lorna Victoria, „Networking for CBDRM among Practitioners in the Philippines: An NGO Perspective", *Partnerships for Disaster Reduction – Southeast Asia 3 News*letter, April 2006, S. 5-6f; „Corporate Citizienship", Makati Business Club, unter www.mbc.com.ph/corporate_ citizenship/default.htm.
23. Verluste durch Störungen der Energieversorgung nach National Association of Home Builders, „Natural Disaster Survival Helped by Renewable Energy", *Nation's Building News*, 10. April 2006; Motivation der Geschäftswelt nach Howard Kunreuther, „Interdependent Disaster Risks: The Need for Public Private Partnerships", in World Bank, *Building Safer Cities*, (Washington 2003), S. 86.
24. Städte zeichnen verantwortlich für 75 Prozent des Weltverbrauchs an fossilen Energien (und deshalb für etwa 75 Prozent der energiebedingten Emissionen); siehe World Council on Renewable Energy, „Renewable Energy and the City", Diskussionspapier für das World Renewable Energy Policy and Strategy Forum, Berlin, Deutschland, 13. bis 15. Juni 2005; Dauer von Hitzewellen nach Juliet Eilperin, „More Frequent Heat Waves Linked to Global Warming", *Washington Post*, 4. August 2006; „Weather Related Natural Disasters Cost the World Billions", Presseerklärung (Nairobi: U.N. Environment Programme, 10. Dezember 2003).
25. Küstenfeuchtgebiete nach John Young, „Black Water Rising", *World Watch*, September/Oktober 2006, S. 26; Boston nach Jane Holtz Kay, „Shore Losers: US Leaders, Residents Turn Backs on Impending Coastal Chaos", *Grist*, 15. Juni 2005; U.S Environmental Protection Agency, *Climate Change and Massachusetts* (Washington, DC: September 1997); New York City nach Climate Change Information Resources – New York Metropolitan Region, „What Are the Projected Costs of Climate Change in the Region's Coastal Communities and Coastal Environments?", Issue Brief, unter ccir.ciesin.columbia.edu/nyc/ccirny_q2e.html, Stand 27. Juli 2006.
26. Gareth Davis, „Dutch Answer to Flooding: Build Houses that Swim", *Der Spiegel*, 26. September 2005; Hilary Clarke, „Tide of Opinion Turns Against Venice Dam", *Daily Telegraph* (London), 29. Januar 2006.
27. Young, op. cit. Anm. 25, S. 30
28. Chen Ganzhang, „Roof-Garden: Getting Popular in China", *China Economic Net*, 18. Juli 2006.
29. Baumpflanzen in Chicago nach Keith Schneider, „To Revitalize a City, Try Spreading Some Mulch", *New York Times*, 17. Mai 2006; Casey Trees Endowment, „The Case for Trees", unter www.caseytrees.org/resources/casefortrees.html, Stand 6. August 2006.

Kapitel 6: Wie man die Risiken von Naturkatastrophen ... 265

30. Juliet Eilperin, „22 Cities Join Clinton Anti-Warming Effort", *Washington Post*, 2. August 2006; „Clinton Climate Initiative", unter www.clintonfoundation.org/cf-pgm-cci-home.htm, Stand 5. Oktober 2005.
31. „US Mayors Climate Protection Agreement", unter www.seattle.gov/mayor/climate, Stand 5. Oktober 2005.
32. Sengupta, op. cit. Anm. 14; „As Toll Rises to 749 in India Monsoon, Mumbai Goes Back to Work", *New York Times*, 30. Juli 2005.
33. Sengupta, op. cit. Anm. 14; 92 Prozent nach International Federation of Red Cross and Red Crescent Societies, *World Disasters Report 2004* (Genf 2004), S. 150.
34. Sri Lanka nach Preuss, op. cit. Anm. 18; individuelles Gefühl der Kontrolle über das Risiko nach Kunreuther, op. cit. Anm. 23, S. 86.
35. London nach Münchner Rück, op. cit. Anm. 9, S. 20; El Salvador nach Kurt Rhyner, „Disaster Prevention: Are We really trying", *Basin news* (Building Advisory Service and Information Network), Juni 2002, S. 2-5.
36. Zitat nach Sengupta, op. cit. Anm. 14; ineinanderwachsende Städte nach Münchner Rück, op. cit. Anm. 9, S. 23.
37. CITYNET Website unter www.citynet-ap.org/en; Mitgliedszahlen nach www.citynet-ap.org/en/Members/member.html, Stand 4. August 2006; Banda Aceh und Gemeindezentren in Sri Lanka nach Bernadia Irawati Tjandradewi, CITYNET, Gespräch mit der Autorin am 8. August 2006.
38. Todesfälle beim Hurrikan Mitch nach „Mitch: The Deadliest Atlantic Hurricane since 1780", National Climatic Data Center, unter www.ncdc.noaa.gov/oa/reports/mitch/mitch,html, aktualisiert am 29. August 2006; Jorge Gavidia und Annalisa Crivellari, „Legislation as a Vulnerability Factor", Open House International, vol. 31, no. 1, 2006, S. 84.
39. Benson und Twigg, op. cit. Anm. 7; Dominica und Jamaika nach Jan Vermeiren und Steven Stichter, *Costs and Benefits of Hazard Mitigation for Building and Infrastructure Development: A Case Study in Small Island Developing States* (Washington, DC: Organization of American States and U.S. Agency for International Development, 1998), Philippinen und U.S. Geological Survey nach Reinhard Mechler, „Natural Disaster Risk and Cost-Benefit Analysis", in World Bank, op. cit. Anm. 23, S. 52. Kasten 6.4 nach folgenden Quellen: Kolumbien nach „Double Jeopardy: The Impact of Conflict and Natural Disaster on Cities", in UN-HABITAT, op. cit. Anm. 9, S. 157; Überschwemmungskontrolle in China nach Mechler, op. cit. diese Anmerkung, S. 52; Bevölkerung in China nach United Nations, „File 1: Total Population at Mid-Year", op. cit. Anm. 4; Erdbeben in Seattle nach Robert Freitag, „The Impact of Project Impact on the Seattle Nisqually Earthquake", *Natural Hazards Observer*, Mai 2001; Seattle Project Impact, unter www.seattle.gov/projectimpact/; Pacific Northwest Seismographic Network, unter www.ess.washington.edu/SEIS/EQ_Special/WEBDIR_01022818543p/welcome.html.
40. Davis, op. cit. Anm. 9.
41. Kasten 6.5 beruht auf Felduntersuchungen im Februar und März 2006 durch Christine Wamsler; siehe Christine Wamsler, „Understanding Disasters from a Local Perspective", *TRIALOG* (Journal for Planning and Building in the Third World), Spezialausgabe zu „Building on Disasters", Dezember 2006, und Christine Wamsler, „Bridging the Gaps: Stakeholder-based Strategies for Risk Reduction and Financing for the Urban Poor", erscheint demnächst.
42. „Slum Communities and Municipality Cooperate in Santo Domingo", und „Tuti Islanders Fight Floods Together", in International Federation of Red Cross and Red Crescent Societies, op. cit. Anm. 33, S. 24f.

43. Guillaume Chantry und John Norton, „Local Confidence and Partnership to Strengthen Capacity for Community Vulnerability Reduction: Development Workshop France in Central Vietnam", in *Partnerships for Disaster Reduction – Southeast Asia 3 Newsletter*, April 2006, S. 7f.
44. Development Marketplace Team, *Scrap Tires Save Homes in Turkey* (Washington, DC: World Bank, Oktober 2005); sicherere Unterkünfte nach Independent Evaluation Group, op. cit. Anm. 8, S. xxiii.
45. Reinhard Mechler und Joanne Linnerooth-Bayer, in Zusammenarbeit mit David Peppiatt, *Disaster Insurance for the Poor?* (Genf: ProVention Consortium/International Institute for Applied Systems Analysis, 2006), S. 6; Independent Evaluation Group, op. cit. Anm. 8, S. xx.
46. Muhammad Yunus, „Rebuilding Through Social Entrepreneurship", *Changemakers New Feature*, Oktober 2005/Februar 2006.
47. Mechler und Linnerooth-Bayer mit Peppiatt, op. cit. Anm. 45, S. 18.
48. Zijun Li, „Shanghai Completes Massive Underground Bunker to Protect Citizens from Disasters", *China Watch*, 8. August 2006, unter www.worldwatch.org/node/4424; Todesopfer nach „EM-DAT: The OFDA/CRED International Disaster Database", op. cit. Anm. 3, Stand 8. September 2006. Die Zahl der Todesopfer in Höhe von 242.000 wird als offizielle Zahl angesehen, andere Schätzungen gehen bis zu einer Höhe von 655.000 Toten.
49. Zu Informationen über die Internationale Charta „Space and Major Disasters", siehe www.disastercharter.org; zur Inkraftsetzung der Charta, International Charter on Space and Major Disasters Webmaster, Gespräch mit der Autorin, 7. August 2006; „Flooding in Central Europe" und „Floods in Senegal", unter www.disastercharter.org/disasters.
50. „Expert Predicted Volcano Eruption", *BBC News*, 23. Januar 2002.
51. Li, op. cit. Anm. 48.
52. Offizielle Beteuerungen nach Adam Blenford, „Concern over Urban Evacuation Plans", *BBC News*, 27. September 2005; Matthew L. Wald, „Deadly Bus Fire is Focus of Safety Hearings", *New York Times*, 5. August 2006.
53. „Run, Tell Your Neighbor! Hurricane Warning in the Caribbean", in International Federation of Red Cross and Red Crescent Societies, op. cit. Anm. 14.
54. Ted Koppel, „Preparing for a Disaster is Neither Rocket Science nor Brain Surgery", *Morning Edition*, National Public Radio, 3. August 2006.
55. „To The People", *Oakland Tribune*, 18. April 1906; Egeland zitiert in „Disaster Reduction: Changes Since the Kobe Conference and the Tsunami", in „Disaster Reduction and the Human Cost of Disaster", IRIN Web Special, 2005.
56. Dilley zitiert in Quirin Schiermeier, „The Chaos to Come", *Nature*, 15. Dezember 2005, S. 906.
57. „Hyôgo Framework for Action 2005-2015: Building the Resilience of Nations and Communities to Disasters", International Strategy for Disaster Reduction, 2005, unter www.unisdr.org/eng/hfa/hfa.htm; Zahl der Regierungen und anderer Teilnehmer nach „Statistics of the Public Forum", und „Brief History of the WCDR Process", unter www.unsidr.org/wcdr/, Stand 2. Oktober 2006.
58. „Hyôgo Framework for Action 2005-2015", op. cit. Anm. 57.
59. Christine Wamsler, *Operational Framework for Integrating Risk Reduction: For Aid Organizations Working in Human Settlement Development*, Working Paper No. 14 (Lund, Schweden: Benfield Hazard Research Centre an der Universität Lund, 2006).

Stadtporträt Jakarta: Flussmanagement

Wenn der Wasserstand im Fluss Ciliwung zu steigen beginnt, rüsten sich die Bewohner der Uferbezirke der indonesischen Hauptstadt Jakarta für die herannahende Katastrophe. Wenn die Kapazität der Schleusen in Depok und Manggarai erschöpft ist, verfrachten diejenigen, die gewarnt wurden, ihre Habe nach oben und warten in Ober- und Dachgeschossen auf die Flut. Der Dreck aus den vergifteten Flüssen und Krankheiten, unter anderem Durchfall und Fieber, verbreiten sich mit dem steigenden Wasser rasch. Die Menschen, die in den Slums am Flussufer wohnen, müssen die schlimmsten Folgen tragen: Überschwemmungen können für sie den Verlust ihrer Häuser oder sogar ihres Lebens bedeuten.

Dieses Szenario ist in den 78 Gebieten Jakartas, die normalerweise von Überschwemmungen betroffen werden, allzu vertraut. Da 40 Prozent der Stadtfläche unter dem Meeresspiegel liegen und 13 Flüsse hindurchfließen, hat diese Stadt mit ihren 8,4 Millionen Einwohnern an der Nordküste von Java schon immer mit Überflutungen zu kämpfen gehabt. Viertel wie Kampung Melayu, Jatinegara und Cawang erleben die Überflutung jedes Jahr – oft nur Zentimeter, manchmal aber auch einige Meter hoch. Nach Aussage eines Uferbewohners, der in einem kleinen Kiosk vor seinem Haus arbeitet, „ziehen es aber trotzdem viele Menschen vor, hier zu leben, auch wenn sie mindestens zweimal im Jahr das Viertel räumen müssen".[1]

Mit der raschen Urbanisierung und Entwicklung haben sich die Probleme intensiviert. Bautätigkeit an den Ufern hat in vielen Gebieten die ursprüngliche Vegetation zerstört und zur Erosion und Versandung der Flussbette geführt. Im Gefolge davon sind einzelne Abschnitte des Ciliwung, des größten Flusses der Stadt, auf einen Bruchteil der ursprünglichen Tiefe und Breite geschrumpft. Und da immer mehr Fläche durch Zement und Asphalt bedeckt ist, kann weniger Regenwasser in den Boden sickern, also sucht es sich seinen Weg in den Fluss. Im Jahr 2002 erlebte Jakarta die schlimmsten Überschwemmungen seiner jüngeren Geschichte; sie betrafen mehr als die Hälfte der Stadt, zwangen etwa 300.000 Menschen, ihre Häuser zu verlassen und führten zu mindestens 30 Todesfällen. Eine ähnliche Situation gibt es auch im Moment, Anfang 2007.[2]

Während sich Intensität der Überschwemmungen gesteigert hat, ist auch die Wasserqualität ein ernsthaftes Problem geworden. Der Ciliwung ist die „längste Toilette der Welt" genannt worden, weil 14.000 Kubikmeter Haushaltsmüll und 900.000 Kubikmeter Industrieabfälle jedes Jahr in Jakartas Flüsse entsorgt werden und weil die Uferbewohner den Fluss für die Wäsche, das Baden und ihre Exkremente benutzen.[3]

© Accion Contra la Faime

Überschwemmung in Jakarta, Januar 2006

Der Ciliwung überschreitet einige Verwaltungsgrenzen, da er seinen 117 Kilometer langen Weg im Hochland von Bogor beginnt, bevor er sich in Richtung Ozean schlängelt. Vieles von den zunehmenden Überflutungen hat mit Bautätigkeiten in den Höhenlagen von Bogor, Puncak und Cianjur zu tun. So ist mit Überflutungen zu rechnen, wenn heftige Regenfälle am Oberlauf des Flusses eintreten, selbst wenn der Himmel über der Hauptstadt klar ist. 2005 hat die Stadtverwaltung von Jakarta den angrenzenden Bezirken Hilfe bei der Verbesserung des Flussmanagements und beim Schutz von Wasserauffanggebieten angeboten.[4]

Einige große Initiativen zur Verbesserung des städtischen Flussmanagements sind derzeit im Gang. Im Jahre 2004 begann das Amt für öffentliche Arbeiten mit dem Bau eines 24 km langen Kanals, des Banjir Kanal Timur, der als Aue für den nördlichen und östlichen Teil der Stadt dienen soll. Das Ministerium für Forstwirtschaft hat damit begonnen, im Rahmen seines 1,6-Milliarden-Dollar-Wiederaufforstungsprogramms 17 Wasserauffanggebiete auf den Inseln Java und Sumatra wiederherzustellen, wobei auch wichtige Gebiete am Ciliwung betroffen sind. Ein verbessertes Frühwarnsystem bei Überschwemmungen und ein Notfallplan werden für die Flüsse Ciliwung und Cisadane entwickelt. Gesellschaftliche Gruppen sind an der Wiederaufforstung und Erhaltung unbebauten Landes in Gebieten wie etwa dem historischen Bezirk Condet in Jakarta beteiligt; andere haben sich bereit erklärt, Abschnitte des Ciliwung vom Müll zu befreien, um die Bedeutung der Reinhaltung des Flusses zu demonstrieren.[5]

Die indonesische Regierung ging im Jahr 2002 eine Partnerschaft mit holländischen Stellen ein, um einen „integrierten" Plan zum Flussmanagement zu entwickeln, der zugleich die Überschwemmungskontrolle, die Wasserqualität und die sozialen Fragen angeht, die mit der starken Belastung des Flussufers verbunden sind. Die niederländische Regierung hat bei der Finanzierung von Projekten geholfen, die den Verlauf des Ciliwung kartographieren, menschliche Ansiedlungen und den öffentlichen Raum nahe den Flüssen neu gestalten und die Wasserqualität durch effizientere Müllentsorgung verbessern.[6]

Das Viertel Bidara Cina, das vom international anerkannten Kampung Improvement Program zur Verbesserung der Lebensbedingungen in Vierteln mit niedrigem Einkommensniveau profitiert hat, ist heute Schauplatz eines Pilotprojekts, mit dem der neue Ansatz des Flussmanagements getestet werden soll. Dieses hat Dämme, Straßen, Kanalisation und verbesserte Wasserabflusssysteme gebracht. Bemühungen, die Bewohner zum Wegzug von den Ufern zu bewegen, sind jedoch weniger erfolgreich gewesen.[7]

Die Wohngebiete der Armen – von Regierungsvertretern oft als Quelle der übermäßigen Belastung der Flussufer und der Umweltverschmutzung hervorgehoben – sind gewöhnlich von Überschwemmungen am stärksten betroffen. Obwohl die Regierung im Jahr 2005 45 Millionen Dollar für den Wohnungsbau für Menschen mit niedrigem Einkommen einplante, bleibt diese Zahl weit hinter den tatsächlichen Bedürfnissen zurück. Die Umsiedlung hat sich als äußerst umstritten erwiesen, weil die Bewohner die Höhe der Entschädigungen und die angebotenen Wohnalternativen kritisierten. Viele Arme können keine Kompensationsleistungen erhalten, weil sie nicht über offizielle Landrechte und einen legalen Bewohnerstatus verfügen.[8]

In einigen Fällen bekommen Menschen die Aufforderung zur Räumung sehr kurzfristig, obwohl sie über Jahrzehnte an einem Ort gelebt haben. Bürgerinitiativen beklagen, dass informelle Siedlungen zu oft einfach zerstört werden und dass ihre Bewohner bei diesem Akt häufig von den Sicherheitskräften misshandelt werden, die Tausende von Menschen wohnungslos machen, ohne brauchbare Alternativen zur Verfügung zu stellen. In Muara Angker haben sich die örtlichen Fischer zum Widerstand gegen die geplante Umsiedlung organisiert, indem sie geltend machten, dass die Regierungsvertreter gegenüber den wirklichen Verursachern blind sind: nämlich Baukomplexe mit gehobenen Appartements und Golfplätzen, die in den benachbarten Gebieten gebaut worden sind.[9]

Da sie erst seit kurzem eine drei Jahrzehnte andauernde Periode autoritärer Herrschaft und eine sehr schwierige Übergangsperiode hinter sich haben, misstrauen die Bürger Indonesiens noch immer der Regierung, und die Korruption ist nach wie vor ein ernstes Problem. Viele Bürgerinitiativen bezweifeln die Ernsthaftigkeit der Bemühungen, eine integrierte Lösung zu finden. Sie beklagen, dass die Regierung inkonsequent ist und sich eher auf die informellen Siedlungen und Ursachen der Verschmutzung vor Ort konzentriert, statt auf kommerzielle Bautätigkeit und industrielle Verschmutzer. Die Gruppen behaupten auch, dass die Prozesse der Teilhabe, die das Vertrauen stärken und Lösungsansätze von unten nach oben unterstützen sollen, von den Mitgliedern der Eliten dominiert werden und dass die umfangreichen und kostenintensiven Projekte Gelegenheiten zur Korruption bieten. Sieht man die geringen Fortschritte, ist es kein Wunder, dass viele Bewohner Jakartas skeptisch bleiben.[10]

Biko Nagara, International Policy Studies, Stanford University

Anmerkungen

1. Anzahl der Gebiete nach Accion Contra la Faime, *Report of Area Selection for Flood Disaster Preparedness Programme Development in DKI Jakarta Province* (Jakarta 2006), S. 11; Damar Harsanto: „Jakarta Braces for Annual Floods", *Jakarta Post*, 28. Oktober 2005; offizielle Bevölkerungszahlen für 2000 nach Badan Pusat Statistik, unter www.bps.go.id, obwohl die Bevölkerung der Metropolregion Jakarta deutlich größer ist, besonders, wenn man die angrenzenden Gebiete innerhalb des größeren Jabotabek miteinrechnet; Zitat nach Bambang Nurbianto, „Residents Stick by Riverbank Despite Floods", *Jakarta Post*, vom 26. September 2005.
2. Harsanto, op. cit. Anm. 1; Adianto P. Sinamora, „Floodwaters Swell as Residents Take to Rooftops", *Jakarta Post*, 14. Januar 2006.
3. Financial Times Information – Global News Wire, „Household, Chemical Waste Pollutes Rivers", *Jakarta Post*, 20. August 2001; Zitat nach Financial Times Information – Asia Intelligence Wire, „Integrated Waste Management", *Jakarta Post*, 12. Juni 2004.
4. Länge des Flusses nach Adianto P. Simamora, „Cleaned-UP Ciliwung Set to Go With the Flow", *Jakarta Post*, 13. April 2006; Damar Harsanto, „City Seeks Closer Ties With Neighboring", Jakarta Post, 5. Dezember 2005.
5. Details zum Kanal nach Departemen Pekerjaan Umum (Amt für öffentliche Arbeiten), „Proyek Pembangunan Banjur Kanal Timur Mulai Dikerjakan", PU-Net am 10. Dezember 2003, unter www.pu.go.id/index.asp?link=Humas/news2003/ppwl160606gt.htm; Moch. N. Kurniawan, „Government to Rehabilitate 17 Catchment Areas Across Indonesia", *Jakarta Post*, 7. März 2003; verbessertes Frühwarnsystem für Überschwemmungen nach Edward Turvill, Accion Contra la Faime, Jakarta, Gespräch mit dem Autor am 4. August 2006, Community groups nach Alwi Shahab, „Mengamankan Bantaran Ciliwung", *Republika Online*, 15. April 2006, unter www.republika.co.id/detail,asp?id=256616, nach Bambang Parlupi, „Ciliwung Ecosystem Restored by Local People", *Jakarta Post*, 25. April 2006, nach Financial Times Information – Asia Intelligence Wire, „Jakarta's Rivers Scoured Every Three Months", *Antara*, 19. März 2006, und nach Adianto P. Simamora und Anissa S. Febrina, „Riverbank Community Takes Pollution of Waterways to Heart", *Jakarta Post*, 12. April 2006.
6. Financial Times Information – Asia Intelligence Wire, „Dutch Government Donates Rp.3 Billion to Control Jakarta Floods", *Antara*, 20. Februar 2003; Carin Bobeldijk, Karin Bosman und Robert-Jan de Jonge, Hg., *Made in Holland* (Den Haag: Land and Water International, Netherlands Agency for International Business and Cooperation, and NEDECO, 2004); Frisco Roest, NEDECO, Jakarta, Briefe an den Autor vom 28. Juni bis 11. Juli 2006.
7. Richel Dursin, „Environment: For Indonesian Villagers, Floods are a Part of Life", *Inter Press Service*, 8. Juli 2005; Kampung Improvement Program, ArchNet Digital Library, unter archnet.org/librrary/oneiste.tcl?site_id=63; Roest, op. cit. Anm. 6.
8. Damar Harsanto, „Low-Cost Apartments to be Built, But Only for a Chosen Few", *Jakarta Post*, 6. Januar 2005; Kritik der Bewohner nach Hexa Rahmawati und Suryanto, Sanggar Ciliwung, Jakarta, Gespräche mit dem Autor vom 7. bis 25. Juli 2006; Financial Times Information – Asia Intelligence Wire, „Bridges a Hive of Activity for the Poor", Jakarta Post, 15. April 2006.
9. Azas Tigor Nainggolan, „Jakarta in 2001: No Room for the Poor", *Jakarta Post*, 11. Dezember 2001; Evi Mariani, „City Gears Up to Make More Jakartans Homeless", *Jakarta Post*, 28. November 2003; Muninggar Sri Saraswati und Annastashya Emmanuelle, „Riverbank Squatters Demand Fair Compensation", *Jakarta Post*, 5. November 2001; Rahmawati und Suryanto, op. cit. Anm. 8; Evi Mariani, „Fishermen Challenge Eviction Notice", *Jakarta Post*, 13.Oktober 2003.
10. Zweifel an der Ernsthaftigkeit der Regierung nach Selamet Daroyni, WALHI (Indonesisches Umweltforum), Jakarta, Gespräch mit dem Autor am 25. Juli 2006; Rahmawati und Suryanto, op. cit. Anm. 8; Kurniawan, op. cit. Anm. 5, Devi Asmarani, „Jakarta Floods Back With a Vengeance", *Straits Times*, 15. Februar 2002.

Mark Roseland / Lena Soots

Kapitel 7: Lokale Ökonomien stärken

Es sind die Städte, die ein Land reich machen. Hoch urbanisierte Gesellschaften haben ein höheres Einkommen, stabilere Wirtschaften, stärkere Institutionen – und sie sind besser gefeit gegen die Unbilden der globalen Ökonomie. Städte ziehen Investitionen an, und sie nutzen sowohl menschliche als auch technische Ressourcen, um beispiellose Produktivitätsgewinne zu realisieren und ihre Wettbewerbsfähigkeit zu steigern. Aber Städte sind auch die Motoren der ländlichen Entwicklung. Die verbesserte Infrastruktur zwischen den Städten und den von ihnen abhängigen ländlichen Gebieten wirkt sich positiv auf die Produktivität der ländlichen Regionen aus, sie erleichtert den Zugang der Landbevölkerung zu Bildung und Gesundheitsversorgung, zu Märkten, Krediten, Informationen und Dienstleistungen.

In diesem Jahr wird zum ersten Mal in der Geschichte der Menschheit mehr als die Hälfte der Weltbevölkerung in urbanen Regionen leben. Städte setzen sich aus Gemeinden zusammen, und sie sind von Gemeinden umgeben. Geographisch oder territorial zusammenhängende Gemeinden haben ein gemeinsames Schicksal, sie werden von einer kommunalen oder lokalen Regierung – in indigenen Gemeinschaften auch von einer Stammesregierung – vertreten. Manche Gemeinden umfassen das bebaute oder dicht bevölkerte Gebiet, das die eigentliche Stadt ausmacht, manche auch die Vororte und die Schlafstädte der Pendler.[1]

Starke lokale Wirtschaften sind das Fundament stabiler Gemeinden, die wachsen und dem Druck einer immer stärker urbanisierten Welt standhalten können. Und starke Gemeinden brauchen einen ganzheitlichen Ansatz, der nicht nur die traditionellen Ergebnisse von Entwicklungsanstrengungen – nämlich Arbeitsplätze, Einkommen, Wohlstand und Sicherheit – liefert, sondern auch die Umwelt schützt, die Infrastruktur der Gemeinde verbessert, lokale Fähigkeiten und Kapazitäten ausbaut, die Sozialstruktur stärkt und nicht zuletzt das kulturelle Erbe und die kulturelle Identität wahrt.

Städte bieten zahllose ungenutzte Möglichkeiten, um die lokale Ökonomie zu stärken, vorausgesetzt sie haben den Mut, innovative Wege in Richtung nachhaltige Entwicklung und nachhaltiges Kommunalmanagement zu gehen.[2]

Das folgende Kapitel untersucht verschiedene Ansätze zur Stärkung lokaler Ökonomien, einige der zur Verfügung stehenden Werkzeuge und Strategien sowie die Rollen der an der lokalen Entwicklung beteiligten Akteure. Auch ein Entwicklungsrahmen wird vorgestellt, der alle diese Fragen berücksichtigt.

Wirtschaftlicher Nutzen – Zu welchem Preis?

Ganz gleich, ob es sich um Dörfer, Städte, Vororte oder Metropolen handelt – die lokale wirtschaftliche Entwicklung hat immer einen entscheidenden Einfluss auf die Nachhaltigkeit urbaner Regionen. Wann immer Wälder gerodet oder landwirtschaftlich genutzte Flächen versiegelt werden, wenn Straßen gebaut oder verbreitert werden, wenn ein neues Einkaufszentrum entsteht oder Bauland ausgewiesen wird, wenn ein urbanes Gebiet einer „Revitalisierung" unterzogen wird – kurz, wann immer die natürliche oder bebaute Umwelt durch menschliche Eingriffe verändert wird, wirkt sich das auf die Gesundheit der Gemeinden und des Planeten aus.

Die wirtschaftliche Entwicklung, die diese Eingriffe in die Umwelt hervorruft, sollte den Bewohnern der Städte nützen, das heißt, deren ökonomisches Leben verbessern. Aber trotz des enormen Potenzials der Städte zur Reduzierung der Armut haben neuere Forschungsergebnisse gezeigt, dass der Reichtum, den die Städte schaffen, nicht zwangsläufig zu einer Linderung der Armut führt. Ganz im Gegenteil, in den Städten, insbesondere in Afrika und Südamerika, werden die Gegensätze zwischen Arm und Reich immer krasser. Armut ist ein ernsthaftes, allgegenwärtiges und dennoch kaum beachtetes Problem des urbanen Lebens.

Sogar „erfolgreiche" Volkswirtschaften können hohe Kosten verursachen – Kosten in menschlicher, gesellschaftlicher, gesundheitlicher und ökologischer Hinsicht. Das Wirtschaftswachstum und die Produktivitätsgewinne, die China in den letzten Jahren verzeichnete, sind ein gutes Beispiel hierfür: 16 der 20 am stärksten verschmutzten Städte der Welt liegen heute in China. Der ökonomische Fortschritt hat oftmals die ökologischen Probleme in den Städten verschlimmert.[3]

Als im Jahr 2001 die ersten Chemiefabriken in der chinesischen Stadt Huashui ihre Tore öffneten und Arbeitsplätze und Wirtschaftswachstum versprachen, wurden sie von den Bewohnern freudig begrüßt. Doch die anfängliche Begeisterung schwand schnell angesichts steigender Zahlen von Totgeburten, von missgebildeten Kindern, von Kindern, die nicht weinen oder nicht blinzeln können, von Kindern mit Lernschwierigkeiten. Je mehr Chemiefabriken sich ansiedelten, desto klarer sahen die Menschen, wie sich das Industriegebiet zu einer „Todeszone" entwickelte, in der bis zu einer Entfernung von zehn Kilometern die Bäume starben und die Ernte verkümmerte. Nachdem sie vier Jahre lang von der Regierung und den Industriefunktionären ignoriert worden waren, errichteten die Anwohner am 20. März 2005 auf der Hauptstraße, die zu den Fabriken führt, eine Blockade aus selbstgemachten Bambuszelten, an denen Plakate mit Aufschriften wie „Gebt uns unser Land zurück" und „Wir wollen überleben" prangten. Drei Wochen später lieferten sich rund 10.000 Soldaten und verzweifelte Anwohner eine stundenlange Schlacht. Dieser außerordentliche Fall des Aufbegehrens der Bürger gegen starke Interessen führte dazu, dass wenige Monate später die letzte der 13 Giftschleudern der Region geschlossen wurde.[4]

Der Tageszeitung *China Daily* zufolge gab es im Jahr 2005 im Land 50.000 umweltbezogene Aufstände, Demonstrationen und Streitfälle – fast 30 Prozent mehr als im Jahr zuvor. Viele dieser Proteste waren eng mit anderen kontroversen und heiklen gesellschaftlichen Themen verknüpft, zum Beispiel der wachsenden Kluft zwischen Arm und Reich. Experten machen ein streng hierarchisch geführtes Einparteiensystem, das dem Fetisch Wirtschaftswachstum verfallen ist, für diese Konflikte verantwortlich. Regierungen fürchten Instabilität, wenn die Wirtschaft nicht schnell genug wächst, aber das Beispiel von Huashui zeigt auch, wie gerade ein rasantes Wachstum soziale und ökologische Instabilität schaffen kann.[5]

Huashui mag ein Extremfall sein, zeigt aber, dass starke lokale Ökonomien mehr tun müssen, als zum landesweiten Bruttosozialprodukt beizutragen – sie müssen auch lokal zu einer Verbesserung der sozialen und ökologischen Bedingungen führen. Viele Regierungen gehen nach wie vor davon aus, dass Armut in erster Linie ein ländliches Phänomen ist, und dass die Menschen, die in der Stadt leben oder in die Stadt ziehen, den schlimmsten Folgen der Armut, zum Beispiel Hunger, Analphabetismus und Krankheit, entkommen. Diese Wahrnehmung spiegelt sich in den meisten nationalen Programmen zur Armutsbekämpfung wider, die sich immer noch stark auf ländliche Gebiete konzentrieren; aber auch in den internationalen Hilfsprojekten für Städte, die bescheiden in Umfang und Wirkung bleiben. Das hat dazu geführt, dass im Laufe der beiden letzten Jahrzehnte Entwicklungsprojekte im Ergebnis Armut, Ungleichheit und Ausgrenzung in den Städten verschlimmerten. Die Theorie, dass Städte Inseln des Wohlstands und der Chancenvielfalt sind, wird durch Statistiken über Gesundheit, Bildung und Einkommen zwar gestützt, da sie eine insgesamt bessere Situation in den Städten belegen, aber sie sagen nichts aus über die eklatante Ungleichheit innerhalb der Städte. Auch die vielen Dimensionen städtischer Armut, die nicht durch einkommensbasierte Indikatoren zu erfassen sind, zum Beispiel politische Ausgrenzung und die schlechte, gefährliche und unsichere Wohnungssituation, werden durch die Statistiken nicht ans Tageslicht gebracht.[6]

Die Städte der Welt befinden sich in einem Kontinuum wirtschaftlicher Entwicklung – von reichen Städten wie New York, Los Angeles, Vancouver, London und Stockholm bis zu armen Städten wie Lima, Harare und Mumbai. In jeder wohlhabenden Stadt gibt es auch eine arme Stadt (wie im Jahr 2005 die Aufstände in den Vororten von Paris gezeigt haben), genauso wie es in den ärmsten Städten auch reiche Enklaven gibt. Nachhaltige Entwicklung sieht in jedem dieser Kontexte aber anders aus: Sie bedeutet eine wirtschaftliche Entwicklung, die einerseits einen kontinuierlich fortschreitenden Wohlstand bringt, ohne das Ökosystem Erde in Gefahr zu bringen, und anderseits, die Bekämpfung von Armut und die Sicherung nachhaltiger Einkommen, um den Menschen ein sicheres, gesundes und würdevolles Leben zu ermöglichen.

Von der globalen zur lokalen Ökonomie

Die Herausforderungen, denen sich städtische Ökonomien gegenübersehen, werden oft ignoriert – was zum Teil auf unser schwaches Konzept des ökonomischen Systems an sich zurückzuführen ist. Die meisten herkömmlichen Ansätze für wirtschaftliche Entwicklung beruhen auf dem Glauben, dass ökonomische Gewinne aufgrund des Trickle-down-Effekts quasi von den Reichen zu den Armen, vom Staat in die Städte, vom Markt bis zum Verbraucher durchsickern. Aber solche Trickle-down-Strategien verschärfen zumeist lediglich die Probleme, die sie beheben sollen. Die wirtschaftliche Entwicklung sickert weder, noch ergießt sie sich von oben nach unten. Ganz im Gegenteil – die Schwächen des Trickle-down-Konzepts zeigen, dass man sich vielmehr um eine wirtschaftliche Entwicklung von unten nach oben bemühen muss.

Dennoch: In den letzten Jahrzehnten haben wir ein beispielloses Wirtschaftswachstum und den Aufstieg der „globalen Wirtschaft" erlebt. In den vergangenen 20 Jahren haben sich internationale Entwicklungsbemühungen auf die Integration der Entwicklungsländer in diese globale Wirtschaft konzentriert. Dazu wurden Mechanismen wie die Strukturanpassungsprogramme und andere Politikkonzepte des Internationalen Währungsfonds (IWF) und der Weltbank eingeführt, deren Ziel es unter anderem war, die Armut durch makroökonomische Umstrukturierungen zu bekämpfen.

Angesichts des Versagens und der Mängel der bisherigen Wirtschaftsentwicklungskonzepte verpflichteten sich die Staaten in der im September 2000 verabschiedeten United Nations Millennium Declaration zu einer neuen globalen Partnerschaft zur Armutsbekämpfung. Acht sogenannte Millennium Development Goals sollen bis 2015 erreicht werden, wobei es nicht nur um Probleme wie extremen Hunger und Armut geht, sondern auch um die Förderung der Gleichberechtigung der Geschlechter und die Grundrechte auf Gesundheit, Bildung, Wohnung und Sicherheit.[7]

Kaum jemand bestreitet, dass mehr Fehlschläge als Erfolge zu verzeichnen sind. Die abschließenden Empfehlungen des UN Millennium Project (Investing in Development: A Practical Plan to Achieve the Millennium Development Goals, 2005) sprechen sich dafür aus, dass die westlichen Länder ihre Hilfe erhöhen und die Mittelprioritäten in den Entwicklungsländern umdefiniert werden. Interessanter noch ist die Tatsache, dass auch mehr Mittel für die lokale Ebene gefordert werden. Das Earth Institute der Columbia-Universität in New York konzentriert sich ebenfalls auf lokale Hilfe und hat das sogenannte „Millennium Villages Project" ins Leben gerufen, einen „Bottom-up-Ansatz, der es Dörfern in Entwicklungsländern ermöglichen soll, sich selbst aus der Armutsfalle zu befreien". Zu den zwölf Grundprinzipien des Projekts gehören u.a. die Stärkung der Ge-

Kapitel 7: Lokale Ökonomien stärken

meindemitglieder durch Teilhabe und Führungsverantwortung, Kapazitätsbildung auf lokaler Ebene und die Stärkung lokaler Institutionen.[8]

Viele internationale Entwicklungsprojekte zielen nicht nur darauf ab, die Entwicklungsländer in die globale Wirtschaft zu integrieren, sondern die Wirtschaft selbst zu globalisieren. Durch den freien Kapitalverkehr, den zunehmenden Handel und die immer zaghaftere Regulierungstätigkeit der Nationalstaaten werden sowohl die Menschen als auch die Gemeinden, in denen sie leben, immer verwundbarer. Die herkömmlichen Ansätze zu wirtschaftlicher Entwicklung beeinflussen bestenfalls die Bedingungen, unter denen die lokalen Ökonomien mehr oder weniger günstig in externe wirtschaftliche Kreisläufe eingebunden sind. So betonen „Clusterstrategien" den Wettbewerbsvorteil eines lokalen Produkts oder einer Dienstleistung, um so die lokale Wirtschaft in die Glieder der globalen Lieferkette einzubinden, die den höheren Mehrwert generieren. Solche Strategien können durchaus wichtig sein, aber sie garantieren kein nachhaltiges, gerechtes und lokal nutzbares Ergebnis.

In Nordamerika und in Europa hat sich die Ausweitung der globalen Ökonomie der vergangenen Jahrzehnte lokal auf verschiedenste Art und Weise manifestiert. Die wohl sichtbarste und derzeit oft diskutierte Folge ist der Hypermarkt-Boom im Einzelhandel, also die Verbreitung und immer stärker werdende Vormachtstellung der multinationalen Supermarktketten.

Man nehme nur Wal-Mart, die größte Einzelhandelskette der Welt. Wäre Wal-Mart ein Land, es wäre von den Zahlen her das zwanzigstgrößte der Welt; wäre der Konzern eine Stadt, sie wäre die fünftgrößte Stadt der USA. Kritiker beklagen schon seit langem, dass Wal-Mart ein schlechter Arbeitgeber ist, ein schlechter Nachbar und quasi auch ein schlechter „Staatsbürger". Aber vielleicht ändert sich das Unternehmen ja gerade: Im Jahr 2004 hat Wal-Mart eine langfristige Nachhaltigkeitsinitiative gestartet. Führungskräfte fast jeder Filiale bilden nun Teams, die sich mit Fragen wie Verpackungsmaterial, Immobilien, Energie, Rohstoffe und Elektronikschrott beschäftigen. Sie haben sich mit Umweltberatern, gemeinnützigen Organisationen und anderen Gruppen zusammengetan, die ihnen helfen, ihre Verfahren und Abläufe durch die Brillen „Erneuerung" und „Nachhaltigkeit" zu betrachten.[9]

Im Oktober 2005 kündigte die Geschäftsführung von Wal-Mart drei neue Ziele des Unternehmens an: 100-Prozent Nutzung erneuerbarer Energien, null Abfall und der Verkauf von Produkten, die Ressourcen und Umwelt schützen. Im April 2006 war Wal-Mart eines der wenigen großen Handels- und Energieunternehmen, die den Kongress der USA aufforderten, verpflichtende Kohlenstoffgrenzen für ihre Branche festzusetzen. Wal-Mart ist heute der weltweit größte Anbieter von Bio-Lebensmitteln, was nicht nur den ökologischen Fußabdruck reduziert, sondern den Bio-Lebensmittel auch einer breiten Kundenschicht zugänglich macht. Wenn bereits Global Player wie Wal-Mart sich verpflichten, zur Rettung des Planeten beizutragen, indem sie Bio-Produkte anbieten und für Kohlenstoffgrenzen plädieren, warum sollen wir uns dann noch die Mühe machen, lokale Wirtschaften zu stärken?[10]

Mehrere triftige Gründe sprechen für eine Stärkung der lokalen Ökonomien: Erstens, eine wirtschaftliche Entwicklung, die auf lokalem Eigentum und auf Importsubstitution basiert, kann die sogenannte ökonomische Leckage stopfen, das heißt: Einkommen, das in einer Gemeinde oder Gemeinschaft erwirtschaftet wird, fließt nicht ab, indem es anderwo ausgegeben wird. Denn jeder Euro, den ein Anwohner in einer anderen Stadt oder in einem großen Einkaufszentrum ausgibt, stellt einen Verlust für die Heimatgemeinde dar. Es gibt zwei grundsätzliche Formen der Leckage: unmittelbar und sekundär. Eine unmittelbare Leckage entsteht, wenn die Mitglieder einer Gemeinde in ein auswärtiges Einkaufszentrum fahren und ihr lokal generiertes Einkommen in nicht lokale Erzeugnisse investieren. Eine sekundäre Leckage entsteht, wenn ein Anwohner in seiner Gemeinde ein Produkt einkauft, das außerhalb der Gemeinde erworben oder hergestellt wurde. Das Geld, das außerhalb der Gemeinde ausgegeben wird, stellt einen Verlust für die lokale Gemeinde dar.[11]

Eine Untersuchung eines Stadtviertels in Chicago aus dem Jahr 2004 hat gezeigt, dass jeder Dollar, der in einem örtlichen Restaurant ausgegeben wird, einen lokalen ökonomischen Effekt hat, der um 25 Prozent größer ist als der eines Dollars, der in der Filiale einer Kette ausgegeben wird. Anderen Studien zufolge generieren lokale Unternehmen doppelt bis viermal so viel Multiplikatornutzen wie nicht lokale Unternehmen. Dafür gibt es mehrere Gründe:

Erstens, die Tatsache, dass lokale Unternehmen mehr vorort ausgeben, insbesondere für Management, unternehmensbezogene Dienstleistungen und Werbung, und dass sie ihre Gewinne lokal investieren. Diese vier Posten stellen unter Umständen ein Drittel und mehr der Gesamtausgaben eines Unternehmens dar.[12]

Zweitens: Lokale Unternehmen generieren Einkommen meist beständiger und langfristiger, manchmal über Generationen hinweg. Darüber hinaus passen sie sich meist an vernünftige Arbeits- und Umweltgesetze an, anstatt ihretwegen die Flucht zu ergreifen. Auch in konjunkturschwachen Jahren wandern sie seltener in Gebiete mit niedrigeren Kosten ab, und in konjunkturstarken Jahren lassen sie sich seltener von geringfügig höheren Renditeerwartungen weglocken. Die Verankerung von Unternehmen in lokalem Besitz verringert also die Wahrscheinlichkeit, dass sie schnell und mit hohen ökonomischen und sozialen Folgekosten verschwinden – denn die Abwanderung von Unternehmen hinterlässt oft massive Arbeitslosigkeit, fallende Immobilienpreise, sinkende Steuereinnahmen und tiefgreifende Einschnitte im Schulwesen, bei der Polizei und anderen öffentlichen Dienstleistungen, was wiederum für noch mehr Menschen den Verlust von

Kapitel 7: Lokale Ökonomien stärken

Arbeit bedeutet. All diese negativen Entwicklungen sind unwahrscheinlicher, wenn die regionale Ökonomie vorwiegend aus Unternehmen in lokalem Besitz besteht.[13]

Drittens: Obgleich Hypermärkte wie Wal-Mart für eine größere Auswahl sorgen und oft für den Verbraucher günstig sind, zeigen Untersuchungen doch auch, dass diese Unternehmen meist wenig zur lokalen Wirtschaft beitragen. Wie oben erwähnt, ziehen multinationale Ketten anders als lokal geführte Läden Einkommen aus den Gemeinden ab. Da sie auch lokale Unternehmen verdrängen, tragen sie zu steigender Arbeitslosigkeit und zu sinkenden Einkommen bei. Untersuchungen zufolge lösen Hypermärkte einen Rückgang der gesamten wirtschaftlichen Aktivitäten aus, auch wenn ihr eigener Umsatz steigt. Eine Studie der Fakultät für Agrarökonomie und ländliche Soziologie der Pennsylvania State University hat gezeigt, dass in den 1990er Jahren die Präsenz von Wal-Mart „die Armut von Familien im Vergleich zu Orten, in denen es keinen dieser Hypermärkte gab, eindeutig verschärft hat".[14]

Viertens: Einem in Nordamerika weitverbreiteten Mythos zufolge ist Wirtschaftswachstum die unabdingbare Voraussetzung für wirtschaftliche Entwicklung in einer Kommune. Man muss jedoch zwischen Wachstum und Entwicklung unterscheiden. Wachstum bedeutet „größer werden", Entwicklung bedeutet „besser werden", also mehr Qualität, mehr Diversität. Lokale Regierungen subventionieren oft im Namen der wirtschaftlichen Entwicklung die Errichtung von Hypermärkten durch den Ausbau von Infrastruktur. Was sie damit aber in Wirklichkeit fördern sind Zersiedelung und kommunale Schulden. Möglichkeiten der Entwicklung ohne Wachstum sind zum einen die Förderung bestehender Unternehmen und zum anderen die Erhöhung der „Umschlagshäufigkeit" eines Dollars in der Kommune, das heißt, wie oft ein Dollar lokal ausgegeben wird. Lokaler Einkauf ist der wichtigste Weg, um bestehende Unternehmen zu fördern und den ökonomischen Multiplikator zu steigern. Das Ergebnis: eine Gemeinde, die effizienter, unabhängiger und wirtschaftlich widerstandskräftiger ist.[15]

Und schließlich reduzieren starke lokale Ökonomien die negativen ökologischen Auswirkungen des globalen Handels, insbesondere Treibhausgasemissionen durch fossile Brennstoffe im Fernverkehr. So bezeichnet man mit „Food Miles" die Entfernung, die Lebensmittel zwischen dem Ort zurücklegen, an dem sie angebaut werden, und dem, an dem sie gekauft oder konsumiert werden. Lokal erzeugte Lebensmittel sind auf jeden Fall ökologisch wünschenswerter als Lebensmittel mit Vielflieger-Meilen.

Die Rückeroberung lokaler wirtschaftlicher Kontrolle

Wenn Menschen zusammenarbeiten, können sie fast alles erreichen. Seit dem frühen 19. Jahrhundert gründen Menschen Genossenschaften, die eine breite Palette von lokalen Bedürfnissen abdecken (vgl. Kasten 7.1). Ob landwirtschaftliche oder Verbauchergenossenschaften, ob Produktiv- oder soziale Genossenschaften – genossenschaftliche Organisationsformen gibt es in fast jedem Land. Im Kontext einer zunehmenden Urbanisierung stellen sie eine gemeindebasierte Strategie der Armutsbekämpfung dar.[16]

Die International Labour Organization (ILO) definierte eine Genossenschaft als einen „autonomen und freiwilligen Zusammenschluss von Personen, um gemeinsame wirtschaftliche, soziale und kulturelle Bedürfnisse und Wünsche über ein Unternehmen zu realisieren, das Gemeinschaftseigentum ist und demokratisch kontrolliert wird". Eine Genossenschaft praktiziert also eine einzigartige Form der ökonomischen Beteiligung, die auf Mitgliedschaft, nicht auf Höhe der Investition beruht (vgl. Kasten 7.2).[17]

Ein besserer Zugang zu finanziellen Mitteln ist eine wichtige Komponente im Kampf gegen die Armut.

In Städten sind Produktivgenossenschaften, also genossenschaftliche Unternehmen im Besitz und unter Kontrolle der Mitarbeiter, die am weitesten verbreitete Form der Genossenschaft. Entscheidungen hinsichtlich des Betriebs werden demokratisch nach dem Prinzip „ein Mitglied – eine Stimme" gefällt. Produktivgenossenschaften findet man vor allem im produzierenden Gewerbe, im Einzelhandel, in der Kommunikations- und in der Technikbranche sowie bei einer Vielzahl von Dienstleistern. Sie entstehen typischerweise, wenn sich Personen zusammenschließen, um sich selbst einen Arbeitsplatz zu schaffen und damit Einstellungshindernisse wie Behinderung oder ethnische oder geschlechterbezogene Vorurteile zu umgehen. Sie können aber auch entstehen, wenn Unternehmensanteile an Mitarbeiter verkauft werden, das Unternehmen quasi vergenossenschaftet wird. Die Mitarbeiter übernehmen dann Eigentum und Management des Unternehmens.[18]

Argentinien ist ein gutes Beispiel für das Potenzial von Genossenschaften. Während der Wirtschaftskrise im Jahr 2001 beschlossen viele Argentinier, gemeinsam zu handeln, um ihre Arbeitsplätze zu retten und ihren Lebensunterhalt zu sichern. Sie besetzten Konkurs gegangene Fabriken und Unternehmen und verwandelten ihre Arbeitsplätze in Genossenschaften ohne Vorstände und ohne Gewerkschaften. Das Movimiento Nacional de Empresas Recuperadas (MNER), die Bewegung übernommener Betriebe, verbreitete sich in ganz Argentinien als Bottom-up-Ansatz für wirtschaftlichen Aufschwung unter dem Motto: „Besetzen. Widerstand leisten. Produzieren". Heute gibt es in Argentinien etwa 200 mitarbeiterge-

Kapitel 7: Lokale Ökonomien stärken 279

Kasten 7.1: Emilia Romagna – Eine Genossenschaftsökonomie

Die Emilia Romagna liegt in Norditalien am Fuße der Alpen. 3,9 Millionen Menschen leben in der Region, deren größte Stadt und wichtigstes Handels- und Kommunikationszentrum Bologna ist. In den letzten Jahrzehnten hat sich Bologna zu einer der vitalsten und lebenswertesten Städte Italiens entwickelt, die stolz ist auf ihre Geschichte, ihre Kunst und ihre Kultur. Die Emilia Romagna ist jedoch nicht nur wegen ihrer kulturellen Reichtümer sehenswert, sie ist auch ein einzigartiges Beispiel einer lebendigen Genossenschaftsökonomie. Mehr als 15.000 Genossenschaften gibt es hier, sowohl im industriellen als auch im sozialen Bereich, die gemeinsam mehr als ein Drittel zum Bruttoinlandsprodukt der Region beitragen.

In den 1970er Jahren war die Emilia Romagna ein Sorgenkind: In der wirtschaftlichen Rangliste der 20 italienischen Regionen lag sie weit abgeschlagen auf einem der hinteren Plätze. Heute ist sie die Nummer 1. Darüber hinaus belegt die Emilia Romagna Platz 10 von 122 Wirtschaftsregionen in der Europäischen Union mit einem Pro-Kopf-Einkommen, das 20 Prozent über dem Landesdurchschnitt und 27,6 Prozent über dem EU-Durchschnitt liegt.

Was diese Region so faszinierend macht, ist die Tatsache, dass ihr wirtschaftlicher Erfolg in den vergangenen Jahrzehnten auf Ideen und Maßnahmen beruht, die heute als Antithese zur orthodoxen Wirtschaftsideologie gelten. Genossenschaften sind die Grundlage der regionalen Ökonomie – am stärksten vertreten sind sie im Einzelhandel, im Baugewerbe, in der Landwirtschaft und im Bereich der sozialen Dienstleistungen. Die meisten öffentlichen Aufträge, einschließlich großer Bau- und Denkmalschutzprojekte, werden von Baugenossenschaften durchgeführt.

Die Emilia Romagna ist eine der europäischen Regionen mit der höchsten Lebensqualität und der stärksten Wirtschaftsleistung – und somit ein Paradebeispiel einer lokal orientierten Alternative zur globalisierten Marktwirtschaft und der lebendige Beweis, dass genossenschaftliche Zusammenarbeit leistungsfähige lokale Ökonomien schaffen kann.

Quelle: Siehe Anmerkung 16.

---

führte Betriebe, die mehr als 15.000 Menschen Arbeit bieten. Die meisten dieser Genossenschaften stammen aus dem Jahr 2001.[19]

Im Jahr 2002 meldete die Eiskremfabrik Ghelco Konkurs an. Das Unternehmen schuldete den Arbeitern Tausende von Dollar Gehalt. Sie bildeten eine Genossenschaft und verhinderten mit Demonstrationen und Blockaden vor den Fabrikgebäuden, dass die Eigentümer die Maschinen demontierten. Nach drei Monaten Protest erhielt die Genossenschaft ein Angebot, die Fabrik zu mieten. Fünf Monate später beschlagnahmte die Verwaltung von Buenos Aires die Fabrik und übergab sie der Genossenschaft. Heute wird das Unternehmen von 43 Mitgliedern der Genossenschaft geführt, die mehr als je zuvor verdienen und bessere Arbeitsbedingungen erreicht haben. Anders als der vorherige Eigentümer

> *Kasten 7.2: Genossenschaftsprinzipien der International Co-operative Alliance*
>
> Die Mitgliedschaft ist freiwillig und steht allen offen
> Demokratische Kontrolle durch die Mitglieder
> Ökonomische Beteiligung aller Mitglieder
> Autonomie und Unabhängigkeit
> Bildung, Weiterbildung und Information
> Zusammenarbeit zwischen den Genossenschaften
> Soziales Engagement in der Gemeinde
>
> *Quelle:* Siehe Anmerkung 17.

zahlt die Genossenschaft keine hohen Managergehälter, und sie behält die Gewinne ein, die vorher in den Taschen der Eigentümer verschwanden.[20]

Historisch gesehen konnten nicht nur ärmere Menschen durch Genossenschaften der Armut entfliehen, auch Menschen mit niederen und mittleren Einkommen konnten durch Genossenschaften weitere ökonomische Vorteile akkumulieren, die ihnen sonst versagt geblieben wären. Darüber hinaus können Genossenschaften zur Stärkung des gesellschaftlichen Zusammenhalts beitragen und die gerechte Verteilung von Ressourcen sicherstellen. In einer Presseerklärung zum Internationalen Tag der Genossenschaften im Jahr 2001 unterstrich der damalige UN-Generalsekretär Kofi Annan die Rolle der Genossenschaften für die Entwicklung: „Das Kapital der Genossenschaften – ihre Werte Solidarität, Selbsthilfe und gegenseitige Verantwortung – sind die Eckpfeiler unserer gemeinsamen Bemühungen, eine fairere Welt zu schaffen ... Die Genossenschaftsbewegung wird ein zunehmend flexiblerer und wichtigerer Partner der Vereinten Nationen auf dem Weg zu wirtschaftlicher und sozialer Entwicklung zum Nutzen aller Menschen."[21]

Gemeindebasierte Finanzen

Geld spielt im Prozess der wirtschaftlichen Entwicklung eine zentrale Rolle: Kapitalinvestitionen und der Anstieg der Kapitalanlagen sind wichtige Faktoren bei der Entwicklung von Ökonomien in Ländern mit niedrigem Einkommensniveau. Der Zugang zu Kapital ist jedoch für Menschen, die in Armut leben, nicht einfach. Für die meisten Menschen ist der Weg aus der Armut nicht durch fehlende Kenntnisse oder Mangel an Motivation versperrt, sondern durch den fehlenden Zugang zu Kapital.

Arme Menschen sind oft gezwungen, sich auf informelle Finanzbeziehungen zu verlassen, die meist instabil, unsicher und für die Kreditnehmer teuer sind. Ein besserer Zugang zu finanziellen Mitteln ist daher eine wichtige Komponente im Kampf gegen die Armut, und Mikrofinanzierung hat sich hier als ein wichtiges Instrument erwiesen. Der Begriff Mikrofinanzierung bedeutet die Bereitstellung finanzieller Ressourcen und Dienstleistungen für Menschen, die aufgrund ihres niedrigen ökonomischen Status normalerweise aus dem Finanzsystem ausgeschlossen sind. Im Allgemeinen umfasst Mikrofinanzierung die Bereitstellung von Kre-

Kapitel 7: Lokale Ökonomien stärken 281

diten, Sparmöglichkeiten sowie andere grundlegende Finanzdienstleistungen, die arme Menschen brauchen, um ihre Einkommensquellen zu schützen, zu diversifizieren und zu verbessern.[22]

Im Jahr 1997 trafen sich Delegierte aus 137 Ländern in Washington, DC, zum Mikrokredit-Gipfel. Sie riefen eine Kampagne ins Leben, die bis Ende 2005 100 Millionen der ärmsten Familien der Welt, insbesondere Frauen, mit Krediten für den Eintritt in die Selbständigkeit und mit anderen Finanzdienstleistungen versorgen sollte. Laut „State of the Microcredit Summit Report 2005" hatten Ende 2004 insgesamt 3.164 Mikrokredit-Institute 92.270.289 Kunden erreicht, von denen 72 Prozent zu den Ärmsten der Armen gehörten, als sie ihren ersten Kredit aufnahmen.[23]

Fast 84 Prozent dieser ärmsten Kunden waren Frauen. Geht man von fünf Personen pro Familie aus, profitierten etwa 333 Millionen Menschen von den Krediten. Etwas mehr als die Hälfte der genannten 3.164 Mikrokredit-Institute sind in Asien ansässig, 31 Prozent in Afrika, 12 Prozent in Südamerika und der Karibik, und etwas weniger als fünf Prozent in Nordamerika, Europa, den Neuen Unabhängigen Staaten und dem Nahen Osten.[24]

Entgegen der landläufigen Annahme sparen arme Menschen ihr Geld erfolgreich. Im Vergleich zu höheren Einkommensgruppen stellen die Ersparnisse armer Menschen einen größeren Anteil des Nettovermögens. Mit Zugang zu intelligent konzipierten Sparprodukten könnten Menschen mit geringem Einkommen genug Vermögen ansparen, um sich aus der Armutsfalle zu befreien.[25]

Die Grameen Bank in Bangladesh ist zum internationalen Vorbild für Mikrokredit-Programme geworden. Herzstück der Bank ist ihr Kreditprogramm, das Kleinkredite für Arme zur Unterstützung ihrer Selbständigkeit bereitstellt. Das Projekt wurde 1976 ins Leben gerufen, als Muhammad Yunus, Leiter des Programms für ländliche Ökonomie der Universität Chittagong, ein Forschungsprojekt startete, das sich mit der Frage beschäftigte, wie ein Kreditsystem aussehen könnte, das der armen Landbevölkerung Zugang zu Finanzdienstleistungen bietet. Das Projekt der Grameen Bank verfolgte ursprünglich die folgenden Ziele:
- Angebot an Bankdienstleistungen für arme Männer und Frauen;
- Abschaffung der Ausbeutung der Armen durch Kredithaie;
- Schaffung von Möglichkeiten der Selbständigkeit;
- Hilfsangebote für benachteiligte Menschen, insbesondere Frauen, damit sie ihre Umstände verstehen und bewältigen lernen;
- Umkehr des Teufelskreises „niedrige Einkommen, niedrige Sparquote, niedrige Investitionen".

Nach den ersten erfolgreichen Gehversuchen im Dorf Jobra weitete sich das Projekt schon bald auf andere Dörfer aus. 1983 wandelte ein Gesetz das Projekt in eine unabhängige Bank um.[26]

Das einzigartige und innovative Kreditvergabesystem der Grameen Bank sieht vor, dass sich Kreditnehmer freiwillig zu Gruppen aus fünf Personen zusammenschließen, die sich gegenseitig moralisch verpflichtende Gruppenbürgschaften leisten, das heißt, die Sicherheiten, die herkömmliche Banken verlangen, sind nicht notwendig. Zunächst können nur zwei der fünf Gruppenmitglieder einen Kredit beantragen. Der Zugang zu Krediten für die anderen Mitglieder der Gruppe hängt von der erfolgreichen Tilgung der beiden ursprünglichen Kredite ab. Obwohl die Bank die Kreditnehmer ziemlich genau im Auge behält, fördert die Gruppe die Eigenkontrolle durch die Gruppenmitglieder.

Der Erfolg der Grameen Bank ist überwältigend, wie das Nobelpreis-Komitee feststellte, als es 2006 Muhammad Yunus den Nobelpreis für seine Pionierarbeit in diesem Bereich zuerkannte. Im April 2006 hatte die Bank insgesamt sechs Millionen Kreditnehmer – eher Kreditnehmerinnen, denn 96 Prozent sind Frauen. Die Bank unterhält 2.014 Filialen und ist mit ihrer Belegschaft von 17.816 Mitarbeitern in 65.847 Dörfern vertreten. Seit der Gründung der Bank wurden Kredite in Höhe von 271,94 Milliarden Taka (5,46 Milliarden Dollar) vergeben, davon wurden 241,63 Milliarden Taka (4,83 Milliarden Dollar) bereits zurückgezahlt: eine stolze Rückzahlungsquote.[27]

Finanzmacht, Armut und Frauen bilden eine Art magisches Dreieck. Die Mikrofinanzierung spielt daher eine wichtige Rolle bei der Ermächtigung der Frauen und bei der Förderung wirtschaftlicher Gleichstellung (vgl. Kasten 7.3). In vielen Ländern, insbesondere in solchen mit niedrigem Einkommensniveau, haben Frauen kaum Eigentumsrechte. Kulturelle Normen und Erwartungen beschränken zudem den Zugang von Frauen zu Vermögenswerten und die Möglichkeiten der Einkommensgenerierung.[28]

Untersuchungen zufolge wirkt sich das von Kreditnehmerinnen erwirtschaftete Einkommen positiver auf die Wohlfahrt der Haushaltsmitglieder allgemein und speziell der Kinder aus, als das von Männern erwirtschaftete Einkommen. Die Kreditvergabe der Badan Kredit Kecamatan in Indonesien hat gezeigt, dass die Beteiligung von Frauen an Entscheidungsprozessen steigt, die Geburtenrate sinkt und die Ernährungsqualität in den Familien besser wird.[29]

Insbesondere in den ärmeren Regionen der Welt kann Mikrofinanzierung ein wichtiges Instrument zur Verbesserung der sozioökonomischen Bedingungen in einer Gemeinde sein. Sie trägt zur Förderung eines selbstbestimmten privaten Sektors bei und schafft Vermögen für Menschen mit niedrigem Einkommen. Somit schafft die Mikrofinanzierung auch neue Verbraucher und neue Märkte für bestehende Unternehmen und trägt zur allgemeinen Integration der lokalen Ökonomien bei.

Gemeindebasierte Finanzsysteme gibt es jedoch nicht nur in Ländern, die mit Armut kämpfen. Auch in den USA oder Kanada haben sich gemeindeorientierte

Kapitel 7: Lokale Ökonomien stärken

Kasten 7.3: Was Mikrokredite leisten können: Eine Erfolgsgeschichte

Unitus ist eine gemeinnützige Organisation in Redmond im Bundesstaat Washington in den USA. Ihr Ziel ist es, die Armut weltweit zu bekämpfen – und zwar durch besseren Zugang zu Mikrokrediten. Mit der Grameen Bank als Vorbild und unter der Führung von Muhammad Yunus wurde das sogenannte Unitus Acceleration Model entwickelt, das bewährte Verfahren aus dem Risikokapitalgeschäft und den Investmentbanken verbindet, um großangelegte Mikrofinanzinstitute zu schaffen, die sich auf die Beseitigung der Armut konzentrieren.

Hier die Erfolgsgeschichte einer Unitus-Kundin:

„Susan wuchs in einer armen ländlichen Region in Kenia auf. Sie musste nach der vierten Klasse die Schule verlassen, weil ihre Familie das Schuldgeld nicht mehr aufbringen konnte. Als sie mit 17 Jahren schwanger wurde, warfen ihre Eltern sie aus dem Haus. In der Hoffnung, Arbeit zu finden, zogen Susan und ihr kleiner Sohn nach Nairobi. Dort heiratete sie und bekam ein zweites Kind – eine Tochter. Ihr Ehemann verließ sie, als sich herausstellte, das Susan HIV-positiv war. Ohne Arbeit und ohne Einkommen, um ihre beiden kleinen Kinder zu ernähren, landete Susan in der Prostitution.

Von ihren Nachbarn in einem Armenviertel in Nairobi hörte Susan von Jamii Bora, einer Mikrofinanzinstitution. Sie absolvierte die kaufmännische Schulung, die Jamii Bora anbot, was ihr genug Selbstvertrauen gab, um eine eigene Änderungsschneiderei zu eröffnen. Der Mikrokredit von Jamii Bora half ihr aus der Prostitution. Susan konnte mit ihren Kindern in ein sichereres Haus ziehen.

Mit jedem höheren Kredit kauft Susan mehr Stoffe – durch die Abnahme größerer Mengen erhält sie Rabatte, das bedeutet, ihr Geschäft wird profitabler. Sie ist überzeugt, dass sie ohne die Krankenversicherung, die ihr Jamii Bora vermittelt hat, nicht mehr am Leben wäre, denn sie ermöglicht ihr den Zugang zu HIV-Medikamenten. Ganz zu schweigen davon, was mit ihren Kindern passiert wäre. Zum ersten Mal in ihrem Leben konnte Susan etwas Geld sparen. Jetzt will sie auf jeden Fall genug auf die Seite legen, damit ihre Kinder die Schule besuchen und sich endgültig aus der Armutsfalle befreien können."

Quelle: Siehe Anmerkung 28.

Finanzinstitutionen etabliert, die nicht nur den ökonomischen, sondern auch den gesellschaftlichen und ökologischen Gewinn vor Augen haben.

In einem Finanzklima, das durch Großbanken beherrscht wird, zeigen gemeindebasierte Kreditvereine, dass sich Profite und soziale Werte und Ziele durchaus ergänzen können. Ein Kreditverein ist ein nicht gewinnorientiertes Finanzinstitut, das sich in genossenschaftlicher Hand befindet und von den Mitgliedern kontrolliert wird. Das Management übernimmt ein gewählter ehrenamtlicher Vorstand. Kreditvereine bieten dieselben Finanzdienstleistungen wie Banken (Sparprodukte, Investitionen, Kredite usw.), vermarkten sich aber hauptsächlich mit dem Argument, dass sie aufgrund ihrer lokalen Verankerung ihren Mitgliedern einen besseren Service bieten. Als genossenschaftlich organisierte Institutionen sind sie den Interessen ihrer Mitglieder verpflichtet. Kreditvereine zahlen im Allgmeinen höhere Zinsen auf Guthaben und verlangen niedrigere Zinsen für Kredite als klassische Banken.

Weltweit gibt es in 92 Ländern 157 Millionen Kreditvereinsmitglieder. Kanada verzeichnet die höchste Kreditvereinnutzung pro Kopf: Mehr als ein Drittel der Bevölkerung ist Mitglied in einem Kreditverein. Als gemeindebasierte Finanzinstitutionen stellen die Kreditvereine sicher, dass Finanzinvestitionen nicht nur ökonomisch erfolgreich sind, sondern auch den gesellschaftlichen Zielen und Werten der Gemeinde, in der sie tätig sind, entsprechen. Das heißt, die Kreditvereine stärken die lokale Wirtschaft, indem sie den Gemeinden eine positive gesellschaftliche und ökonomische Rendite erwirtschaften.[30]

Im Stadtteil Downtown Eastside in Vancouver, Kanada, sind Drogensucht, psychische Störungen und Obdachlosigkeit weitverbreitet. Die meisten Menschen, die hier leben, haben nur ein geringes Einkommen und keinen Zugang zu her-

---

Kasten 7.4: Vancity Credit Union, Vancouver, Kanada

Die Vancouver City Savings Credit Union (Vancity) in British Columbia ist ein Beispiel für ein gemeindebasiertes Finanzinstitut, das nicht nur das Finanzkapital, sondern auch das soziale und ökologische Kapital bilanziert. Vancity wurde schon 1945 mit der Mission gegründet, die Bank für die Armen zu sein – „banking with the unbankable". Der Kreditverein in Genossenschaftsbesitz verfügt über mehr als zehn Milliarden US-Dollar an Vermögenswerten und hat mehr als 340.000 Mitglieder. Da die Mitglieder die Eigentümer sind, ist gewährleistet, dass das Institut der Gemeinde sozial und ökologisch günstige Produkte anbietet, ohne die Rendite zu gefährden.

In den 60er Jahren war Vancity das erste Finanzinstitut, das Kredite an Frauen vergab, ohne die Unterschrift eines männlichen Mitzeichners zu verlangen. Vancity versteht sich nicht nur als Finanzdienstleister, sondern hilft auch den Mitgliedern, sozial und ökologisch bewusste Entscheidungen zu treffen. Der Kreditverein war das erste Finanzinstitut in Kanada, das besondere Darlehen für Hybrid-Fahrzeuge oder für energieeffiziente Häuserrenovierungen anbot. Jahr für Jahr vergibt Vancity Hunderte von Zuschüssen an lokale Organisationen für soziale und ökologische Projekte. Weitere Initiativen sind die EnviroFund Visa-Karte, die fünf Prozent des Jahresgewinns an lokale Umweltschutzprojekte spendet. Seit 1990 haben solche Initiativen mehr als 1,45 Millionen US-Dollar erhalten.

Vancity ist bekannt für seine guten Gehälter und Sozialleistungen. So wurde der Kreditverein im Jahr 2005 von der Zeitschrift *Maclean's* zum „Best Place to Work in Canada" und von der Zeitschrift *Canadian Business* zum „Best Work Place in Canada" gewählt.

Quelle: Siehe Anmerkung 31.

kömmlichen Finanzdienstleistungen. Ohne Papiere können sie kein Bankkonto eröffnen, und oft reicht das Einkommen nicht, um ein Bankkonto zu halten – also können sie sich auch nie eine angemessene finanzielle Sicherheit erarbeiten. Als einzige Möglichkeit bleibt vielen nur die teure private Scheckeinlösestelle. Mithilfe der VanCity Savings Credit Union (vgl. Kasten 7.4) öffnete im Jahr 2004 die Pigeon Park Savings ihre Pforten und bietet kostengünstige und zuverlässige Finanzdienstleistungen in einem kundenfreundlichen Umfeld an. Hier können die Bewohner des Viertels jetzt ihre Schecks einzahlen oder einlösen und eine Vielzahl weiterer Finanzdienstleistungen in Anspruch nehmen, zu denen sie vorher keinen Zugang hatten. Das Banksystem von Pigeon Park basiert vollständig auf dem VanCity-Netz, das auch die Infrastruktur zur Verfügung stellt, den technischen Support, die Verwaltung und die Sicherheitsdienste.[31]

Genossenschaftlich organisierte Kreditvereine sind jedoch nicht die einzige Form von gemeindebasierten Finanzstrukturen. Shorebank Pacific ist eine reguläre Handelsbank im Bundesstaat Washington, die sich ökologisch nachhaltige lokale Entwicklung auf die Fahnen geschrieben hat. Sie ist das Ergebnis einer innovativen Partnerschaft zwischen Ecotrust, einer gemeinnützigen Umweltorganisation, die eine ökologische Wirtschaft fördert, und der Shorebank Corporation aus Chicago, einem Pionier in der Entwicklung innerstädtischer Gemeindeprojekte. Um finanziellen Fortschritt nachzuverfolgen, bewertet ein Sachverständiger anhand eines Punktesystems auf der Basis von Nachhaltigkeitskriterien Kunden und Kredite.[32]

Lokal kaufen – Fair handeln

Auch wenn ein Großteil der Produkte, die in einer Stadt konsumiert werden, dort hergestellt werden, so sind Städte doch keineswegs autarke Einheiten. Die urbane Ökonomie hängt sehr stark von ländlichen Gebieten ab, die sie mit Brennstoffen und Nahrungsmitteln versorgen.

Im Kontext einer zunehmend globalisierten Wirtschaft bedeutet die Stärkung der lokalen Ökonomien die Entstehung starker lokaler Netzwerke und Handelssysteme. Diese unterstützten die wirtschaftlichen Aktivitäten innerhalb der und zwischen den Gemeinden und tragen zum gesunden Gesamtzustand des Gebiets bei. Die Förderung von Handelssystemen, die starke lokale Wirtschaften unterstützen, ermöglicht es den Städten und Gemeinden, in einer nachhaltigen und gerechten Art und Weise am globalen wirtschaftlichen Leben teilzunehmen.

Fairer Handel ist eine schnell wachsende Bewegung (vgl. Tabelle 7.1), die ungerechte internationale Handelsbeziehungen hinterfragt und dafür sorgen möchte, dass die benachteiligten und ungeschützten Erzeuger ebenfalls vom Handel profitieren. Die Fair-Trade-Bewegung erreicht dies durch direkte Verbindungen zwischen den Bauern im Süden und den Verbrauchern im Norden. Sie möchte darüber hinaus global gerechte Ausgangsbedingungen schaffen und es den armen Bauern ermöglichen, an einem Handelssysten teilzuhaben, das ihnen faire und stabile Preise für ihre Produkte gewährleistet. Die Fair-Trade-Bewegung bietet den Bauern und ihren Verbänden Unterstützung sowie andere Leistungen und fördert den Einsatz ökologisch nachhaltiger landwirtschaftlicher Verfahren.[33]

Ähnlich wie die Zertifizierung im Bio-Landbau oder in Bezug auf Arbeitsstandards erfordert Fair Trade die Umsetzung freiwilliger globaler Produktionsstandards. Die Fairtrade Labelling Organizations International (FLO) ist das wichtigste Gremium, das Kennzeichnungsstandards festlegt, die sowohl Erzeuger als auch Zwischen-, Groß- und Einzelhändler sowie die verarbeitende Industrie einhalten müssen. Die FLO arbeitet zwar in erster Linie im Bereich Landwirtschaft, setzt aber auch Standards fest für Arbeiter und zwar hinsichtlich der Arbeitsbedingungen, Löhne, Anti-Diskriminierungspolitik und Kinderarbeit. In der produzierenden Industrie kann das Fair-Trade-Konzept auch in Städten eine wichtige Rolle bei der Schaffung stabiler lokaler Ökonomien spielen.[34]

Jahrelang war Kaffee das wichtigste Produkt, das mit dem Fair-Trade-Etikett vermarktet wurde. Heute gibt es mindestens 20 verschiedene Produkte – von Tee über Schokolade zu Sportartikeln, Bekleidung und Kunstgewerbe – die aus Entwicklungsländern in mehr als 20 Länder in Europa und Nordamerika sowie nach Australien, Neuseeland und Japan exportiert werden. Derzeit sind 531 Erzeugerverbände von der FLO zertifiziert. Sie vertreten mehr als eine Million Bauern in 58 Ländern in Afrika, Asien und Südamerika. Es gibt 667 eingetragene Händler, zu denen Exporteure, Importeure, Verarbeiter und Hersteller aus 50 Ländern weltweit gehören.[35]

Fair Trade will als ein mit der Genossenschaftsbewegung verbundenes Konzept (vgl. Kasten 7.5) Gemeinden helfen, nachhaltige finanzielle Ressourcen aufzubauen und Armut zu bekämpfen. Darüber hinaus sollen Kapazitäten aufgebaut, langfristige Beziehungen innerhalb der Gemeinschaft sowie nachhaltige und gerechte Produktions- und Handelssysteme gefördert werden.[36]

Wie die Massendemonstrationen in Seattle, Québec, Prag und Genua in den letzten Jahren gezeigt haben, geht das Unbehagen über die Vorherrschaft der Unternehmen in der globalen Wirtschaft weit über Fair-Trade-Fragen hinaus. Eine „Lokalisierungsbewegung" ist entstanden, die sich der Förderung von Alternativen zur gobalen wirtschaftlichen Entwicklung verschrieben

Tabelle 7.1: Umsatz von Fair-Trade-Produkten

Jahr	Menge (Tonnen)	Wachstum (Prozent)
1997	25.972	
1998	28.913	11,3
1999	33.495	15,8
2000	39.750	18,7
2001	48.506	22,0
2002	58.813	21,2
2003	80.633	42,0
2004	125.596	56,0

Quelle: Siehe Anmerkung 33.

Kapitel 7: Lokale Ökonomien stärken 287

Kasten 7.5: Eine Fair-Trade-Schneiderinnengenossenschaft in Nicaragua

Nach den Zerstörungen des Hurrikans Mitch im Jahre 1998 suchte das Center for Development in Central America nach Möglichkeiten, die massive Arbeitslosigkeit zu bekämpfen, die sich in einer der neuen Städte Nicaraguas, Nueva Vida (Neues Leben) in Ciudad Sandino, ausgebreitet hatte.

Über eine Vermarktungspartnerschaft mit Maggie's Organics, einer Bio-Textilfirma in Michigan, USA, konnten Schneiderinnen aus Nueva Vida eine Genossenschaft gründen. Die Genossenschaft wollte von Anfang an Arbeitsbedingungen im Sinne des Fair Trade schaffen – und das in einem Gebiet, in dem Freihandelszonen und Sweatshops (Ausbeuterbetriebe) mit extrem schlechten Arbeitsbedingungen vorherrschen.

2001 wurde die Schneiderinnengenossenschaft als Cooperativa Maquiladora Mujeres de Nueva Vida Internacional offiziell eingetragen, und 2004 wurde sie als die weltweit erste Freihandelszone im Besitz der Arbeitenden zertifiziert. So konnte die Genossenschaft nicht nur faire Löhne zahlen, gute Arbeitsbedingungen und Kontrolle durch die Arbeiterinnen bieten, sie konnte auch unter gleichen Ausgangsbedingungen mit den herkömmlichen Sweatshops in der Freihandelszone konkurrieren. Jetzt, wo die Genossenschaft erfolgreich arbeitet, haben sich die Arbeiterinnen schon ein nächstes Ziel gesteckt: Sie möchten einen Teil des Gewinns in soziale Projekte in ihrer Gemeinde stecken.

Quelle: Siehe Anmerkung 36.

---

hat, insbesondere im Hinblick auf Energie, Materialien und Nahrungsmittel. Kampagnen zur Lokalisierung (oder Ent-Globalisierung) von Industrie und Handel werden überall in Nordamerika und Europa initiiert. Ihr Ziel ist es, die sozialen, wirtschaftlichen und ökologischen Vorteile lokalorientierter Ökonomien zu fördern.

Obgleich die Definition von „lokal" ganz unterschiedlich ausfällt – von Bioregionen zu geopolitischen Einheiten –, die Idee dahinter ist immer gleich: Lokal ist besser. Lokale Ökonomien bieten zahlreiche Vorteile: Sie unterstützen ortsansässige Unternehmen und sorgen dafür, dass Geld und Gewinne in der Gemeinde verbleiben; sie stellen wieder direkte Verbindungen her zwischen Erzeugern und Verbrauchern und stärken damit den sozialen Zusammenhalt; und sie reduzieren die negativen ökologischen Auswirkungen des globalisierten Handels, insbesondere die Emissionen von Treibhausgasen aus der Verbrennung fossiler Kraftstoffe beim Fernverkehr.

Die Business Alliance for Local Living Economies (BALLE) ist ein stetig wachsender Verband von Unternehmern in den USA und Kanada, die sich Netzwerken zur Förderung „lokaler lebendiger Wirtschaften" anschließen, um so ihre lokalen Ökonomien zu ökologisieren und zu stärken. Die in lokalen Netzwerken organisierten Mitglieder, die vollständig unabhängig sind, verpflichten sich auf

die „living economy"-Prinzipien. BALLE bietet Unterstützung und Instrumente zur Förderung, Stärkung und Verbindung lokaler Geschäftsnetzwerke. Deren Mitglieder arbeiten auf die folgenden Ziele hin:
- Unterstützung der Entwicklung lokaler Unternehmen;
- Förderung des Einkaufs vor Ort seitens der Verbraucher und Unternehmen;
- Schaffung von Möglichkeiten für Unternehmen, sich über beste Verfahren auszutauschen;
- Lobbyarbeit für eine Politik, die unabhängige lokale Unternehmen und Bauern stärkt, wirtschaftliche Gerechtigkeit befördert und die Umwelt schützt.[37]

Unzählige Städte in ganz Nordamerika versuchen bereits, ihre lokalen Wirtschaften zu stärken. So hat die San Francisco Locally Owned Merchants Alliance mehr als 50 Mitglieder und fördert unabhängige Einzelhandelsgeschäfte in lokalem Besitz. Die Kampagne „Buy Local Philly" wird vom Sustainable Business Network of Greater Philadelphia gesponsort und ist ein Netzwerk aus mehr als 200 lokalen und unabhängigen Unternehmen. Die Stadt Portland in Oregon hat eine Kampagne „Think Local First" ins Leben gerufen, die die Öffentlichkeit über die Vorteile einer stärker lokal orientierten Wirtschaft aufklären soll. Auch in Vancouver in Kanada gibt es eine „Buy Local, Support Yourself"-Kampagne, die die Verbraucher animieren soll, vor Ort einzukaufen und die lokale Mode-, Gastronomie- oder auch Kunstszene zu unterstützen.[38]

In einer Zeit, in der der Verbrauch von Öl und verwandten Energieträgern die Welt vor immer größere Herausforderungen stellt, müssen die Städte ihre Abhängigkeit von externen Märkten und von Transportsystemen auf der Grundlage fossiler Brennstoffe reduzieren. Was gebraucht wird, sind vermehrt lokale Produktions-, Vertriebs- und Konsumsysteme. Lokale Handelssysteme ermöglichen es den Städten nicht nur, unabhängiger zu werden, sie tragen auch zur Stärkung lokaler Ökonomien bei, indem sie ihnen die Fähigkeit und die Ressourcen an die Hand geben, um ihren Bedarf und ihre Bedürfnisse eigenständig zu decken.

Lokale Wirtschaftsakteure

Wer sind die Akteure in den lokalen Wirtschaften, und welche Rolle spielen sie bei der Stärkung dieser Ökonomien? Zunächst einmal sind die Lokalbehörden selbstverständlich wichtige Akteure. Sie errichten und erhalten die Infrastruktur, die für ökonomische Aktivitäten unerlässlich ist, sie setzen Standards fest, erlassen Gesetze und Verordnungen, erheben Steuern und Gebühren, die den Rahmen der wirtschaftlichen Entwicklung abstecken. Darüber hinaus beschaffen die Behörden über das öffentliche Auftragswesen eine breite Palette an Produkten und Dienstleistungen und üben so unter Umständen einen nicht unerheblichen Einfluss auf den Markt für diese Güter und Leistungen aus.

Kapitel 7: Lokale Ökonomien stärken

Ähnlich wie private Unternehmen agieren auch Behörden und bieten „Produkte" auf dem Markt an: Umweltdienstleistungen (Wasser, Abfallbewirtschaftung und Landnutzungskontrolle), ökonomische Dienstleistungen (Verkehrsinfrastruktur) und soziale Dienstleistungen (Bildung und Gesundheitswesen). Lokale Behörden unterliegen denselben Beschränkungen wie die meisten öffentlichen Institutionen: begrenzte Ressourcen, begrenzte rechtliche Kompetenzen, begrenzte Phantasie, Mut, Zeit etc. Sie können ihr Potenzial zur Stärkung der lokalen Ökonomien nur dann realisieren, wenn sie partnerschaftlich mit örtlichen Organisationen zusammenarbeiten.[39]

Lokale Behörden sind in den meisten Fällen auch einflussreiche Arbeitgeber und Verbraucher. Alle Mitglieder der Gemeinde haben ein legitimes Interesse daran, zu erfahren, was ihre Behörden tun, tun könnten oder tun sollten, um die lokale Wirtschaft zu stärken. Das können zum Beispiel Untersuchungen über Indikatoren, Vermögenswerte, Importe oder Subventionen sein; oder der Kapazitätsausbau mittels Unternehmensprogrammen, die mit Inkubatoren für Unternehmen in lokalem Besitz verbunden sind; oder die Förderung lokalen Einkaufs mit einem Einkaufsführer, einer Kampagne oder einer lokalen Währung; oder Investitionen in kommunale Fonds; sowie eine Lokalpolitik, die die intelligente Ausweisung von Wachstumszonen oder ein gesetzlich mandatiertes Mindesteinkommen umfasst.[40]

In vielen armen Ländern verfügen die lokalen Behörden weder über die Ressourcen noch über die Macht, um das lokale Geschäftsleben in irgendeiner Form zu unterstützen. Städte mit entwickelten Ökonomien und stärkeren Lokalbehörden haben hier mehr Möglichkeiten.

Eine vielversprechende Strategie, die Lokalbehörden zur Stärkung der heimischen Wirtschaft verfolgen können, ist eine Umbesteuerung, also eine Änderung der kommunalen Besteuerung. Steuern generieren Einkommen für Regierungen, sie können aber auch ein wirksames Instrument der Regierungsführung sein und Werte und Ziele von Gemeinden unterstützen. Das Grundprinzip der Umbesteuerung ist einfach: „Tax bads, not goods", das heißt, besteuert werden negative Verhaltensweisen, nicht Waren. Dadurch können wir die Wirtschaft in eine bestimmte erwünschte Richtung lenken. Besteuert werden Luftverschmutzung, Zersiedelung, Ressourcenübernutzung. Nicht besteuert werden Arbeitsplätze, Einkommen, Investitionen, positive städtische Entwicklung, der schonende Umgang mit Ressourcen. Besonders in den skandinavischen Ländern gibt es viele erfolgreiche Beispiele der Umbesteuerung – dort wird dieser Ansatz seit mindestens einem Jahrzehnt verfolgt. Lokalbehörden in Kanada und in anderen Ländern beginnen, die Vorteile dieser Umbesteuerung zu erkennen und ihr Potenzial genauer zu untersuchen.[41]

So hat sich 2005 eine Untersuchung der Simon Fraser University in Vancouver mit sechs potenziellen Bereichen beschäftigt, in denen die Stadt eine Umbesteuerung vornehmen könnte: CO_2-Emissionen, Trinkwasser, Parken, Festmüll, Straßenabwasser und Kanalisation. Das Ergebnis war beeindruckend: Eine Umbesteuerung könnte zu einer 23-prozentigen Reduktion der umweltschädlichen Aktivitäten führen und zusätzliche 21 Millionen US-Dollar Einkommen aus Steuern generieren. Diese Extramittel könnten für Steuererleichterungen, Subventionen und Rabatte für umweltfreundliche und nachhaltige Entwicklungsprogramme eingesetzt werden.[42]

Aber auch der Privatsektor spielt eine bedeutende Rolle bei der Stärkung lokaler Ökonomien. Ganz allgemein setzt unter dem Druck der Öffentlichkeit und angesichts der sozialen und ökologischen Realitäten langsam ein Umdenken in der Geschäftswelt ein. Im Laufe der letzten 10 bis 15 Jahre hat sich bei vielen Unternehmen doch die Einsicht durchgesetzt, dass sie eine gesellschaftliche Verantwortung tragen und somit auch dem Allgemeinwohl verpflichtet sind, nicht nur dem Profit. Unternehmen und Organisationen erkennen immer klarer ihre gesellschaftliche Verpflichtung, ethisch, sozial und ökologisch verantwortungsbewusst zu handeln. Manche Firmen sind zur sogenannten „triple-bottom-line"-Bilanzierung übergegangen, das heißt, sie messen ihre Leistung nicht nur nach ökonomischen, sondern auch nach sozialen und ökologischen Gesichtspunkten. Viele Manager entdecken, dass es durchaus Vorteile hat, wenn sie ihre Unternehmensstrategien mit den Werten der Stakeholder in Einklang bringen.[43]

Die gesellschaftliche Verantwortung von Unternehmen (Corporate Social Responsibility – CSR) ist heute ein Schlagwort in der Geschäftswelt. Es gibt Standards, an die sich Unternehmen halten können, wenn sie sozial und ökologisch verantwortungsbewusst handeln möchten. Die allgemeinen CSR-Prinzipien betreffen Ethik, Rechenschaftspflicht, Führung, Gewinne, Einstellungskriterien, Geschäftsbeziehungen, Produkte und Dienstleistungen, gesellschaftliches Engagement und Umweltschutz.[44]

CSR ist vorwiegend ein Phänomen der reicheren Länder, aber, wie oben erwähnt, verändert eine Bewegung wie Fair Trade auch die Wirtschaftsbeziehungen in den Entwicklungsländern, wenn die Unternehmen die sozialen und ökologischen Kosten ihres Handelns erkennen. Fair-Trade-Standards umfassen die CSR-Prinzpien, einschließlich Umweltschutz, lokales soziales Engagement und faire Löhne.

Neue Trends in der Welt der Unternehmen, wie CSR, stellen eine bedeutende Veränderung der Denkweise dar. Heute spielen sozial und ökologisch verantwortungsbewusste Firmen eine zentrale Rolle in der nachhaltigen wirtschaftlichen Entwicklung, insbesondere auf lokaler Ebene.

Über die lokalen Behörden und den Privatsektor hinaus sind natürlich die Menschen in ihrem tagtäglichen Leben als Arbeiter und Verbraucher, als Wähler, Freiwillige und Engagierte wichtige Akteure in der lokalen wirtschaftlichen Entwicklung. Menschen, die sich nicht engagieren, beschränken ihre Beteiligung in ihrer Gemeinde. Manche zeigen ihr Desinteresse, indem sie ihre Geschäfte anderswo machen, andere schicken ihre Kinder auswärts zur Schule und zur Arbeit. Wieder andere geben gänzlich auf und ziehen in ein anderes Viertel, eine andere Stadt, ein anderes Land. Aber nur durch die aktive Beteiligung in ihrer Gemeinde können die Menschen eine nachhaltige Wirtschaft schaffen - kurz: Das Engagement der Bürger ist eine wesentliche Komponente zur Stärkung der lokalen Ökonomien.

Gemeindekapital: Die Nutzung all unserer Ressourcen

Alternative ökonomische Theorien und Ideen sind nichts Neues: Schon 1973 plädierte E. F. Schumacher in seinem Buch *Small is Beautiful: Die Rückkehr zum menschlichen Maß* für eine „neue Ökonomie"- eine kleinskalige Entwicklung auf der Basis der Bedürfnisse der Menschen. Seitdem sind zahlreiche lokalökonomische Ansätze aufgetaucht, sowohl aus den Industrie- als auch aus den Entwicklungsländern - Ansätze, die in der Gemeinde wurzeln und bei denen die lokalen Bedürfnisse und Ziele im Mittelpunkt stehen. Entstanden sind sie als Reaktion auf die negativen Auswirkungen der Globalisierung und als Politikansatz für nachhaltige Entwicklung auf Gemeindeebene. Die Konzepte „Lokale wirtschaftliche Entwicklung" (Community Economic Development - CED) und „Sustainable Livelihoods" (etwa: nachhaltiger bedürfnisorientierter Lebensunterhalt) sind zwei Beispiele dieser alternativen Strategien.[45]

Das Konzept der lokalen wirtschaftlichen Entwicklung (CED) bietet einen Rahmen für die nachhaltige wirtschaftliche Entwicklung einer Region. Ihre Grundprinzipien umfassen einen lokalorientierten Entwicklungsansatz, direkte und relevante Beteiligung der Bürger, die Integration ökonomischer, ökologischer und sozialer Aspekte in die lokale Entwicklung, vermögensorientierte Entwicklung gemäß den Stärken und Ressourcen der Gemeinde (anstatt auf Grundlage von Defiziten) sowie Unterstützung der Selbstbestimmung der Gemeinde. Lokale wirtschaftliche Entwicklung „ist ein Prozess, der es den Gemeinden ermöglicht, eigene Lösungen für wirtschaftliche Probleme zu suchen, dadurch langfristige lokale Kapazitäten aufzubauen und die Integration ökonomischer, sozialer und ökologischer Ziele zu fördern".[46]

Genau wie das Konzept der Nachhaltigkeit zu einem Umdenken in der Verkehrs- und Energieplanung geführt hat, so muss sich auch der Schwerpunkt der wirtschaftlichen Entwicklung verlagern: weg vom klassischen Ziel des Wachstums hin zur Reduzierung der gesellschaftlichen Abhängigkeit von Wachstum - in anderen Worten: Wir brauchen ein ökonomisches Nachfragemanagement. Das hat Folgen für eine nachhaltige lokale Entwicklung, insbesondere im Hinblick auf Beschäftigung und die Ökonomie.[47]

Lokale wirtschaftliche Entwicklung im Sinne des CED-Ansatzes fördert nicht nur Initiativen, die zur wirtschaftlichen Gesundheit und zur Überlebensfähigkeit von Gemeinden beitragen, sie betont auch ökologische Aspekte und die Bedeutung sozialer Fragen. Einige Beispiele von nachhaltigen CED-Initiativen:
- Car-Sharing. Es reduziert die Kosten und macht den Besitz eines eigenen Auto nicht mehr notwendig (Bremen).
- Nachhaltige Beschäftigungspläne zur Schaffung von Arbeitsplätzen, Ankurbelung des privaten Konsums und Senkung der Luftverschmutzung durch öffentliche Investitionen in Energiesparmaßnahmen (San José, Kalifornien).
- Produktentwicklung. Hersteller sollen angespornt werden, mit kommunaler Forschungs- und Entwicklungshilfe umweltfreundliche Produkte zu entwickeln (Gothenberg, Schweden).
- Vergrößerung des Angebots an bezahlbarem Wohnraum durch eine Ausweisung von Zonen, die eine Vielzahl von Wohnungs- und Haustypen zulassen, einschließlich kleiner und Mehrfamilienhäuser (Portland, Oregon).
- Erprobung lokaler Selbstbestimmung durch die Gründung enger autonomer wirtschaftlicher Netzwerke (St. Paul, Minnesota).
- Von der Gemeinde unterstützte Projekte, um landwirtschaftlich genutzte Fläche zu bewahren und Bauern bei der Vermarktung von frischem Gemüse und Obst in den Städten zu helfen (Vancouver; London, Ontario; New York City).
- Schaffung einer lokalen Währung, die den Umlauf lokaler Ressourcen fördert und soziale Bindungen stärkt (z.B. durch lokale Tausch- und Handelsorganisationen wie LETS) (Toronto; Ithaca, New York; Großbritannien).
- Lokale Eigentumsentwicklungsprogramme mit einem revolvierenden Kreditfonds zur Schaffung von Unternehmen in Mitarbeiterhand. Derartige Unternehmen versprechen langfristig mehr Stabilität, und es werden eher Ortsansässige eingestellt, geschult und gefördert (Burlington, Vermont).
- Ein lokales Recyclingdepot für Getränkedosen, das Obdachlose beschäftigt, sogenannte „dumpster divers", und ihnen Kenntnisse, Weiterbildung und Selbstwertgefühl vermittelt (Vancouver).[48]

Mit dem CED-Ansatz eng verwandt ist das Konzept der Sustainable Livelihoods. Hier geht es in erster Linie um die Bekämpfung der Armut, indem sowohl die unmittelbaren als auch die langfristigen Bedürfnisse von Einzelpersonen und Haushalten in den Mittelpunkt gestellt werden. Die soziale, ökologische und ökonomische Nachhaltigkeit der Erwerbsarbeit und -strategien bleibt dabei im Blickfeld. Das Konzept der Sustainable Livelihoods bietet einen Rahmen für das Verständnis der praktischen Realitäten und Prioritäten der Menschen, die in Armut leben – das bedeutet, im Mittelpunkt der Betrachtung stehen die Fragen: Wie erarbeiten sich arme Menschen eigentlich ihren Lebensunterhalt und auf welche Ressourcen können sie zurückgreifen? Welche Alltagsprobleme müssen sie bewältigen?[49]

Kapitel 7: Lokale Ökonomien stärken

Sustainable Livelihoods will nicht nur Einkommen generieren, es geht auch darum, den Zugang zu und die Kontrolle über lokale Ressourcen zu verbessern und dazu beizutragen, dass Menschen in Schock- und Stresssituationen (sei es durch Krankheit, Naturkatastrophen oder Arbeitsplatzverlust), die ihre Verschuldung und Armut naturgemäß noch verschlimmern würden, weniger verwundbar sind.[50]

Historisch gesehen wurde der Sustainable-Livelihoods-Ansatz in erster Linie in ländlichen Armutszusammenhängen praktiziert. Aber er kann sehr gut auf urbane Armut und Erwerbsstrategien umgemünzt werden. Er ist in der Tat unerlässlich, will man städtische Armut langfristig beseitigen. Laut ILO sind 184 Millionen Menschen weltweit arbeitslos, eine Zahl, die sehr wohl auch auf eine Milliarde ansteigen könnte, würde man die Unterbeschäftigten miteinbeziehen.[51]

Die Konzepte Community Economic Development und Sustainable Livelihoods bilden zusammen einen nützlichen Rahmen für einen alternativen Ansatz zu ökonomischer Entwicklung, mit besonderem Blick auf die Entwicklung starker lokaler Ökonomien.

Werden die kumulativen Effekte der hier aufgeführten kleinen Initiativen ausreichen, um Gemeinden und Wirtschaften zu schaffen, die stark genug sind, um dem Druck und den Problemen einer zunehmend urbanisierten Welt zu widerstehen? Wie zu Beginn erwähnt, lassen traditionelle Ansätze ökonomischer Entwicklung wenig Raum für die Stärkung lokaler Wirtschaften. Was muss sich am Gesamtansatz also ändern, damit starke lokale Ökonomien entstehen können?

Städte, Gemeinden und lokale Ökonomien sind multidimensionale Strukturen, in denen soziale, ökonomische, ökologische und kulturelle Faktoren in ein komplexes Interaktionsgeflecht eingebunden sind. Manche Analysten sehen lokale Ökonomien nur durch die Brille „Vermögenswerte" oder „Kapital". Der Begriff „Gemeindekapital", der sich im herkömmlichen Sinne nur auf ökonomisches oder Finanzkapital bezieht, wurde in letzter Zeit ausgeweitet und bezieht heute auch andere Formen des Kapitals mit ein. Die Stärkung der lokalen Ökonomien erfordert eine vermehrte Konzentration auf die folgenden sechs Formen von Kapital:
- Minimierung des Verbrauchs natürlichen Kapitals: Wir müssen innerhalb der ökologischen Grenzen leben, die natürlichen Ressourcen schützen und verbessern, die Ressourcen nachhaltig nutzen (Boden, Luft, Wasser, Energie etc.), sauberere Produktionsverfahren anwenden und Abfall vermeiden (Fest- und Flüssigabfall, Luftverschmutzung etc.).
- Die Verbesserung des physischen Kapitals: Wir müssen unter anderem den Schwerpunkt auf Gemeindewerte legen, zum Beispiel Krankenhäuser und Schulen, die Bereitstellung von Wasser und Kanalisation, effizienten Transport, sichere und qualitativ hochwertige Wohnungen, adäquate Infrastruktur und Telekommunikation.

– Die Stärkung des ökonomischen Kapitals: Das bedeutet die optimale Nutzung bestehender Ressourcen (zum Beispiel die Nutzung von Abfall als Ressource); die Erhöhung des lokalen Geldumlaufs; lokale Produktion von Waren, um Importe ersetzen zu können; Entwicklung neuer Produkte; Fairer Handel und gemeindebasierte Finanzinstitutionen.
– Die Stärkung des Humankapitals: Wir müssen den Schwerpukt auf Bereiche wie Gesundheit, Bildung, Ernährung, Alphabetisierung, Familien- und Gemeindezusammenhalt legen. Darüber hinaus sind bessere Schulung und bessere Beziehungen am Arbeitsplatz vonnöten, damit die Arbeiter produktiver und innovativer werden. Grundlegende Faktoren der Gesundheit wie Frieden und Sicherheit, Nahrung, Wohnung, Bildung, Einkommen und Beschäftigung sind unerlässliche Voraussetzungen.
– Die Erhöhung des Sozialkapitals: Das bedeutet Konzentration auf eine effektive und repräsentative lokale Regierung, starke Organisationen, Kapazitätsaufbau, partizipatorische Planung, Zugang zu Informationen sowie Zusammenarbeit und Partnerschaft.
– Die Erhöhung des Kulturkapitals: Die Achtung und Beachtung von Traditionen und Werten, kulturellem Erbe, Orten, Kunst, Vielfalt und sozialer Geschichte.[52]

Die Stärkung der lokalen Ökonomien erfordert die Mobilisierung der Menschen und ihrer Regierungen, damit sie all diese Formen des Kapitals aufbauen können. Die Mobilisierung der Gemeinde ist notwendig, um das Gemeindekapital zu koordinieren, auszubalancieren und zu katalysieren. Dieser Ansatz zu stärkeren lokalen Ökonomien erfordert auch ein Umdenken in Bezug auf allgemeinere Fragen der lokalen Nachhaltigkeit und Selbstbestimmung, aber auch spezifische Innovationen in Bezug auf Gemeindeeigentum, Management, Finanzierung, Organisation, Kapazitäten und Lernen. Dieser Ansatz wird zunehmend Sustainable Community Development genannt. Er umfasst sowohl Strategien des Community Economic Development als auch der Sustainable Livelihoods.

Individuelle Handlungen und Lebensstilentscheidungen, zum Beispiel ob man Bio-Produkte kauft oder nicht, sind wichtige persönliche Beiträge. Lokale Ökonomien können jedoch nur nachhaltig gestärkt werden, wenn eine kollektive Veränderung der individuellen Handlungen und politischen Entscheidungen und Wahlmöglichkeiten stattfindet. Die lokale Mobilisierung war in manchen Kontexten und Regionen erfolgreich. Die Genossenschaftswirtschaft der Emilia Romagna in Norditalien, die Grameen Bank in Bangladesh, die Vancity Credit Union in Vancouver, die Schneiderinnengenossenschaft in Nueva Vida und die Kampagnen für lokalen Handel in Nordamerika – sie alle illustrieren das Potenzial in einer Gemeinde mit dem Ziel, die lokale Ökonomie zu stärken.

Starke lokale Wirtschaften sind ein grundlegender Bestandteil nachhaltiger Gemeinden. Sie geben den Gemeinden die Fähigkeit und die Ressourcen an die

Hand, um spezifische und unmittelbare Probleme, zum Beispiel Gesundheitsversorgung, Wohnraum, Trinkwasser und Kanalisation, Katastrophenvermeidung und -reaktion, selbst zu bewältigen. Ob Dorf, Kleinstadt oder Metropole, ob arm oder reich – alle brauchen starke lokale Ökonomien, damit sie dem Druck einer zunehmend urbanisierten Welt standhalten können.

Anmerkungen

1. United Nations Population Division, *World Urbanization Prospects: The 2005 Revision*, Online-Datenbank unter esa.un.org/unup, September 2006.
2. UN-HABITAT, *State of the World's Cities, 2006/7* (London: Earthscan, 2006); International Council for Local Environmental Initiatives (ICLEI), *Accelerating Sustainable Development: Local Action Moves the World* (New York: United Nations Economic and Social Council, 2002).
3. Mark Magnier, „Huge Environmental Battle Leaves Legacy of Rage", *Los Angeles Times*, Abdruck in *Vancouver Sun*, 6. September 2006; verschmutzte Städte nach UN-HABITAT, op. cit. Anm. 2.
4. Magnier, op. cit. Anm. 3.
5. *China Daily* zitiert in ibid.
6. UN HABITAT, op. cit. Anm. 2.
7. Millennium Development Goals, siehe www.un.org/millenniumgoals.
8. UN Millennium Project, *Investing in Development: A Practical Plan to Achieve the Millennium Development Goals* (London: Earthscan, 2005); Millennium Villages Project, *Annual Report: Millennium Research Villages–First Year July 2004 to June 2005* (New York: Earth Institute at Columbia University, 2005); Earth Institute Millennium Villages Project, unter www.earthinstitute.columbia.edu/mvp, Stand 30. September 2006.
9. Lee Scott, Geschäftsführer von Wal-Mart, „Wal-Mart: 21st Century Leadership", Rede vom 24. Oktober 2005; Kritiker siehe Wal-Mart, „Sustainability: Starting the Journey", unter walmartstores.com/GlobalWMStoresWeb/navigate.do?catg=345.
10. Ankündigung von Jad Mouawad, Oktober 2005, „The Greener Guys", *New York Times*, 30. Mai 2006; Scott, op. cit. Anm. 9; Michael Pollan, „Mass Natural", *New York Times Magazine*, 4. Juni 2006.
11. Sean Markey et al., *Second Growth: Community Economic Development in Rural British Columbia* (Vancouver: University of British Columbia Press, 2005).
12. Stephan J. Goetz und Hema Swaminathan, *Wal-Mart and County-Wide Poverty*, Staff Paper No. 371 (State College, PA: Department of Agricultural Economics and Rural Sociology, Pennsylvania State University, 2004); Michael H. Shuman, *The Small-Mart Revolution: How Local Businesses Are Beating The Global Competition* (San Francisco: Berrett-Koehler Publishers, 2006).
13. Shuman, op. cit. Anm. 12.
14. Civic Economics, *Economic Impact Analysis: A Case Study: Local Merchants vs. Chain Retailers*, erstellt für Liveable City (Austin 2002); Goetz und Swaminathan, op. cit. Anm. 12, S. 12.
15. Weitere Informationen sind abrufbar auf der Website der Local Government Commission, Rocky Mountain Institute und von Smart Growth America.

16. Kasten 7.1 nach John Restakis, *The Emilian Model—Profile of a Co-operative Economy*, British Columbia Co-operative Association (Vancouver, BC: ohne Datum) und nach John Restakis, *The Lessons of Emilia Romagna* (Vancouver, BC: British Columbia Co-operative Association, 2005).
17. Ian MacPherson, „Into the Twenty-First Century: Co-operatives Yesterday, Today and Tomorrow", in British Columbia Institute for Co-operative Studies, *Sorting Out: A Selection of Papers and Presentations, 1995-2005* (Victoria 2004); Zitat nach Johnston Birchall, *Rediscovering the Co-operative Advantage: Poverty Reduction through Self-help* (Genf: Co-operative Branch, International Labour Office, 2003), S. 3; Kasten 7.2 nach International Co-operative Alliance, Statement über Co-operative Identity unter www.ica.coop/coop/principles.html, Stand 30. September 2006.
18. Julia Smith, *Worker Co-operatives: A Glance Around the World* (Victoria, BC: British Columbia Institute for Co-operative Studies, 2003).
19. Benjamin Dangl, „Worker-Run Cooperatives in Buenos Aires", *Z Magazine*, April 2005; Geoff Olson, „The Take—A Story of Hope", *Common Ground*, November 2004.
20. Smith, op. cit. Anm. 18.
21. Birchall, op. cit. Anm. 17; United Nations, „Cooperatives Are Significant Actors in Development, says Secretary-General", Pressemitteilung (New York: 7. Juli 2001).
22. Allgemeine Informationen über Mikrofinanzierung siehe Consultative Group to Assist the Poor, unter www.cgap.org.
23. Microcredit Summit Campaign, unter www.microcreditsummit.org, Stand 16. September 2006; Sam Daley-Harris, *State of the Microcredit Summit Campaign Report 2005* (Washington, DC: Microcredit Summit Campaign, 2005).
24. Daley-Harris, op. cit. Anm. 23.
25. International Year of Microcredit 2005, *Microfinance and the Millennium Development Goals* (New York: U.N. Capital Development Fund, 2005).
26. Grameen—Banking for the Poor, unter www.grameen-info.org/index.html, Stand 30. September 2006.
27. Celia W. Dugger, „Peace Prize to Pioneer of Loans for Those Too Poor to Borrow", *New York Times*, 14. Oktober 2006; Grameen—Banking for the Poor, op. cit. Anm. 26; Alexandra Bernasek, „Banking on Social Change: Grameen Bank Lending to Women", *International Journal of Politics, Culture and Society*, Frühjahr 2003, S. 369-85.
28. International Year of Microcredit 2005, op. cit. Anm. 25; Kasten 7.3 nach Unitus—Innovative Solutions to Global Poverty, unter www.unitus.com/sections/impact/impact_css_kenya.asp; Daley-Harris, op. cit. Anm. 23.
29. Bernasek, op. cit. Anm. 27; Rosintan D. M. Panjaitan-Drioadisuryo und Kathleen Cloud, „Gender, Self-employment and Microcredit Programs: An Indonesian Case Study", *The Quarterly Review of Economics and Finance*, vol. 39 (1999), S. 769-79.
30. World Council of Credit Unions, unter www.woccu.org, Stand 15. Oktober 2006.
31. Informationen und Kasten 7.4 aus Vancouver City Savings Credit Union, unter www.vancity.com/MyCommunity, Stand 30. September 2006.
32. Shorebank Pacific, unter www.eco-bank.com, Stand 30. September 2006.
33. Tabelle 8.1 nach Fair Trade Labelling Organizations International, unter www.fairtrade.net/30.html, Stand 30. September 2006; William Young und Karla Utting, „Fair Trade, Business and Sustainable Development", *Sustainable Development*, vol. 13 (2005), S. 139-42.
34. Fair Trade Labelling Organizations International, op. cit. Anm. 33.

Kapitel 7: Lokale Ökonomien stärken

35. TransFair Canada, unter www.transfair.ca/en/fairtrade, Stand 30. September 2006; Fair Trade Labelling Organizations International, op. cit. Anm. 33.
36. Kasten 7.5 nach Centre for Development in Central America, unter www.fairtradezone.jhccdca.org/story.htm.
37. Business Alliance for Local Living Economies, unter www.livingeconomies.org, Stand 14. Oktober 2006.
38. Lokale Kampagnen, ibid.
39. ICLEI, International Development Research Centre (IDRC) und United Nations Environment Programme, *The Local Agenda 21 Planning Guide* (Toronto und Ottawa, ON: ICLEI und IDRC, 1996); Mark Roseland, *Toward Sustainable Communities: Resources for Citizens and Their Governments* (Gabriola Island, BC: New Society Publishers, 2005).
40. Shuman, op. cit. Anm. 12.
41. Zane Parker, „Unravelling the Code: Aligning Taxes and Community Goals", *Focus on Municipal Assessment and Taxation*, Juni 2005, S. 46-47.
42. Mark Roseland, Hg., *Tax Reform as If Sustainability Mattered: Demonstrating Ecological Tax-Shifting in Vancouver's Sustainability Precinct* (Vancouver, BC: Simon Fraser University, 2005).
43. Judy Wicks, *Local Living Economies: The New Movement for Responsible Business* (San Francisco: Business Alliance for Local Living Economies, 2006).
44. Social Venture Network, Standards of Corporate Social Responsibility, 1999, unter www.svn.org/initiatives/standards.html, Stand 30. September 2006.
45. E. F. Schumacher, *Small is Beautiful* (New York: Harper & Row, 1973).
46. Markey et al., op. cit. Anm. 11, S. 2.
47. Roseland, op. cit. Anm. 39.
48. Ibid.
49. Lucy Stevens, Stuart Coupe und Diana Mitlin, Hg., *Confronting the Crisis in Urban Poverty: Making Integrated Approaches Work* (Warwickshire, UK: Intermediate Technology Publications, 2006); Robert Chambers und Gordon Conway, „Sustainable Rural Livelihoods: Practical Concepts for the 21st Century", IDS Discussion Paper No. 296 (Brighton, U.K.: Institute of Development Studies, Dezember 1991).
50. Stevens, Coupe und Mitlin, op. cit. Anm. 49.
51. International Labour Office, Global Employment Trends Brief, Februar 2005.
52. Roseland, op. cit. Anm. 39.

Stadtporträt Brno:
Von der Industriebrache zum urbanen Zentrum

Vaňkovka, ursprünglich die Maschinenfabrik von Friedrich Wannieck, wurde 1992 zum tschechischen Industriedenkmal erklärt. Als Vaňkovka 1864 gebaut wurde, lag das Areal außerhalb des historischen Stadtkerns von Brno. Im Laufe der Zeit jedoch wuchs die Stadt, und das Werksgelände befand sich schon bald im Herzen eines geschäftigen Viertels zwischen dem Busbahnhof und dem Bahnhof. Während der Gründerzeit war Brno das, was man heute ein Technologie-Innovationscluster nennen würde, und in seiner Goldenen Ära war Vaňkovka das Symbol für die Innovationskraft und den technologischen Fortschritt der Stadt.[1]

Nach der Samtenen Revolution, die im Jahre 1989 die kommunistische Regierung zu Fall gebracht hatte, gingen traditionelle Märkte verloren. Im Rahmen der zentralen Planwirtschaft in Osteuropa waren Fabriken im Stadtzentrum entstanden und Plattenbausiedlungen entlang der Straßenbahn- und Buslinien am Stadtrand. Als die produzierende Industrie starb, starb auch fast ein Drittel der Industriegebiete im Südosten der Stadt. Sie wurden zu Brachen: verlassene oder dauerhaft ungenutzte Gebäude wie z.B. ehemalige Fabriken oder Kasernen.[2]

Heute erinnert sich Brno bewusst an seine industriellen Anfänge im 19. Jahrhundert. In den frühen 1990er Jahren begann die Stadt mit der Planung des Süd-Zentrums, eines neuen Viertels auf dem ungenutzten Gelände zwischen der historischen Altstadt und dem künftigen neuen Bahnhof. Im östlichen Teil dieses Gebiets steht die frühere Vaňkovka, eine Maschinenfabrik mit Gießerei. Die heruntergekommenen Gebäude waren ein Schandfleck an der vielbefahrenen Verkehrsader.

Die Idee, auch Vaňkovka in das Konversionsprojekt aufzunehmen, kam 1993 während der Feiern zum 750. Geburtstag von Brno auf. Im folgenden Jahr gründeten mehrere Organisationen eine Stiftung, aus der später der Bürgerverein Vaňkovka hervorgehen sollte. Ihr Ziel war es, das Ensemble zu renovieren. Als Gewerbe-, Kultur- und Bildungszentrum sollte ihm neues Leben eingehaucht werden. Das Project for Public Spaces, eine Nichtregierungsorganisation aus New York, unterstützte die Arbeit, denn man erkannte den enormen Charme und das Potenzial von Vaňkovka und auch, dass dieses Projekt als Motor für die Revitalisierung des umliegenden Viertels fungieren könnte. In den USA und in Europa war man mit ähnlichen Projekten schon erfolgreich gewesen. Und auch dort waren sie oft von kleinen Gruppen engagierter und unermüdlicher Bürgerinnen und Bürger ins Rollen gebracht worden.[3]

Zahlreiche Bürgerinitiativen, Kultur- und Bildungsorganisationen, private Geber und Behörden, einschließlich des Stadtrats von Brno, taten sich zusammen, um Vaňkovka zu retten. Das Stadtplanungsamt ließ untersuchen, ob und wie das Ensemble unter Denkmalschutz gestellt werden könnte und welche neuen Nutzungsmöglichkeiten sich anboten. Der Stadtrat unterstützte die Privatisierung, und das Areal wurde als geschütztes Ensemble aus den Restimmobilien des staatlichen Unternehmens ZETOR herausgelöst. Darüber hinaus erklärte sich die Stadt bereit, 51,6 Millionen tschechische Kronen (damals 1,34 Millionen Dollar) zur Übernahme der Schulden des Unternehmens zur Verfügung zu stellen, womit sie Eigentümerin von Vaňkovka wurde.[4]

© Libor Teplý, www.volny.cz/fotep

Nach der Renovierung: Hinter der Fassade der alten Gießerei liegt jetzt das NGO-Zentrum.

Das Umweltamt der Stadt Brno ließ die Altlasten ermitteln, damit künftige Investoren über die Risiken informiert werden konnten. Das Gelände war hoch verseucht mit Schwermetallen, Zyaniden, polyzyklischen aromatischen Kohlenwasserstoffen (PAK) und Öl, und die Kosten für die Sanierung wurden auf 7-8 Millionen tschechische Kronen (damals 181.000-207.000 Dollar) geschätzt.[5]

Ausstellungen, Theater, Konzerte, Workshops, Festivals und Kinderprogramme, die mittlerweile auf dem Vaňkovka-Gelände veranstaltet wurden, zogen Tausende von Besuchern an. Die meisten fanden in der Musterwerkstatt und der Kernformerei des alten Fabrikgebäudes statt. Gegen Ende der 90er Jahre hatte man schon mehr als 170 Veranstaltungen verzeichnet, und Vaňkovka war eine feste Größe im Kulturkalender der Region geworden – sogar aus dem Ausland kam Unterstützung.[6]

Kurz nachdem im September 2000 die Stadt Brno Eigentümerin des Ensembles geworden war, präsentierte das deutsche Unternehmen ECE Pläne für ein 37.000 qm großes Einkaufszentrum – eine Investition von 120 Millionen Dollar. Das Unternehmen nahm die Gesprächseinladung des Bürgervereins Vaňkovka an, und die Diskussionen brachten tschechische und ausländische Experten und die Öffentlichkeit zusammen, und alle Stakeholder konnten ihren Beitrag leisten. Der Großteil des Gebäudes wurde in die Galerie Vaňkovka – das Einkaufszentrum – umgewandelt, zwei der unter Denkmalschutz stehenden Originalgebäude – die Maschinenhalle und das Verwaltungsgebäude – blieben unverändert, und die Kernformerei sowie ein Teil der Fassade der Gießerei wurden in das neue Gebäude integriert.[7]

Als die Einkaufsarkade 2005 eröffnet wurde, wurde auch ein behindertengerechter Bereich als Kultur- und Gemeindezentrum für Nichtregierungsorganisationen zur Verfügung gestellt. Der Name dieses Zentrums, Slévárna Vaňkovka, erinnert an die frühere Gießerei. Es besteht aus dem Cafe Práh, einem Informationszentrum für Jugendliche und einer Mehrzweckhalle. Die Brno Süd-Zentrum Stadtentwicklungsgesellschaft investierte die Erlöse aus dem Verkauf der Teile des Geländes an ECE in die Renovierung der beiden Originalgebäude. Die frühere Maschinenhalle ist heute ein Ausstellungsraum für moderne tschechische Kunst und trägt den Namen ihres Erbauers: Wannieck-Galerie. Der Planungsprozess hat auch eine Diskussion über die Nutzung des öffentlichen Raums in und um das Vaňkovka-Gelände – die sogenannten „Vaňkovka-Straßen" – und über eine Modernisierung der Infrastruktur ausgelöst.

Nach mehr als 15 Jahren kann man die Revitalisierung der Industriebrache mitten in Brno als gelungen bezeichnen – sie bringt der Stadt Vorteile und Einkommen. Die Entwicklung von Vaňkovka, das mit seiner zentralen Lage und der guten Anbindung an den öffentlichen Nahverkehr ein hervorragender Standort ist, hat auch die Zukunftschancen der umliegenden Viertel erhöht. Die Vaňkovka-Erfolgsgeschichte hat Brno international bekannt gemacht: Die systematische Revitalisierungspolitik für innerstädtische Industriebrachen hat Vorbildcharakter. Jetzt hofft man, weitere Industriebrachen in der Region ähnlich erfolgreich wiederbeleben zu können.

Die Vaňkovka-Erfahrung zeigt auch, wie wichtig kreative und visionäre Bürgerinitiativen und gemeinnützige Organisationen für die Konversion von Industriebrachen sind. Der Bürgerverein Vaňkovka hat dem Gebäudekomplex nicht nur Sichtbarkeit verliehen, er hat auch dazu beigetragen, komplizierte Eigentumsverhältnisse konstruktiv zu lösen. Diese Aktivitäten erhöhen das soziale Potenzial des Geländes ebenso wie seine Attraktivität als Firmenstandort. Darüber hinaus reduzieren sie den Bedarf für Gewerbegebiete „auf der grünen Wiese". Die innovative Arbeit der Bürgerinitiative zur Förderung kultureller Aktivitäten wird jetzt in Konversionsprojekten für Industriebrachen in anderen tschechischen Städten nachgeahmt.[8]

Eva Staňková, Bürgerverein Vaňkovka

Anmerkungen

1. Karel Kuča, *BRNO - Vývoj Města, Předmestí a Připojených Vesnic* (Prag-Brno: BASET, 2000); Die hundertjährige Geschichte der ersten Brünner Maschinen-Fabriksgesellschaft in Brünn von 1821 bis 1921 (Leipzig: Von Eckert & Pflug, ohne Jahr); Alstom Power, *100 Let Parních Turbín v Brně* (2002).
2. Kovoprojekta Brno a.s., *Územní Generel Výroby Města Brna - Obecná Analýza* (2001-03).
3. Karel Stránský, „Obnova a rozvoj města na příkladu projektu Jižní centrum", in Brno—Misto Uprostřed Evropy, Protokoll der internationalen Konferenz, 2.-4. Dezember 1993, S. 155-60; www.pps.org/info/projects/international_projects/czech_placemaking; „Krok za Krokem", Video über die Aktivitäten von PPS in der Tschechischen Republik, Místa v srdci-Stiftung, Prag, 1996.
4. B.I.R.T. Consulting, s.r.o., *Variantní Ekonomická Studie Využití Areálu Vaňkovka*, September 1996; Ilos Crhonek, PhD, „Areál Strojírenského Závodu Vaňkovka na Zvonařce v Brně—Stavebně Historický Průzkum", 1997; „Protokoll der Stadtverordnetensitzung Brno nr. Z3/O19", 20. Juni 2000.
5. AQUA PROTEC, *Environmental Pollution Risk Analysis - ZETOR s.p. VANKOVKA Complex* (Brno: Mai 1997).
6. „Program 1994-1999", unter www.vankovka.cz/index.php?lang=cz&page=9&program=1.
7. Milena Flodrová and Libor Teplý, *Proměny Vaňkovky - The Changing Faces of Vaňkovka* (Brno: FOTEP, 2005).
8. Jiřina Bergatt Jackson und Kollektiv, *Brownfields Snadno a Lehce* (Prag: Institut pro Udržitelný Rozvoj Sídel, 2004).

Janice E. Perlman / Molly O'Meara Sheehan

Kapitel 8: Der Kampf gegen Armut und für Umweltgerechtigkeit in den Städten

„Städte wie Träume sind aus Wünschen und Ängsten gebaut", schreibt Italo Calvino in *Die unsichtbaren Städte*. Sie können Tagträumen gleichen, oder auch Alpträumen, je nach Stadt, nach Zeitpunkt, nach sozialer und physischer Position des Betrachters. Wie Regionen und Länder haben auch Städte eine ungleichmäßige Entwicklung durchlaufen. Vielfach hat sich die Ungleichheit zwischen Arm und Reich, zwischen dazugehörig und ausgeschlossen, zwischen der „formalen" und der „informellen" Stadt durch das Unvermögen der Regierungen, globalisierungsbedingte Ungleichheiten aufzuheben, verstärkt.[1]

Die informelle Stadt besteht aus illegalen Siedlungen, besetzten Wohn- und Geschäftsgebäuden, provisorischen Unterkünften für Flüchtlinge oder Wanderarbeiter und häufig auch aus heruntergekommenen Gebäuden des „sozialen Wohnungsbaus". Über 40 Prozent der urbanen Bevölkerung in den Ländern des Südens leben heute in solchen Vierteln und Siedlungen, zum Beispiel 41 Prozent der Stadtbevölkerung von Mumbai und 47 Prozent der Bevölkerung Nairobis. Den Bewohnern fehlt es meist an einer grundlegenden städtischen Infrastruktur (Wasser, Kanalisation, Elektrizität, Straßen) und an der rechtlichen Absicherung ihrer Wohnverhältnisse, beispielsweise durch Besitzrechte an Grundstücken oder Unterkünften. Selbst dort, wo informelle Siedlungen und Viertel über eine städtische Infrastruktur und ein De-facto-Recht zur Nutzung von Grund und Boden verfügen, bleiben sie dennoch stigmatisierte Räume, während die schlecht bezahlten Dienstleistungen ihrer Bewohner dazu beitragen, für die Privilegierten in der formalen Stadt den Traum vom schönen Leben aufrechtzuerhalten.[2]

Da die Preise auf dem Wohnungsmarkt der formalen Stadt für die Armen unerschwinglich sind, bleibt ihnen keine andere Wahl, als dort zu leben, wo es am gefährlichsten ist: auf der Straße, wie in Indien; in Gassen vor den Toren reicher Häuser, wie in vielen asiatischen Städten; an Hanglagen, die für eine konventionelle Bebauung zu steil sind, wie in den *Favelas* von Rio de Janeiro; auf Pfahlbauten in Sumpfgebieten, wie in den *Alagados* von Salvador da Bahia; in Überschwemmungsgebieten, wie in den zahlreichen *Kampungs* von Jakarta; auf Müllhalden, wie in Manila; oder sogar auf Friedhöfen, wie in Kairo. Dort leben Familien oft über mehrere Generationen und verbessern im Laufe der Zeit den Zustand ihrer Unterkünfte und Siedlungen. Selbst junge Menschen, die den Sprung auf die Universität schaffen, finden außerhalb dieser „marginalisierten" Räume oft keine Unterkunft.[3]

Städtische Armenviertel sind mit den Übeln zweier Welten konfrontiert: den gesundheitsgefährdenden Umweltbedingungen der unterentwickelten Länder, z.B.

dem Mangel an sauberem Trinkwasser, und den Umweltbelastungen der industrialisierten Welt, z.B. in Form von Giftmüll. Dabei hinterlassen ihre Bewohner selbst kaum Spuren auf unserem Planeten. Sie nutzen nur wenige Ressourcen und produzieren im Vergleich zu ihren wohlhabenderen Nachbarn nur geringe Abfallmengen. Die Kluft zwischen Arm und Reich bedeutet von Nairobi bis New York, dass jene mit den wenigsten Ressourcen am meisten unter der von den Wohlhabendsten verursachten Verschmutzung zu leiden haben.

Die Befürworter von „nachhaltiger Entwicklung" (das Bestreben, die heutigen Bedürfnisse der Menschen zu erfüllen, ohne den Planeten seiner Ressourcen für zukünftige Generationen zu berauben) übersehen nur allzu häufig die auffallende soziale Ungleichheit bei der Verteilung von Umweltbelastungen in unseren Städten. Die folgerichtige Verknüpfung von globaler Nachhaltigkeit mit urbaner Armutsbekämpfung findet ihren Niederschlag in den als Perlman-Prinzipien bekannt gewordenen Thesen:
- Keine globale Umweltverträglichkeit ohne städtische Umweltverträglichkeit: „Economies of scale" (Skalenerträge) schaffen Energie- und Ressourceneffizienz. Der Schlüssel zur Umkehrung der globalen Umweltzerstörung liegt darin, die urbanen Stoffwechselvorgänge durch zirkuläre Systeme, anstelle von linearen, zu verändern.
- Keine Lösung für städtische Umweltprobleme ohne Eindämmung der Armut: Gerade die Ärmsten bewohnen meist die ökologisch sensibelsten Stadtgebiete und haben oft weder Anschluss an eine geregelte Wasserversorgung noch an die Kanalisation oder Müllabfuhr.
- Keine Lösungen für Armut oder Umweltzerstörung, ohne dass die aus den Vierteln selbst kommenden Innovationen berücksichtigt werden (Bottom-up-Prinzip) – so klein sie im Verhältnis zur Größe des Problems auch erscheinen mögen.
- Keine Auswirkungen auf der Makroebene, wenn das, was bei lokalen Entscheidungsträgern funktioniert, nicht mit anderen geteilt und dort, wo es die Umstände erlauben, in die öffentliche Politik übernommen wird.
- Keine urbane Transformation ohne Änderung der alten Anreizsysteme, der „Spielregeln" und der beteiligten Spieler.
- Keine nachhaltigen Städte im 21. Jahrhundert ohne soziale Gerechtigkeit und politische Teilhabe, ökonomische Vitalität und ökologische Regeneration.

Ein flüchtiger Blick auf die in den 1960er und 1970er Jahren erschienenen Buchtitel wie *The Urban Explosion in Latin America*, *The Exploding Cities*, *The Wretched of the Earth* oder *Uncontrolled Urban Settlement* zeigt, dass der Ruf nach Beachtung des weltweiten Urbanisierungstrends schon seit Jahrzehnten ertönt. Das Interesse an städtischer Armut mag während des Kalten Krieges ein wenig größer gewesen sein; schließlich fürchtete man, Migranten und „Squatter"

Kasten 8.1: Gewalt in Rio de Janeiro - Die Zerrüttung der sozialen Verhältnisse der Armen

Eine Studie über drei Favelas im brasilianischen Rio de Janeiro in den Jahren 1968-69 und Folgeinterviews mit vielen der ursprünglichen Teilnehmer und ihrer Familien in den Jahren 2001-2003 ergaben, dass die Zunahme tödlicher Gewaltverbrechen eine der dramatischsten und verheerendsten Veränderungen der letzten dreißig Jahre darstellt. 1969 fürchteten die Menschen, die Militärregierung würde ihre Häuser und Viertel zerstören. Heute haben sie Angst, zwischen die Fronten von Drogendealern und Polizei oder rivalisierender Gangs zu geraten.

Ihre Angst ist berechtigt. Im Jahr 2001 berichteten 20 Prozent der ursprünglichen Interviewteilnehmer sowie 19 Prozent ihrer Kinder und 18 Prozent ihrer Enkelkinder, einen Familienangehörigen durch ein Gewaltverbrechen verloren zu haben - Zahlen, die weit höher sind als in Städten Kolumbiens oder Boliviens, die zu den Drogen produzierenden Ländern gehören. Selbst wenn es einkommensschwachen Familien gelingt, aus den Favelas in Sozialwohnungen oder randständige, aber legale Wohngebiete umzuziehen, folgt ihnen die mit Drogen verbundene Gewaltkriminalität auf dem Fuße. Die Todesrate junger Männer in Elendsvierteln beziehungsweise ihre Lebenserwartung ähneln jener in Bürgerkriegsländern.

Die Armen fühlen sich zwischen Drogenhändlern und Polizei gefangen. Im Jahr 2003 gaben 83 Prozent der Befragten an, dass sie von keiner der beiden Seite Hilfe erhielten und sowohl die einen als auch die anderen ungestraft Gewaltakte beginnen. Für die besser bewaffneten und finanzkräftigeren Gangs ist es ein Leichtes, die Polizei zu bestechen. Nicht selten stürmen Polizisten mit der Begründung, ein Gangmitglied zu suchen, die Häuser armer Familien, schlagen alles kurz und klein und töten willkürlich Familienangehörige, als Beweis ihrer Stärke und um sich „Respekt zu verschaffen". Juristische Schritte zu verlangen ist hoffnungslos, und die Dealer beim Namen zu nennen kommt einem Todesurteil gleich. Sobald die Polizei abzieht, befinden sich die Viertel ganz und gar in den Händen der Dealer. Den Menschen bleibt, wie sie sagen, nichts anderes übrig, als sich, wie die drei Affen „blind, taub und stumm" zu stellen.

Diese Sphäre der Angst hat verheerende Konsequenzen. Sie zerstört das soziale Kapital, einen der wenigen wichtigen Aktivposten der Armen: die gegenseitige Unterstützung, die den Menschen ein Weiterkommen ermöglicht. Die Menschen gehen vor Angst kaum noch vor die Tür. Nilton, ein 60-jähriger ehemaliger Favela-Bewohner, der inzwischen in einem sozialen Wohnungsbauprojekt lebt, sagt dazu: „Hier zu leben heißt, an einem Ort zu leben, an dem man sich zu keiner Zeit frei bewegen kann. Man kann nicht einfach kommen und gehen, das Haus verlassen, wann man will, oder so leben wie alle anderen Menschen, die nicht im Gefängnis sitzen. Es ist erdrückend, immer überlegen zu müssen: 'Kann ich jetzt gehen, oder ist es zu gefährlich?' Es ist schrecklich und grausam. So will niemand leben."

Als Folge dessen herrscht ein geringeres Verbundenheitsgefühl innerhalb der Viertel; der öffentliche Raum wird weniger genutzt, der Kontakt und das Vertrauen unter den Nachbarn nimmt ab, und die Beteiligung an Nachbarschaftsinitiativen sinkt drastisch. Fast alle Anwohnervereinigungen unterstehen der Kontrolle von Drogen- und

Waffenhändlern (bis auf jene, die von den „Todesschwadronen" kontrolliert werden),
sodass jedes noch so geringe Verhandlungskapital, das diese Gruppen früher besaßen,
verschwunden ist. Zudem wird es durch die Verbindung von Favela-Bewohnern mit
Kriminalität immer schwieriger, einen Arbeitsplatz zu finden oder auch nur von vor-
handenen Gelegenheitsjobs zu erfahren. Mieten und Immobilienpreise – der größte
Aktivposten der Bewohner – sind gefallen, und Hilfswillige, von Lehrern über medizi-
nische Helfer bis hin zu Mitarbeitern gemeinnütziger Organisationen, schrecken davor
zurück, die Viertel zu betreten. Selbst die Anlieferung von Waren wird verweigert. Die
in der Studie Befragten stellten fest, dass sich die Marginalisierung und Ausgrenzung
seit dem Ende der Diktatur nur verschlimmert hat.

Quelle: Siehe Anmerkung 10.

(Landbesetzer) könnten zu linksgerichteten Regimes führen. Doch sobald sich
herausstellte, dass Squatter weniger an sozialem Protest als an besseren Lebensbedingungen für ihre Kinder interessiert waren, verebbte das Interesse. Und erst vor
kurzem begann es im Zusammenhang mit urbaner Gewalt und Sicherheitsfragen
wiederaufzuleben.[4]

Inzwischen haben internationale Organisationen begonnen, die Bedeutung der
Städte und der städtischen Armut zu erkennen. 1999 gründeten die Weltbank
und das Wohn- und Siedlungsprogramm der Vereinten Nationen, UN-Habitat,
die weltweite Initiative Cities Alliance, um Sanierungsprogramme für Slums zu
koordinieren. 2001 wurde UN-Habitat zu einem eigenständigen Programm der
Vereinten Nationen, 2003 verständigte sich die internationale Gemeinschaft auf
eine Definition von „Slums", und 2004 folgte die Gründung von United Cities
and Local Governments, einem kommunalen Weltverband, der den ehemals riva-
lisierenden kommunalen Netzwerken eine gemeinsame Stimme verlieh.

Diese jüngsten Meilensteine sind wichtig, doch geht die Veränderung noch
immer zu langsam vonstatten. Eines der Millenniums-Entwicklungsziele konzentriert sich ausschließlich auf die städtische Armut. Es zielt darauf ab, das Leben
von mindestens 100 Millionen Slumbewohnern bis zum Jahr 2020 zu verbessern
(eine der Vorgaben von Ziel 7: Sicherung der ökologischen Nachhaltigkeit). Doch
selbst wenn dieses Ziel erreicht wird, wäre dies nur ein Tropfen auf den heißen
Stein. Es beträfe lediglich 10 Prozent der heutigen Slumbevölkerung; die Städte
der Entwicklungsländer werden jedoch bis zum Jahr 2020 um eine weitere Milliarde Menschen anwachsen.[5]

Hürden auf dem Weg zu gerechteren Städten

Zu den Stolpersteinen bei der Reduzierung von städtischer Armut und der Förderung von Umweltgerechtigkeit zählen eine unfähige und korrupte Regierung,
Gewalt, städtefeindliche Einstellungen, fehlgeleitete Entwicklungshilfe, kontra-

produktive Anreizsysteme, Widerstand gegen Veränderungen sowie der Mangel an verlässlichem Datenmaterial, das für das Benchmarking der Fortschritte erforderlich ist.

Mangelhafte Regierungsführung. Die von Entscheidungsprozessen meist völlig ausgeschlossenen Armen bilden das größte ungenutzte Ideenpotenzial zur Verbesserung der Städte und der Lebensverhältnisse. In den letzten Jahrzehnten wurden in vielen Ländern zwar erstmals Bürgermeister ins Amt gewählt, die Bürger und Lokalregierung näher zusammenbrachten, dennoch haben die Armen in der Regel im politischen System nach wie vor keine Stimme. Da sich die Entscheidungsträger meist aus elitären Gesellschaftsschichten rekrutieren, hegen sie häufig ein persönliches Interesse an der Wahrung des Status quo. In Kenia beispielsweise betrachteten die Gesetzgeber Fahrräder eher als Kinderspielzeug denn als wichtiges Transportmittel und belegten sie jahrelang mit einer Luxussteuer. Infolgedessen waren für die meisten Niedrigverdiener die Kosten für ein Fahrrad viel zu hoch.[6]

Mangelhafte politische Prozesse und Strukturen spiegeln sich nicht zuletzt in der ungleichmäßigen Distribution öffentlicher Dienstleistungen. Wissenschaftler des Weltbankinstituts haben nachgewiesen, dass Menschen seltener Zugang zu einer geregelten Wasserversorgung, zu Kanalisation und zu Internet in Schulen haben, wenn sie in Städten leben, die in Ländern mit einer hohen Korruptionsrate liegen. Diese Erfahrung machte auch Ronald MacLean-Abaroa, nachdem er Mitte der 1980er Jahre der erste gewählte Bürgermeister der bolivianischen Hauptstadt La Paz wurde: „Jedes Mal, wenn es mit der städtischen Versorgung Probleme gab oder mit der rechtzeitigen Fertigstellung öffentlicher Bauvorhaben oder der Eintreibung öffentlicher Gelder, hing dies nicht einfach nur mit mangelnder Organisation zusammen, sondern fast immer mit Korruption."[7]

Korruption, Klientelpolitik und Kungelei – diese „drei K's" untergraben die Demokratie und vergrößern die städtische Armut. Die Korruption lenkt öffentliche Gelder in Bereiche, in denen Bestechungen leichter zu handhaben sind, etwa bei großen öffentlichen Bauvorhaben, und zieht sie aus anderen Sektoren ab, wie dem Bildungs- und dem Gesundheitswesen oder der Erhaltung der bestehenden Infrastruktur. Wenn Menschen Beamte bestechen müssen, um das zu bekommen, was sie brauchen, sind die Leidtragenden diejenigen, die sich Bestechung am wenigsten leisten können. So ergab eine Umfrage in Indonesien, dass Bestechungsgelder für Polizei, Schulen, Stromgesellschaften und Müllabfuhr das ohnehin kleine Budget der Armen zusätzlich weiter beschneiden.[8]

Gewalt und Stigmatisierung. Der Anstieg der Gewalt in den Städten, eine Begleiterscheinung des zunehmenden Drogen- und Waffenhandels, hat vor allem unter den jungen Stadtbewohnern zu einer hohen Sterberate geführt. Dealer, die sich für ihre illegalen Aktivitäten die Komplizenschaft der Polizei erkaufen, können ganze Wohnviertel in Geiselhaft nehmen. Infolgedessen werden die Armen pauschal mit Mord und Totschlag assoziiert, was das Stigma, das die Möglichkeiten dieser Menschen ohnehin bereits beschneidet, noch weiter verstärkt.[9]

Eine generationenübergreifende Studie über Familien in Rio de Janeiro bestätigt diesen Trend (siehe Kasten 8.1). Die Angst vor Gewalt hält die Menschen in ihren Häusern, und Bewerbungsgespräche finden ein Ende, sobald sich herausstellt, dass die Adresse des Bewerbers in eine der Favelas führt. Bei gleichem Bildungsniveau haben diejenigen, die in den Favelas leben, weniger Erfolg bei der Jobsuche.[10]

Die Gewaltkriminalität stellt an manchen Orten eine wesentlich größere Bedrohung dar als anderswo: Wissenschaftler fanden den weltweit geringsten Anteil an Überfällen und Angriffen in Asien und den höchsten Anteil in Lateinamerika und in den Subsahara-Regionen Afrikas.[11]

Städtefeindliche Einstellungen. Umweltschützer und Entwicklungsspezialisten haben Städte lange Zeit als Bedrohung der Natur dargestellt. Dieser Denkart hängen viele Entscheidungsträger noch immer an; sie spielen ökologische Bedenken und wirtschaftliches Wachstum gegeneinander aus und verhindern das weitere Anwachsen der Städte, vor allem der Megastädte. 1986 stellte eine vom Bevölkerungsfonds der Vereinten Nationen in Auftrag gegebene Studie fest, dass so gut wie alle Nationen sich auf die eine oder andere Weise bemüht haben, das Anwachsen der Städte zu begrenzen: durch Investitionen in die Entwicklung des ländlichen Raums; die Schaffung sogenannter „growth poles" (Regionalentwicklungsprojekte) oder „neuer Städte"; die Zwangsumsiedlung von Menschen in unbesiedelte Gebiete; die Ernennung neuer Hauptstädte oder die Einführung einer Politik der „geschlossenen Städte".[12]

Obwohl die Länder viel Geld und politisches Kapital in diese Bemühungen investierten, vermochte nichts davon die Migrationswelle aufzuhalten. Investitionen in den ländlichen Straßenbau, die Stromversorgung, die Bildung, das Gesundheitswesen und die Industrialisierung waren zwar für die Verbesserung des ländlichen Lebensstandards bedeutend, beschleunigten in vielen Fällen jedoch nur die Abwanderung in die Städte. Die nun besser informierten Menschen nutzen ihre neuen Straßen und Fertigkeiten, um sich in den Städten bessere Möglichkeiten zu suchen.[13]

Selbst dort, wo man die Bewegungsfreiheit hochgradig einschränkte – unter Kolonialregierungen, in Wirtschaftssystemen mit zentraler Planwirtschaft und in Polizeistaaten – gelang es den Menschen, sich in die Städte zu schleichen. Die „erfolgreichsten" Versuche, das Anwachsen der Städte zu verhindern, gab es in Südafrika zur Zeit der Apartheid, wo Farbige nur mit einem Ausweis in die Städte gelangen konnten; in China, wo man Rationierungskarten für Reis und ein Registrierungssystem für Haushalte zum Einsatz brachte; in Russland, das eine zentrale Wohnraumvergabepolitik betrieb; und in Kuba, wo eine nationale Verordnung mit Hilfe von Gewalt dafür sorgte, dass die Menschen auf dem Land blieben. Dennoch strömten chinesische Landbewohner als sogenannte „floating populations" in die Städte, Moskauer Wohnungen wurden von Freunden und Verwandten überschwemmt, die in die Stadt zu ziehen versuchten, und so gut wie überall arbeiteten Regierungen mit ungenauen Bevölkerungszahlen, um das Trugbild aufrechtzuerhalten, es gäbe kein weiteres Wachstum.[14]

Noch im Jahr 2005 bemühten sich Dutzende Nationen, die Urbanisierung einzudämmen. Die Bevölkerungsabteilung der Vereinten Nationen untersuchte vor kurzem die Migrationspolitik von 164 Ländern und stellte fest, dass in 70 Prozent aller Fälle versucht wird, die Abwanderung vom Land in die Städte einzudämmen. Zudem bestätigte die Untersuchung, dass dies auf die Bevölkerungsverteilung „so gut wie keine" Auswirkungen hat.[15]

Die Mär, es kämen keine Menschen mehr in die Städte, wenn man damit aufhören würde, Sozialwohnungen zu bauen, und anfinge, Elendsviertel niederzureißen, entbehrt jeder Grundlage und schadet den Armen. Nach Einschätzung von Miloon Kothari, dem UN-Sonderberichterstatter für das Recht auf angemessenes Wohnen, ist die Zahl der Zwangsräumungen seit dem Jahr 2000 weltweit gestiegen. „Ohne Menschenrechtsstandards", warnt Kothari, „kann das Engagement zur Verringerung der Slums – auch jenes im Sinne der entsprechenden Millenniums-Entwicklungsziele – leicht zu einer Slumbeseitigung auf Kosten der Elendsbevölkerung führen."[16]

Fehlgeleitete internationale Entwicklungshilfe. Obwohl man damit rechnet, dass sich praktisch das gesamte weltweite Bevölkerungswachstum in den Städten Afrikas, Asiens und Lateinamerikas abspielen wird, und der größte Teil davon in Elendsvierteln, wurde die Urbanisierung der Armut in der Entwicklungszusammenarbeit bislang nur widerstrebend anerkannt. So belief sich das Gesamtaufkommen der städtischen Entwicklungshilfe zwischen 1970 und 2000 auf geschätzte 60 Milliarden Dollar – gerade 4 Prozent der Gesamtsumme von insgesamt 1,5 Billionen Dollar. Nur wenige bilaterale Hilfsorganisationen verfügen über irgendeine Art von städtischem Wohnraum-Programm oder überhaupt über ein ernstzunehmendes städtisches Hilfsprogramm.[17]

Die Entscheidungen internationaler Entwicklungsbanken sind wichtig, auch wenn Hilfsleistungen nicht die primäre Quelle ausländischer Investitionen in den jeweiligen Ländern darstellen. In den letzten Jahren beliefen sich die Hilfsleistungen in die Entwicklungsländer auf etwa ein Zehntel des Niveaus privater Kapitalflüsse. Allerdings haben internationale Hilfsorganisationen Einfluss auf die Höhe zusätzlicher Finanzmittel, und sie beeinflussen die Forschungsprogramme und Ausgabenschwerpunkte von Regierungen, Universitäten und Nichtregierungsorganisationen.[18]

Hilfsgelder, die tatsächlich an urbane Regionen gehen, fließen nur allzu oft an den Armen vorbei. Wie das in London ansässige International Institute for Environment and Development ermittelte, gingen zwischen 1981 und 1998 20 bis 30 Prozent aller von verschiedenen Organisationen vergebenen Kredite an urbane Projekte. Für die Verbesserung der Wohnsituation, der Wasserversorgung, der Kanalisation und anderer Dienstleistungen, die armen Städtern zugute kommen, vergaben die Weltbank jedoch nur 11 Prozent aller gewährten Kredite, die Asian Development Bank 8 Prozent und der japanische Overseas Economic Cooperation Fund ganze 5 Prozent.[19]

Die Weltbank gibt an, dass sowohl der Umfang ihres mit Städten befassten Personals als auch die Höhe der dorthin vergebenen Kredite weiter hinter den Mitteln für den ländlichen Raum zurückbleiben. Alle landesweiten Investitionen der Weltbank und ein Großteil der bilateralen Hilfsgelder sind in den Entwicklungsländern an sogenannte Strategiepapiere zur Armutsreduzierung (Poverty Reduction Strategy Papers) gekoppelt, die von den jeweiligen Regierungen in Zusammenarbeit mit der Weltbankgruppe erarbeitet werden. Im Allgemeinen werden Städte in diesen Papieren vernachlässigt.[20]

Die internationale Hilfsgemeinschaft verdient sich ihre Sporen mit der Entwicklung des ländlichen Raums und ist sowohl in Bezug auf ihre Strukturen als auch in fachlicher Hinsicht darauf ausgerichtet, armen Landbewohnern zu helfen, nicht aber darauf, diese weiter zu unterstützen, wenn sie in die Städte ziehen. Entwicklungsexperten scheinen es vorzuziehen, „Missionen" in attraktive landwirtschaftliche Gegenden, Fischerdörfer und Naturschutzgebiete zu unternehmen, statt in verschmutzte, überbevölkerte und häufig sogar gefährliche städtische Elendsviertel.

Forderungen, der städtischen Armut innerhalb der internationalen Hilfsgemeinschaft mehr Aufmerksamkeit zu widmen, stießen immer wieder auf heftigen Widerstand. Sämtliche leitenden Direktoren von UN-Habitat haben seit der Gründung im Jahr 1978 darauf gepocht, dass unmittelbar gehandelt werden müsse; dennoch ist es keinem von ihnen gelungen, die gleiche finanzielle Ausstattung zu erhalten wie andere UN-Programme. Als UN-Habitat zusammen mit dem UN-Umweltprogamm (UNEP) in Nairobi angesiedelt wurde, um dem politischen Druck durch afrikanische Länder zu begegnen, war es kein Geheimnis, dass man diese beiden Programme für die entbehrlichsten Organe der UN hielt. Auch wenn das UNEP und UN-HABITAT in Nairobi über ein eindrucksvolles Gelände verfügen, stehen beide Programme politisch wie finanziell weiterhin im Abseits.

Diejenigen, die sich für eine stärkere Unterstützung städtischer Programme einsetzen, sehen sich häufig dem Spott derjenigen ausgesetzt, die der Ansicht sind, die Städte würden bei den Regierungsausgaben ohnehin bereits bevorzugt. Dabei belegen genaue ökonomische Studien, dass mit dem in den Städten erzielten Reichtum die ländlichen Regionen subventioniert werden.[21]

Ermutigend ist, dass die Weltbank inzwischen auch eine Kreditvergabe auf subnationaler Ebene in Erwägung zieht, die es erlauben würde, unter Umgehung der Finanzministerien Kredite direkt an Lokalregierungen zu vergeben. Auf diesem Weg könnten die Städte – vor allem die Megastädte – von internationalen Organisationen Gelder erhalten, die bislang immer wieder aufgehalten wurden, weil Regierungen eine Obergrenze für Kredite eingeführt hatten oder sich vom Zurückhalten des Geldes politische Vorteile versprachen. In Brasilien und Mexiko beispielsweise ist es in Regierungskreisen nicht erwünscht, dass die Bürgermeister der großen Städte Erfolge vorweisen, weil diese als – meist gegnerische – potenzielle Mitbewerber um das Präsidentenamt betrachtet werden.[22]

Die Urbanisierung der Armut wurde in der Entwicklungszusammenarbeit bislang nur widerstrebend anerkannt.

Kontraproduktive Anreize und Angst vor Veränderungen. Die internen Anreizsysteme der Hilfsorganisationen stehen im Widerspruch zu kontextspezifischen und lokal organisierten Initiativen zur Armutsbekämpfung. So richtet sich das berufliche Vorankommen von Entwicklungsspezialisten nach dem Umfang und der Geschwindigkeit, mit der sie Kredite „unters Volk bringen", was eine Vergabepraxis nach dem Motto „one size fits all" zum Königsweg für eine Beförderung macht, im Gegensatz zu kleineren Projekten, bei denen die Prioritäten von Leuten vor Ort gesetzt werden. So folgert ein Analyst: „Die Menschen, die das ganze Entwicklungshilfegeschäft rechtfertigen, sind diejenigen, die am wenigsten Macht haben, die Entwicklung zu beeinflussen, und gegenüber denen man am wenigsten rechtfertigen muss, was und wer gefördert wird."[23]

Der öffentliche Dienst ist im Allgemeinen wenig risikofreudig. Gewählte oder ins Amt berufene Beamte fühlen sich häufig sicherer, wenn sie ihre Arbeit so machen, „wie sie immer gemacht wurde" (auch wenn die Ergebnisse alles andere als optimal sind), statt zu riskieren, wegen eines Fehlers entlassen oder nicht wiedergewählt zu werden. In der Privatwirtschaft dagegen, stellten Alan Altshuler und Marc Zegans fest, ist die Erwartung, mit manchen Ideen und Initiativen zu scheitern, ein Bestandteil des Prozesses; und finanzielle Mittel für Forschung und Entwicklung werden bereitgestellt mit dem erklärten Ziel, zu experimentieren und Neuerungen auszuprobieren.[24]

Aufspaltung und Wettbewerb zwischen öffentlichen Trägern und akademischen Disziplinen schränken die Zusammenarbeit zur Lösung städtischer Probleme zusätzlich ein. Jeder Bereich – von Wasser und Kanalisation, Verkehrswesen, Abfallbeseitigung, Wohnungswesen und Stadtplanung bis hin zur Einbindung des privaten Sektors und der Armutsbekämpfung – ist einem separaten Referat zugeordnet und wird von Menschen geführt, die möglicherweise um finanzielle

Mittel, Aufmerksamkeit oder Personal miteinander konkurrieren. Dennoch sind diese Themen miteinander verknüpft, sodass eine vermeintliche Lösung auf einem Gebiet auf einem anderen neue Probleme aufwerfen kann. Und selbst dort, wo Universitäten oder internationale Organisationen interdisziplinäre Strukturen entwickelt haben, fühlen sich die Einzelnen weiterhin am stärksten an ihre Stelle gebunden, an der ihre Berufung, Beförderung und Bezahlung geregelt wird.

Unzureichendes Datenmaterial für Benchmarking. Das Fehlen von städtebezogenem oder gar wohnviertelbezogenem Datenmaterial macht es schwer, Fortschritte zu erfassen und Regierungen in die Pflicht zu nehmen. Den meisten Statistiken liegen Daten zugrunde, die auf Landesebene erhoben wurden, und bestenfalls zwischen ländlichem und urbanem Raum unterscheiden, nicht aber zwischen bestimmten Städten. Dort, wo Städte Mittel freistellen können, um eigenes Datenmaterial zu sammeln, werden informelle Siedlungen häufig übergangen, sodass ein Vergleich mit früheren Studien oder Daten aus anderen Städten nur selten möglich ist. Dem 1998 von UN-HABITAT gegründeten Global Urban Observatory, das sich mit diesem Problem auseinandersetzen soll, ist es bislang kaum gelungen, städteübergreifende Indikatoren zusammenzustellen, trotz der im Internet zugänglichen Datenbank über 237 Städte, mit Messwerten über Armut, Umwelt, Infrastruktur, öffentlichen Dienstleistungen, Anlaufstellen für Obdachlose und Landnutzung.[25]

Scheinbar neutrale Fragen, beispielsweise nach den zu erfassenden Inhalten, den zu verwendenden Indikatoren und wie über diese verlässliche Daten gewonnen beziehungsweise die Resultate interpretiert und verbreitet werden sollen, entpuppen sich in Wirklichkeit als werteabhängige Aspekte mit politischen und sozialen Auswirkungen. Antworten auf diese Fragen der Indikatoren werden beim nächsten World Urban Forum, das 2008 in Nanjing, China, stattfinden wird, einen Hauptdiskussionspunkt darstellen.

Hoffnungszeichen

Trotz dieser Hindernisse haben die in Städten gebündelte Energie und Kreativität diverse systemverändernde Innovationen hervorgebracht, von denen viele Schule gemacht haben oder sogar – dort, wo die Umstände es zuließen – in die öffentliche Politik übernommen wurden. Bei den drei nachfolgend vorgestellten Beispielen handelt es sich um Zusammenschlüsse armer Stadtbewohner, die erstmalig im indischen Mumbai aktiv wurden; um „land sharing"-Projekte, die in Bangkok initiiert wurden; und um die partizipatorische Haushaltsplanung („Participatory Budgeting") aus Porto Alegre, Brasilien.

In Indien bildete sich im Laufe der letzten beiden Jahrzehnte aus einfachen Spargruppen eine neue Form von Zusammenschlüssen. Diese häufig von Frauen angeführten Mitgliederorganisationen lernen voneinander und unterstützen sich gegenseitig. Katalysator für diese Entwicklung war die National Slum Dwellers' Federation in Indien. Ihr Vorsitzender, A. Jockin, ist ein ehemaliger Slumbewohner, der sich jahrelang dafür einsetzte, seinen eigenen und andere Slums vor dem Abriss zu bewahren.[26]

Anfang der 1980er Jahre bewiesen Jockin und andere Vertreter von Slumsiedlungen, über welches Potenzial ihre Gruppen verfügen, wenn es darum geht, Kosten zu senken und mit eigenen Wohnungsbauprogrammen und Grundversorgungsleistungen mehr Menschen zu erreichen. Zur gleichen Zeit gründeten Frauen, die in Mumbai auf der Straße lebten, sogenannte „pavement dwellers", mit Unterstützung der örtlichen Nichtregierungsorganisation SPARC (Society for Promotion of Area Resource Centers) das Sparprogramm „Mahila Milan", in das jede Frau wöchentlich wenige Cent einzahlte. Gemeinsam bildeten diese Organisationen eine Allianz, die seit 1985 den jeweiligen Stadtregierungen zeigt, wie man sich der Bedürfnisse der Slumbewohner in konkreten Projekten annimmt, angefangen beim Bau neuer Unterkünfte und der Entwicklung eines kommunalen Informationssystems bis hin zur Errichtung öffentlicher Toiletten (siehe auch Kapitel 2). Die Allianz pflegt enge Beziehungen zur Asian Coalition for Housing Rights und beide unterstützen städtische Armenbewegungen in verschiedenen asiatischen Ländern.[27]

Vertreter dieser Allianz wurden 1991 nach Südafrika eingeladen, um Verantwortungsträger in den Siedlungen und Stadtvierteln bei ihren Überlegungen zu unterstützen, wie sich die erste demokratisch gewählte Regierung des Landes mit städteplanerischen Fragen auseinandersetzen sollte. Die Gäste trugen zur Gründung einer Organisation bei, die heute als South African Federation of the Urban Poor bekannt ist. Diese geht auf eine Anzahl lokaler Spargruppen zurück, die mit ihren Initiativen für neue Wohnprojekte das Potenzial ihrer Mitglieder beweisen. Diese Gruppen sowie die Asian Coalition for Housing Rights schlossen sich mit Organisationen und Netzwerken in Thailand zusammen. Anfang der 1990er Jahre entstanden weitere nationale Zusammenschlüsse, die wiederum von den bereits existierenden Organisationen unterstützt wurden. Den meisten von ihnen stand, wie bei den indischen und südafrikanischen Zusammenschlüssen, eine örtliche Nichtregierungsorganisation zur Seite.[28]

Im Jahr 1996 existierten aktive Zusammenschlüsse in Kambodscha, Indien, Namibia, Nepal, Südafrika, Thailand und Simbabwe, während in zahlreichen anderen Ländern weitere Basisorganisationen ihr Interesse bekundeten, so dass sich die Zusammenschlüsse einen eigenen Dachverband zulegten: SDI (Slum/Shack Dwellers International). Seitdem traten dem Verband weitere Gruppen aus Brasilien, Ghana, Kenia, Malawi, Sri Lanka und Swaziland bei. Viele von ihnen verfügen über Programme, die Zehntausenden ihrer Mitglieder zu besseren Unterkünften und zu einem Anschluss an die öffentliche Grundversorgung verholfen haben; von anderen haben gar Hunderttausende profitiert.[29]

Diese Zusammenschlüsse der Armen und die mit ihnen kooperierenden Nichtregierungsorganisationen haben zahlreiche Ansätze entwickelt, um die bekannten Probleme anzugehen. Sie haben ihr Geld in Spargruppen zusammengelegt, um lokale Projekte zu unterstützen. Sie haben fehlendes Datenmaterial über informelle Siedlungen besorgt, indem sie eigene Zählungen durchführten und selbst kommunale Informationssysteme erstellten. Und mit ihrer Hartnäckigkeit haben sie nicht selten veränderungsunwillige Stadtregierungen auf Trab gebracht.[30]

Eine weitere wichtige Innovation – „land sharing" – begann in Thailand. In den 1980er Jahren machten sich Nichtregierungsorganisationen und Architekten der National Housing Authority daran, von Vertreibung bedrohte Bewohner informeller Siedlungen zu organisieren. Sie sollten Verhandlungen mit den Landbesitzern aufnehmen, deren Grund und Boden sie in Bangkok besetzt hatten. Ziel war es, den Squattern auf einem Teil des umstrittenen Landes zu neuen Wohnungen zu verhelfen, mit gesichertem Wohnrecht und komplettem Anschluss an die städtische Grundversorgung. Im Gegenzug sollte der Rest des Landes an die Besitzer zurückgehen und einer kommerziellen Nutzung zugeführt werden. Grundstückseigner, die sich mit solchen „land sharing"-Vereinbarungen einverstanden erklärten, ersparten sich damit jahrelange Konflikte, Einkommens- und Ansehensverluste, und sie waren in der Lage, auf einem Teil ihres Landes lukrative Projekte zu realisieren, deren Profite mühelos die Bau- und Erschließungskosten für Infrastruktur und die Mehrfamilienunterkünfte abdeckten.[31]

Aus der Zusammenarbeit zwischen der thailändischen Regierung und einem lokalen Verantwortungsträger, Somsook Boonyabancha, entstand 1992 das Urban Community Development Office (UCDO), welches das Prinzip der partizipatorischen Stadtentwicklung auch in andere arme Stadtviertel hineintragen sollte. Im Vorstand dieser Organisation befanden sich sowohl hohe Regierungsbeamte und Experten als auch Vertreter der Armenviertel. Mit einem Grundkapital von 50 Millionen Dollar war das UCDO in der Lage, organisierten Siedlungen und Stadtvierteln günstige Kredite zur Verfügung zu stellen, mit denen sie Land kaufen, Unterkünfte errichten oder ausbessern sowie kleine Geschäfte aufbauen konnten. Außerdem ermunterte das UCDO die Siedlungsgemeinschaften, Spar- und Kreditgruppen zu bilden, ihren Geschäftssinn zu schärfen und eigene Fähigkeiten in Entwicklungsprojekte einzubringen.[32]

Im Jahr 2000 verschmolz das UCDO mit dem Rural Development Fund und wurde zum Community Organizations Development Institute (CODI). Dieses startete 2003 eine Kampagne, mit der innerhalb von fünf Jahren in 2.000 Slumsiedlungen von mehr als 200 thailändischen Städten für 300.000 Haushalte anständige Unterkünfte, Infrastruktur und gesicherte Besitzverhältnisse geschaffen werden sollten. Bis zum Staatsstreich im September 2006 waren in 750 Siedlungen von insgesamt 170 Städten 450 Slumentwicklungsprojekte angelaufen oder bereits abgeschlossen, wovon mehr als 45.500 Haushalte profitierten.[33]

Die gewaltige Dimension dieser Anstrengungen zeigte Wirkung. UN-HABITAT erklärte 2006, Thailand gehöre zu den wenigen Nationen, die im Begriff seien, das Millennium-Entwicklungsziel bzgl. der Verbesserung der Lebensbedingungen von Slumbewohnern zu erfüllen. Die Anzahl der Slumbewohner in Thailand ist jährlich um 18,8 Prozent gesunken und diese ermutigende Entwicklung schreibt UN-HABITAT den durch lokale Gruppen vorangetriebenen und von der Regierung unterstützten Sanierungsprogrammen zu.[34]

Eine dritte bemerkenswerte Innovation stellt das Prinzip der partizipatorischen Haushaltsplanung dar, das im brasilianischen Porto Alegre seinen Ausgang nahm. Dort nutzte die Stadtregierung die nachdiktatorische Verfassung von 1988, um die Bevölkerung bei den Abstimmungsprozessen über die Verwendung öffentlicher Mittel mit einzubeziehen. Der von der Arbeiterpartei gestellte Bürgermeister veröffentlichte das bestehende Modell der Verteilung städtischer Versorgungsleistungen und Investitionen und forderte die Bürger auf, in partizipatorischen Prozessen Prioritäten für die Verwendung der öffentlichen Gelder in ihren Vierteln festzulegen. Nachdem die Gemeinden unter- und miteinander über jeden auszugebenden Cent verhandelt hatten, ließen sich Korruption und Klientelpolitik nunmehr schlecht vertuschen.[35]

Die partizipatorische Haushaltsplanung führte zu höheren Investitionen in armen Stadtvierteln, wobei vermehrt solche Anliegen berücksichtigt wurden, denen die Bewohner hohe Priorität einräumten. So ergab eine Umfrage nach dem ersten Jahr, dass die meisten Armen von Porto Alegre sich sauberes Wasser und Toiletten wünschten, während die Stadtregierung davon ausgegangen war, das Verkehrswesen stehe an oberster Stelle. Da es auf Anhieb gelang, zwischen reichen und armen Vierteln Solidarität statt Rivalität herzustellen, wurde das Prinzip der partizipatorischen Haushaltsplanung auch von anderen brasilianischen Städten übernommen und machte im restlichen Lateinamerika und anderen Teilen der Welt Schule (siehe Kasten 8.2).[36]

Obwohl das Modell der partizipatorischen Haushaltsplanung inzwischen international verbreitet ist, fehlt es vielerorts an rechtlichen Rahmenbedingungen und einer starken Stadtregierung – beides ist notwendig, um das Modell umzusetzen. 2002 kamen von der Inter-American Development Bank eingesetzte Wissenschaftler zu dem Schluss, dass eine partizipatorische Haushaltsplanung nur dann funktionieren kann, wenn eine kompetente Stadtregierung sich vehement für die Einbeziehung der armen Bevölkerung einsetzt. Dies ist im Allgemeinen aber nicht der Fall.[37]

Kapitel 8: Der Kampf gegen Armut ...

Kasten 8.2: Der Vormarsch der partizipatorischen Haushaltsplanung

In Brasilien, der Geburtsstätte der partizipatorischen Haushaltsplanung, verbreitet sich das Modell inzwischen langsamer, erreicht aber eine größere Bandbreite an Städten. 2006 verfügten zwischen 200 und 250 Gemeinden des Landes über einen partizipatorischen Beteiligungshaushalt. Anfänglich kam das Modell vor allem in den Städten des wohlhabenderen Südens und der Landesmitte zum Einsatz, doch inzwischen hat es auch den Nordosten des Landes erreicht, darunter Städte mit einer hohen Armutsrate wie Fortaleza, Recife und Aracuju. Die partizipatorische Haushaltsplanung ist heute kein ausschließliches Markenzeichen der Arbeiterpartei mehr, da mehr und mehr Parteien, von der Mitte bis zur extremen Linken, das Beteiligungsmodell übernehmen.

Auch Peru hat eine umfassende partizipatorische Haushaltsgesetzgebung eingeführt. In den vergangenen fünf Jahren haben dort mehr als 800 Lokal-, Regional- und Provinzregierungen begonnen, sich mit den Bürgern über die Haushaltsplanung auseinanderzusetzen. Auch wenn dieser Top-down-Ansatz unter rigiden Verfahrensweisen leidet und das einheitliche Modell der Einbeziehung der Zivilgesellschaft nicht immer in den lokalen Kontext passt, lassen die starken partizipatorischen Traditionen Perus und die Unterstützung des Red Peru Network viele Initiativen gedeihen.

In Kolumbien werden Beteiligungshaushalte durch die U.S. Agency for International Development mit Mitteln des „Plan Colombia" unterstützt, und städtische Regierungen wie in Pasto und Medellin erproben das Modell auf ihre Weise. Auch in Venezuela, Uruguay, Chile und Bolivien steht das Thema auf der politischen Agenda.

Porto Alegre selbst koordiniert seit 2003 mit Unterstützung der Europäischen Union ein Netzwerk, in dem sich mehr als 340 Städte und 100 Institutionen aus Europa und Lateinamerika zusammengeschlossen haben. Auf dem World Urban Forum im Juni 2006 besuchten Teilnehmer aus über 30 Ländern einen Workshop über partizipatorische Haushaltsplanung; und zu Beginn desselben Monats reisten Menschen aus Afrika, Asien und Osteuropa nach Brasilien, um zum gleichen Thema an einem Drei-Städte-Workshop teilzunehmen.

In den Jahren 2000 bis 2006 stieg die Zahl der Gemeinden mit einem Beteiligungshaushalt weltweit von 200 auf ungefähr 1.200. In Europa wurde das Modell von mehr als 50 Städten eingeführt, und auch in Asien, Afrika und Nordamerika wurden Beteiligungsinitiativen gestartet.

Quelle: Siehe Anmerkung 36.

Doch selbst dort, wo der politische Wille zur Implementierung einer partizipatorischen Haushaltsplanung vorhanden ist, bleiben zahlreiche Hindernisse bestehen. Yves Cabannes vom University College London nennt die folgenden Fragen als die entscheidenden Herausforderungen: Wie können Städte das Beteiligungsprinzip beibehalten, wenn die Partei, die das System eingeführt hat, die Macht verliert? Wie kann das Beteiligungsprinzip in Zeiten knapper städtischer Haushaltsmittel aufrechterhalten werden? Wie können Städte genügend Haushaltsmittel mobilisieren, um die Erwartungen der Beteiligten zu befriedigen, damit falsche Erwartungen nicht zum Bumerang werden? Wie können Städte die Partizipation so ausdehnen, dass auch die Ärmsten und die am meisten Ausgegrenzten miteingeschlossen werden, vor allem junge Menschen, Frauen, Senioren und Migranten? Und wie können Städte aus der Vielfalt der Erfahrungen mit einer partizipatorischen Haushaltsplanung am besten lernen?[38]

Funktionierende Ansätze weitergeben

Die soeben beschriebenen Erfahrungen widerlegen Stereotype über die Inkompetenz der Armen, über das Unvermögen von Bürgergemeinschaften, mit Regierungen und internationalen Organisationen zusammenzuarbeiten, sowie über das einseitige Interesse von Stadtbezirken, angeblich nur darauf bedacht, sich auf Kosten des Allgemeinwohls Vorteile für die eigenen Wohnviertel zu sichern. Zusammenschlüsse der Armen, „land sharing" und partizipatorische Haushaltsplanung sind nur drei von vielen Innovationen, die politisch Verantwortliche erwägen sollten; und außerdem folgende Fragen: Wer legt die politische Agenda fest? Welche Gruppen sind an der Entscheidungsfindung beteiligt? Wie wird mit Konflikten umgegangen, und welche Anreizstrukturen bringen tatsächlich progressive Veränderungen hervor?

Das Mega-Cities-Projekt wurde 1987 mit dem Ziel gegründet, sich mit eben diesen Fragen auseinanderzusetzen und Anstöße für politische wie praktische Veränderungen nach dem Bottom-up-Prinzip zu liefern. Überall auf der Welt sprießen in Städten innovative Lösungen aus dem Boden. Die Mega-Cities-Strategie beinhaltet, diese Lösungen ausfindig zu machen, sie zu dokumentieren, zu verbreiten und (wenn möglich) in öffentliche Politik umzuwandeln bzw. sie an Städte auf der ganzen Welt weiterzugeben. Auf diese Weise wird die Zeit zwischen dem Aufkommen einer Idee und ihrer Umsetzung verkürzt, und die Effekte von funktionierenden Ansätzen werden vervielfacht.

Die Notwendigkeit, sich über funktionierende Lösungen untereinander auszutauschen, belegen besonders die Ergebnisse einer Befragung von Führungspersönlichkeiten des Marktforschungsunternehmens Roper Starch. Obwohl 96 Prozent der Befragten sich darin einig waren, dass ihre Städte vor den gleichen Problemen stehen wie andere auch, und meinten, sie würden von einem Informationsaustausch profitieren, hatten nur 11 Prozent das Gefühl, umfassend über die Problemlösungsstrategien anderer Städte unterrichtet zu sein. Trotz der Verfügbarkeit von Instant Messaging, Webseiten, Blogs und Datenabruf auf Knopfdruck haben Führungspersönlichkeiten nur wenig Zeit oder Neigung, sich im Netz nach Lösungen für ihre Probleme umzusehen. Sie müssen im persönli-

Kapitel 8: Der Kampf gegen Armut ...

chen Austausch mit Gleichgestellten von neuen Ideen erfahren oder sie mit eigenen Augen sehen.[39]

Forschungsteams von Mega-Cities in den 21 größten Städten der Welt erleichtern solche direkten Begegnungen. Ihnen angeschlossen sind Nichtregierungsorganisationen, Basisorganisationen, Regierungen, Unternehmen, Experten und Medien. Diese Teams machten mehr als 400 erfolgreiche Innovationen an der Schnittstelle zwischen Armut und Umwelt ausfindig, besahen und dokumentierten sie und vermittelten den Transfer von 40 dieser Ideen über Landes-, Stadt- und Quartiersgrenzen hinaus. Drei dieser Innovationstransfers – aus Kairo, Rio de Janeiro und Curitiba – werden im folgenden Abschnitt vorgestellt. Sie sollen einerseits das Potenzial des gegenseitigen Lernens veranschaulichen, andererseits aber auch aufzeigen, wie schwer es ist, neue Ansätze beizubehalten, wenn diese die Interessen maßgebender Kreise bedrohen.[40]

Die Zabbalin, Kairos Version der indischen „Unberührbaren", arbeiten seit jeher als Müllsammler. Sie lebten lange Zeit in einem verlassenen Steinbruch, der sich zur städtischen Müllhalde entwickelt hatte, und verdienten sich ihren kargen Lebensunterhalt, indem sie tonnenweise Abfälle an Händler verkauften. In den 1970er Jahren begann das Environmental Quality Institute (EQI) und eine angeschlossene gemeinnützige Organisation mit den Zabbalin zusammenzuarbeiten, um aus Müll vermarktbare Produkte zu gewinnen, die sie in Mikrobetrieben bei sich zu Hause herstellten. Altmetalle wurden zu kunstvoll gefertigten Tabletts verarbeitet und aus Stoffen bunte Matten und Decken gewebt, Plastikmaterialien zu Schuhen oder Spielen verarbeitet und organische Abfälle kompostiert.[41]

Der Erfolg dieser Unternehmungen, die den Mehrwert der Endprodukte einbehielten, trug den Zabbalin die Unterstützung der Regierung und internationaler Organisationen ein, was wiederum einen Aufschwung innerhalb der gesamten Gemeinschaft ermöglichte. Die Menschen verließen die Müllhalde und zogen in Wohnungen, die an die städtische Grundversorgung angeschlossenen waren. Die Kinder ließen die Eselskarren stehen und gingen zur Schule, so dass sie anschließend ein Handwerk erlernen und damit Geld verdienen konnten. Nach Jahrhunderten begannen die Zabbalin endlich das Stigma der Müllsammler zu überwinden.

Bei einem Mega-Cities-Projekttreffen im Jahr 1994 in Jakarta erkannte der Koordinator für Manila, Me'An Ignacio, dass sich dieser Ansatz auch auf die Payatas-Siedlung in Manila übertragen ließ, und sorgte dafür, dass eine Delegation von dort ein Jahr später zu einem Treffen nach Kairo reiste, um sich das Modell der Zabbalin anzusehen. Nach ihrer Rückkehr nahm die Gruppe den Inhalt ihrer eigenen Müllberge unter die Lupe und beschloss, mit einem Verbund für Papierrecycling den Anfang zu machen. Es gelang ihnen, eine ganze Palette von Papierprodukten herzustellen und zu verkaufen und darüber hinaus den Aufbau anderer kleiner Unternehmungen zu unterstützen, die Schaumisolierungen und andere Abfallprodukte verwerteten. Die Idee verbreitete sich auch in anderen Bezirken von Metro Manila und dem übrigen Land und trug dazu bei, viele Familien aus bitterer Armut zu erlösen. Heute wird das Recycling in Manila auf kleiner Ebene fortgeführt, denn die Mülldeponierung hat sich für städtische Beamte inzwischen zu einer lukrativen Einnahmequelle für Schmiergelder entwickelt, so dass sie die Recyclingbemühungen der Armen zu unterbinden suchen.[42]

In Kairo fuhren die Zabbalin fort, durch das Recyceln von Müll ihren Lebensunterhalt zu verdienen, doch ihre Arbeit wurde nicht, wie erhofft, in das Müllentsorgungssystem der Stadt integriert. Im Gegenteil! In den letzten Jahren wurden auch die Zabbalin von der Globalisierung erfasst, als die Kairoer Regierung die Müllentsorgung für diverse Stadtteile an private internationale Unternehmen übertrug, welche die Zabbalin unter Druck setzten, das Feld zu räumen. Allerdings verbrennen die internationalen Unternehmen den eingesammelten Müll, statt ihn zu verwerten, während es die Zabbalin schaffen, 85 Prozent dessen, was sie einsammeln, zu recyceln. Im Augenblick verfügt ein Drittel der Stadt über keinerlei Müllentsorgungssystem. Und Mona Serageldin, eine Kairoer Architektin und Dozentin an der Harvard Universität, prognostiziert, das Müllproblem der Stadt werde erst dann gelöst, wenn traditionelle und moderne Müllentsorgungssysteme miteinander verbunden werden.[43]

Eine andere Innovation stammt aus Rio de Janeiro, wo etwa ein Drittel der Bewohner in Favelas lebt, von denen viele für eine konventionelle Bebauung zu steil sind. Jedes Jahr, zumeist während der Regenzeit, schwemmen Flut- und Schlammwellen Hunderte von Unterkünften davon, töten Menschen und verschmutzen Stadtbezirke durch überlaufende Abwässer, die anschließend in die Guanabara Bay fließen. 1986 startete das städtische Amt für Sozialentwicklung das Projeto Mutirão (Wiederaufforstung). Die Anpflanzung von Gemüse und Obstbäumen zum Schutz der oberen Hänge vor Erosion und einer weiteren Besiedlung wurde dabei mit der Installation von Abwasserröhren verbunden, um menschliche Abfälle und offene Abflusskanäle voneinander zu trennen. Lokale Verantwortungsträger organisierten das Projekt, indem sie qualifizierte arbeitslose Bewohner anheuerten, und zum ersten Mal in der Geschichte bezahlte die Stadt die Arbeiten – von der Anzucht der Setzlinge und der Bepflanzung über die Pflege der neu begrünten Flächen bis zum Ausheben der Gräben und dem Verlegen der Rohre.[44]

Beim Mega-Cities-Projekttreffen 1992 in Rio de Janeiro, kam der Koordinator von Jakarta, Darrundono, auf die Idee, Elemente dieses Programms in das Kampung Improvement Project (KIP) zu integrieren, einem von ihm geleiteten Sanierungsprojekt. Die Kerngedanken des Projekts, Umwelt- und Ernährungsbewusstsein und die Bedeutung der Begrünung für die Lebensqualität in Armensiedlungen, wurden in das KIP übernommen und durch zusätzliche Elemente ergänzt: So wurden bei Mülldeponien öffentliche Wasch- und Toiletteneinrichtungen installiert und die einzelnen Familien ermutigt, rings um ihre Unterkünfte Gemüse anzupflanzen. Das Prinzip, die Menschen für ihre Arbeit zu bezahlen, wurde in das indonesische Programm allerdings nicht übernommen.

Währenddessen ging in Rio de Janeiro aus den gewonnenen Erkenntnissen das Favela-Bairro-Projekt hervor, das umfangreichste Slumsanierungsprojekt, das je unternommen wurde. Zwischen 1995 und 2004 erreichte das Wiederaufforstungsprogramm 87 Siedlungen und 250.000 Menschen. Bis zum Jahr 2006 waren es 556.000 Menschen in 143 Favelas. Die Arbeiter erhalten zwischen 150 und 500 Dollar die Woche. Manche davon arbeiten in den drei städtischen Baumschulen, die 120.000 Bäume im Monat hervorbringen. Inzwischen wurden mehr als 1.500 Hektar Land mit 3,5 Millionen Bäumen bepflanzt, was dazu beiträgt, den Menschen ein Einkommen zu sichern, Nahrung und Sicherheit zu geben, die Luftqualität zu verbessern und vor Überschwemmungskatastrophen zu schützen.[45]

In Kairo verbrennen internationale Unternehmen den eingesammelten Müll, statt ihn zu verwerten, während es die Zabbalin schaffen, 85 Prozent dessen, was sie einsammeln, zu recyceln.

Das Prinzip der Stadtregierung, die Slumbewohner durch lokale Verantwortungsträger bezahlen zu lassen, wurde auch in verschiedenen anderen Projekten erfolgreich übernommen, von denen die Müllsammelinitiative Favela Limpa (Saubere Favela) die umfangreichste darstellt: Die städtische Müllabfuhr stellt nun Favela-Bewohner ein, die den Abfall in den Siedlungen einsammeln und zu speziellen Abholstellen für die städtischen Müllfahrzeuge bringen.[46]

Ein dritter Transfer kommt aus der Stadt Curitiba in Brasilien. Dort entwickelte der Bürgermeister Jaime Lerner in den 1970er Jahren ein Bustransportsystem, das schnell, bequem und so verkehrsgünstig war, dass die Leute dafür ihre Autos stehenließen (siehe Kapitel 4). Andere Transportsysteme zwischen den und innerhalb von Stadtvierteln wurden vollständig in das Bussystem integriert. Darüber hinaus erhielten einkommensschwache Bewohner, deren Quartiere von Müllfahrzeugen nicht angefahren werden konnten, kostenlose Busfahrkarten, wenn sie ihre Abfälle an die Hauptstraße brachten, und alte Busse wurden zu mobilen Klassenräumen für Computerkurse umfunktioniert.[47]

1991 suchten die Stadt und der Bundesstaat New York nach Möglichkeiten, die Fahrzeugemissionen der Metropole zu reduzieren, da die Stadt im Begriff war, staatliche Fördergelder zu verlieren, weil sie die Auflagen des Clean Air Acts nicht mehr erfüllen konnte. Daraufhin bat man das Mega-Cities-Projekt, Maßnahmen vorzustellen, die in anderen Städten erfolgreich zum Einsatz gekommen waren. Eine private Stiftung stellte eine Anschubförderung zur Übernahme der

Kosten des Innovationstransfers in Aussicht, wenn sich alle Beteiligten auf ein Modell verständigten. Die Stadtoberen von New York entschieden sich für das Bussystem von Curitiba und ein Umwelterziehungsprogramm namens Alert II aus São Paulo, das Fahrzeugemissionen mit Luftverschmutzung und Gesundheitsrisiken in Zusammenhang brachte.[48]

Als fruchtbarste Quelle für Innovationen haben sich Basisorganisationen erwiesen.

Anfang 1992 brachte das Mega-Cities-Projekt die New Yorker Verantwortlichen für Umwelt und Verkehrswesen nach São Paulo und Curitiba, um sich die dortigen Initiativen anzusehen. Der Besuch resultierte in der Veranstaltung „Green Alert" an der New Yorker Park Avenue, um das Thema ins öffentliche Bewusstsein zu rücken, und – mit finanzieller Unterstützung von Volvo – dem Probeeinsatz von vier Bussen und Haltestellenröhren aus Curitiba, die an vier Schlüsselstellen in Lower Manhattan eingesetzt wurden.[49]

Der Testlauf wurde von den Nutzern gut bewertet, doch verlor der Transfer an Schwung, als die Stadtregierung nach einer Wahl im Jahr 1993 wechselte. Die Kritiker wussten viele Gründe anzuführen, warum das System aus Curitiba in New York nicht funktionieren würde. Die Menschen hatten während der Testphase umsonst fahren dürfen, daher war ein wesentlicher Faktor, die Bezahlung vor Fahrtantritt, in New York nicht erprobt worden. Außerdem war die Übernahme der bemannten Drehkreuze, an denen an jeder Bushaltestelle bezahlt werden konnte, für New York zu teuer. Anders als Curitiba verfügt New York über ein U-Bahn-System und enge Straßen, die es kaum zulassen, einen Großteil der Fahrbahnen den Schnellbussen vorzubehalten. Zudem ist die Verantwortung für die New Yorker Straßen zwischen der staatlichen Verkehrsbehörde, die den Busbetrieb regelt, und dem Verkehrsamt der Stadt aufgeteilt. Letzteres ist für die Beschilderung und den Ampelbetrieb zuständig, die dafür ausschlaggebend wären, den Bussen im Verkehr Vorrang einzuräumen.[50]

Dennoch ging die Idee nicht verloren und stieß bei der Federal Transit Administration auf Interesse, die dann Los Angeles und andere Städte zur Einführung eines Schnellbus-Systems anregte. Als der New Yorker Bürgermeister Michael Bloomberg im Jahr 2001 zum ersten Mal kandidierte, befanden sich auch die „oberirdischen U-Bahnen" unter seinen Kampagnenideen. Und im Jahr 2006 erwogen die städtischen Verkehrsplaner ein ähnliches System auf verschiedenen Korridoren durch die Stadt einzusetzen. Im Pilotsystem, das voraussichtlich 2008 in Betrieb gehen wird, werden einige Anleihen bei dem vor Jahren aus Curitiba importierten Projekt zu finden sein. Für das Mega-Cities-Projekt war vor allem die Tatsache bedeutend, dass dies einer der ersten Transfers von Süden nach

Norden war, woran sich zeigen ließ, dass man mitunter dort lernen kann, wo man es zunächst am wenigsten erwartet.[51]

Die vorgestellten Fälle und Hunderte andere, vom Mega-Cities-Projekt dokumentierte und publizierte Projekte sind Lehrbeispiele für den Prozess des sozialen Wandels. Als fruchtbarste Quelle für Innovationen haben sich Basisorganisationen erwiesen, gefolgt von Lokalregierungen. Um eine nennenswerte Größenordnung zu erreichen, müssen Impulsgeber mit Nichtregierungsorganisationen, Wirtschaft und Regierungen zusammenarbeiten. Die Überwindung der unzähligen Hindernisse im Lebenszyklus einer Innovation, von ihrer Entstehung bis zur routinemäßigen Anwendung, fordert von einem „Produkt-Champion" Engagement und Kontinuität. Innovationstransfer funktioniert immer dort am besten, wo das Lernen auf einer unmittelbaren und direkten Ebene stattfindet, wo gegenseitige Besuche erfolgen und Kontinuität gewährleistet ist. (Die häufigen Wechsel in den Verwaltungen erschweren den Transfer zwischen Lokalregierungen, da diese dazu neigen, Ideen abzulehnen, die nicht von ihnen initiiert wurden.) Die größte Lektion jedoch ist, dass sozialer Wandel immer auch eine Sisyphusarbeit bedeutet. Während Bürgergruppen und progressive Regierungen sich bemühen, den Stein der Innovation den Berg hinaufzurollen, wird er von den Gravitationskräften des „business as usual" wieder hinabgezogen.

Vielversprechende neue Ansätze

Ob es uns gefällt oder nicht, unsere globale Zukunft wird sich vor allem in den Städten abspielen. Die Menschen in den Entwicklungsländern werden weiter mit den Füßen abstimmen und in die Städte beziehungsweise an ihre Ränder ziehen. Es wird Jahrzehnte dauern, ehe die Metropolen des Südens stabile Bevölkerungszahlen erreichen. Auch wenn die Geburtenraten mit zunehmender Urbanisierung sinken, geht dieser Prozess innerhalb der städtischen Armenbevölkerung langsamer vonstatten.

Was können wir also tun, damit unsere urbane Zukunft eine erstrebenswerte und nachhaltige Zukunft wird? Welche Art von Stadt fördert Geselligkeit und Kreativität? Wie können wir Armut und Umweltzerstörung eindämmen und den Unterprivilegierten ein Mitspracherecht sichern?

Es gibt keine Wundermittel zur Schaffung nachhaltiger, gerechter und friedlicher Städte. Aber es gibt einige notwendige, wenn auch nicht ausreichende Bedingungen für derartige Wandlungsprozesse: eine transparente Regierungsführung, anständige Arbeitsmöglichkeiten oder ein Mindesteinkommen, eine innovative Infrastruktur zum Schutz der Umwelt, eine kluge Flächennutzungspolitik unter Einbeziehung der Gemeinwesenentwicklung und sozialer Zusammenhalt bei gleichzeitiger kultureller Diversität.

Die Förderung einer transparenten Regierungsführung. Effektive politische Lenkungsformen sind unerlässlich, um vielversprechende Innovationen in öffentliche Politik umzuwandeln, städtische Dienstleistungen gerecht zu verteilen und Partnerschaften mit dem privaten und dem freiwilligen Sektor einzugehen. Dies betonte auch Weltbankpräsident Paul Wolfowitz im September 2006 in Singapur in seiner Ansprache vor dem Exekutivrat der Weltbank: „Ohne eine gute Regierungsführung werden alle anderen Reformen nur begrenzt Wirkung zeigen ... Diese Ansicht habe ich auf der Straße und in Taxis gehört, in marmorgetäfelten Ministerien wie in heruntergekommenen Hütten."[52]

Der Kampf gegen die Korruption, die politische Strukturen und Prozesse schwächt, erfordert die Förderung des Wettbewerbs, sodass Regierungen nicht länger über eine Monopolmacht verfügen; des weiteren den Abbau bürokratischer Wasserköpfe und die Stärkung von Verantwortlichkeit. La Paz hat zum Beispiel damit begonnen, gegen Bestechungen bei der Erteilung von Baugenehmigungen vorzugehen, indem man die Vorschriften vereinfachte und allgemein bekannt machte, die Erteilung von Genehmigungen an Architekten übertrug und die Zuständigkeit der Stadt für die Überwachung der Verträge einschränkte, indem die Aufgabe einigen wenigen, aber dafür besser bezahlten städtischen Angestellten übertragen wurde. Andere vielversprechende Bemühungen um eine transparentere Regierungsführung konzentrieren sich darauf, Erlasse, staatliche Anschaffungen und Investitionen über das Internet publik zu machen.[53]

Die Sicherung anständiger Arbeit oder eines Mindesteinkommens. Für die städtischen Armen haben Jobs die oberste Priorität. Im Jahr 2001 gab bei einer Mehrgenerationen-Umfrage unter Favela-Bewohnern in Rio de Janeiro die Mehrheit der Befragten an, eine gute Arbeit mit guter Bezahlung sei „der wichtigste Faktor für ein erfolgreiches Leben". Sie wollen eine Chance, sich ihren Lebensunterhalt selbst zu verdienen, ob als Angestellte oder als informelle Arbeiter – es ist für sie der Schlüssel zu einem würdevollen Dasein. Dafür notwendig ist einerseits die Schaffung von Arbeitsplätzen, andererseits müssen die Menschen in ihren Vierteln auf Jobs in Wachstumsbereichen des Marktes vorbereitet werden.[54]

Richtig angepackt, können Jobtrainings und Qualifizierungen, Mentoring und Hilfe bei der Suche nach einer ersten Arbeitsstelle viel bewirken. Wenig Zweck dagegen hat es, die Fähigkeiten für Jobs zu schulen, die es gar nicht mehr gibt.

Sparen und Kredite sind die Schlüssel zur Schaffung neuer Arbeitsplätze. Ohne Zugang zu diesen Finanzdienstleistungen können zukünftige Kleinstunternehmer keine kleingewerblichen Geschäfte aufbauen. Viele Formen der Mikrofinanzierung, darunter Gruppensparanlagen und Kleinstkredite ebenso wie kleine Darlehen zur Verbesserung der Wohnverhältnisse, haben in Städten schon Erfolge gezeigt (siehe Kapitel 7).[55]

Auch größere Unternehmen können zur wirtschaftlichen Stärkung armer Wohnviertel Wesentliches beitragen. Im mexikanischen Guadalajara, wo ein Gutteil der Bevölkerung in wilden Siedlungen lebt, entwickelte das multinationale Zementunternehmen CEMEX ein Spar- und Kreditsystem, durch das Haushalte mit einem Tageseinkommen zwischen 5 und 15 Dollar (einkommensschwache Familien, aber nicht die Ärmsten der Armen) in die Lage versetzt werden, Zement zu kaufen, um sich Unterkünfte zu bauen oder diese zu verbessern. Das Programm wurde inzwischen auf 23 weitere Städte in Mexiko ausgeweitet.[56]

Mitunter können auch Regierungen zur Schaffung neuer Arbeitsplätze beitragen, indem sie Arme einstellen, um bei der Lösung dringender ökologischer Probleme mitzuhelfen, wie das Wiederaufforstungsprojekt in Rio gezeigt hat. In Armenvierteln von Daressalam, in Tansania, und im ugandischen Kampala, wo Überschwemmungen erheblichen Schaden angerichtet hatten, sicherten sich die Lokalregierungen mit Hilfe sogenannter „Community Contracts" vor Ort Arbeitskräfte für die notwendigen Wiederaufbauarbeiten.[57]

Auch eine „negative Einkommenssteuer" ist durchaus sinnvoll, etwa als Hilfe für Menschen, die sich zwischen zwei Jobs befinden, oder als Ergänzung für Einkommen, die als Lebensgrundlage nicht ausreichen. So wurden in Mexiko und Brasilien innovative Wohlfahrtsprogramme (Conditional Cash Transfer Programs) ins Leben gerufen, bei denen der Staat einkommensschwachen Menschen als Anreiz zur Einhaltung bestimmter Auflagen Geld auf ein persönliches Kartenkonto zahlt. Zum Beispiel erhalten Familien eine bestimmte Summe Geld für ihre Kinder, wenn sie nachweisen, dass diese regelmäßig die Schule besuchen. Weiteres Geld fließt für durchgeführte Schutzimpfungen gegen Infektionskrankheiten, und wenn alte oder pflegebedürftige Menschen in der Familie leben. Diese Programme haben, vor allem in lateinamerikanischen Städten, zu einem Anstieg der Schulanmeldungen und einer verbesserten Gesundheitsvorsorge geführt, sodass inzwischen der Bürgermeister von New York City erwägt, diesen Ansatz zu erproben.[58]

Die Entwicklung einer innovativen Infrastruktur zum Schutz der Umwelt. Städte, die bislang noch nicht über eine vollständige Infrastruktur verfügen, haben die Chance, die während der industriellen Revolution entstandenen veralteten und verschwenderischen Systeme zu „überspringen" und sich ressourcenschonende Technologien (Low- und Hightech) zunutze zu machen, um die bebaute Umgebung grundlegend zu verändern. Dazu gehören beispielsweise die Installation von wassersparenden Toiletten, getrennte Trink- und Grauwassersysteme, der Einsatz von passiver Solarenergie oder Biogas beim Heizen und die Übernahme der Recycling-Technologien, die von der NASA für das Leben im Weltraum entwickelt wurden. Der Architekt William McDonough arbeitet in China an kostengünstigen Wohnungsprojekten, bei denen aus Abwasser gewonnenes Biogas zum Kochen verwendet wird, Lehm aus der Umgebung als Baumaterial sowie passives Solardesign zum Heizen und Kühlen. Auch in Johannesburg werden Technologien dieser Art eingesetzt (siehe Kasten 8.3).[59]

> **Kasten 8.3: Kreislauf-Technologien in Johannesburg, Südafrika**
>
> In den einkommensschwachen Stadtvierteln von Ivory Park, Johannesburg, erschließen sich den Bewohnern neue Jobmöglichkeiten durch Technologien, die Abfälle in Ressourcen verwandeln.
>
> Lokale Nichtregierungsorganisationen – EcoCity und GreenHouse People's Environmental Centre Project – haben dort die Rentabilität von Baumaterialien aus Lehm, solarbetriebenen Warmwassergeräten und Kochherden, wasserloser Kanalisation, Recycling und einer in kleinem Rahmen betriebenen ökologischen Landwirtschaft unter Beweis gestellt. Zusammen mit dem Co-operatives and Policy Alternative Centre hat EcoCity zum Aufbau von mehr als einem Dutzend „grüner" Genossenschaftsprojekte beigetragen. Clara Masonganye, von der Öko-Baukooperative für Frauen, Ubuhle Bemvelo, beschreibt die umweltfreundlichen Unterkünfte als „im Winter warm und im Sommer kühl". Die Kooperative Midrand Eco Savings and Credit überlässt es der örtlichen Spargemeinschaft, darüber zu entscheiden, wie Darlehen vergeben werden.
>
> *Annie Sugrue, EcoCity Trust, Johannesburg*
>
> Quelle: Siehe Anmerkung 59.

Eine Herausforderung bei der Übernahme sogenannter alternativer Technologien besteht darin, dass diese nicht das prestigeträchtige Image der Modernität besitzen, wie es im Fernsehen vermittelt wird, oder wie es die Häuser der Reichen weltweit zur Schau stellen. Während fortschrittliche Wohngebiete in Städten wie Stockholm beweisen, dass umweltfreundliches Design durchaus mit einem hohen Lebensstandard vereinbar ist, bekommen die meisten Menschen in Entwicklungsländern diese Vorbilder nicht zu sehen und streben weiter danach, die in den USA und Europa gemachten Fehler zu kopieren.

Die Förderung einer klugen Flächennutzungspolitik unter Einbeziehung der Gemeinwesenentwicklung. Nachdem sie jahrzehntelang als Abteilung für nutzlose bunte Landkarten abgetan wurde, erlebt die Stadtplanung zurzeit ein Comeback. Kreative Städteplaner haben neue Wege entwickelt, um Stadtviertel in die Abstimmungsprozesse über Raumordnungsentscheidungen einzubeziehen und mit Hilfe alter Planungsinstrumente progressive Veränderungen herbeizuführen. Bebauungsvorschriften, Bau- und Flächennutzungspläne wurden angepasst, um funktionsgemischte Stadtviertel mit arbeitsplatznahen Wohnungen und kommerziellen wie kulturellen Angeboten zu fördern. Entwicklungsanreize in Gebieten mit bereits bestehender Infrastruktur haben dazu beigetragen, den Wildwuchs der Stadtgebiete einzudämmen. Die Ausweisung „geschützter Bereiche" ermöglicht den Schutz ökologisch wertvoller Areale, die Verbindung natürlicher Korridore und eine flexible Sanierung von informellen Siedlungen. Zu einer umfassenden Verkehrsplanung gehören Investitionen in Bürgersteige und Fahrradwege ebenso wie kostengünstige öffentliche Transportmöglichkeiten mit einer guten Anbindung an lokale, regionale und Fernreisenetze.

São Paulo hat sich bei der Verbesserung städteplanerischer Instrumente zur Schaffung einer sozialeren Stadt als eine der führenden Kräfte erwiesen. Einer der wichtigsten Schritte war dort die Einführung einer Steuer für Bauunternehmer. Die Einnahmen fließen in einen Fonds, aus dem Investitionen für das Gemeinwohl, beispielsweise im Verkehrs- und Wohnungswesen sowie für Umweltschutzmaßnahmen, finanziert werden (siehe Kasten 8.4).[60]

Kostengünstige Unterkünfte sind in den meisten Städten so rar, dass sich Neuankömmlinge oft an den gefährlichsten Orten niederlassen müssen. Eine logische Reaktion darauf wäre die Ausweisung kleiner Grundstücke mit Anschluss an die städtische Grundversorgung, die mit wenig Geld oder kleinen Krediten erworben werden können. Dieser „Sites-and-Services"-Ansatz, der erstmals 1972

Kasten 8.4: Stadtplanung für das Gemeinwohl in São Paulo, Brasilien

Im Flächennutzungsplan von São Paulo, der 2002 genehmigt wurde, führte die Stadtverwaltung eine Änderung der Geschossflächenzahl an, jener Zahl, die vorgibt, wie groß die Gesamtfläche eines Gebäudes im Verhältnis zur Grundstücksgröße sein darf. Inzwischen ist in ganz São Paulo der Wert der Geschossflächenzahl, nach dem Bauunternehmer ohne zusätzliche Kosten bauen dürfen, auf 1,0 festgesetzt. Danach darf die Gesamtfläche aller Geschosse eines Neubaus nicht größer sein als die Grundstücksfläche selbst. Dort, wo die Bebauungsvorschriften eine Geschossflächenzahl von 2, 3 oder 4 zulassen, werden Bauunternehmer, die größer bauen wollen, für eine Genehmigung zur Kasse gebeten. Die Einnahmen fließen in einen öffentlichen Fonds für Maßnahmen des Umweltschutzes und für Verbesserungen im Verkehrs- und Wohnungswesen.

Der Verband der Bauunternehmer setzte sich mit vierseitigen Anzeigen in sämtlichen Lokalzeitungen der Stadt gegen den neuen Plan zur Wehr. Doch die Stadtverwaltung blieb standhaft und die Neuerung wurde schließlich durchgesetzt. Allerdings wurden im Magistrat noch einige Änderungen beschlossen, welche die Höhe der durch das neue Genehmigungsverfahren erhofften Einnahmen verringerten. Dennoch ist die neue Vorschrift inzwischen in Kraft und die Bauunternehmer sind gezwungen, sie einzuhalten, was ihren Profiten keinen allzu großen Schaden zufügt.

Doch selbst gesetzlich verankerte Verordnungen können mitunter ins Hintertreffen geraten, wenn neu gewählte Stadtregierungen soziale Probleme anders angehen oder andere Prioritäten setzen. Während der Regierungszeit der Arbeiterpartei von 2001 bis 2004 beispielsweise wurde in São Paulo ein vierzigköpfiger stadtpolitischer Rat (Urban Policies Council) aus Mitgliedern der Stadtregierung sowie Vertretern von Nichtregierungsorganisationen geschaffen und gesetzlich verankert. Allerdings wurde dieser Rat von der derzeitigen Stadtregierung noch nie einberufen. Die Bauunternehmer werden immer versuchen, das Gesetz zu ändern, um mehr und mehr bauen zu können; das entspricht der Logik ihres Berufs. Doch wie Jean-Jacques Rousseau schrieb, ist „der Gemeinwille nicht der Wille aller".

Jorge Wilhelm, Ehemaliger Leiter des Stadtplanungsamtes von São Paulo

Quelle: Siehe Anmerkung 60.

in Dakar, im Senegal, erprobt wurde, ist bisher nur selten zum Einsatz gekommen, da er für Politiker keine öffentlichkeitswirksamen Lokaltermine mit Presse und Einweihungsfeiern bereithält. Trotzdem ist er finanziell und ökologisch sinnvoll: Die Kosten für die Infrastruktur sind niedriger als die nachträgliche Sanierung eines Slumgebietes, und die neuen Siedlungen tragen dazu bei, die Okkupation ökologisch sensibler Gebiete zu reduzieren.

Die Pflege des sozialen Zusammenhalts und der kulturellen Diversität. Diversität macht natürliche Ökosysteme ebenso wie nationale Volkswirtschaften robust und widerstandsfähig, dennoch tragen Vorurteile und Missverständnisse zwischen verschiedenen Gruppen häufig dazu bei, das der Diversität innewohnende Potenzial zur Stärkung der Städte zu verschleudern. Dabei ist für die Lösung der komplexen Probleme, vor denen unsere Städte stehen, die größtmögliche Vielfalt an Kulturen und Werten vonnöten.[61]

Gewaltkriminalität zerreißt den städtischen Zusammenhalt und verstärkt die Isolation der Armen. Daher ist es dringend erforderlich, den Verkauf von Waffen und Drogen zu kontrollieren, die Korruption einzuschränken, die Gewalt ungestraft geschehen lässt, und an die Gesellschaft als Ganzes zu appellieren, nach Lösungen für dieses Problem zu suchen. Vielversprechende Initiativen sind „Community Policing"-Maßnahmen in Armenvierteln und alle Arten von Kunst-, Kultur- und Sportprogrammen für gefährdete Jugendliche. Auch andere Programme, wie Waffenamnestien und die Einschränkung des Verkaufs von Kleinfeuerwaffen, wurden zur Bekämpfung der Gewalt in den Städten mit unterschiedlichem Erfolg bereits erprobt.[62]

Unsere urbane Zukunft

Die soeben beschriebenen Ansätze in Politik, Wirtschaft, Umweltpolitik und Gesellschaft erfordern zumindest drei gravierende Veränderungen. Die erste besteht darin, die Strukturen zur Unterstützung der Städte und der städtischen Armenbevölkerung zu überholen, indem man den Städten ihren Anteil überlässt und zur Förderung von Innovationen die jeweiligen Anreizsysteme revidiert. Da die Weltbevölkerung weiter in die Städte strömt, sollten die Agendas von Hilfsorganisationen, Regierungen, Stiftungen, Forschungszentren und gemeinnützigen Vereinen diese Tatsache widerspiegeln. Doch nur allzu häufig richtet sich in der Diskussion um die Zukunft der Städte der Fokus allein auf die Weltmetropolen und die „Global Cities", als Zentren der Kapital- und Informationsflüsse sowie der transnationalen Konzerne, statt auf die ungleich zahlreicheren und dichter besiedelten Städte der Entwicklungsländer.

Um die Kluft zwischen offiziellen Gebern und armen Stadtbewohnern zu überbrücken, könnten Regierungen und Hilfsorganisationen ihre Mittel in sämtlichen

Städten an einen städtischen Fonds oder eine Bürgerstiftung übertragen. Ein solcher Fonds wäre ausschließlich zur Nutzung durch Bürgerorganisationen bestimmt, unterläge einer transparenten Entscheidungsfindung und würde es Gruppen, die unterstützt werden, erleichtern, sich untereinander auszutauschen. Das Community Organizations Development Institute der thailändischen Regierung ist ein Beispiel dafür, wie Nationalregierungen lokale Fonds unterstützen können. In Costa Rica und Nicaragua hat die schwedische Behörde für Internationale Entwicklung (SIDA) lokale Organisationen mit der Durchführung städtischer Armenprogramme betraut. Und in Ecuador verständigte sich die Regierung zwischen 1988 und 1993 mit ausländischen Regierungen darauf, kurzfristige Schuldinstrumente umzustrukturieren und die Gelder anschließend über lokale Nichtregierungsorganisationen in Entwicklungshilfeprojekte im ganzen Land fließen zu lassen.[63]

Zu einem Umdenken in der Entwicklungszusammenarbeit gehört auch, nach Wegen zu suchen, wie Zusammenschlüsse armer Stadtbewohner und die mit ihnen kooperierenden Nichtregierungsorganisationen offizielle Hilfskanäle umgehen können. So haben zwei frühere Mitarbeiter der Weltbank eine Webseite entwickelt (www.globalgiving.com), die es Einzelpersonen und Institutionen ermöglicht, lokal geführte Projekte zu unterstützen. In seiner Analyse dieser Initiative schreibt der frühere Weltbank-Ökonom William Easterly: „Man stelle sich nur das kreative Potenzial vor, wenn Tausende potenzielle Spender, Projektinitiatoren, technische Berater und Fürsprecher der Armen von den Fesseln einer alles steuernden Bürokratie befreit wären und Lösungen finden könnten, die an Ort und Stelle funktionieren. Das ist zwar kein Allheilmittel zur Umgestaltung der gesamten Auslandshilfe; aber es ist ein vielversprechendes Experiment, wie Hilfe wirklich zu den Armen gelangen könnte."[64]

Erforderlich ist darüber hinaus die Suche nach systematischen Ansätzen, um Fortschritte im Sinne eines Benchmarking vergleichen und in den Städten erzielte Resultate erfassen zu können. Ohne verlässliche und vergleichbare Armuts- und Umweltindikatoren werden wir nie feststellen können, ob Fortschritte gemacht werden oder wie die Auswirkungen eines bestimmten Vorgehens oder einer Strategie mit anderen verglichen werden können. Da weder internationale noch nationale Bemühungen bislang Indikatoren auf städtischer Ebene hervorgebracht haben, ist der Bedarf nach lokalem Benchmarking offensichtlich. Eine Möglichkeit besteht darin, dass lokale Regierungen Anwohner anstellen, um Daten aus den Bereichen Gesundheit, Wohnsituation, Einkommen und Umwelt zu sammeln und zu erfassen. Zusammenschlüsse armer Stadtbewohner von Mumbai bis Nairobi haben dies bereits vorgemacht, indem sie in ihren Wohnvierteln die Durchführung eigener Erhebungen organisierten. Städte könnten Veranstaltungen zur Informationsbeschaffung durchführen und Menschen motivieren, in ihren eigenen Interessens- und Verantwortungsgebieten Datenmaterial zu sammeln.

Der Austausch von Informationen ist vor allem für jene von Bedeutung, die ganz direkt mit der Bekämpfung der städtischen Armut beschäftigt sind, und für die Armen selbst. Die Zeitschrift *Environment and Urbanization*, die vom Internationalen Institut für Umwelt und Entwicklung herausgegeben wird, bietet ein wichtiges Forum für den Informationsaustausch unter Wissenschaftlern, Mitarbeitern von Nichtregierungsorganisationen und anderen. Darüber hinaus besteht bei lokalen Verantwortungsträgern der Bedarf, direkt und persönlich miteinander zu diskutieren.

Einige neue Projekte haben es sich zum Ziel gesetzt, Informationen über städtische Armut und Umwelt zu sammeln und zu verbreiten. So wurde vom kanadischen International Development Research Centre in einer Handvoll „Fokusstädten" in Entwicklungsländern ein Projekt gestartet, das Maßnahmen in den folgenden Bereichen beobachtet: städtische Landwirtschaft, Wasser und Kanalisation, Abfallwirtschaft und Anfälligkeit für Naturkatastrophen sowie Bodenrechte als Querschnittsthema. Die neue „Urban Sustainability Initiative", die von der Moore Foundation in den Vereinigten Staaten unterstützt wird, plant Städtepartnerschaftsprojekte in China, Mexiko, Südafrika und Tansania, den Austausch von Ideen auf Städteebene und die Entwicklung einer Palette wissenschaftlicher und sozialer Indikatoren, mit denen sich städtische Prozesse messen lassen.[65]

Trotz offensichtlicher politischer, wirtschaftlicher und kultureller Unterschiede haben die Städte der Entwicklungsländer und der Industrienationen viele Probleme gemeinsam.

Bei diesen wie bei anderen Initiativen wird es darauf ankommen zu erkennen, dass die bisherigen Strategien der „gelungenen Praxis" („Best Practice") und der „wettbewerbsfähigen Städte" durch Strategien der „besseren Praktiken" und „kooperierenden Städte" ersetzt werden müssen. Das „Best Practice"-Modell leidet unter der Grundannahme, es gäbe einen einzigen idealen Weg für alle Städte. Hingegen hat das Mega-Cities-Projekt festgestellt, dass jede neue Innovation auch neue Probleme und Widersprüche heraufbeschwört, die wiederum weitere Innovationen und überarbeitete Lösungen erfordern. Und eine weitere Erkenntnis besagt, dass etwas, das an einem Ort bewährte Praxis sein mag, an einem anderen völlig nutzlos oder schädlich sein kann. Jede Stadt muss, unter Berücksichtigung ihrer Geschichte, ihrer Kultur und den örtlichen Gegebenheiten, eigene Lösungen finden. Das derzeitige System der Nominierung, Bewertung und Belohnung von „Best Practice"-Modellen ermöglicht es Städten, sich selbst zu nominieren und für sich zu werben, lässt jedoch wenig Spielraum für neutrale, externe Evaluierungen.

Trotz offensichtlicher politischer, wirtschaftlicher und kultureller Unterschiede haben die Städte der Entwicklungsländer und der Industrienationen viele Probleme gemeinsam. In fast jeder wohlhabenden Stadt gibt es auch eine hohe Säuglingssterblichkeitsrate, Unterernährung, Obdachlosigkeit, Arbeitslosigkeit und niedrige Lebenserwartung. Und in fast allen Städten der Entwicklungsländer findet sich auch eine Welt der Hochfinanz, der Hochtechnologie und der Mode. Wenn Städte als Laboratorien für städtische Innovationen genutzt werden, können sie Ideen hervorbringen, die sich vom Süden in den Norden exportieren lassen, da arme Städte einen kleineren ökologischen Fußabdruck hinterlassen und über mehr Erfahrung mit Wiederverwertung verfügen. Es ist Zeit, sich vom Prinzip NIMBY („Nicht in meinem Garten") und NOPE („Nicht auf Planet Erde") zu verabschieden und zu erkennen, dass alle Nebenprodukte menschlicher Aktivitäten in irgendjemandes Garten und in der uns umgebenden Atmosphäre landen.

Der letzte grundlegende Richtungswechsel erfordert von Menschen in einflussreichen Positionen, dass sie auch den Schwächsten der Bevölkerung zuhören, vor allem jungen Menschen und Frauen. Die Städte der Zukunft gehören den Kindern von heute. Doch leider ergab eine Überprüfung der Bemühungen von Städten, die Belange der Kinder in Entscheidungsprozesse mit einzubeziehen, dass „generell mehr Interesse an Vorzeigeprojekten besteht" als an breit angelegten Veränderungen.[66]

Städte könnten Projekte ausweiten, die junge Menschen mit Kunst und Sport in Berührung bringen und ihnen Möglichkeiten aufzeigen, wo sie sich hervortun und sich als Teil von etwas Sinnvollem erfahren können. In Rio de Janeiro begann ein solches Projekt, „Affro-Reggae", in der Favela Vigário Geral. Dort wurden Trommeln, Tänze und Liedtexte, die den Alltag in der Siedlung widerspiegelten, eingesetzt, um junge Menschen anzuziehen, Solidarität zu wecken und eine kritischen Analyse ihrer Situation zu ermöglichen. Die dort geleistete Arbeit, festgehalten in dem Dokumentarfilm *Favela Rising*, trug dazu bei, einen Drogenkrieg mit einer benachbarten Favela zu beenden, und hat inzwischen auch in anderen Stadtvierteln Schule gemacht.[67]

Eines der beredtesten Plädoyers für die Notwendigkeit, den städtischen Armen zuzuhören, stammt von Rose Molokoane von der South African Federation of the Urban Poor, oder auch FED UP. Sie erklärte vor kurzem einem Publikum, in dem sich auch Entwicklungsexperten befanden: „Wir haben es satt, das Thema der Agenda zu sein. Wir haben es satt, dass ihr uns nicht zuhört ... Wir sind arm, aber nicht hoffnungslos. Wir haben Geld, aber keine Chance, zur Bank zu gehen und ein Konto zu eröffnen, weil wir keine feste Adresse haben. Wenn ihr mir mein Wohnrecht sichert, habe ich eine Adresse. Dann eröffne ich ein Bankkonto. Wir werden euch zeigen, dass wir es können ... Das Einzige, womit wir uns beschäftigen, ist, wie wir uns organisieren können. Organisierte Wohnviertel sind ein Werkzeug, mit dem sich die Dinge anpacken lassen, die euch doppelten Stress verursachen."[68]

Die Kluft, die Rose Molokoane zwischen jenen ausmacht, die „Entwicklungsziele" setzen, und jenen, die das Ziel der Agenda sind, ist nur ein Teil von noch größeren Verwerfungen zwischen Arm und Reich, zwischen den Mächtigen und den Machtlosen. Zur Überbrückung dieser Abgründe bedarf es einer völlig neuen Denkweise. Solange wir nicht bereit sind, unsere Vorstellung vom „wir" als „ich und meine Familie" auf „mein Wohnviertel, meine Stadt, mein Land und mein Planet Erde" auszuweiten, wird sich die Kluft weiter verbreitern. Wettbewerb und das Überleben der Stärkeren mögen uns dahin gebracht haben, wo wir heute stehen. Wenn uns jedoch für die kommenden Jahrhunderte der Schritt hin zu einer nachhaltigen Welt gelingen soll, müssen wir klug genug sein, dies mit den Mitteln der Zusammenarbeit und der Inklusion anzugehen. Mit den Worten der alten australischen Ureinwohnerin Lilla Watson gesprochen: „Wenn ihr gekommen seid, um mir zu helfen, dann verschwendet ihr eure Zeit. Aber wenn ihr gekommen seid, weil eure Befreiung mit meiner eigenen zusammenhängt, dann lasst uns zusammenarbeiten."[69]

Anmerkungen

1. Italo Calvino, *Die unsichtbaren Städte*, übers. v. Heinz Riedt (München: Hanser, 1977); verschiedene Arten der Ungleichheit zwischen Ländern in: World Bank, *World Development Report 2006* (Washington, DC: Oxford University Press und Weltbank, 2006).
2. Angaben über die urbane Slumbevölkerung in Entwicklungsländern nach: UN-HABITAT, *State of the World's Cities 2006/7* (London: Earthscan, 2006), S. 16, 111; Angaben über Mumbai und Nairobi nach Gora Mboup, Demographie- und Gesundheitsexperte, UN-HABITAT, Nairobi, E-Mail an Molly Sheehan, 5. Oktober 2006; Zuenir Ventura, *Cidade Partida* (São Paulo, Brasilien: Companhia das Letras, 1994).
3. Janice E. Perlman, „Marginality: From Myth to Reality in the Favelas in Rio de Janeiro 1969-2002", in: Ananya Roy und Nezar AlSayyad, Hg., *Urban Informality: Transnational Perspectives from the Middle East, Latin America, and South Asia* (Lanham, MD: Lexington Books, 2004).
4. Glenn H. Beyer, Hg., *The Urban Explosion in Latin America: A Continent in Process of Modernization* (Ithaca, NY: Cornell University Press, 1967); Peter Wilsher und Rosemary Righter, *The Exploding Cities* (London: A. Deutsch, 1975); Franz Fanon, *The Wretched of the Earth* (London: MacGibbon and Kee, 1965), dt. Titel: *Die Verdammten dieser Erde* (Frankfurt: Suhrkamp, 1981); John F. C. Turner, *Uncontrolled Urban Settlement: Problems and Policies* (Pittsburgh, PA: University of Pittsburgh Press, 1966); Interesse der Squatter an besseren Lebensbedingungen für ihre Kinder nach Janice Perlman, *The Myth of Marginality: Urban Poverty and Politics in Rio de Janeiro* (Berkeley: University of California Press, 1976), und nach Joan M. Nelson, *Access to Power: Politics and The Urban Poor in Developing Nations* (Princeton, NJ: Princeton University Press, 1979).
5. Millennium-Entwicklungsziele siehe unter www.un.org/millenniumgoals; United Nations Population Division, *World Urbanization Prospects: The 2005 Revision* (New York 2005).
6. Janice Perlman, „Re-Democratization in Brazil: A View from Below, The Experience of Rio de Janeiro's Favelados 1968-2005", in: Peter Kingstone und Timothy Power, Hg., *Democratic*

Brazil Revisited (Pittsburgh, PA: University of Pittsburgh Press, noch nicht erschienen); Kenianische Steuern auf Fahrräder nach VNG Uitgeverij, *The Economic Significance of Cycling: A Study to Illustrate the Costs and Benefits of Cycling Policy* (Den Haag 2000), und nach Jeffrey Maganya, Intermediate Technology Development Group, Nairobi, Kenia, Gespräch mit Molly Sheehan, 8. Mai 2001.

7. Daniel Kaufmann, Frannie Léautier und Massimo Mastruzzi, „Globalization and Urban Performance", in: Frannie Léautier, Hg., *Cities in a Globalizing World: Governance, Performance & Sustainability* (Washington, DC: Weltbankinstitut, 2006), S. 38-49; Robert Klitgaard, Ronald MacLean-Abaroa und H. Lindsey Parris, *Corrupt Cities: A Practical Guide to Cure and Prevention* (Oakland, CA: Institute for Contemporary Studies, 2000), S. 32.

8. Perlman, op. cit. Anm. 6; T. Abed und Sanjeev Gupta, Hg., *Governance, Corruption, and Economic Performance* (Washington, DC: Internationaler Währungsfonds (IWF), 2002); Vito Tanzi und Hamid Davoodi, *Corruption, Public Investment and Growth*, Working Paper 97/139 (Washington, DC: IWF, 1997); Sanjeev Gupta, Hamid Davoodi und Rosa Alonso-Terme, *Does Corruption Affect Income Inequality and Poverty?* Working Paper 98/76 (Washington, DC: IWF, 1998); Ratih Hardjono und Stefanie Teggeman, Hg., *The Poor Speak Up: 17 Stories of Corruption* (Jakarta: Partnership for Governance Reform, 2002).

9. UN-HABITAT, *The State of the World's Cities 2004/2005* (London: Earthscan, 2004), S. 134-57.

10. Kasten 8.1 geht zurück auf folgende Quellen: Ergebnisse der ursprünglichen Studie nach Perlman, op. cit. Anm. 4; jüngste Studie nach Janice Perlman, „The Chronic Poor in Rio de Janeiro: What has Changed in 30 Years?", in: Marco Keiner et al., Hg., *Managing Urban Futures: Sustainability and Urban Growth in Developing Countries* (Burlington, VT: Ashgate, 2005), S. 165-85 (41 Prozent der vormals Interviewten, bzw. 307 der ursprünglich 750 wurden gefunden und befragt, außerdem eine stichprobenartig ausgewählte Anzahl Kinder (367) und Enkelkinder (208)); Ignacio Cano et al., *O Impacto da Violência no Rio de Janeiro*, Arbeitspapier (Rio de Janeiro: Universidade do Estado do Rio de Janeiro, 2004); Niveau der Gewalt nach Luke Dowdney, *Children of the Drug Trade* (Rio de Janeiro: Viveiros de Castro Editoria, 2003); durch die Polizei provozierte Gewalt nach „Law-Enforcers on the Rampage; Brazil's Trigger-Happy Police", in: *The Economist*, 9. April 2005.

11. UN-HABITAT, op. cit. Anm. 9, S. 134-57; François Bourguignon, „Crime, Violence, and Inequitable Development", Referat, vorbereitet für die jährliche Weltbankkonferenz zur Entwicklungsökonomie, Washington, DC, 28.-30. April 1999.

12. Zu traditionellen Ansichten von Umweltschützern und Entwicklungsspezialisten siehe Eugene P. Odum, *Fundamentals of Ecology*, 3rd ed. (Philadelphia: Saunders, 1971), und Michael Lipton, *Why Poor People Stay Poor: Urban Bias in World Development* (London: Temple Smith, 1977); Janice Perlman und Bruce Schearer, „Migration and Population Distribution Trends and Policies and the Urban Future", Internationale Konferenz über Bevölkerung und städtische Zukunft, Bevölkerungsfonds der Vereinten Nationen, Barcelona, Spanien, Mai 1986.

13. Perlman und Schearer, op. cit. Anm. 12.

14. Ibid.

15. Bevölkerungsabteilung der Vereinten Nationen, *World Population Policies 2005*, unter www.un.org/esa/population/publications/WPP2005/Publication_index.htm.

16. United Nations High Commissioner for Human Rights, „Statement by Mr. Miloon Kothari, Special Rapporteur on adequate housing as a component of the right to an adequate standard of living, to the World Urban Forum III", Vancouver, 20. Juni 2006.

17. Martin Ravallion, *On the Urbanization of Poverty*, Development Research Group Working Paper (Washington, DC: Weltbank, 2001); Die städtische Schätzung geht zurück auf Michael Cohen, „Reframing Urban Assistance: Scale, Ambition, and Possibility", *Urban Update*, Comparative Urban Studies Brief, Woodrow Wilson International Center for Scholars, Nr. 5, Februar 2004, S. 1; Umfang der Gesamthilfe nach Angaben der OECD/DAC in: Worldwatch Institute, *Worldwatch Global Trends*, CD-ROM, Juli 2005; Mangel an städtischen Wohnraumprogrammen nach Daniel S. Coleman und Michael F. Shea, „Assessment of Bilateral and Multilateral Development Assistance and Housing Assistance in Latin America, Asia, Africa and the Middle East", Interim Working Draft for the International Housing Coalition, 3. Mai 2006.
18. Umfang der Hilfsleistungen nach OECD/DAC und private Kapitalflüsse nach UNCTAD, beide in: Worldwatch Institute, op. cit. Anm. 17.
19. David Satterthwaite, „Reducing Urban Poverty: Constraints on the Effectiveness of Aid Agencies and Development Banks and Some Suggestions for Change", *Environment and Urbanization*, April 2001, S. 137-57.
20. Aufwendungen für städtische Gebiete nach Frannie Léautier, Weltbankinstitut, E-Mail an Molly Sheehan, Juli 2006; mangelnde Berücksichtigung städtischer Gebiete nach Diana Mitlin, *Understanding Urban Poverty: What the Poverty Reduction Strategy Papers Tell Us* (London: International Institute for Environment and Development (IIED), 2004).
21. William Alonso, „The Economics of Urban Size", *Papers in Regional Science*, Dezember 1971, S. 66-83; Rémy Prud'homme, „Anti-Urban Biases in the LDCs", Megacities International Conference, New York University, 1988; Rémy Prud'homme, „Managing Megacities", *Le courrier du CNRS*, Nr. 82, 1996, S. 174-76.
22. Alfredo Sirkis, Direktor für Urbanisierung, Rio de Janeiro, Gespräch mit Janice Perlman am 25. August 2005.
23. Satterthwaite, op. cit. Anm. 19, S. 140.
24. Alan Altshuler und Marc Zegans, „Innovation and Creativity: Comparisons between Public Management and Private Enterprise", *Cities*, Februar 1990, S. 16-24.
25. UN-HABITAT, *Global Urban Observatory*, unter hq/unhabitat.org/programmes/guo.
26. Die Informationen über die Zusammenschlüsse der städtischen Armen stammen von David Satterthwaite von IIED, 9. September 2006. Siehe auch David Satterthwaite, „Meeting the MDGs in Urban Areas: The Forgotten Role of Local Organizations", *Journal of International Affairs*, März 2005, S. 87-113; Sheela Patel, Sundar Burra und Celine D'Cruz, „Slum/Shack Dwellers International (SDI)-Foundations to Treetops", *Environment and Urbanization*, Oktober 2001, S. 45-59; und unter www.sdinet.org.
27. Sheela Patel, „Partnerships with the Urban Poor: The Indian Experience", *UN Chronicle*, März-Mai 2001, S. 47-49.
28. Siehe Robert Neuwirth, „Bricks, Mortar and Mobilization", *Ford Foundation Report*, Frühling-Sommer 2005, S. 13-18.
29. Patel, Burra und D'Cruz, op. cit. Anm. 26.
30. Ibid.
31. Solly Angel und Somsook Boonyabancha, „Land Sharing as an Alternative to Eviction", *Third World Planning Review*, Bd. 10, Nr. 2 (1988).
32. Teena Amrit Gill, „Slum Communities Claim a Stake in Their Community's Future", *Ashoka Changemakers Journal*, Januar 2002; Somsook Boonyabancha, *A Decade of Change: From*

the Urban Community Development Office (UCDO) to the Community Organizations Development Institute (CODI) in Thailand: Increasing Community Options through a National Government Development Programme, Arbeitspapier 12 über Armutsminderung in städtischen Gebieten (London: IIED, 2003).

33. Somsook Boonyabancha, „Baan Mankong: Going to Scale with Slum and Squatter Upgrading", Environment and Urbanization, April 2005; Satterthwaite, „Meeting the MDGs in Urban Areas", op. cit. Anm. 26.

34. UN-HABITAT, op. cit. Anm. 2.

35. Yves Cabannes, „Participatory Budgeting: A Significant Contribution to Participatory Democracy", Environment and Urbanization, April 2004, S. 27–46.

36. Celina Souza, „Participatory Budgeting in Brazilian Cities: Limits and Possibilities in Building Democratic Institutions", Environment and Urbanization, April 2001, S. 59–84; für eine Erläuterung der „ausgehandelten Solidarität", die aus diesem Prozess hervorgingen, siehe auch Rebecca Abers, Inventing Local Democracy: Grassroots Politics in Brazil (Boulder, CO: Lynne Rienner Publishers, 2000). Kasten 8.2 geht zurück auf Yves Cabannes, „Les Budgets Participatifs en Amérique Latine. De Porto Alegre à l'Amérique Centrale, en Passant par la Zone Andine: Tendances, Défis et Limites", Mouvements, September-Dezember 2006.

37. Mona Serageldin et al., „Assessment of Participatory Budgeting in Brazil", vorbereitet für die InterAmerican Development Bank, 2002.

38. Yves Cabannes, University College London, E-Mail an Molly Sheehan, 11. September 2006.

39. Chase Bank und Roper Starch, Global Leaders Survey (New York 1997).

40. Mega-Cities-Projekt, unter www.megacitiesproject.org.

41. Rachel Leven, „The Pharaoh's Garbage: Growth and Change in Egypt's Waste Management System", Tufts University NIMEP Insights Volume II, Frühjahr 2006; Wendy Walker, The Torah Zabbalin: From Tin Shacks to High Rises (Kairo: Association for the Protection of the Environment, 2005).

42. Eugenio M. Gonzales, From Wastes to Assets: The Scavengers of Payatas, International Conference on Natural Assets, Konferenzpapierreihe Nr. 7, Dezember 2003; Asian Development Bank, The Garbage Book: Solid Waste Management (Manila 2004); Ronnie E. Calumpita, „Corruption Hinders Waste Management", Manila Times, 24. August 2004.

43. Wael Salah Fahmi, „The Impact of Privatization of Solid Waste Management on the Zabbalin Garbage Collectors of Cairo", Environment and Urbanization, Oktober 2005, S. 155-70; Jack Epstein, „From Cairo's Trash, A Model of Recycling/Old Door-to-door Method Boasts 85 Percent Reuse Rate", San Francisco Chronicle, 3. Juni 2006; Mona Serageldin, Harvard University, Gespräch mit Molly Sheehan im Juli 2006.

44. Marlene Fernandes, Reforestation in Rio's Favelas, Environmental Justice, Mega-Cities Projekt, 1998.

45. Inter-American Development Bank, The Socio-Economic Impact of Favela-Bairro: What do the Data Say? Arbeitspapier (Washington 2005); Jorge Fiori, Liz Riley und Ronald Ramirez, „Urban Poverty Alleviation Through Environmental Upgrading in Rio de Janeiro: Favela Bairro", Entwurf des Forschungsberichts, Development Planning Unit, University College London, März 2005; Metropolis, Metropolis 2005 Standing Commission Report (Barcelona 2005); Angaben über 2006 nach John Fiori, Leiter des Housing and Urbanism-Programms, Architectural Association Graduate School, London, E-Mail an Kenro Kawarazaki, Worldwatch Institute, 6. August 2006.

46. Sonia Rocha, *Workfare Programmes in Brazil: An Evaluation of Their Performance* (Genf: International Labour Office, 2001); Krista Lillemets, *Exploring Participation: Waste Management Cases in Two Favelas of Rio de Janeiro*, Hausarbeit zur Erlangung des Master of Science an der Lund Universität, Lund, Schweden, November 2003.
47. Hugh Schwartz, *Urban Renewal, Municipal Revitalization: The Case of Curitiba, Brazil* (Falls Church, VA: Higher Education Publications, Inc., 2006); Robert Cervero, *The Transit Metropolis: A Global Inquiry* (Washington, DC: Island Press, 1998), S. 265-96.
48. Michael Specter, „Environmental Rules, How They Dictate Region's Agenda", *New York Times*, 25. November 1991.
49. Dennis Hevesi, „Test Runs for Futuristic Bus-Tube System", *New York Times*, 21. April 1992.
50. Angaben über gute Bewertungen siehe Michael Eng, „A Great New Ride", *Newsday*, 10. Juni 1992; Einschränkungen gehen zurück auf Molly Sheehan's Interviews mit Al Appleton, früherer Commissioner für Umweltschutz, New York City, mit Gene Russianoff, New York Public Interest Research Group, und mit Robert Newhouser, New York City Transit, alle im Oktober 2006.
51. Thomas J. Lueck, „A Plan That Means to Put More Rapid in the City's Transit", *New York Times*, 8. Juni 2006; Robert Paaswell, Albert Appleton und Todd Goldman, *Next Stop, Bus Rapid Transit: Accelerating New York's Bus System into A New Century* (New York: Institute for Urban Systems, City University of New York, 2004).
52. World Bank, *Assessing Aid* (Washington 1998); World Bank, *The Role and Effectiveness of Development Assistance* (Washington 2002); Paul Wolfowitz, Präsident der Weltbank, Ansprache an den Exekutivrat der Weltbank-Gruppe, Singapur, 19. September 2006.
53. Klitgaard, MacLean-Abaroa und Parris, op. cit. Anm. 7; Winthrop Carty, Ash Institute for Democratic Governance and Innovation, Kennedy School of Government, Harvard University, „Citizen's Charters: A Comparative Global Survey", Übersetzung aus dem Spanischen, *Cartas Compromiso: Experiencias Internacionales*, präsentiert zum Auftakt der Mexican Citizen's Charter Initiative, Juni 2004.
54. Philip Amis, „Municipal Government, Urban Economic Growth, and Poverty Reduction– Identifying the Transmission Mechanisms Between Growth and Poverty", in: Carole Rakodi und Tony Lloyd-Jones, Hg., *Urban Livelihoods: A People-Centered Approach to Reducing Poverty* (London: Earthscan, 2002), S. 97-111; Perlman, op. cit. Anm. 10; Janice Perlman, „Violence as a Major Source of Vulnerability in Rio de Janeiro's Favelas", *Journal of Contingencies and Crisis Management*, Winter 2005.
55. A. Zaidi, „Assessing the Impact of a Microfinance Programme: Orangi Pilot Project, Karachi, Pakistan", in: S. Coupe, L. Stevens und D. Mitlin, Hg., *Confronting the Crisis in Urban Poverty: Making Integrated Approaches Work* (Rugby, U.K.: Intermediate Technology Publications Ltd., 2006), S. 171-88; Franck Daphnis und Bruce Fergus, Hg., *Housing Microfinance: A Guide to Practice* (Bloomfield, CT: Kumarian Press, Inc, 2004).
56. C. K. Prahalad, *The Fortune at the Bottom of the Pyramid* (Upper Saddle River, NJ: Pearson, 2006); David L. Painter, TCG International, in Zusammenarbeit mit Regina Campa Sole und Lauren Moser, ShoreBank International, „Scaling Up Slum Improvement: Engaging Slum Dwellers and the Private Sector to Finance a Better Future", präsentiert auf dem World Urban Forum, Vancouver, Juni 2006.
57. UN Millennium Project Task Force on Improving the Lives of Slum Dwellers, *A Home in the City* (London: Earthscan, 2005), S. 55-56; Jane Tournée und Wilma van Esch, *Community Contracts in Urban Infrastructure Works* (Genf: International Labour Organization, 2001).

58. Bénédicte de la Brière und Laura B. Rawlings, *Examining Conditional Cash Transfer Programs: A Role for Increased Social Inclusion*, Social Protection Discussion Paper No. 06083 (Washington, DC: Weltbank, 2006); SYDGM und Weltbank, 3. Internationale Konferenz über Conditional Cash Transfer, Istanbul, Juni 2006, unter info.worldbank.org/etools/icct06/welcome.asp; James Traub, „Pay for Good Behavior?" *New York Times Magazine*, 8. Oktober 2006, S. 15-16.

59. Janice Perlman, „Megacities and Innovative Technologies", *Cities*, Mai 1987, S. 128-36; William McDonough, „China as a Green Lab", in: Howard Gardner et al., „The HBR List: Breakthrough Ideas for 2006", *Harvard Business Review*, Februar 2006, S. 35; Mara Hvistendahl, „Green Dawn: In China, Sustainable Cities Rise by Fiat", *Harpers*, Februar 2006, S. 52-54; Kasten 8.3 geht zurück auf Annie Sugrue, EcoCity Trust, Johannesburg, August 2006.

60. Kasten 8.4 nach Jorge Wilheim, São Paulo, Brasilien, September 2006.

61. Leonie Sandercock, *Cosmopolis II : Mongrel Cities in the 21st Century* (London: Continuum, 2003).

62. Untersuchung über Kleinfeuerwaffen unter www.smallarmssurvey.org; International Action Network on Small Arms, *Reviewing Action on Small Arms* (London 2006), S. 17-22.

63. Satterthwaite, op. cit. Anm. 19, S. 146, 148; Göran Tannerfeldt und Per Ljung, SIDA, *More Urban, Less Poor: An Introduction to Urban Development and Management* (London: Earthscan, 2006); Esquel Foundation, unter www.synergos.org/latinamerica/ecuador.htm.

64. William Easterly, *The White Man's Burden: Why the West's Efforts to Aid the Rest Have Done So Much Ill and So Little Good* (New York: Penguin Press, 2006), S. 378.

65. Urban Sustainability Initiative, unter bie.berkeley.edu/usi.

66. UN Millennium Project Task Force, op. cit. Anm. 57, S. 101; Yves Cabannes, „Children and Young People Build Participatory Democracy in Latin American Cities", *Environment and Urbanization*, April 2006, S. 195-218; Sheridan Bartlett, „Integrating Children's Rights into Municipal Action: A Review of Progress and Lessons Learned", *Children, Youth, and Environments*, Bd. 15, Nr. 2 (2005), S. 18-40.

67. „YA! Youth Activism", *NACLA Report on the Americas*, Mai/Juni 2004, S. 48.

68. Rose Molokoane, Vortrag beim Future of the Cities Panel, World Urban Forum, Vancouver, 23. Juni 2006.

69. Watson zitiert in: Ernie Stringer, *Action Research* (Thousand Oaks, CA: Sage Publications, 1999).

Autorinnen und Autoren

Gunther Hilliges leitete von 1979-2005 das Landesamt für Entwicklungszusammenarbeit in Bremen, wo er lebt. Er war erster Vorsitzender von terre des hommes Deutschland und später Mitbegründer und langjähriges Vorstandsmitglied bei Germanwatch. Heute ist er Kuratoriumsvorsitzender der Stiftung Zukunftsfähigkeit.

Kristen Hughes ist Doktorandin am Center for Energy and Environmental Policy der University of Delaware.

Jeff Kenworthy ist außerordentlicher Professor für nachhaltigen Siedlungsbau an der Murdoch University in Perth, Australien.

Kai N. Lee ist Rosenburg Professor of Environmental Studies am Williams College in Williamstown, Massachusetts. Sein Dank für Anregungen gilt Molly O'Meara Sheehan, die ebenfalls Teile seines Kapitels geschrieben hat.

Gerhard Matzig, geboren 1963, hat Politische Wissenschaften und Architektur in Passau und München studiert. Seit 2000 ist er Leitender Redakteur der Süddeutschen Zeitung. Er betreut u.a. die Themengebiete Architektur, Urbanismus und Design. 1983 wurde er mit dem Hamburger „Förderpreis für Journalisten", 1997 und 2002 mit dem „Kritikerpreis" der Bundesarchitektenkammer, 2006 mit dem COR-Preis ausgezeichnet. Diverse Lehraufträge an der Fachhochschule München sowie an der Deutschen Journalistenschule.

Gordon McGranahan ist Direktor des Human Settlements Programme am International Institute for Environment and Development in London.

Peter Newman ist Professor für Stadtentwicklung und Direktor des Institute for Sustainability and Technology Policy an der Murdoch University in Perth, Australien.

Ulrich Nitschke ist seit Dezember 2001 Leiter der Servicestelle Kommunen in der Einen Welt - InWEnt gGmbH und seit 2005 zusätzlich Leiter Entwicklungsbezogene Bildung. In den Jahren 2005-2006 Leitung der Partnerschaftsinitiative der Bundesregierung für die vom Tsunami betroffenen Länder. Nitschke gibt mit diesem Beitrag nur seine persönliche und nicht eine abgestimmte Position von InWEnt wieder.

Janice E. Perlman wurde mit dem Guggenheim-Preis ausgezeichnet und ist Gründerin und Präsidentin des Mega-Cities-Projekts, ein internationales gemeinnütziges Netzwerk. Sie ist ehemalige Professorin für Stadt- und Regionalplanung und berät zu Aspekten städtischer Armut und der Umweltgerechtigkeit.

Mark Roseland ist Direktor des Centre for Sustainable Community Development (CSCD) und Professor an der Simon Fraser University in Vancouver, Kanada.

David Satterthwaite ist Wissenschaftler am Human Settlements Programme in London.

Lena Soots ist Forscherin am CSCD in Vancouver.

Wenn nicht anders angegeben, sind alle weiteren Autorinnen und Autoren Mitarbeiter des Worldwatch Institute.